AF547289

GRöLS
Verlage

„BÜCHER SIND WIE FALLSCHIRME. SIE NÜTZEN UNS NICHTS, WENN WIR SIE NICHT ÖFFNEN.“

Gröls Verlag

Redaktionelle Hinweise und Impressum

Das vorliegende Werk wurde zugunsten der Authentizität sehr zurückhaltend bearbeitet. So wurden etwa ursprüngliche Rechtschreibfehler *nicht* systematisch behoben, denn kleine Unvollkommenheiten machen das Buch – wie im Übrigen den Menschen – erst authentisch. Mitunter wurden jedoch zum Beispiel Absätze behutsam neu getrennt, um den Lesefluss zu erleichtern.

Um die Texte zu rekonstruieren, werden antiquarische Bücher von Lesegeräten gescannt und dann durch eine Software lesbar gemacht. Der so entstandene Text wird von Menschen gegengelesen und korrigiert – hierbei treten auch Fehler auf. Wenn Sie ebenfalls antiquarische Texte einreichen möchten, finden Sie weitere Informationen auf www.groels.de

Viel Freude bei der Lektüre wünscht Ihnen das Team des Gröls-Verlags.

Adressen

Verleger: Sophia Gröls, Im Borngrund 26, 61440 Oberursel

Externer Dienstleister für Distribution & Herstellung: BoD, In de Tarpen 42, 22848 Norderstedt

Unsere „Edition | Werke der Weltliteratur" hat den Anspruch, eine der größten und vollständigsten Sammlungen klassischer Literatur in deutscher Sprache zu sein. Nach und nach versammeln wir hier nicht nur die „üblichen Verdächtigen" von Goethe bis Schiller, sondern auch Kleinode der vergangenen Jahrhunderte, die – zu Unrecht – drohen, in Vergessenheit zu geraten. Wir kultivieren und kuratieren damit einen der wertvollsten Bereiche der abendländischen Kultur. Kleine Auswahl:

Francis Bacon • Neues Organon • **Balzac** • Glanz und Elend der Kurtisanen • **Joachim H. Campe** • Robinson der Jüngere • **Dante Alighieri** • Die Göttliche Komödie • **Daniel Defoe** • Robinson Crusoe • **Charles Dickens** • Oliver Twist • **Denis Diderot** • Jacques der Fatalist • **Fjodor Dostojewski** • Schuld und Sühne • **Arthur Conan Doyle** • Der Hund von Baskerville • **Marie von Ebner-Eschenbach** • Das Gemeindekind • **Elisabeth von Österreich** • Das Poetische Tagebuch • **Friedrich Engels** • Die Lage der arbeitenden Klasse • **Ludwig Feuerbach** • Das Wesen des Christentums • **Johann G. Fichte** • Reden an die deutsche Nation • **Fitzgerald** • Zärtlich ist die Nacht • **Flaubert** • Madame Bovary • **Gorch Fock** • Seefahrt ist not! • **Theodor Fontane** • Effi Briest • **Robert Musil** • Über die Dummheit • **Edgar Wallace** • Der Frosch mit der Maske • **Jakob Wassermann** • Der Fall Maurizius • **Oscar Wilde** • Das Bildnis des Dorian Grey • **Émile Zola** • Germinal • **Stefan Zweig** • Schachnovelle • **Hugo von Hofmannsthal** • Der Tor und der Tod • **Anton Tschechow** • Ein Heiratsantrag • **Arthur Schnitzler** • Reigen • **Friedrich Schiller** • Kabale und Liebe • **Nicolo Machiavelli** • Der Fürst • **Gotthold E. Lessing** • Nathan der Weise • **Augustinus** • Die Bekenntnisse des heiligen Augustinus • **Marcus Aurelius** • Selbstbetrachtungen • **Charles Baudelaire** • Die Blumen des Bösen • **Harriett Stowe** • Onkel Toms Hütte • **Walter Benjamin** • Deutsche Menschen • **Hugo Bettauer** • Die Stadt ohne Juden • **Lewis Caroll** • *und viele mehr….*

Max Weber

Politik als Beruf

&

Kürzere politische Schriften

Inhalt

Politik als Beruf

Der Vortrag, den ich auf ihren Wunsch zu halten habe, wird Sie nach verschiedenen Richtungen notwendig enttäuschen. In einer Rede über Politik als Beruf werden Sie unwillkürlich eine Stellungnahme zu aktuellen Tagesfragen erwarten. Das wird aber nur in einer rein formalen Art am Schlusse geschehen anläßlich bestimmter Fragen der Bedeutung des politischen Tuns innerhalb der gesamten Lebensführung. Ganz ausgeschaltet werden müssen dagegen in dem heutigen Vortrag alle Fragen, die sich darauf beziehen: *welche* Politik man treiben, welche *Inhalte*, heißt das, man seinem politischen Tun geben *soll*. Denn das hat mit der allgemeinen Frage: was Politik als Beruf ist und bedeuten kann, nichts zu tun. – Damit zur Sache!

Was verstehen wir unter Politik? Der Begriff ist außerordentlich weit und umfaßt jede Art selbständig *leitender* Tätigkeit. Man spricht von der Devisenpolitik der Banken, von der Diskontpolitik der Reichsbank, von der Politik einer Gewerkschaft in einem Streik, man kann sprechen von der Schulpolitik einer Stadt- oder Dorfgemeinde, von der Politik eines Vereinsvorstandes bei dessen Leitung, ja schließlich von der Politik einer klugen Frau, die ihren Mann zu lenken trachtet. Ein derartig weiter Begriff liegt unseren Betrachtungen vom heutigen Abend natürlich nicht zugrunde. Wir wollen heute darunter nur verstehen: die Leitung oder die Beeinflussung der Leitung eines *politischen* Verbandes, heute also: eines *Staates*.

Was ist nun aber vom Standpunkt der soziologischen Betrachtung aus ein „politischer" Verband? Was ist: ein „Staat"? Auch er läßt sich soziologisch nicht definieren aus dem Inhalt dessen, was er tut. Es gibt fast keine Aufgabe, die nicht ein politischer Verband hier und da in die Hand genommen hätte, andererseits auch keine, von der man sagen könnte, daß sie jederzeit, vollends: daß sie immer *ausschließlich* denjenigen Verbänden, die man als politische, heute: als Staaten, bezeichnet, oder welche geschichtlich die Vorfahren des modernen Staates waren, eigen gewesen wäre. Man kann vielmehr den modernen Staat soziologisch letztlich nur definieren aus einem spezifischen *Mittel*, das ihm, wie jedem politischen Verband, eignet: der physischen Gewaltsamkeit. „Jeder Staat wird auf Gewalt gegründet", sagte seinerzeit Trotzkij in Brest-Litowsk. Das ist in der Tat richtig. Wenn nur soziale Gebilde beständen, denen die Gewaltsamkeit als Mittel unbekannt wäre, *dann* würde der Begriff „Staat“ fortgefallen sein, *dann* wäre eingetreten, was man in diesem besonderen Sinne des Wortes als „Anarchie“ bezeichnen würde. Gewaltsamkeit ist natürlich nicht etwa das normale oder einzige Mittel des Staates: – davon ist keine Rede –, wohl aber: das ihm spezifische. Gerade heute ist die Beziehung des Staates zur Gewaltsamkeit besonders intim. In der Vergangenheit haben die verschiedensten Verbände – von der Sippe angefangen – physische Gewaltsamkeit als ganz normales Mittel gekannt. Heute dagegen werden wir sagen müssen: Staat ist diejenige menschliche Gemeinschaft, welche innerhalb eines bestimmten Gebietes – dies: das „Gebiet“ gehört zum Merkmal – das *Monopol legitimer physischer Gewaltsamkeit* für sich (mit Erfolg) beansprucht. Denn das der Gegenwart Spezifische ist: daß man allen anderen Verbänden oder Einzelpersonen das Recht zur physischen Gewaltsamkeit nur so weit zuschreibt, als der *Staat* sie von ihrer Seite zuläßt: er gilt als alleinige Quelle des „Rechts“ auf Gewaltsamkeit.

„Politik“ würde für uns also heißen: Streben nach Machtanteil oder nach Beeinflussung der Machtverteilung, sei es zwischen Staaten, sei es innerhalb eines Staates zwischen den Menschengruppen, die er umschließt.

Das entspricht im wesentlichen ja auch dem Sprachgebrauch. Wenn man von einer Frage sagt: sie sei eine „politische“ Frage, von einem Minister oder Beamten: er sei ein „politischer“ Beamter, von einem Entschluß: er sei „politisch“ bedingt, so ist damit immer gemeint: Machtverteilungs-, Machterhaltungs- oder Machtverschiebungsinteressen sind maßgebend für die Antwort auf jene Frage oder bedingen diesen Entschluß oder bestimmen die Tätigkeitssphäre des betreffenden Beamten. – Wer Politik treibt, erstrebt Macht: – Macht entweder als Mittel im Dienst anderer Ziele (idealer oder egoistischer), – oder Macht „um ihrer selbst willen“: um das Prestigegefühl, das sie gibt, zu genießen.

Der Staat ist, ebenso wie die ihm geschichtlich vorausgehenden politischen Verbände, ein auf das Mittel der legitimen (das heißt: als legitim angesehenen) Gewaltsamkeit gestütztes *Herrschafts*verhältnis von Menschen über Menschen. Damit er bestehe, müssen sich also die beherrschten Menschen der beanspruchten Autorität der jeweils herrschenden *fügen*. Wann und warum tun sie das? Auf welche inneren Rechtfertigungsgründe und auf welche äußeren Mittel stützt sich diese Herrschaft?

Es gibt der inneren Rechtfertigungen, also: der *Legitimitäts*gründe einer Herrschaft – um mit ihnen zu beginnen – im Prinzip drei. Einmal die Autorität des „ewig Gestrigen": der durch unvordenkliche Geltung und gewohnheitsmäßige Einstellung auf ihre Innehaltung geheiligten *Sitte*: „traditionale" Herrschaft, wie sie der Patriarch und der Patrimonialfürst alten Schlages übten. Dann: die Autorität der außeralltäglichen persönlichen *Gnadengabe* (Charisma), die ganz persönliche Hingabe und das persönliche Vertrauen zu Offenbarungen, Heldentum oder anderen Führereigenschaften eines einzelnen: „charismatische" Herrschaft, wie sie der Prophet oder – auf dem Gebiet des Politischen – der gekorene Kriegsfürst oder der plebiszitäre Herrscher, der große Demagoge und politische Parteiführer ausüben. Endlich: Herrschaft kraft „Legalität", kraft des Glaubens an die Geltung legaler *Satzung* und der durch rational geschaffene Regeln begründeten sachlichen „Kompetenz", also: der Einstellung auf Gehorsam in der Erfüllung satzungsmäßiger Pflichten: eine Herrschaft, wie sie der moderne „Staatsdiener" und alle jene Träger von Macht ausüben, die ihm in dieser Hinsicht ähneln. – Es versteht sich, daß in der Realität höchst massive Motive der Furcht und der Hoffnung – Furcht vor der Rache magischer Mächte oder des Machthabers, Hoffnung auf jenseitigen oder diesseitigen Lohn – und daneben Interessen verschiedenster Art die Fügsamkeit bedingen. Davon sogleich. Aber wenn man nach den „Legitimitäts"gründen dieser Fügsamkeit fragt, dann allerdings stößt man auf diese drei „reinen" Typen. Und diese Legitimitätsvorstellungen und ihre innere Begründung sind für die Struktur der Herrschaft von sehr erheblicher Bedeutung. Die reinen Typen finden sich freilich in der Wirklichkeit selten. Aber es kann heute auf die höchst verwickelten Abwandlungen, Übergänge und Kombinationen dieser reinen Typen nicht eingegangen werden: das gehört zu den Problemen der „allgemeinen Staatslehre".

Uns interessiert hier vor allem der zweite von jenen Typen: die Herrschaft kraft Hingabe der Gehorchenden an das rein persönliche „Charisma" des „Führers". Denn hier wurzelt der Gedanke des *Berufs* in seiner höchsten Ausprägung. Die Hingabe an das Charisma des Propheten oder des Führers im Kriege oder des ganz großen Demagogen in der Ekklesia oder im Parlament bedeutet ja, daß er persönlich als der innerlich „berufene" Leiter der Menschen gilt, daß diese sich ihm nicht kraft Sitte oder Satzung fügen, sondern weil sie an ihn glauben. Er selbst zwar lebt seiner Sache, „trachtet nach seinem Werk", wenn er mehr ist als ein enger und eitler Emporkömmling des Augenblicks. Seiner Person und ihren

Qualitäten aber gilt die Hingabe seines Anhanges: der Jüngerschaft, der Gefolgschaft, der ganz persönlichen Parteigängerschaft. In den beiden in der Vergangenheit wichtigsten Figuren: des Magiers und Propheten einerseits, des gekorenen Kriegsfürsten, Bandenführers, Kondottiere andererseits, ist das Führertum in allen Gebieten und historischen Epochen aufgetreten. Dem Okzident eigentümlich ist aber, was uns näher angeht: das *politische* Führertum in der Gestalt zuerst des freien „Demagogen“, der auf dem Boden des nur dem Abendland, vor allem der mittelländischen Kultur, eigenen Stadtstaates, und dann des parlamentarischen „Parteiführers“, der auf dem Boden des ebenfalls nur im Abendland bodenständigen Verfassungsstaates gewachsen ist.

Diese Politiker kraft „Berufes“ in des Wortes eigentlichster Bedeutung sind nun aber natürlich nirgends die allein maßgebenden Figuren im Getriebe des politischen Machtkampfes. Höchst entscheidend ist vielmehr die Art der Hilfsmittel, die ihnen zur Verfügung stehen. Wie fangen die politisch herrschenden Gewalten es an, sich in ihrer Herrschaft zu behaupten? Die Frage gilt für jede Art von Herrschaft, also auch für die politische Herrschaft in allen ihren Formen: für die traditionale ebenso wie für die legale und die charismatische. Jeder Herrschaftsbetrieb, welcher kontinuierliche Verwaltung erheischt, braucht einerseits die Einstellung menschlichen Handelns auf den Gehorsam gegenüber jenen Herren, welche Träger der legitimen Gewalt zu sein beanspruchen, und andererseits, vermittels dieses Gehorsams, die Verfügung über diejenigen Sachgüter, welche gegebenenfalls zur Durchführung der physischen Gewaltanwendung erforderlich sind: den personalen Verwaltungsstab und die sachlichen Verwaltungsmittel.

Der Verwaltungsstab, der den politischen Herrschaftsbetrieb wie jeden anderen Betrieb in seiner äußeren Erscheinung darstellt, ist nun natürlich nicht nur durch jene Legitimitätsvorstellung, von der eben die Rede war, an den Gehorsam gegenüber dem Gewalthaber gekettet. Sondern durch zwei Mittel, welche an das persönliche Interesse appellieren: materielles Entgelt und soziale Ehre. Lehen der Vasallen, Pfründen der Patrimonialbeamten, Gehalt der modernen Staatsdiener, – Ritterehre, ständische Privilegien, Beamtenehre bilden den Lohn, und die Angst, sie zu verlieren, die letzte entscheidende Grundlage für die Solidarität des Verwaltungsstabes mit dem Gewalthaber. Auch für die charismatische Führerherrschaft gilt das: Kriegsehre und Beute für die kriegerische, die „spoils“: Ausbeutung der Beherrschten durch Ämtermonopol, politisch bedingte Profite und Eitelkeitsprämien für die demagogische Gefolgschaft.

Zur Aufrechterhaltung jeder gewaltsamen Herrschaft bedarf es gewisser materieller äußerer Sachgüter, ganz wie bei einem wirtschaftlichen Betrieb. Alle Staatsordnungen lassen sich nun danach gliedern, ob sie auf dem Prinzip beruhen, daß jener Stab von Menschen: – Beamte oder wer sie sonst sein mögen –, auf deren Gehorsam der Gewalthaber muß rechnen können, im *eigenen* Besitze der Verwaltungsmittel, mögen sie bestehen in Geld, Gebäuden, Kriegsmaterial, Wagenparks, Pferden oder was sonst immer, sich befinden, oder ob der Verwaltungsstab von den Verwaltungsmitteln „getrennt" ist, im gleichen Sinn, wie heute der Angestellte und Proletarier innerhalb des kapitalistischen Betriebes „getrennt" ist von den sachlichen Produktionsmitteln. Ob also der Gewalthaber die Verwaltung in *eigener* von ihm organisierter *Regie* hat und durch persönliche Diener oder angestellte Beamte oder persönliche Günstlinge und Vertraute verwalten läßt, welche nicht Eigentümer: Besitzer zu eigenem Recht, der sachlichen Betriebsmittel sind, sondern vom Herrn darin dirigiert werden, oder ob das Gegenteil der Fall ist. Der Unterschied geht durch alle Verwaltungsorganisationen der Vergangenheit hindurch.

Einen politischen Verband, bei dem die sachlichen Verwaltungsmittel ganz oder teilweise in der Eigenmacht des abhängigen Verwaltungsstabes sich befinden, wollen wir einen *"ständisch"* gegliederten Verband nennen. Der Vasall z.B. im Lehnsverband bestritt die Verwaltung und Rechtspflege des ihm verlehnten Bezirks aus eigener Tasche, equipierte und verproviantierte sich selbst für den Krieg; seine Untervasallen taten das gleiche. Das hatte natürlich Konsequenzen für die Machtstellung des Herrn, die nur auf dem persönlichen Treubund und darauf ruhte, daß der Lehnsbesitz und die soziale Ehre des Vasallen ihre „Legitimität" vom Herrn ableiteten.

Überall aber, bis in die frühesten politischen Bildungen zurück, finden wir auch die eigene Regie des Herrn: durch persönlich von ihm Abhängige: Sklaven, Hausbeamte, Dienstleute, persönliche „Günstlinge" und aus seinen Vorratskammern mit Natural- und Gelddeputaten entlohnte Pfründner sucht er die Verwaltung in eigene Hand zu bekommen, die Mittel aus eigener Tasche, aus Erträgnissen seines Patrimoniums zu bestreiten, ein rein persönlich von ihm abhängiges, weil aus seinen Speichern, Magazinen, Rüstkammern equipiertes und verproviantiertes Heer zu schaffen. Während im „ständischen" Verband der

Herr mit Hilfe einer eigenständigen „Aristokratie“ herrscht, also mit ihr die Herrschaft *teilt*, stützt er sich hier entweder auf Haushörige oder auf Plebejer: besitzlose, der eigenen sozialen Ehre entbehrende Schichten, die materiell gänzlich an ihn gekettet sind und keinerlei konkurrierende eigene Macht unter den Füßen haben. Alle Formen patriarchaler und patrimonialer Herrschaft, sultanistischer Despotie und bürokratischer Staatsordnung gehören zu diesem Typus. Insbesondere: die bürokratische Staatsordnung, also die, in ihrer rationalsten Ausbildung, auch und gerade dem modernen Staat charakteristische.

Überall kommt die Entwicklung des modernen Staates dadurch in Fluß, daß von Seiten des Fürsten die Enteignung der neben ihm stehenden selbständigen „privaten“ Träger von Verwaltungsmacht: jener Eigenbesitzer von Verwaltungs- und Kriegsbetriebsmitteln, Finanzbetriebsmitteln und politisch verwendbaren Gütern aller Art, in die Wege geleitet wird. Der ganze Prozeß ist eine vollständige Parallele zu der Entwicklung des kapitalistischen Betriebs durch allmähliche Enteignung der selbständigen Produzenten. Am Ende sehen wir, daß in dem modernen Staat tatsächlich in einer einzigen Spitze die Verfügung über die gesamten politischen Betriebsmittel zusammenläuft, kein einziger Beamter mehr persönlicher Eigentümer des Geldes ist, das er verausgabt, oder der Gebäude, Vorräte, Werkzeuge, Kriegsmaschinen, über die er verfügt. Vollständig durchgeführt ist also im heutigen „Staat“ – das ist ihm begriffswesentlich – die „Trennung“ des Verwaltungsstabes: der Verwaltungsbeamten und Verwaltungsarbeiter, von den sachlichen Betriebsmitteln. Hier setzt nun die allermodernste Entwicklung ein und versucht vor unseren Augen, die Expropriation dieses Expropriateurs der politischen Mittel und damit der politischen Macht in die Wege zu leiten. Das hat die Revolution wenigstens insofern geleistet, als an die Stelle der gesatzten Obrigkeiten Führer getreten sind, welche durch Usurpation oder Wahl sich in die Verfügungsgewalt über den politischen Menschenstab und Sachgüterapparat gesetzt haben und ihre Legitimität – einerlei mit wieviel Recht – vom Willen der Beherrschten ableiten. Eine andere Frage ist, ob sie auf Grund dieses – wenigstens scheinbaren – Erfolges mit Recht die Hoffnung hegen kann: auch die Expropriation innerhalb der kapitalistischen Wirtschaftsbetriebe durchzuführen, deren Leitung sich trotz weitgehender Analogien im Innersten nach ganz anderen Gesetzen richtet als die politische Verwaltung. Dazu nehmen wir heute nicht Stellung. Ich stelle für unsere Betrachtung nur das rein *Begriffliche* fest: daß der moderne Staat ein anstaltsmäßiger Herrschaftsverband ist, der innerhalb eines Gebietes die legitime physische Gewaltsamkeit als Mittel der Herrschaft zu monopolisieren mit Erfolg getrachtet hat und zu diesem Zweck die sachlichen Betriebsmittel in der Hand seiner Leiter vereinigt, die sämtlichen eigenberechtigten ständischen Funktionäre aber, die früher zu Eigenrecht darüber verfügten, enteignet und sich selbst in seiner höchsten Spitze an deren Stelle gesetzt hat.

Im Verlaufe dieses politischen Enteignungsprozesses nun, der in allen Ländern der Erde mit wechselndem Erfolge spielte, sind, und zwar zuerst im Dienste des Fürsten, die ersten Kategorien von „Berufspolitikern" in einem *zweiten* Sinn aufgetreten, von Leuten, die nicht selbst Herren sein wollten, wie die charismatischen Führer, sondern *in den Dienst* von politischen Herren traten. Sie stellten sich in diesem Kampfe den Fürsten zur Verfügung und machten aus der Besorgung von deren Politik einen materiellen Lebenserwerb einerseits, einen ideellen Lebensinhalt andererseits. Wieder *nur* im Okzident finden wir *diese* Art von Berufspolitikern auch im Dienst anderer Mächte als nur der Fürsten. In der Vergangenheit waren sie deren wichtigstes Macht- und politisches Expropriationsinstrument.

Machen wir uns, ehe wir näher auf sie eingehen, den Sachverhalt, den die Existenz solcher „Berufspolitiker" darstellt, nach allen Seiten unzweideutig klar. Man kann „Politik" treiben – also: die Machtverteilung zwischen und innerhalb politischer Gebilde zu beeinflussen trachten – sowohl als „Gelegenheits"politiker wie als nebenberuflicher oder hauptberuflicher Politiker, genau wie beim ökonomischen Erwerb. „Gelegenheits"politiker sind wir alle, wenn wir unseren Wahlzettel abgeben oder eine ähnliche Willensäußerung: etwa Beifall oder Protest in einer „politischen" Versammlung, vollziehen, eine „politische" Rede halten usw., – und bei vielen Menschen beschränkt sich ihre ganze Beziehung zur Politik darauf. „Nebenberufliche" Politiker sind heute z.B. alle jene Vertrauensmänner und Vorstände von parteipolitischen Vereinen, welche diese Tätigkeit – wie es durchaus die Regel ist – nur im Bedarfsfalle ausüben und weder materiell noch ideell in *erster* Linie daraus „ihr Leben machen". Ebenso jene Mitglieder von Staatsräten und ähnlichen Beratungskörperschaften, die nur auf Anfordern in Funktion treten. Ebenso aber auch ziemlich breite Schichten unserer Parlamentarier, die nur in Zeiten der Session Politik treiben. In der Vergangenheit finden wir solche Schichten namentlich unter den Ständen. „Stände" sollen uns heißen die eigenberechtigten Besitzer militärischer oder für die Verwaltung wichtiger sachlicher Betriebsmittel oder persönlicher

Herrengewalten. Ein großer Teil von ihnen war weit davon entfernt, sein Leben ganz oder auch nur vorzugsweise oder mehr als gelegentlich in den Dienst der Politik zu stellen. Sie nützten vielmehr ihre Herrenmacht im Interesse der Erzielung von Renten oder auch geradezu von Profit und wurden politisch, im Dienst des politischen Verbandes, nur tätig, wenn der Herr oder wenn ihre Standesgenossen dies besonders verlangten. Nicht anders auch ein Teil jener Hilfskräfte, die der Fürst im Kampf um die Schaffung eines politischen Eigenbetriebes, der nur ihm zur Verfügung stehen sollte, heranzog. Die „Räte von Haus aus" und, noch weiter zurück, ein erheblicher Teil der in der „Curia" und den anderen beratenden Körperschaften der Fürsten zusammentretenden Ratgeber hatten diesen Charakter. Aber mit diesen nur gelegentlichen oder nebenberuflichen Hilfskräften kam der Fürst natürlich nicht aus. Er mußte sich einen Stab von ganz und ausschließlich seinem Dienst gewidmeten, also *haupt*beruflichen, Hilfskräften zu schaffen suchen. Davon, woher er diese nahm, hing zum sehr wesentlichen Teil die Struktur des entstehenden dynastischen politischen Gebildes und nicht nur sie, sondern das ganze Gepräge der betreffenden Kultur ab. Erst recht in die gleiche Notwendigkeit versetzt waren diejenigen politischen Verbände, welche unter völliger Beseitigung oder weitgehender Beschränkung der Fürstenmacht sich als (sogenannte) „freie" Gemeinwesen politisch konstituierten, – „frei" nicht im Sinne der Freiheit von gewaltsamer Herrschaft, sondern im Sinne von: Fehlen der kraft Tradition legitimen (meist religiös geweihten) Fürstengewalt als ausschließlicher Quelle aller Autorität. Sie haben geschichtlich ihre Heimstätte durchaus im Okzident, und ihr Keim war: die Stadt als politischer Verband, als welcher sie zuerst im mittelländischen Kulturkreis aufgetreten ist. Wie sahen in all diesen Fällen die „ *haupt*beruflichen" Politiker aus?

Es gibt zwei Arten, aus der Politik seinen Beruf zu machen. Entweder: man lebt „für" die Politik, – oder aber: „von" der Politik. Der Gegensatz ist keineswegs ein exklusiver. In aller Regel vielmehr tut man, mindestens ideell, meist aber auch materiell, beides: wer „für" die Politik lebt, macht im *inner*lichen Sinne „sein Leben daraus": er genießt entweder den nackten Besitz der Macht, die er ausübt, oder er speist sein inneres Gleichgewicht und Selbstgefühl aus dem Bewußtsein, durch Dienst an einer „Sache" seinem Leben einen *Sinn* zu verleihen. In diesem innerlichen Sinn lebt wohl jeder ernste Mensch, der für eine Sache lebt, auch von dieser Sache. Die Unterscheidung bezieht sich also auf eine viel massivere Seite des Sachverhaltes: auf die ökonomische. „Von" der Politik als Beruf lebt, wer danach strebt, daraus eine dauernde *Einnahme*quelle zu machen, – „für" die Politik der, bei dem dies nicht der Fall ist. Damit jemand in diesem ökonomischen Sinn „für" die Politik leben könne, müssen unter der Herrschaft der Privateigentumsordnung einige, wenn Sie wollen, sehr triviale Voraussetzungen vorliegen: er muß – unter normalen Verhältnissen – ökonomisch von den Einnahmen, welche die Politik ihm bringen kann, unabhängig sein. Das heißt ganz einfach: er muß vermögend oder in einer privaten Lebensstellung sein, welche ihm auskömmliche Einkünfte abwirft. So steht es wenigstens unter normalen Verhältnissen. Zwar die Gefolgschaft des Kriegsfürsten fragt ebensowenig nach den Bedingungen normaler Wirtschaft wie die Gefolgschaft des revolutionären Helden der Straße. Beide leben von Beute, Raub, Konfiskationen, Kontributionen, Aufdrängung von wertlosen Zwangszahlungsmitteln: – was dem Wesen nach alles das gleiche ist. Aber das sind notwendig außeralltägliche Erscheinungen: in der Alltagswirtschaft leistet nur eigenes Vermögen diesen Dienst. Aber damit allein nicht genug: er muß überdies wirtschaftlich „abkömmlich" sein, d. h. seine Einkünfte dürfen nicht davon abhängen, daß er ständig persönlich seine Arbeitskraft und sein Denken voll oder doch weit überwiegend in den Dienst ihres Erwerbes stellt. Abkömmlich in diesem Sinn ist nun am unbedingtesten: der Rentner, derjenige also, der vollkommen arbeitsloses Einkommen, sei es, wie die Grundherren der Vergangenheit, die Großgrundbesitzer und die Standesherren der Gegenwart, aus Grundrenten – in der Antike und im Mittelalter auch Sklaven- oder Hörigenrenten – oder aus Wertpapier- oder ähnlichen modernen Rentenquellen bezieht. Weder der Arbeiter, *noch* – was sehr zu beachten ist – der Unternehmer, auch *und gerade* der moderne Großunternehmer, ist in diesem Sinn abkömmlich. Denn auch und *gerade* der Unternehmer – der gewerbliche sehr viel mehr als, bei dem Saisoncharakter der Landwirtschaft, der landwirtschaftliche Unternehmer – ist an seinen Betrieb gebunden und *nicht* abkömmlich. Es ist für ihn meist sehr schwer, sich auch nur zeitweilig vertreten zu lassen. Ebensowenig ist dies z.B. der Arzt, je hervorragender und beschäftigter er ist, desto weniger. Leichter schon, aus rein betriebstechnischen Gründen, der Advokat, – der deshalb auch als Berufspolitiker eine ungleich größere, oft eine geradezu beherrschende Rolle gespielt hat. – Wir wollen diese Kasuistik nicht weiter verfolgen, sondern wir machen uns einige Konsequenzen klar.

Die Leitung eines Staates oder einer Partei durch Leute, welche (im ökonomischen Sinn des Wortes) ausschließlich für die Politik und nicht von der Politik leben, bedeutet notwendig eine „plutokratische“ Rekrutierung der politisch führenden Schichten. Damit ist freilich nicht auch das Umgekehrte gesagt: daß eine solche plutokratische Leitung auch zugleich bedeutete, daß die politisch herrschende Schicht *nicht* auch „von“ der Politik zu leben trachtete, also ihre politische Herrschaft nicht auch für ihre privaten ökonomischen Interessen auszunutzen pflegte. Davon ist natürlich gar keine Rede. Es hat keine Schicht gegeben, die das nicht irgendwie getan hätte. Nur dies bedeutet es: daß die Berufspolitiker nicht unmittelbar für ihre politische Leistung Entgelt zu suchen genötigt sind, wie das jeder Mittellose schlechthin in Anspruch nehmen muß. Und andererseits bedeutet es nicht etwa, daß vermögenslose Politiker lediglich oder auch nur vornehmlich ihre privatwirtschaftliche Versorgung durch die Politik im Auge hätten, nicht oder doch nicht vornehmlich „an die Sache“ dächten. Nichts wäre unrichtiger. Dem vermögenden Mann ist die Sorge um die ökonomische „Sekurität“ seiner Existenz erfahrungsgemäß – bewußt oder unbewußt – ein Kardinalpunkt seiner ganzen Lebensorientierung. Der ganz rücksichts- und voraussetzungslose politische Idealismus findet sich, wenn nicht ausschließlich, so doch wenigstens gerade bei den infolge ihrer Vermögenslosigkeit ganz außerhalb der an der Erhaltung der ökonomischen Ordnung einer bestimmten Gesellschaft interessierten Kreise stehenden Schichten: das gilt zumal in außeralltäglichen, also revolutionären, Epochen. Sondern nur dies bedeutet es: daß eine *nicht* plutokratische Rekrutierung der politischen Interessenten, der Führerschaft und ihrer Gefolgschaft, an die selbstverständliche Voraussetzung gebunden ist, daß diesen Interessenten aus dem Betrieb der Politik regelmäßige und verläßliche Einnahmen zufließen. Die Politik kann entweder „ehrenamtlich“ und dann von, wie man zu sagen pflegt, „unabhängigen“, d.h. vermögenden Leuten, Rentnern vor allem, geführt werden. Oder aber ihre Führung wird Vermögenslosen zugänglich gemacht, und dann muß sie entgolten werden. Der *von* der Politik lebende Berufspolitiker kann sein: reiner „Pfründner“ oder besoldeter „Beamter“. Entweder bezieht er dann Einnahmen aus Gebühren und Sporteln für bestimmte Leistungen – Trinkgelder und Bestechungssummen sind nur eine regellose und formell illegale Abart dieser Kategorie von Einkünften –, oder er bezieht ein festes Naturaliendeputat oder Geldgehalt, oder beides nebeneinander. Er kann den Charakter eines „Unternehmers“ annehmen, wie der Kondottiere oder der Amtspächter oder Amtskäufer der Vergangenheit oder wie der amerikanische Boss, der seine

Unkosten wie eine Kapitalanlage ansieht, die er durch Ausnutzung seines Einflusses Ertrag bringen läßt. Oder er kann einen festen Lohn beziehen, wie ein Redakteur oder Parteisekretär oder ein moderner Minister oder politischer Beamter. In der Vergangenheit waren Lehen, Bodenschenkungen, Pfründen aller Art, mit Entwicklung der Geldwirtschaft aber besonders Sportelpfründen das typische Entgelt von Fürsten, siegreichen Eroberern oder erfolgreichen Parteihäuptern für ihre Gefolgschaft; heute sind es Ämter aller Art in Parteien, Zeitungen, Genossenschaften, Krankenkassen, Gemeinden und Staaten, welche von den Parteiführern für treue Dienste vergeben werden. *Alle* Parteikämpfe sind nicht nur Kämpfe um sachliche Ziele, sondern vor allem auch: um Ämterpatronage. Alle Kämpfe zwischen partikularistischen und zentralistischen Bestrebungen in Deutschland drehen sich vor allem auch darum, welche Gewalten, ob die Berliner oder die Münchener, Karlsruher, Dresdener, die Ämterpatronage in der Hand haben. Zurücksetzungen in der Anteilnahme an den Ämtern werden von Parteien schwerer empfunden als Zuwiderhandlungen gegen ihre sachlichen Ziele. Ein parteipolitischer Präfektenschub in Frankreich galt immer als eine größere Umwälzung und erregte mehr Lärm als eine Modifikation des Regierungsprogramms, welches fast rein phraseologische Bedeutung hatte. Manche Parteien, so namentlich die in Amerika, sind seit dem Schwinden der alten Gegensätze über die Auslegung der Verfassung reine Stellenjägerparteien, welche ihr sachliches Programm je nach den Chancen des Stimmenfangs abändern. In Spanien wechselten bis in die letzten Jahre in Gestalt der von obenher fabrizierten „Wahlen" die beiden großen Parteien in konventionell feststehendem Turnus ab, um ihre Gefolgschaft in Ämtern zu versorgen. In den spanischen Kolonialgebieten handelt es sich sowohl bei den sogenannten „Wahlen" wie den sogenannten „Revolutionen" stets um die Staatskrippe, an der die Sieger gefüttert zu werden wünschen. In der Schweiz repartieren die Parteien im Wege des Proporzes die Ämter friedlich untereinander, und manche unserer „revolutionären" Verfassungsentwürfe, so z.B. der erste für Baden aufgestellte, wollte dies System auf die Ministerstellen ausdehnen und behandelte so den Staat und seine Ämter als reine Pfründnerversorgungsanstalt. Vor allem die Zentrumspartei begeisterte sich dafür und machte in Baden die proportionale Verteilung der Ämter nach Konfessionen, also ohne Rücksicht auf die Leistung, sogar zu einem Programmpunkt. Mit steigender Zahl der Ämter infolge der allgemeinen Bürokratisierung und steigendem Begehr nach ihnen als einer Form spezifisch *gesicherter* Versorgung steigt für alle Parteien diese Tendenz und werden sie für ihre Gefolgschaft immer mehr Mittel zum Zweck, derart versorgt zu werden.

Dem steht nun aber gegenüber die Entwicklung des modernen Beamtentums zu einer spezialistisch durch langjährige Vorbildung fachgeschulten hochqualifizierten geistigen Arbeiterschaft mit einer im Interesse der Integrität hochentwickelten ständischen *Ehre*, ohne welche die Gefahr furchtbarer Korruption und gemeinen Banausentums als Schicksal über uns schweben und auch die rein technische Leistung des Staatsapparates bedrohen würde, dessen Bedeutung für die Wirtschaft, zumal mit zunehmender Sozialisierung, stetig gestiegen ist und weiter steigen wird. Die Dilettantenverwaltung durch Beutepolitiker, welche in den Vereinigten Staaten Hunderttausende von Beamten, bis zum Postboten hinunter, je nach dem Ausfall der Präsidentenwahl, wechseln ließ und den lebenslänglichen Berufsbeamten nicht kannte, ist längst durch die Civil Service Reform durchlöchert. Rein technische, unabweisliche Bedürfnisse der Verwaltung bedingen diese Entwicklung. In Europa ist das arbeitsteilige Fachbeamtentum in einer Entwicklung von einem halben Jahrtausend allmählich entstanden. Die italienischen Städte; und Signorien machten den Anfang; von den Monarchien die normannischen Erobererstaaten. Bei den *Finanzen* der Fürsten geschah der entscheidende Schritt. Bei den Verwaltungsreformen des Kaisers Max kann man sehen, wie schwer selbst unter dem Druck der äußersten Not und Türkenherrschaft es den Beamten gelang, auf diesem Gebiet, welches ja den Dilettantismus eines Herrschers, der damals noch vor allem: ein Ritter war, am wenigsten vertrug, den Fürsten zu depossedieren. Die Entwicklung der Kriegstechnik bedingte den Fachoffizier, die Verfeinerung des Rechtsganges den geschulten Juristen. Auf diesen drei Gebieten siegte das Fachbeamtentum in den entwickelteren Staaten endgültig im 16. Jahrhundert. Damit war gleichzeitig mit dem Aufstieg des Absolutismus des Fürsten gegenüber den Ständen die allmähliche Abdankung seiner Selbstherrschaft an die Fachbeamten, durch die ihm jener Sieg über die Stände erst ermöglicht wurde, eingeleitet.

Gleichzeitig mit dem Aufstieg des fachgeschulten *Beamtentums* vollzog sich auch – wennschon in weit unmerklicheren Übergängen – die Entwicklung der „leitenden *Politiker*“. Von jeher und in aller Welt hatte es, selbstverständlich, solche tatsächlich maßgeblichen Berater der Fürsten gegeben. Im Orient hat das Bedürfnis, den Sultan von der persönlichen Verantwortung für den Erfolg der Regierung möglichst zu entlasten, die typische Figur des „Großwesirs“

geschaffen. Im Abendland wurde die Diplomatie, vor allem unter dem Einfluß der in diplomatischen Fachkreisen mit leidenschaftlichem Eifer gelesenen venezianischen Gesandtschaftsberichte, im Zeitalter Karls V. – der Zeit Macchiavellis – zuerst eine *bewußte* gepflegte Kunst, deren meist humanistisch gebildete Adepten sich untereinander als eine geschulte Schicht von Eingeweihten behandelten, ähnlich den humanistischen chinesischen Staatsmännern der letzten Teilstaatenzeit. Die Notwendigkeit einer formell einheitlichen Leitung der *gesamten* Politik, einschließlich der inneren, durch einen führenden Staatsmann entstand endgültig und zwingend erst durch die konstitutionelle Entwicklung. Bis dahin hatte es zwar selbstverständlich solche Einzelpersönlichkeiten als Berater oder vielmehr – der Sache nach – Leiter der Fürsten immer wieder gegeben. Aber die Organisation der Behörden war zunächst, auch in den am weitesten vorgeschrittenen Staaten, andere Wege gegangen. *Kollegiale* höchste Verwaltungsbehörden waren entstanden. Der Theorie und, in allmählich abnehmendem Maße, der Tatsache nach tagten sie unter dem Vorsitz des Fürsten persönlich, der die Entscheidung gab. Durch dieses kollegialische System, welches zu Gutachten, Gegengutachten und motivierten Voten der Mehrheit und Minderheit führte, und ferner dadurch, daß er neben den offiziellen höchsten Behörden sich mit rein persönlichen Vertrauten – dem „Kabinett" – umgab und durch diese seine Entscheidungen auf die Beschlüsse des Staatsrats – oder wie die höchste Staatsbehörde sonst hieß – abgab, suchte der Fürst, der zunehmend in die Lage eines Dilettanten geriet, dem unvermeidlich wachsenden Gewicht der Fachschulung der Beamten sich zu entziehen und die oberste Leitung in der Hand zu behalten: dieser latente Kampf zwischen dem Fachbeamtentum und der Selbstherrschaft bestand überall. Erst gegenüber den Parlamenten und den Machtaspirationen ihrer Parteiführer änderte sich die Lage. Sehr verschieden gelagerte Bedingungen führten doch zu dem äußerlich gleichen Ergebnis. Freilich mit gewissen Unterschieden. Wo immer die Dynastien reale Macht in der Hand behielten – wie namentlich in Deutschland –, waren nun die Interessen des Fürsten mit denen des Beamtentums solidarisch verknüpft *gegen* das Parlament und seine Machtansprüche. Die Beamten hatten das Interesse daran, daß auch die leitenden Stellen, also die Ministerposten, aus ihren Reihen besetzt, also Gegenstände des Beamtenavancements wurden. Der Monarch seinerseits hatte das Interesse daran, die Minister nach seinem Ermessen auch aus den Reihen der ihm ergebenen Beamten ernennen zu können. Beide Teile aber waren daran interessiert, daß die politische Leitung dem Parlament einheitlich und geschlossen gegenübertrat, also: das Kollegialsystem durch einen einheitlichen Kabinettschef ersetzt wurde. Der Monarch bedurfte überdies, schon um dem Parteikampf und den Parteiangriffen rein formell enthoben zu bleiben, einer ihn deckenden verantwortlichen, das heißt: dem Parlament Rede stehenden und ihm entgegentretenden, mit den Parteien verhandelnden Einzelpersönlichkeit. Alle diese Interessen wirkten hier zusammen in der gleichen Richtung: ein einheitlich führender Beamtenminister entstand. Noch stärker wirkte in der Richtung der Vereinheitlichung die Entwicklung der Parlamentsmacht da, wo sie – wie in England – die Oberhand gegenüber dem Monarchen gewann. Hier entwickelte sich das „Kabinett“ mit dem einheitlichen Parlamentsführer, dem „Leader“, an der Spitze, als ein Ausschuß der von den offiziellen Gesetzen ignorierten, tatsächlich aber allein politisch entscheidenden Macht: der jeweils im Besitz der Mehrheit befindlichen *Partei*. Die offiziellen kollegialen Körperschaften waren eben als solche keine Organe der wirklich herrschenden Macht: der Partei, und konnten also nicht Träger der wirklichen Regierung sein. Eine herrschende Partei bedurfte vielmehr, um im Innern die Gewalt zu behaupten und nach außen große Politik treiben zu können, eines schlagkräftigen, nur aus ihren wirklich führenden Männern zusammengesetzten, vertraulich verhandelnden Organes: eben des Kabinetts, der Öffentlichkeit, vor allem der parlamentarischen Öffentlichkeit gegenüber aber eines für alle Entschließungen verantwortlichen Führers: des Kabinettschefs. Dies englische System ist dann in Gestalt der parlamentarischen Ministerien auf den Kontinent übernommen worden, und nur in Amerika und den von da aus beeinflußten Demokratien wurde ihm ein ganz heterogenes System gegenübergestellt, welches den erkorenen Führer der siegenden Partei durch direkte Volkswahl an die Spitze des von ihm ernannten Beamtenapparates stellte und ihn nur in Budget und Gesetzgebung an die Zustimmung des Parlaments band.

Die Entwicklung der Politik zu einem „Betrieb“, der eine Schulung im Kampf um die Macht und in dessen Methoden erforderte, so wie sie das moderne Parteiwesen entwickelte, bedingte nun die Scheidung der öffentlichen Funktionäre in zwei, allerdings keineswegs schroff, aber doch deutlich geschiedene Kategorien: Fachbeamte einerseits, „politische Beamte“ andererseits. Die im eigentlichen Wortsinn „politischen“ Beamten sind äußerlich in der Regel daran kenntlich, daß sie jederzeit beliebig versetzt und entlassen oder doch „zur Disposition gestellt“ werden können, wie die französischen Präfekten und die ihnen gleichartigen Beamten anderer Länder, im schroffsten Gegensatz gegen die „Unabhängigkeit“ der Beamten mit richterlicher Funktion. In England gehören jene Beamten dazu, die nach fester Konvention bei einem Wechsel der Parlamentsmehrheit und also des Kabinetts aus den Ämtern scheiden. Besonders diejenigen pflegen dahin zu rechnen, deren Kompetenz die Besorgung der allgemeinen „inneren Verwaltung“ umfaßt; und der „politische“ Bestandteil daran ist vor allem die Aufgabe der Erhaltung der „Ordnung“ im Lande, also: der bestehenden Herrschaftsverhältnisse. In Preußen hatten diese Beamten nach dem Puttkamerschen Erlaß, bei Vermeidung der Maßregelung, die Pflicht, „die Politik der Regierung zu vertreten“, und wurden, ebenso wie in Frankreich die Präfekten, als amtlicher Apparat zur Beeinflussung der Wahlen benutzt. Die meisten „politischen“ Beamten teilten zwar nach deutschem System – im Gegensatz zu anderen Ländern – die Qualität aller anderen insofern, als die Erlangung auch dieser Ämter an akademisches Studium, Fachprüfungen und einen bestimmten Vorbereitungsdienst gebunden war. Dieses spezifische Merkmal des modernen Fachbeamtentums fehlt bei uns nur den Chefs des politischen Apparates: den Ministern. Preußischer Kultusminister konnte man schon unter dem alten Regime sein, ohne selbst jemals eine höhere Unterrichtsanstalt besucht zu haben, während man Vortragender Rat grundsätzlich nur auf Grund der vorgeschriebenen Prüfungen werden konnte. Der fachgeschulte Dezernent und Vortragende Rat war selbstverständlich – z.B. unter Althoff im preußischen Unterrichtsministerium – unendlich viel informierter über die eigentlichen technischen Probleme des Faches als sein Chef. In England stand es damit nicht anders. Er war infolgedessen auch für alle Alltagsbedürfnisse der Mächtigere. Das war auch nichts an sich Widersinniges. Der Minister war eben der Repräsentant der *politischen* Machtkonstellation, hatte deren politische Maßstäbe zu vertreten und an die Vorschläge seiner ihm unterstellten Fachbeamten anzulegen oder ihnen die entsprechenden Direktiven politischer Art zu geben.

Ganz ähnlich steht es ja in einem privaten Wirtschaftsbetrieb: der eigentliche „Souverän“, die Aktionärversammlung, ist in der Betriebsführung ebenso einflußlos wie ein von Fachbeamten regiertes “Volk“, und die für die Politik des Betriebes ausschlaggebenden Persönlichkeiten, der von Banken beherrschte „Aufsichtsrat“, geben nur die wirtschaftlichen Direktiven und lesen die Persönlichkeiten für die Verwaltung aus, ohne aber selbst imstande zu sein, den

Betrieb technisch zu leiten. Insofern bedeutet auch die jetzige Struktur des Revolutionsstaates, welcher absoluten Dilettanten, kraft ihrer Verfügung über die Maschinengewehre, die Macht über die Verwaltung in die Hand gibt und die fachgeschulten Beamten nur als ausführende Köpfe und Hände benutzen möchte, keine grundsätzliche Neuerung: Die Schwierigkeiten dieses jetzigen Systems liegen anderswo als darin, sollen uns aber heute nichts angehen. –

Wir fragen vielmehr nun nach der typischen Eigenart der Berufspolitiker, sowohl der „Führer" wie ihrer Gefolgschaft. Sie hat gewechselt und ist auch heute sehr verschieden.

„Berufspolitiker" haben sich in der Vergangenheit, wie wir sahen, im Kampf der Fürsten mit den Ständen entwickelt im Dienst der ersteren. Sehen wir uns ihre Haupttypen kurz an.

Gegen die Stände stützte sich der Fürst auf politisch verwertbare Schichten nichtständischen Charakters. Dahin gehörten in Vorder- und Hinterindien, im buddhistischen China und Japan und in der lamaistischen Mongolei ganz ebenso wie in den christlichen Gebieten des Mittelalters zunächst: die Kleriker. Technisch deshalb, weil sie schriftkundig waren. Überall ist der Import von Brahmanen, buddhistischen Priestern, Lamas und die Verwendung von Bischöfen und Priestern als politische Berater unter dem Gesichtspunkt erfolgt, schreibkundige Verwaltungskräfte zu bekommen, die im Kampf des Kaisers oder Fürsten oder Khans gegen die Aristokratie verwertet werden konnten. Der Kleriker, zumal der zölibatäre Kleriker, stand außerhalb des Getriebes der normalen politischen und ökonomischen Interessen und kam nicht in Versuchung, für seine Nachfahren eigene politische Macht gegenüber seinem Herrn zu erstreben, wie es der Lehnsmann tat. Er war von den Betriebsmitteln der fürstlichen Verwaltung durch seine eigenen ständischen Qualitäten „getrennt".

Ein zweite derartige Schicht waren die humanistisch gebildeten Literaten. Es gab eine Zeit, wo man lateinische Reden und griechische Verse machen lernte zu dem Zweck, politischer Berater und vor allen Dingen politischer Denkschriftenverfasser eines Fürsten zu werden. Das war die Zeit der ersten Blüte der Humanistenschulen und der fürstlichen Stiftungen von Professuren der „Poetik": bei uns eine schnell vorübergehende Epoche, die immerhin auf unser Schulwesen nachhaltig eingewirkt hat, politisch freilich keine tieferen Folgen hatte. Anders in Ostasien. Der chinesische Mandarin ist oder vielmehr:

war ursprünglich annähernd das, was der Humanist unserer Renaissancezeit war: ein humanistisch an den Sprachdenkmälern der fernen Vergangenheit geschulter und geprüfter Literat. Wenn Sie die Tagebücher des Li Hung Tschang lesen, finden Sie, daß noch er am meisten stolz darauf ist, daß er Gedichte machte und ein guter Kalligraph war. Diese Schicht mit ihren an der chinesischen Antike entwickelten Konventionen hat das ganze Schicksal Chinas bestimmt, und ähnlich wäre vielleicht unser Schicksal gewesen, wenn die Humanisten seinerzeit die geringste Chance gehabt hätten, mit gleichem Erfolge sich durchzusetzen.

Die dritte Schicht war: der Hofadel. Nachdem es den Fürsten gelungen war, den Adel in seiner ständischen politischen Macht zu enteignen, zogen sie ihn an den Hof und verwendeten ihn im politischen und diplomatischen Dienst. Der Umschwung unseres Erziehungswesens im 17. Jahrhundert war mit dadurch bedingt, daß an Stelle der humanistischen Literaten hofadelige Berufspolitiker in den Dienst der Fürsten traten.

Die vierte Kategorie war ein spezifisch englisches Gebilde; ein den Kleinadel und das städtische Rentnertum umfassendes Patriziat, technisch „gentry" genannt: – eine Schicht, die ursprünglich der Fürst gegen die Barone heranzog und in den Besitz der Ämter des „selfgovernment" setzte, um später zunehmend von ihr abhängig zu werden. Sie hielt sich im Besitz der sämtlichen Ämter der lokalen Verwaltung, indem sie dieselben gratis übernahm im Interesse ihrer eigenen sozialen Macht. Sie hat England vor der Bürokratisierung bewahrt, die das Schicksal sämtlicher Kontinentalstaaten war.

Eine fünfte Schicht war dem Okzident, vor allem auf dem europäischen Kontinent, eigentümlich und war für dessen ganze politische Struktur von ausschlaggebender Bedeutung: die universitätsgeschulten Juristen. Die gewaltige Nachwirkung des römischen Rechts, wie es der bürokratische spätrömische Staat umgebildet hatte, tritt in nichts deutlicher hervor als darin: daß überall die Revolutionierung des politischen Betriebs im Sinne der Entwicklung zum rationalen Staat von geschulten Juristen getragen wurde. Auch in England, obwohl dort die großen nationalen Juristenzünfte die Rezeption des römischen Rechts hinderten. Man findet in keinem Gebiet der Erde dazu irgendeine Analogie. Alle Ansätze rationalen juristischen Denkens in der indischen Mîmâmsâ-Schule und alle Weiterpflege des antiken juristischen Denkens im Islam haben die Überwucherung des rationalen Rechtsdenkens durch theologische Denkformen nicht hindern können. Vor allem wurde das

Prozeßverfahren nicht voll rationalisiert. Das hat nur die Übernahme der antik römischen Jurisprudenz, des Produkts eines aus dem Stadtstaat zur Weltherrschaft aufsteigenden politischen Gebildes ganz einzigartigen Charakters, durch die italienischen Juristen zuwege gebracht, der „Usus modernus" der spätmittelalterlichen Pandektisten und Kanonisten und die aus juristischem und christlichem Denken geborenen und später säkularisierten Naturrechtstheorien. Im italienischen Podestat, in den französischen Königsjuristen, welche die formellen Mittel zur Untergrabung der Herrschaft der Seigneurs durch die Königsmacht schufen, in den Kanonisten und naturrechtlich denkenden Theologen des Konziliarismus, in den Hofjuristen und gelehrten Richtern der kontinentalen Fürsten, in den niederländischen Naturrechtslehrern und den Monarchomachen, in den englischen Kron- und den Parlamentsjuristen, in der Noblesse de Robe der französischen Parlamente, endlich in den Advokaten der Revolutionszeit hat dieser juristische Rationalismus seine großen Repräsentanten gehabt. Ohne ihn ist das Entstehen des absoluten Staates so wenig denkbar wie die Revolution. Wenn Sie die Remonstrationen der französischen Parlamente oder die Cahiers der französischen Generalstände seit dem 16. Jahrhundert bis in das Jahr 1789 durchsehen, finden Sie überall: Juristengeist. Und wenn Sie die Berufszugehörigkeit der Mitglieder des französischen Konvents durchmustern, so finden Sie da – obwohl er nach gleichem Wahlrecht gewählt war – einen einzigen Proletarier, sehr wenige bürgerliche Unternehmer, dagegen massenhaft Juristen aller Art, ohne die der spezifische Geist, der diese radikalen Intellektuellen und ihre Entwürfe beseelte, ganz undenkbar wäre. Der moderne Advokat und die moderne Demokratie gehören seitdem schlechthin zusammen, – und Advokaten in unserem Sinn, als ein selbständiger Stand, existieren wiederum nur im Okzident, seit dem Mittelalter, wo sie aus dem „Fürsprech" des formalistischen germanischen Prozeßverfahrens unter dem Einfluß der Rationalisierung des Prozesses sich entwickelten.

Die Bedeutung der Advokaten in der okzidentalen Politik seit dem Aufkommen der Parteien ist nichts Zufälliges. Der politische Betrieb durch Parteien bedeutet eben: Interessentenbetrieb, – wir werden bald sehen, was das besagen will. Und eine Sache für Interessenten wirkungsvoll zu führen, ist das Handwerk des geschulten Advokaten. Er ist darin – das hat uns die Überlegenheit der feindlichen Propaganda lehren können – jedem „Beamten" überlegen. Gewiß kann er eine durch logisch schwache Argumente gestützte, in diesem Sinn: „schlechte“ Sache dennoch siegreich, also technisch „gut“, führen. Aber auch nur er führt eine durch logisch „starke“ Argumente zu stützende, in diesem Sinn „gute“ Sache siegreich, also in diesem Sinn „gut“. Der Beamte als Politiker macht nur allzu oft durch technisch „schlechte“ Führung eine in jenem Sinn „gute“ Sache zur „schlechten“: das haben wir erleben müssen. Denn die heutige Politik wird nun einmal in hervorragendem Maße in der Öffentlichkeit mit den Mitteln des gesprochenen oder geschriebenen Wortes geführt. Dessen Wirkung abzuwägen, liegt im eigentlichsten Aufgabenkreis des Advokaten, gar nicht aber des Fachbeamten, der kein Demagoge ist und, seinem Zweck nach, sein soll, und wenn er es doch zu werden unternimmt, ein sehr schlechter Demagoge zu werden pflegt.

Der echte Beamte – das ist für die Beurteilung unseres früheren Regimes entscheidend – soll seinem eigentlichen Beruf nach nicht Politik treiben, sondern: „verwalten“, *unparteiisch* vor allem, – auch für die sogenannten „politischen“ Verwaltungbeamten gilt das, offiziell wenigstens, soweit nicht die „Staatsräson“, d.h. die Lebensinteressen der herrschenden Ordnung, in Frage stehen. Sine ira et studio, „ohne Zorn und Eingenommenheit“ soll er seines Amtes walten. Er soll also gerade das nicht tun, was der Politiker, der Führer sowohl wie seine Gefolgschaft, immer und notwendig tun muß: *kämpfen*. Denn Parteinahme, Kampf, Leidenschaft – ira et studium – sind das Element des Politikers. Und vor allem: des politischen *Führers*. *Dessen* Handeln steht unter einem ganz anderen, gerade entgegengesetzten Prinzip der *Verantwortung*, als die des Beamten ist. Ehre des Beamten ist die Fähigkeit, wenn – trotz seiner Vorstellungen – die ihm vorgesetzte Behörde auf einem ihm falsch erscheinenden Befehl beharrt, ihn auf Verantwortung des Befehlenden gewissenhaft und genau so auszuführen, als ob er seiner eigenen Überzeugung entspräche: ohne diese im höchsten Sinn sittliche Disziplin und Selbstverleugnung zerfiele der ganze Apparat. Ehre des politischen Führers, also: des leitenden Staatsmannes, ist dagegen gerade die ausschließliche *Eigen*verantwortung für das, was er tut, die er nicht ablehnen oder abwälzen kann und darf. Gerade sittlich hochstehende Beamtennaturen sind schlechte, vor allem im politischen Begriff des Wortes verantwortungslose und in diesem Sinn: sittlich tiefstehende Politiker: – solche, wie wir sie leider in leitenden Stellungen immer wieder gehabt haben: das ist es, was wir „Beamtenherrschaft“ nennen; und es fällt wahrlich kein Flecken auf die Ehre unseres Beamtentums, wenn wir das politisch, vom Standpunkt des Erfolges aus gewertet, Falsche dieses Systems bloßlegen. Aber kehren wir noch einmal zu den Typen der politischen Figuren zurück.

Der „Demagoge" ist seit dem Verfassungsstaat und vollends seit der Demokratie der Typus des führenden Politikers im Okzident. Der unangenehme Beigeschmack des Wortes darf nicht vergessen lassen, daß nicht Kleon, sondern Perikles der erste war, der diesen Namen trug. Amtlos oder mit dem – im Gegensatz zu den durchs Los besetzten Ämtern der antiken Demokratie – einzigen Wahlamt: dem des Oberstrategen, betraut, leitete er die souveräne Ekklesia des Demos von Athen. Die moderne Demagogie bedient sich zwar auch der Rede: in quantitativ ungeheuerlichem Umfang sogar, wenn man die Wahlreden bedenkt, die ein moderner Kandidat zu halten hat. Aber noch nachhaltiger doch: des gedruckten Worts. Der politische Publizist und vor allem der *Journalist* ist der wichtigste heutige Repräsentant der Gattung.

Die Soziologie der modernen politischen Journalistik auch nur zu skizzieren, wäre im Rahmen dieses Vortrags ganz unmöglich und ist in jeder Hinsicht ein Kapitel für sich. Nur weniges gehört unbedingt hierher. Der Journalist teilt mit allen Demagogen und übrigens – wenigstens auf dem Kontinent und im Gegensatz zu den englischen und übrigens auch zu den früheren preußischen Zuständen – auch mit dem Advokaten (und dem Künstler) das Schicksal: der festen sozialen Klassifikation zu entbehren. Er gehört zu einer Art von Pariakaste, die in der „Gesellschaft" stets nach ihren ethisch tiefststehenden Repräsentanten sozial eingeschätzt wird. Die seltsamsten Vorstellungen über die Journalisten und ihre Arbeit sind daher landläufig. Daß eine wirklich *gute* journalistische Leistung mindestens so viel „Geist" beansprucht wie irgendeine Gelehrtenleistung – vor allem infolge der Notwendigkeit, sofort, auf Kommando, hervorgebracht zu werden und: sofort *wirken* zu sollen, bei freilich ganz anderen Bedingungen der Schöpfung –, ist nicht jedermann gegenwärtig. Daß die Verantwortung eine weit größere ist, und daß auch das Verantwortungs*gefühl* jedes ehrenhaften Journalisten im Durchschnitt nicht im mindesten tiefer steht als das des Gelehrten – sondern höher, wie der Krieg gelehrt hat –, wird fast nie gewürdigt, weil naturgemäß gerade die verantwortungs*losen* journalistischen Leistungen, ihrer oft furchtbaren Wirkung wegen, im Gedächtnis haften. Daß vollends die Diskretion der irgendwie tüchtigen Journalisten durchschnittlich höher steht als die anderer Leute, glaubt niemand. Und doch ist es so. Die ganz unvergleichlich viel schwereren Versuchungen, die dieser Beruf mit sich bringt, und die sonstigen

Bedingungen journalistischen Wirkens in der Gegenwart erzeugen jene Folgen, welche das Publikum gewöhnt haben, die Presse mit einer Mischung von Verachtung und – jämmerlicher Feigheit zu betrachten. Über das, was da zu tun ist, kann heute nicht gesprochen werden. Uns interessiert hier die Frage nach dem *politischen* Berufsschicksal der Journalisten, ihrer Chance, in politische Führerstellungen zu gelangen. Sie war bisher nur in der sozialdemokratischen Partei günstig. Aber innerhalb ihrer hatten Redakteurstellen weit überwiegend den Charakter einer Beamtenstellung, nicht aber waren sie die Grundlage einer *Führer*position.

In den bürgerlichen Parteien hatte sich, im ganzen genommen, gegenüber der vorigen Generation die Chance des Aufstiegs zur politischen Macht auf diesem Wege eher verschlechtert. Presseeinfluß und also Pressebeziehungen benötigte natürlich jeder Politiker von Bedeutung. Aber daß Partei*führer* aus den Reihen der Presse hervorgingen, war – man sollte es nicht erwarten – durchaus die Ausnahme. Der Grund liegt in der stark gestiegenen „Unabkömmlichkeit" des Journalisten, vor allem des vermögenslosen und also berufsgebundenen Journalisten, welche durch die ungeheure Steigerung der Intensität und Aktualität des journalistischen Betriebes bedingt ist. Die Notwendigkeit des Erwerbs durch tägliches oder doch wöchentliches Schreiben von Artikeln hängt Politikern wie ein Klotz am Bein, und ich kenne Beispiele, wo Führernaturen dadurch geradezu dauernd im Machtaufstieg äußerlich und vor allem: innerlich gelähmt worden sind. Daß die Beziehungen der Presse zu den herrschenden Gewalten im Staat und in den Parteien unter dem alten Regime dem Niveau des Journalismus so abträglich wie möglich waren, ist ein Kapitel für sich. Diese Verhältnisse lagen in den gegnerischen Ländern anders. Aber auch dort und für alle modernen Staaten galt, scheint es, der Satz: daß der journalistische Arbeiter immer weniger, der kapitalistische Pressemagnat – nach Art etwa des „Lord" Northcliffe – immer mehr politischen Einfluß gewinnt.

Bei uns waren allerdings bisher die großen kapitalistischen Zeitungskonzerne, welche sich vor allem der Blätter mit „kleinen Anzeigen", der „Generalanzeiger", bemächtigt hatten, in aller Regel die typischen Züchter politischer Indifferenz. Denn an selbständiger Politik war nichts zu verdienen, vor allem nicht das geschäftlich nützliche Wohlwollen der politisch herrschenden Gewalten. Das Inseratengeschäft ist auch der Weg, auf dem man während des Krieges den Versuch einer politischen Beeinflussung der Presse im großen Stil gemacht hat und jetzt, wie es scheint, fortsetzen will. Wenn auch zu erwarten ist, daß die große Presse sich dem entziehen wird, so ist die Lage für die kleinen Blätter doch weit schwieriger. Jedenfalls aber ist bei uns zur Zeit die journalistische Laufbahn, so viel Reiz sie im übrigen haben und welches Maß von Einfluß und Wirkungsmöglichkeit:, vor allem: von politischer Verantwortung, sie einbringen mag, nicht – man muß vielleicht abwarten, ob: nicht mehr oder: noch nicht – ein normaler Weg des Aufstiegs politischer Führer. Ob die von manchen – nicht allen – Journalisten für richtig gehaltene Aufgabe des Anonymitätsprinzips daran etwas ändern würde, läßt sich schwer sagen. Was wir in der deutschen Presse während des Krieges an „Leitung" von Zeitungen durch besonders angeworbene schriftstellerisch begabte Persönlichkeiten, die dabei stets ausdrücklich unter ihrem Namen auftraten, erlebten, hat in einigen bekannteren Fällen leider gezeigt: daß ein erhöhtes Verantwortungsgefühl auf diesem Wege *nicht* so sicher gezüchtet wird, wie man glauben könnte. Es waren – ohne Parteiunterschied – zum Teil gerade die notorisch übelsten Boulevard-Blätter, die damit einen erhöhten Absatz erstrebten und auch erreichten. Vermögen haben die betreffenden Herren, die Verleger wie auch die Sensationsjournalisten, gewonnen, – Ehre gewiß nicht. Damit soll nun gegen das Prinzip nichts gesagt sein; die Frage liegt sehr verwickelt, und jene Erscheinung gilt auch nicht allgemein. Aber es ist *bisher* nicht der Weg zu echtem Führertum oder *verantwortlichem* Betrieb der Politik gewesen. Wie sich die Verhältnisse weiter gestalten werden, bleibt abzuwarten. Unter allen Umständen bleibt aber die journalistische Laufbahn einer der wichtigsten Wege der berufsmäßigen politischen Tätigkeit. Ein Weg nicht für jedermann. Am wenigsten für schwache Charaktere, insbesondere für Menschen, die nur in einer gesicherten ständischen Lage ihr inneres Gleichgewicht behaupten können. Wenn schon das Leben des jungen Gelehrten auf Hasard gestellt ist, so sind doch feste ständische Konventionen um ihn gebaut und hüten ihn vor Entgleisung. Das Leben des Journalisten aber ist in jeder Hinsicht Hasard schlechthin, und zwar unter Bedingungen, welche die innere Sicherheit in einer Art auf die Probe stellen wie wohl kaum eine andere Situation. Die oft bitteren Erfahrungen im Berufsleben sind vielleicht nicht einmal das Schlimmste. Gerade an den erfolgreichen Journalisten werden besonders schwierige innere Anforderungen gestellt. Es ist durchaus keine Kleinigkeit, in den Salons der Mächtigen der Erde auf scheinbar gleichem Fuß, und oft allgemein umschmeichelt, weil gefürchtet, zu verkehren und dabei zu wissen, daß, wenn man kaum aus der Tür ist, der Hausherr sich vielleicht wegen seines Verkehrs mit den „Pressebengeln" bei seinen Gästen besonders rechtfertigen muß –, wie es erst recht keine Kleinigkeit ist, über alles und jedes, was der „Markt“ gerade verlangt, über alle denkbaren Probleme des Lebens, sich prompt und dabei überzeugend äußern zu sollen, ohne nicht nur der absoluten Verflachung, sondern vor allem der Würdelosigkeit der Selbstentblößung und ihren unerbittlichen Folgen zu verfallen. Nicht das ist erstaunlich, daß es viele menschlich entgleiste oder entwertete Journalisten gibt, sondern daß trotz allem gerade diese Schicht eine so große Zahl wertvoller und ganz echter Menschen in sich schließt, wie Außenstehende es nicht leicht vermuten.

Wenn der Journalist als Typus des Berufspolitikers auf eine immerhin schon erhebliche Vergangenheit zurückblickt, so ist die Figur des *Parteibeamten* eine solche, die erst der Entwicklung der letzten Jahrzehnte und, teilweise, Jahre angehört. Wir müssen uns einer Betrachtung des Parteiwesens und der Parteiorganisation zuwenden, um diese Figur in ihrer entwicklungsgeschichtlichen Stellung zu begreifen.

In allen irgendwie umfangreichen, das heißt über den Bereich und Aufgabenkreis kleiner ländlicher Kantone hinausgehenden politischen Verbänden mit periodischen Wahlen der Gewalthaber ist der politische Betrieb notwendig: *Interessentenbetrieb*. Das heißt, eine relativ kleine Zahl primär am politischen Leben, also an der Teilnahme an der politischen Macht, Interessierter schaffen sich Gefolgschaft durch freie Werbung, präsentieren sich oder ihre Schutzbefohlenen als Wahlkandidaten, sammeln die Geldmittel und gehen auf den Stimmenfang. Es ist unerfindlich, wie in großen Verbänden Wahlen ohne diesen Betrieb überhaupt sachgemäß zustande kommen sollten. Praktisch bedeutet er die Spaltung der wahlberechtigten Staatsbürger in politisch aktive und politisch passive Elemente, und da dieser Unterschied auf Freiwilligkeit beruht, so kann er durch keinerlei Maßregeln, wie Wahlpflicht oder „berufsständische“ Vertretung oder dergleichen ausdrücklich oder tatsächlich gegen diesen Tatbestand und damit gegen die Herrschaft der Berufspolitiker gerichtete Vorschläge, beseitigt werden. Führerschaft und Gefolgschaft, als aktive Elemente freier Werbung: der Gefolgschaft sowohl wie, durch diese, der passiven Wählerschaft für die Wahl des Führers, sind notwendige Lebenselemente jeder Partei. Verschieden aber ist ihre Struktur. Die „Parteien“ etwa der mittelalterlichen Städte, wie die Guelfen und Ghibellinen, waren rein persönliche Gefolgschaften. Wenn man das Statuto della parte Guelfa ansieht, die Konfiskation der Güter der Nobili – das hieß ursprünglich aller derjenigen Familien, die ritterlich lebten, also lehnsfähig waren –, ihren

Ausschluß von Ämtern und Stimmrecht, die interlokalen Parteiausschüsse und die streng militärischen Organisationen und ihre Denunziantenprämien, so fühlt man sich an den Bolschewismus mit seinen Sowjets, seinen streng gesiebten Militär- und – in Rußland vor allem – Spitzelorganisationen, an die Entwaffnung und politische Entrechtung der „Bürger", das heißt der Unternehmer, Händler, Rentner, Geistlichen, Abkömmlinge der Dynastie, Polizeiagenten, und ihre Konfiskation erinnert. Und wenn man auf der einen Seite sieht, daß die Militärorganisation jener Partei ein nach Matrikeln zu gestaltendes reines Ritterheer war und Adlige fast alle führenden Stellen einnahmen, die Sowjets aber ihrerseits den hochentgoltenen Unternehmer, den Akkordlohn, das Taylorsystem, die Militär- und Werkstattdisziplin beibehalten oder vielmehr wieder einführen und nach ausländischem Kapital Umschau halten, mit einem Wort also: schlechthin *alle* von ihnen als bürgerliche Klasseneinrichtungen bekämpften Dinge wieder annehmen mußten, um überhaupt Staat und Wirtschaft in Betrieb zu erhalten und daß sie überdies als Hauptinstrument ihrer Staatsgewalt die Agenten der alten Ochrana wieder in Betrieb genommen haben, so wirkt diese Analogie noch frappanter. Wir haben es aber hier nicht mit solchen Gewaltsamkeitsorganisationen zu tun, sondern mit Berufspolitikern, welche durch nüchterne „friedliche" Werbung der Partei auf dem Wahlstimmenmarkt zur Macht zu gelangen streben.

Auch diese Parteien in unserem üblichen Sinn waren zunächst, z.B. in England, reine Gefolgschaften der Aristokratie. Mit jedem aus irgendeinem Grunde erfolgenden Wechsel der Partei seitens eines Peer trat alles, was von ihm abhängig war, gleichfalls zur Gegenpartei über. Die großen Familien des Adels, nicht zuletzt der König, hatten bis zur Reformbill die Patronage einer Unmasse von Wahlkreisen. Diesen Adelsparteien nahe stehen die Honoratiorenparteien, wie sie mit Aufkommen der Macht des Bürgertums sich überall entwickelten. Die Kreise von „Bildung und Besitz" unter der geistigen Führung der typischen Intellektuellenschichten des Okzidents schieden sich, teils nach Klasseninteressen, teils nach Familientradition, teils rein ideologisch bedingt, in Parteien, die sie leiteten. Geistliche, Lehrer, Professoren, Advokaten, Ärzte, Apotheker, vermögliche Landwirte, Fabrikanten – in England jene ganze Schicht, die sich zu den gentlemen rechnet – bildeten zunächst Gelegenheitsverbände, allenfalls lokale politische Klubs; in erregten Zeiten meldete sich das Kleinbürgertum, gelegentlich einmal das Proletariat, wenn ihm Führer erstanden, die aber in aller Regel nicht aus seiner Mitte stammten. In diesem Stadium bestehen interlokal organisierte Parteien als Dauerverbände draußen im Lande überhaupt noch nicht. Den Zusammenhalt schaffen lediglich die Parlamentarier; maßgebend für die Kandidatenaufstellung sind die örtlichen Honoratioren. Die Programme entstehen teils durch die Werbeaufrufe der Kandidaten, teils in Anlehnung an Honoratiorenkongresse oder Parlamentsparteibeschlüsse. Nebenamtlich und ehrenamtlich läuft, als Gelegenheitsarbeit, die Leitung der Klubs oder, wo diese fehlen (wie meist), der gänzlich formlose Betrieb der Politik seitens der wenigen dauernd daran Interessierten in normalen Zeiten; nur der Journalist ist bezahlter Berufspolitiker, nur der Zeitungsbetrieb kontinuierlicher politischer Betrieb überhaupt. Daneben nur die Parlamentssession. Die Parlamentarier und parlamentarischen Parteileiter wissen zwar, an welche örtlichen Honoratioren man sich wendet, wenn eine politische Aktion erwünscht erscheint. Aber nur in großen Städten bestehen dauernd Vereine der Parteien mit mäßigen Mitgliederbeiträgen und periodischen Zusammenkünften und öffentlichen Versammlungen zum Rechenschaftsbericht des Abgeordneten. Leben besteht nur in der Wahlzeit.

Das Interesse der Parlamentarier an der Möglichkeit interlokaler Wahlkompromisse und an der Schlagkraft einheitlicher, von breiten Kreisen des ganzen Landes anerkannter Programme und einheitlicher Agitation im Lande überhaupt bildet die Triebkraft des immer strafferen Parteizusammenschlusses. Aber wenn nun ein Netz von örtlichen Parteivereinen auch in den mittleren Städten und daneben von „Vertrauensmännern“ über das Land gespannt wird, mit denen ein Mitglied der Parlamentspartei als Leiter des zentralen Parteibüros in dauernder Korrespondenz steht, bleibt im Prinzip der Charakter des Parteiapparates als eines Honoratiorenverbandes unverändert. Bezahlte Beamte fehlen außerhalb des Zentralbüros noch; es sind durchweg „angesehene“ Leute, welche um der Schätzung willen, die sie sonst genießen, die örtlichen Vereine leiten: die außerparlamentarischen „Honoratioren“, die neben der politischen Honoratiorenschicht der einmal im Parlament sitzenden Abgeordneten Einfluß üben. Die geistige Nahrung für Presse und örtliche Versammlungen beschafft allerdings zunehmend die von der Partei herausgegebene Parteikorrespondenz. Regelmäßige Mitgliederbeiträge werden unentbehrlich; ein Bruchteil muß den Geldkosten der Zentrale dienen. In diesem Stadium befanden sich noch vor nicht allzu langer Zeit die meisten deutschen Parteiorganisationen. In Frankreich vollends herrschte teilweise noch das erste Stadium: der ganz labile

Zusammenschluß der Parlamentarier und im Lande draußen die kleine Zahl der örtlichen Honoratioren, Programme durch die Kandidaten oder für sie von ihren Schutzpatronen im Einzelfall bei der Bewerbung aufgestellt, wenn auch unter mehr oder minder örtlicher Anlehnung an Beschlüsse und Programme der Parlamentarier. Erst teilweise war dies System durchbrochen. Die Zahl der hauptberuflichen Politiker war dabei gering und setzte sich im wesentlichen aus den gewählten Abgeordneten, den wenigen Angestellten der Zentrale, den Journalisten und – in Frankreich – im übrigen aus jenen Stellenjägern zusammen, die sich in einem „politischen Amt" befanden oder augenblicklich ein solches erstrebten. Die Politik war formell weit überwiegend Nebenberuf. Auch die Zahl der „ministrablen" Abgeordneten war eng begrenzt, aber wegen des Honoratiorencharakters auch die der Wahlkandidaten. Die Zahl der indirekt an dem politischen Betrieb, vor allem materiell, Interessierten war aber sehr groß. Denn alle Maßregeln eines Ministeriums und vor allem alle Erledigungen von Personalfragen ergingen unter der Mitwirkung der Frage nach ihrem Einfluß auf die Wahlchancen, und alle und jede Art von Wünschen suchte man durch Vermittlung des örtlichen Abgeordneten durchzusetzen, dem der Minister, wenn er zu seiner Mehrheit gehörte – und das erstrebte daher jedermann –, wohl oder übel Gehör schenken mußte. Der einzelne Deputierte hatte die Amtspatronage und überhaupt jede Art von Patronage in allen Angelegenheiten seines Wahlkreises und hielt seinerseits, um wiedergewählt zu werden, Verbindung mit den örtlichen Honoratioren.

Diesem idyllischen Zustand der Herrschaft von Honoratiorenkreisen und vor allem: der Parlamentarier, stehen nun die modernsten Formen der Parteiorganisation scharf abweichend gegenüber. Sie sind Kinder der Demokratie, des Massenwahlrechts, der Notwendigkeit der Massenwerbung und Massenorganisation, der Entwicklung höchster Einheit der Leitung und strengster Disziplin. Die Honoratiorenherrschaft und die Lenkung durch die Parlamentarier hört auf. „Hauptberufliche" Politiker *außerhalb* der Parlamente nehmen den Betrieb in die Hand. Entweder als „Unternehmer" – wie der amerikanische Boss und auch der englische „Election agent" es der Sache nach waren –, oder als festbesoldeter Beamter. Formell findet eine weitgehende Demokratisierung statt. Nicht mehr die Parlamentsfraktion schafft die maßgeblichen Programme, und nicht mehr die örtlichen Honoratioren haben die Aufstellung der Kandidaten in der Hand, sondern Versammlungen der organisierten Parteimitglieder wählen die Kandidaten aus und delegieren

Mitglieder in die Versammlungen höherer Ordnung, deren es bis zum allgemeinen „Parteitag" hinauf möglicherweise mehrere gibt. Der Tatsache nach liegt aber natürlich die Macht in den Händen derjenigen, welche *kontinuierlich* innerhalb des Betriebes die Arbeit leisten, oder aber derjenigen, von welchen – z.B. als Mäzenaten oder Leitern mächtiger politischer Interessentenklubs (Tammany Hall) – der Betrieb in seinem Gang pekuniär oder personal abhängig ist. Das Entscheidende ist, daß dieser ganze Menschenapparat – die „Maschine", wie man ihn in den angelsächsischen Ländern bezeichnenderweise nennt – oder vielmehr diejenigen, die ihn leiten, den Parlamentariern Schach bieten und ihnen ihren Willen ziemlich weitgehend aufzuzwingen in der Lage sind. Und das hat besonders Bedeutung für die Auslese der *Führung* der Partei. Führer wird nun derjenige, dem die Maschine folgt, auch über den Kopf des Parlaments. Die Schaffung solcher Maschinen bedeutet, mit anderen Worten, den Einzug der *plebiszitären* Demokratie.

Die Parteigefolgschaft, vor allem der Parteibeamte und -unternehmer, erwarten vom Siege ihres Führers selbstverständlich persönliches Entgelt: Ämter oder andere Vorteile. Von ihm – nicht oder doch nicht nur von den einzelnen Parlamentariern: das ist das Entscheidende. Sie erwarten vor allem: daß die demagogische Wirkung der Führer *persönlichkeit* im Wahlkampf der Partei Stimmen und Mandate, damit Macht zuführen und dadurch jene Chancen ihrer Anhänger, für sich das erhoffte Entgelt zu finden, möglichst ausweiten werde. Und ideell ist die Genugtuung, für einen Menschen in gläubiger persönlicher Hingabe und nicht nur für ein abstraktes Programm einer aus Mittelmäßigkeiten bestehenden Partei zu arbeiten: – dies „charismatische" Element alles Führertums – eine der Triebfedern.

In sehr verschiedenem Maß und in stetem latenten Kampf mit den um ihren Einfluß ringenden örtlichen Honoratioren und den Parlamentariern rang sich diese Form durch. In den bürgerlichen Parteien zuerst in den Vereinigten Staaten, dann in der sozialdemokratischen Partei vor allem Deutschlands. Stete Rückschläge treten ein, sobald einmal kein allgemein anerkannter Führer da ist, und Konzessionen aller Art müssen, auch wenn er da ist, der Eitelkeit und Interessiertheit der Parteihonoratioren gemacht werden. Vor allem aber kann auch die Maschine unter die Herrschaft der Partei *beamten* geraten, in deren Händen die regelmäßige Arbeit liegt. Nach Ansicht mancher sozialdemokratischer Kreise sei ihre Partei dieser „Bürokratisierung" verfallen gewesen. Indessen „Beamte" fügen sich einer demagogisch stark wirkenden

Führerpersönlichkeit relativ leicht: ihre materiellen und ideellen Interessen sind ja intim mit der durch ihn erhofften Auswirkung der Parteimacht verknüpft, und die Arbeit für einen Führer ist an sich innerlich befriedigender. Weit schwerer ist der Aufstieg von Führern da, wo – wie in den bürgerlichen Parteien meist – neben den Beamten die „Honoratioren“ den Einfluß auf die Partei in Händen haben. Denn diese „machen“ *ideell* “ihr Leben“ aus dem Vorstands- oder Ausschußmitgliedspöstchen, das sie innehaben. Ressentiment gegen den Demagogen als homo novus, die Überzeugung von der Überlegenheit parteipolitischer „Erfahrung“ – die nun einmal auch tatsächlich von erheblicher Bedeutung ist – und die ideologische Besorgnis vor dem Zerbrechen der alten Parteitraditionen bestimmen ihr Handeln. Und in der Partei haben sie alle traditionalistischen Elemente für sich. Vor allem der ländliche, aber auch der kleinbürgerliche Wähler sieht auf den ihm von alters her vertrauten Honoratiorennamen und mißtraut dem ihm unbekannten Mann, um freilich, wenn dieser einmal den Erfolg für sich gehabt hat, nun ihm um so unerschütterlicher anzuhängen. Sehen wir uns an einigen Hauptbeispielen dieses Ringen der beiden Strukturformen und das namentlich von Ostrogorski geschilderte Hochkommen der plebiszitären Form einmal an.

Zunächst England: dort war die Parteiorganisation bis 1868 eine fast reine Honoratioren-Organisation. Die Tories stützten sich auf dem Lande etwa auf den anglikanischen Pfarrer, daneben – meist den Schulmeister und vor allem die Groß[grund]besitzer der betreffenden county, die Whigs meist auf solche Leute wie den nonconformistischen Prediger (wo es ihn gab), den Posthalter, Schmied, Schneider, Seiler, solche Handwerker also, von denen – weil man mit ihnen am meisten plaudern kann – politischer Einfluß ausgehen konnte. In der Stadt schieden sich die Parteien teils nach ökonomischen, teils nach religiösen, teils einfach nach in den Familien überkommenen Parteimeinungen. Immer aber waren Honoratioren die Träger des politischen Betriebes. Darüber schwebten das Parlament und die Parteien mit dem Kabinett und mit dem „leader“, der der Vorsitzende des Ministerrates oder der Opposition war. Dieser leader hatte neben sich die wichtigste berufspolitische Persönlichkeit der Parteiorganisation: den „Einpeitscher“ (whip).In seinen Händen lag die Ämterpatronage; an ihn hatten sich also die Stellenjäger zu wenden, er benahm sich darüber mit den Deputierten der einzelnen Wahlkreise. In diesen begann sich langsam eine Berufspolitikerschicht zu entwickeln, indem lokale Agenten geworben wurden, die zunächst unbezahlt waren und ungefähr die Stellung unserer „Vertrauensmänner“ einnahmen. Daneben aber entwickelte sich für die Wahlkreise eine kapitalistische Unternehmergestalt: der „Election agent“, dessen Existenz in der modernen, die Wahlreinheit sichernden Gesetzgebung Englands unvermeidlich war. Diese Gesetzgebung versuchte, die Wahlkosten zu kontrollieren und der Macht des Geldes entgegenzutreten, indem sie den Kandidaten verpflichtete anzugeben, was ihn die Wahl gekostet hatte: denn der Kandidat hatte – weit mehr, als dies früher auch bei uns vorkam – außer den Strapazen seiner Stimme auch das Vergnügen, den Geldbeutel zu ziehen. Der Election agent ließ sich von ihm eine Pauschalsumme zahlen, wobei er ein gutes Geschäft zu machen pflegte. – In der Machtverteilung zwischen „leader“ und Parteihonoratioren, im Parlament und im Lande, hatte der erstere in England von jeher, aus zwingenden Gründen der Ermöglichung einer großen und dabei stetigen Politik, eine sehr bedeutende Stellung. Immerhin war aber der Einfluß auch der Parlamentarier und Parteihonoratioren noch erheblich.

So etwa sah die alte Parteiorganisation aus, halb Honoratiorenwirtschaft, halb bereits Angestellten- und Unternehmerbetrieb. Seit 1868 aber entwickelte sich zuerst für lokale Wahlen in Birmingham, dann im ganzen Lande, das „Caucus“-System. Ein nonconformistischer Pfarrer und neben ihm Josef Chamberlain riefen dieses System ins Leben. Anlaß war die Demokratisierung des Wahlrechts. Zur Massengewinnung wurde es notwendig, einen ungeheuren Apparat von demokratisch aussehenden Verbänden ins Leben zu rufen, in jedem Stadtquartier einen Wahlverband zu bilden, unausgesetzt den Betrieb in Bewegung zu halten, alles straff zu bürokratisieren: zunehmend angestellte bezahlte Beamte, von den lokalen Wahlkomitees, in denen bald im ganzen vielleicht 10% der Wähler organisiert waren, gewählte Hauptvermittler mit Kooptationsrecht als formelle Träger der Parteipolitik. Die treibende Kraft waren die lokalen, vor allem die an der Kommunalpolitik – überall die Quelle der fettesten materiellen Chancen – interessierten Kreise, die auch die Finanzmittel in erster Linie aufbrachten. Diese neuentstehende, nicht mehr parlamentarisch geleitete Maschine hatte sehr bald Kämpfe mit den bisherigen Machthabern zu führen, vor allem mit dem whip, bestand aber, gestützt auf die lokalen Interessenten, den Kampf derart siegreich, daß der whip sich fügen und mit ihr paktieren mußte. Das Resultat war eine Zentralisation der ganzen Gewalt in der Hand der wenigen und letztlich der einen Person, die an der Spitze der Partei stand. Denn in der liberalen Partei war das ganze System aufgekommen in Verbindung mit dem Emporsteigen Gladstones zur Macht. Das Faszinierende der Gladstoneschen „großen“ Demagogie, der feste Glaube der Massen an den ethischen Gehalt seiner Politik und vor allem an den ethischen Charakter seiner Persönlichkeit war es, der diese Maschine so schnell zum Siege über die Honoratioren führte. Ein cäsaristisch-plebiszitäres Element in der Politik: der Diktator des Wahlschlachtfeldes, trat auf den Plan. Das äußerte sich sehr bald. 1877 wurde der Caucus zum erstenmal bei den staatlichen Wahlen tätig. Mit glänzendem Erfolg: Disraelis Sturz mitten in seinen großen Erfolgen war das Resultat. 1886 war die Maschine bereits derart vollständig charismatisch an der Person orientiert, daß, als die Homerule-Frage aufgerollt wurde, der ganze Apparat von oben bis unten nicht fragte: Stehen wir sachlich auf dem Boden Gladstones?, sondern einfach auf das Wort Gladstones mit ihm abschwenkte und sagte: Was er tut, wir folgen ihm, – und seinen eigenen Schöpfer, Chamberlain, im Stich ließ.

Diese Maschinerie bedarf eines erheblichen Personenapparates. Es sind immerhin wohl 2000 Personen in England, die direkt von der Politik der Parteien leben. Sehr viel zahlreicher sind freilich diejenigen, die rein als Stellenjäger oder als Interessenten in der Politik mitwirken, namentlich innerhalb der Gemeindepolitik. Neben den ökonomischen Chancen stehen für den brauchbaren Caucus-Politiker Eitelkeitschancen. „J.P.“ oder gar „M.P.“ zu werden, ist naturgemäß Streben des höchsten (normalen) Ehrgeizes, und solchen Leuten, die eine gute Kinderstube aufzuweisen hatten, „gentlemen“ waren, wird das zuteil. Als Höchstes winkte, insbesondere für große Geldmäzenaten – die Finanzen der Parteien beruhten zu vielleicht 50% auf Spenden ungenannt bleibender Geber – die Peers-Würde.

Was war nun der Effekt des ganzen Systems? Daß heute die englischen Parlamentarier mit Ausnahme der paar Mitglieder des Kabinetts (und einiger Eigenbrötler) normalerweise nichts anderes als gut diszipliniertes Stimmvieh sind. Bei uns im Reichstag pflegte man zum mindesten durch Erledigung von Privatkorrespondenz auf dem Schreibtisch vor seinem Platz zu markieren, daß man für das Wohl des Landes tätig sei. Derartige Gesten werden in England nicht verlangt; das Parlamentsmitglied hat nur zu stimmen und nicht Parteiverrat zu begehen; es hat zu erscheinen, wenn die Einpeitscher rufen, zu tun, was je nachdem das Kabinett oder was der leader der Opposition verfügt. Die Caucus-Maschine draußen im Lande vollends ist, wenn ein starker Führer da ist, fast gesinnungslos und ganz in den Händen des leader. Über dem Parlament steht also damit der faktisch plebiszitäre Diktator, der die Massen vermittels der „Maschine“ hinter sich bringt, und für den die Parlamentarier nur politische Pfründner sind, die in seiner Gefolgschaft stehen.

Wie findet nun die Auslese dieser Führerschaft statt? Zunächst: nach welcher Fähigkeit? Dafür ist – nächst den überall in der Welt entscheidenden Qualitäten des Willens – natürlich die Macht der demagogischen Rede vor allem maßgebend. Ihre Art hat sich geändert von den Zeiten her, wo sie sich, wie bei Cobden, an den Verstand wandte, zu Gladstone, der ein Techniker des scheinbar nüchternen „Die-Tatsachen-sprechen-Lassens“ war, bis zur Gegenwart, wo vielfach rein emotional mit Mitteln, wie sie auch die Heilsarmee verwendet, gearbeitet wird, um die Massen in Bewegung zu setzen. Den bestehenden Zustand darf man wohl eine „Diktatur, beruhend auf der Ausnutzung der Emotionalität der Massen“, nennen. – Aber das sehr entwickelte System der Komiteearbeit im englischen Parlament ermöglicht es und zwingt auch jeden Politiker, der auf Teilnahme an der Führung reflektiert, dort mitzu *arbeiten*. Alle erheblichen Minister der letzten Jahrzehnte haben diese sehr reale und wirksame Arbeitsschulung hinter sich, und die Praxis der Berichterstattung und öffentlichen Kritik an diesen Beratungen bedingt es, daß diese Schule eine wirkliche Auslese bedeutet und den bloßen Demagogen ausschaltet.

So in England. Das dortige Caucus-System war aber nur eine abgeschwächte Form, verglichen mit der amerikanischen Parteiorganisation, die das plebiszitäre Prinzip besonders früh und besonders rein zur Ausprägung brachte. Das Amerika Washingtons sollte nach seiner Idee ein von „gentlemen“ verwaltetes Gemeinwesen sein. Ein gentleman war damals auch drüben ein Grundherr oder ein Mann, der Collegeerziehung hatte. So war es auch zunächst. Als sich Parteien bildeten, nahmen anfangs die Mitglieder des Repräsentantenhauses in Anspruch, Leiter zu sein wie in England zur Zeit der Honoratiorenherrschaft. Die Parteiorganisation war ganz locker. Das dauerte bis 1824. Schon vor den zwanziger Jahren war in manchen Gemeinden – die auch hier die erste Stätte der modernen Entwicklung waren – die Parteimaschine im Werden. Aber erst die Wahl von Andrew Jackson zum Präsidenten, des Kandidaten der Bauern des Westens, warf die alten Traditionen über den Haufen. Das formelle Ende der Leitung der Parteien durch führende Parlamentarier ist bald nach 1840 eingetreten, als die großen Parlamentarier – Calhoun, Webster – aus dem politischen Leben ausschieden, weil das

Parlament gegenüber der Parteimaschine draußen im Lande fast jede Macht verloren hatte. Daß die plebiszitäre „Maschine" in Amerika sich so früh entwickelte, hatte seinen Grund darin, daß dort, und nur dort, das Haupt der Exekutive und – darauf kam es an – der Chef der Amtspatronage ein plebiszitär gewählter Präsident und daß er infolge der „Gewaltenteilung" in seiner Amtsführung vom Parlament fast unabhängig war. Ein richtiges Beuteobjekt von Amtspfründen winkte also als Lohn des Sieges gerade bei der Präsidentenwahl. Durch das von Andrew Jackson nun ganz systematisch zum Prinzip erhobene „spoils system" wurde die Konsequenz daraus gezogen.

Was bedeutet dies spoils system – die Zuwendung aller Bundesämter an die Gefolgschaft des siegreichen Kandidaten – für die Parteibildung heute? Daß ganz gesinnungslose Parteien einander gegenüberstehen, reine Stellenjägerorganisationen, die für den einzelnen Wahlkampf ihre wechselnden Programme je nach der Chance des Stimmenfanges machen – in einem Maße wechselnd, wie dies trotz aller Analogien doch anderwärts sich nicht findet. Die Parteien sind eben ganz und gar zugeschnitten auf den für die Amtspatronage wichtigsten Wahlkampf: den um die Präsidentschaft der Union und um die Governorstellen der Einzelstaaten. Programme und Kandidaten werden in den „national conventions" der Parteien ohne Intervention der Parlamentarier festgestellt: – von Parteitagen also, die formell sehr demokratisch von Delegiertenversammlungen beschickt wurden, welche ihrerseits ihr Mandat den „primaries", den Urwählerversammlungen der Partei, verdanken. Schon in den primaries werden die Delegierten auf den Namen der Staatsoberhauptskandidaten gewählt; *innerhalb* der einzelnen Parteien tobt der erbittertste Kampf um die Frage der „nomination". In den Händen des Präsidenten liegen immerhin 300 000 bis 400 000 Beamtenernennungen, die von ihm, nur unter Zuziehung von Senatoren der Einzelstaaten, vollzogen werden. Die Senatoren sind also mächtige Politiker. Das Repräsentantenhaus dagegen ist politisch relativ sehr machtlos, weil ihm die Beamtenpatronage entzogen ist und die Minister, reine Gehilfen des vom Volk gegen jedermann – auch das Parlament – legitimierten Präsidenten, unabhängig vom Vertrauen oder Mißtrauen des Repräsentantenhauses ihres Amtes walten können: eine Folge der „Gewaltenteilung".

Das dadurch gestützte spoils system war in Amerika technisch *möglich*, weil bei der Jugend der amerikanischen Kultur eine reine Dilettantenwirtschaft ertragen werden konnte. Denn 300 000 bis 400 000 solcher Parteileute, die nichts für ihre Qualifikation anzuführen hatten als die Tatsache, daß sie ihrer Partei gute Dienste geleistet hatten, – dieser Zustand konnte selbstverständlich nicht bestehen ohne ungeheure Übelstände: Korruption und Vergeudung ohnegleichen, die nur ein Land mit noch unbegrenzten ökonomischen Chancen ertrug.

Diejenige Figur nun, die mit diesem System der plebiszitären Parteimaschine auf der Bildfläche erscheint, ist: der „Boss". Was ist der Boss? Ein politischer kapitalistischer Unternehmer, der für seine Rechnung und Gefahr Wahlstimmen herbeischafft. Er kann als Rechtsanwalt oder Kneipwirt oder Inhaber ähnlicher Betriebe oder etwa als Kreditgeber seine ersten Beziehungen gewonnen haben. Von da aus spinnt er seine Fäden weiter, bis er eine bestimmte Anzahl von Stimmen zu „kontrollieren" vermag. Hat er es so weit gebracht, so tritt er mit den Nachbarbosses in Verbindung, erregt durch Eifer, Geschicklichkeit und vor allen Dingen: Diskretion die Aufmerksamkeit derjenigen, die es in der Karriere schon weiter gebracht haben, und steigt nun auf. Der Boss ist unentbehrlich für die Organisation der Partei. Die liegt zentralisiert in seiner Hand. Er beschafft sehr wesentlich die Mittel. Wie kommt er zu ihnen? Nun, teilweise durch Mitgliederbeiträge; vor allem durch Besteuerung der Gehälter jener Beamten, die durch ihn und seine Partei ins Amt kamen. Dann durch Bestechungs- und Trinkgelder. Wer eines der zahlreichen Gesetze ungestraft verletzen will, bedarf der Konnivenz der Bosses und muß sie bezahlen. Sonst erwachsen ihm unweigerlich Unannehmlichkeiten. Aber damit allein ist das erforderliche Betriebskapital noch nicht beschafft. Der Boss ist unentbehrlich als direkter Empfänger des Geldes der großen Finanzmagnaten. Die würden keinem bezahlten Parteibeamten oder irgendeinem öffentlich rechnunglegenden Menschen überhaupt Geld für Wahlzwecke anvertrauen. Der Boss mit seiner klüglichen Diskretion in Geldsachen ist selbstverständlich der Mann derjenigen kapitalistischen Kreise, welche die Wahl finanzieren. Der typische Boss ist ein absolut nüchterner Mann. Er strebt nicht nach sozialer Ehre; der „professional" ist verachtet innerhalb der „guten Gesellschaft". Er sucht ausschließlich Macht, Macht als Geldquelle, aber auch: um ihrer selbst willen. Er arbeitet im Dunklen, das ist sein Gegensatz zum englischen leader. Man wird ihn selbst nicht öffentlich reden hören; er suggeriert den Rednern, was sie in zweckmäßiger Weise zu sagen haben, er selbst aber schweigt. Er nimmt in aller Regel kein Amt an, außer dem des Senators im Bundessenat. Denn da die Senatoren an der Amtspatronage kraft Verfassung beteiligt sind, sitzen die leitenden Bosses oft in

Person in dieser Körperschaft. Die Vergebung der Ämter erfolgt in erster Linie nach der Leistung für die Partei. Aber auch der Zuschlag gegen Geldgebote kam vielfach vor, und es existierten für einzelne Ämter bestimmte Taxen: ein Ämterverkaufssystem, wie es die Monarchien des 17. und 18. Jahrhunderts mit Einschluß des Kirchenstaates ja auch vielfach kannten.

Der Boss hat keine festen politischen „Prinzipien", er ist vollkommen gesinnungslos und fragt nur: Was fängt Stimmen? Er ist nicht selten ein ziemlich schlecht erzogener Mann. Er pflegt aber in seinem Privatleben einwandfrei und korrekt zu leben. Nur in seiner politischen Ethik paßt er sich naturgemäß der einmal gegebenen Durchschnittsethik des politischen Handelns an, wie sehr viele von uns in der Zeit des Hamsterns auch auf dem Gebiete der ökonomischen Ethik getan haben dürften. Daß man ihn als „professional", als Berufspolitiker, gesellschaftlich verachtet, ficht ihn nicht an. Daß er selbst nicht in die großen Ämter der Union gelangt und gelangen will, hat dabei den Vorzug: daß nicht selten parteifremde Intelligenzen: Notabilitäten also, und nicht immer wieder die alten Parteihonoratioren wie bei uns, in die Kandidatur hineinkommen, wenn die Bosses sich davon Zugkraft bei den Wahlen versprechen. Gerade die Struktur dieser gesinnungslosen Parteien mit ihren gesellschaftlich verachteten Machthabern hat daher tüchtigen Männern zur Präsidentschaft verholfen, die bei uns niemals hochgekommen wären. Freilich, gegen einen Outsider, der ihren Geld- und Machtquellen gefährlich werden könnte, sträuben sich die Bosses. Aber im Konkurrenzkampf um die Gunst der Wähler haben sie nicht selten sich zur Akzeptierung gerade von solchen Kandidaten herbeilassen müssen, die als Korruptionsgegner galten.

Hier ist also ein stark kapitalistischer, von oben bis unten straff durchorganisierter Parteibetrieb vorhanden, gestützt auch durch die überaus festen, ordensartig organisierten Klubs von der Art von Tammany Hall, die ausschließlich die Profiterzielung durch politische Beherrschung vor allem von Kommunalverwaltungen – auch hier des wichtigsten Ausbeutungsobjektes – erstreben. Möglich war diese Struktur des Parteilebens infolge der hochgradigen Demokratie der Vereinigten Staaten als eines „Neulandes". Dieser Zusammenhang nun bedingt, daß dies System im langsamen Absterben begriffen ist. Amerika kann nicht mehr nur durch Dilettanten regiert werden. Von amerikanischen Arbeitern bekam man noch vor 15 Jahren . auf die Frage, warum sie sich so von Politikern regieren ließen, die sie selbst zu verachten erklärten, die Antwort: „Wir haben lieber Leute als Beamte, auf die wir spucken, als wie bei euch eine Beamtenkaste, die auf uns spuckt." Das war der alte Standpunkt amerikanischer „Demokratie": die Sozialisten dachten schon damals völlig anders. Der Zustand wird nicht mehr ertragen. Die Dilettantenverwaltung reicht nicht mehr aus, und die Civil Service Reform schafft lebenslängliche pensionsfähige Stellen in stets wachsender Zahl und bewirkt so, daß auf der Universität geschulte Beamte, genau so unbestechlich und tüchtig wie die unsrigen, in die Ämter kommen. Rund 100 000 Ämter sind schon jetzt nicht mehr im Wahlturnus Beuteobjekt, sondern pensionsfähig und an Qualifikationsnachweis geknüpft. Das wird das spoils system langsam mehr zurücktreten lassen, und die Art der Parteileitung wird sich dann wohl ebenfalls umbilden; wir wissen nur noch nicht, wie.

In *Deutschland* waren die entscheidenden Bedingungen des politischen Betriebes bisher im wesentlichen folgende. Erstens: Machtlosigkeit der Parlamente. Die Folge war: daß kein Mensch, der Führerqualität hatte, dauernd hineinging. Gesetzt den Fall, man wollte hineingehen, – was konnte man dort tun? Wenn eine Kanzleistelle frei wurde, konnte man dem betreffenden Verwaltungschef sagen: ich habe in meinem Wahlkreis einen sehr tüchtigen Mann, der wäre geeignet, nehmen sie den doch. Und das geschah gern. Das war aber so ziemlich alles, was ein deutscher Parlamentarier für die Befriedigung seiner Machtinstinkte erreichen konnte, – wenn er solche hatte. Dazu trat – und dies zweite Moment bedingte das erste –: die ungeheure Bedeutung des geschulten Fachbeamtentums in Deutschland. Wir waren darin die ersten der Welt. Diese Bedeutung brachte es mit sich, daß dies Fachbeamtentum nicht nur die Fachbeamtenstellen, sondern auch die Ministerposten für sich beanspruchte. Im bayerischen Landtag ist es gewesen, wo im vorigen Jahre, als die Parlamentarisierung zur Diskussion stand, gesagt wurde: die begabten Leute werden dann nicht mehr Beamte werden, wenn man die Parlamentarier in die Ministerien setzt. Die Beamtenverwaltung entzog sich überdies systematisch einer solchen Art von Kontrolle, wie sie die englischen Komitee-Erörterungen bedeuten, und setzte so die Parlamente außerstand – von wenigen Ausnahmen abgesehen –, wirklich brauchbare Verwaltungschefs in ihrer Mitte heranzubilden.

Das dritte war, daß wir in Deutschland, im Gegensatz zu Amerika, gesinnungspolitische Parteien hatten, die zum mindesten mit subjektiver bona fides behaupteten, daß ihre Mitglieder „Weltanschauungen" vertraten. Die beiden wichtigsten dieser Parteien: das Zentrum einerseits, die Sozialdemokratie andererseits, waren nun aber geborene Minoritätsparteien und zwar nach ihrer eigenen Absicht. Die führenden Zentrumskreise im Reich haben nie ein Hehl daraus gemacht, daß sie deshalb gegen den Parlamentarismus seien, weil sie fürchteten, in die Minderheit zu kommen und ihnen dann die Unterbringung von Stellenjägern wie bisher, durch Druck auf die Regierung, erschwert würde. Die Sozialdemokratie war prinzipielle Minderheitspartei und ein Hemmnis der Parlamentarisierung, weil sie sich mit der gegebenen politisch-bürgerlichen Ordnung nicht beflecken wollte. Die Tatsache, daß beide Parteien sich ausschlossen vom parlamentarischen System, machte dieses unmöglich.

Was wurde dabei aus den deutschen Berufspolitikern? Sie hatten keine Macht, keine Verantwortung, konnten nur eine ziemlich subalterne Honoratiorenrolle spielen und waren infolgedessen neuerlich beseelt von den überall typischen Zunftinstinkten. Es war unmöglich, im Kreise dieser Honoratioren, die ihr Leben aus ihrem kleinen Pöstchen machten, hochzusteigen für einen ihnen nicht gleichgearteten Mann. Ich könnte aus jeder Partei, selbstverständlich die Sozialdemokratie nicht ausgenommen, zahlreiche Namen nennen, die Tragödien der politischen Laufbahn bedeuteten, weil der Betreffende Führerqualitäten hatte und um eben deswillen von den Honoratioren nicht geduldet wurde. Diesen Weg der Entwicklung zur Honoratiorenzunft sind alle unsere Parteien gegangen. B e b e l z.B. war noch ein Führer, dem Temperament und der Lauterkeit des Charakters nach, so bescheiden sein Intellekt war. Die Tatsache, daß er Märtyrer war, daß er das Vertrauen der Massen niemals täuschte (in deren Augen), hatte zur Folge, daß er sie schlechthin hinter sich hatte und es keine Macht innerhalb der sozialdemokratischen Partei gab, die ernsthaft gegen ihn hätte auftreten können. Nach seinem Tode hatte das ein Ende, und die Beamtenherrschaft begann. Gewerkschaftsbeamte, Parteisekretäre, Journalisten kamen in die Höhe, Beamteninstinkte beherrschten die Partei, ein höchst ehrenhaftes Beamtentum – selten ehrenhaft darf man, mit Rücksicht auf die Verhältnisse anderer Länder, besonders im Hinblick auf die oft bestechlichen Gewerkschaftsbeamten in Amerika, sagen –, aber die früher erörterten Konsequenzen der Beamtenherrschaft traten auch in der Partei ein.

Die bürgerlichen Parteien wurden seit den achtziger Jahren vollends Honoratiorenzünfte. Gelegentlich zwar mußten die Parteien zu Reklamezwecken außerparteiliche Intelligenzen heranziehen, um sagen zu können: „diese und diese Namen haben wir“. Möglichst vermieden sie es, dieselben in die Wahl hineinkommen zu lassen, und nur wo es unvermeidlich war, der Betreffende es sich nicht anders gefallen ließ, geschah es.

Im Parlament herrschte der gleiche Geist. Unsere Parlamentsparteien waren und sind Zünfte. Jede Rede, die gehalten wird im Plenum des Reichstages, ist vorher durchrezensiert in der Partei. Das merkt man ihrer unerhörten Langeweile an. Nur wer als Redner bestellt ist, kann zu Wort kommen. Ein stärkerer Gegensatz gegen die englische, aber auch – aus ganz entgegengesetzten Gründen – die französische Gepflogenheit ist kaum denkbar.

Jetzt ist infolge des gewaltigen Zusammenbruchs, den man Revolution zu nennen pflegt, vielleicht eine Umwandlung im Gange. Vielleicht – nicht sicher. Zunächst traten Ansätze zu neuen Arten von Parteiapparaten auf. Erstens Amateurapparate. Besonders oft vertreten durch Studenten der verschiedenen Hochschulen, die einem Mann, dem sie Führerqualitäten zuschreiben, sagen: wir wollen für Sie die nötige Arbeit versehen, führen Sie sie aus. Zweitens geschäftsmännische Apparate. Es kam vor, daß Leute zu Männern kamen, denen sie Führerqualitäten zuschrieben, und sich erboten, gegen feste Beträge für jede Wahlstimme die Werbung zu übernehmen. – Wenn Sie mich ehrlich fragen würden, welchen von diesen beiden Apparaten ich unter rein technisch-politischen Gesichtspunkten für verläßlicher halten wollte, so würde ich, glaube ich, den letzteren vorziehen. Aber beides waren schnell aufsteigende Blasen, die rasch wieder verschwanden. Die vorhandenen Apparate schichteten sich um, arbeiteten aber weiter. Jene Erscheinungen waren nur ein Symptom dafür, daß die neuen Apparate sich vielleicht schon einstellen würden, wenn nur – die Führer da wären. Aber schon die technische Eigentümlichkeit des Verhältniswahlrechts schloß deren Hochkommen aus. Nur ein paar Diktatoren der Straße entstanden und gingen wieder unter. Und nur die Gefolgschaft der Straßendiktatur ist in fester Disziplin organisiert: daher die Macht dieser verschwindenden Minderheiten. Nehmen wir an, das änderte sich, so muß man sich nach dem früher Gesagten klarmachen: die Leitung der Parteien durch plebiszitäre Führer bedingt die „Entseelung“ der Gefolgschaft, ihre geistige Proletarisierung, könnte man sagen. Um für den Führer als Apparat brauchbar zu sein, muß sie blind gehorchen, Maschine im amerikanischen Sinne sein, nicht gestört durch Honoratioreneitelkeit und Prätensionen eigener Ansichten. Lincolns Wahl war nur durch diesen Charakter der Parteiorganisation möglich, und bei Gladstone trat, wie erwähnt, das gleiche im Caucus ein. Es ist das eben der Preis, womit man die Leitung durch Führer zahlt. Aber es gibt nur die Wahl: Führerdemokratie mit „Maschine“ oder führerlose Demokratie, das heißt: die Herrschaft der „Berufspolitiker“ ohne Beruf, ohne die inneren, charismatischen Qualitäten, die eben zum Führer machen. Und das bedeutet dann das, was die jeweilige Parteifronde gewöhnlich als Herrschaft des „Klüngels“ bezeichnet. Vorläufig haben wir nur dies letztere in Deutschland. Und für die Zukunft wird der Fortbestand, im Reich wenigstens, begünstigt einmal dadurch, daß doch wohl der Bundesrat wiedererstehen und notwendig die Macht des Reichstages und damit seine Bedeutung als Auslesestelle von Führern beschränken wird. Ferner durch das Verhältniswahlrecht, so wie es jetzt gestaltet ist: eine typische Erscheinung der führerlosen Demokratie, nicht nur weil es den Kuhhandel der Honoratioren um die Placierung begünstigt, sondern auch weil es künftig den Interessentenverbänden die Möglichkeit gibt, die Aufnahme ihrer Beamten in die Listen zu erzwingen und so ein unpolitisches Parlament zu schaffen, in dem echtes Führertum keine Stätte findet. Das einzige Ventil für das Bedürfnis nach Führertum könnte der Reichspräsident werden, wenn er plebiszitär, nicht parlamentarisch, gewählt wird. Führertum auf dem Boden der Arbeitsbewährung könnte entstehen und ausgelesen werden vor allem dann, wenn in den großen Kommunen, wie in den Vereinigten Staaten überall da, wo man der Korruption ernstlich zuleibe gehen wollte, der plebiszitäre Stadtdiktator mit dem Recht, sich seine Büros selbständig zusammenzustellen, auf der Bildfläche erscheinen würde. Das würde eine auf solche Wahlen zugeschnittene Parteiorganisation bedingen. Aber die durchaus kleinbürgerliche Führerfeindschaft aller Parteien, mit Einschluß vor allem der Sozialdemokratie, läßt die künftige Art der Gestaltung der Parteien und damit all dieser Chancen noch ganz im Dunkel liegen.

Es ist daher heute noch in keiner Weise zu übersehen, wie sich äußerlich der Betrieb der Politik als „Beruf“ gestalten wird, noch weniger infolgedessen: auf welchem Wege sich Chancen für politisch Begabte eröffnen, vor eine befriedigende politische Aufgabe gestellt zu werden. Für den, der „von“ der Politik zu leben durch seine Vermögenslage genötigt ist, wird wohl immer die Alternative: Journalistik oder Parteibeamtenstellung als die typischen direkten Wege, oder eine der Interessenvertretungen: bei einer Gewerkschaft, Handelskammer, Landwirtschaftskammer, Handwerkskammer, Arbeitskammer, Arbeitgeberverbänden usw., oder werden geeignete kommunale Stellungen in Betracht kommen. Weiteres läßt sich über die äußere

Seite nicht sagen als nur dies: daß der Parteibeamte mit dem Journalisten das Odium der „Deklassiertheit“ trägt. „Lohnschreiber“ dort – „Lohnredner“ hier, wird es leider immer, sei es noch so unausgesprochen, in die Ohren klingen; wer dagegen innerlich wehrlos ist und sich selbst nicht die richtige Antwort zu geben vermag, bleibe dieser Laufbahn fern, die in jedem Falle neben schweren Versuchungen ein Weg ist, der fortwährende Enttäuschungen bringen kann.

Was vermag sie nun an inneren Freuden zu bieten, und welche persönlichen Vorbedingungen setzt sie bei dem voraus, der sich ihr zuwendet?

Nun, sie gewährt zunächst: Machtgefühl. Selbst in den formell bescheidenen Stellungen vermag den Berufspolitiker das Bewußtsein von Einfluß auf Menschen, von Teilnahme an der Macht über sie, vor allem aber: das Gefühl, einen Nervenstrang historisch wichtigen Geschehens mit in Händen zu halten, über den Alltag hinauszuheben. Aber die Frage ist nun für ihn: durch welche Qualitäten kann er hoffen, dieser (sei es auch im Einzelfall noch so eng umschriebenen) Macht und also der Verantwortung, die sie auf ihn legt, gerecht zu werden? Damit betreten wir das Gebiet ethischer Fragen; denn dahin gehört die Frage: was für ein Mensch man sein muß, um seine Hand in die Speichen des Rades der Geschichte legen zu dürfen.

Man kann sagen, daß drei Qualitäten vornehmlich entscheidend sind für den Politiker: Leidenschaft – Verantwortungsgefühl – Augenmaß. Leidenschaft im Sinn von *Sachlichkeit*: leidenschaftliche Hingabe an eine „Sache“, an den Gott oder Dämon, der ihr Gebieter ist. Nicht im Sinne jenes inneren Gebarens, welches mein verstorbener Freund G e o r g S i m m e l als „sterile Aufgeregtheit“ zu bezeichnen pflegte, wie sie einem bestimmten Typus vor allem russischer Intellektueller (nicht etwa: allen von ihnen!) eignete, und welches jetzt in diesem Karneval, den man mit dem stolzen Namen einer „Revolution“ schmückt, eine so große Rolle auch bei unseren Intellektuellen spielt: eine ins Leere verlaufende „Romantik des intellektuell Interessanten“ ohne alles sachliche Verantwortungsgefühl. Denn mit der bloßen, als noch so echt empfundenen Leidenschaft ist es freilich nicht getan. Sie macht nicht zum Politiker, wenn sie nicht, als Dienst an einer „Sache“, auch die *Verantwortlichkeit* gegenüber ebendieser Sache zum entscheidenden Leitstern des Handelns macht. Und dazu bedarf es – und das ist die entscheidende psychologische Qualität des Politikers – des *Augenmaßes*, der Fähigkeit, die Realitäten mit innerer Sammlung und Ruhe auf sich wirken zu lassen, also: der Distanz zu den Dingen und Menschen. „Distanzlosigkeit“, rein als solche, ist eine der Todsünden jedes Politikers und eine jener Qualitäten, deren Züchtung bei dem Nachwuchs unserer Intellektuellen sie zu politischer Unfähigkeit verurteilen wird. Denn das Problem ist eben: wie heiße Leidenschaft und kühles Augenmaß miteinander in derselben Seele zusammengezwungen werden können? Politik wird mit dem Kopfe gemacht, nicht mit anderen Teilen des Körpers oder der Seele. Und doch kann die Hingabe an sie, wenn sie nicht ein frivoles intellektuelles Spiel, sondern menschlich echtes Handeln sein soll, nur aus Leidenschaft geboren und gespeist werden. Jene starke Bändigung der Seele aber, die den leidenschaftlichen Politiker auszeichnet und ihn von den bloßen „steril aufgeregten" politischen Dilettanten unterscheidet, ist nur durch die Gewöhnung an Distanz – in jedem Sinn des Wortes – möglich. Die „Stärke" einer politischen „Persönlichkeit" bedeutet in allererster Linie den Besitz dieser Qualitäten.

Einen ganz trivialen, allzu menschlichen Feind hat daher der Politiker täglich und stündlich in sich zu überwinden: die ganz gemeine *Eitelkeit*, die Todfeindin aller sachlichen Hingabe und aller Distanz, in diesem Fall: der Distanz sich selbst gegenüber.

Eitelkeit ist eine sehr verbreitete Eigenschaft, und vielleicht ist niemand ganz frei davon. Und in akademischen und Gelehrtenkreisen ist sie eine Art von Berufskrankheit. Aber gerade beim Gelehrten ist sie, so antipathisch sie sich äußern mag, relativ harmlos in dem Sinn: daß sie in aller Regel den wissenschaftlichen Betrieb nicht stört. Ganz anders beim Politiker. Er arbeitet mit dem Streben nach *Macht* als unvermeidlichem Mittel. „Machtinstinkt" – wie man sich auszudrücken pflegt – gehört daher in der Tat zu seinen normalen Qualitäten. – Die Sünde gegen den heiligen Geist seines Berufs aber beginnt da, wo dieses Machtstreben *unsachlich* und ein Gegenstand rein persönlicher Selbstberauschung wird, anstatt ausschließlich in den Dienst der „Sache" zu treten. Denn es gibt letztlich nur zwei Arten von Todsünden auf dem Gebiet der Politik: Unsachlichkeit und – oft, aber nicht immer, damit identisch – Verantwortungslosigkeit. Die Eitelkeit: das Bedürfnis, selbst möglichst sichtbar in den Vordergrund zu treten, führt den Politiker am stärksten in Versuchung, eine von beiden, oder beide zu begehen. Um so mehr, als der Demagoge auf „Wirkung" zu rechnen gezwungen ist, – er ist eben deshalb stets in Gefahr, sowohl zum Schauspieler zu werden, wie die Verantwortung für die Folgen seines Tuns leicht zu nehmen und nur nach dem „Eindruck" zu fragen, den er macht. Seine Unsachlichkeit legt ihm nahe, den glänzenden Schein der Macht statt der wirklichen Macht zu erstreben, seine Verantwortungslosigkeit aber: die

Macht lediglich um ihrer selbst willen, ohne inhaltlichen Zweck, zu genießen. Denn obwohl, oder vielmehr: gerade *weil* Macht das unvermeidliche Mittel und Machtstreben daher eine der treibenden Kräfte aller Politik ist, gibt es keine verderblichere Verzerrung der politischen Kraft, als das parvenümäßige Bramarbasieren mit Macht und die eitle Selbstbespiegelung in dem Gefühl der Macht, überhaupt jede Anbetung der Macht rein als solcher. Der bloße „Machtpolitiker", wie ihn ein auch bei uns eifrig betriebener Kult zu verklären sucht, mag stark wirken, aber er wirkt in der Tat ins Leere und Sinnlose. Darin haben die Kritiker der „Machtpolitik" vollkommen recht. An dem plötzlichen inneren Zusammenbruch typischer Träger dieser Gesinnung haben wir erleben können, welche innere Schwäche und Ohnmacht sich hinter dieser protzigen, aber gänzlich leeren Geste verbirgt. Sie ist Produkt einer höchst dürftigen und oberflächlichen Blasiertheit gegenüber dem *Sinn* menschlichen Handelns, welche keinerlei Verwandtschaft hat mit dem Wissen um die Tragik, in die alles Tun, zumal aber das politische Tun, in Wahrheit verflochten ist.

Es ist durchaus wahr und eine – jetzt hier nicht näher zu begründende – Grundtatsache aller Geschichte, daß das schließliche Resultat politischen Handelns oft, nein: geradezu regelmäßig, in völlig unadäquatem, oft in geradezu paradoxem Verhältnis zu seinem ursprünglichen Sinn steht. Aber deshalb darf dieser Sinn: der Dienst an einer *Sache*, doch nicht etwa fehlen, wenn anders das Handeln inneren Halt haben soll. *Wie* die Sache auszusehen hat, in deren Dienst der Politiker Macht erstrebt und Macht verwendet, ist Glaubenssache. Er kann nationalen oder menschheitlichen, sozialen und ethischen oder kulturlichen, innerweltlichen oder religiösen Zielen dienen, er kann getragen sein von starkem Glauben an den „Fortschritt" – gleichviel in welchem Sinn – oder aber diese Art von Glauben kühl ablehnen, kann im Dienst einer „Idee" zu stehen beanspruchen oder unter prinzipieller Ablehnung dieses Anspruches äußeren Zielen des Alltagslebens dienen wollen, – immer muß irgendein Glaube *da* sein. Sonst lastet in der Tat – das ist völlig richtig – der Fluch kreatürlicher Nichtigkeit auch auf den äußerlich stärksten politischen Erfolgen.

Mit dem Gesagten sind wir schon in der Erörterung des letzten uns heute abend angehenden Problems begriffen: des *Ethos* der Politik als „Sache". Welchen Beruf kann sie selbst, ganz unabhängig von ihren Zielen, innerhalb der sittlichen Gesamtökonomie der Lebensführung ausfüllen? Welches ist, sozusagen, der ethische Ort, an dem sie beheimatet ist? Da stoßen nun freilich letzte Weltanschauungen aufeinander, zwischen denen schließlich *gewählt* werden muß. Gehen wir resolut an das neuerdings wieder – nach meiner Ansicht in recht verkehrter Art – aufgerollte Problem heran.

Befreien wir es aber zunächst von einer ganz trivialen Verfälschung. Es kann nämlich zunächst die Ethik auftreten in einer sittlich höchst fatalen Rolle. Nehmen wir Beispiele. Sie werden selten finden, daß ein Mann, dessen Liebe sich von einer Frau ab- und einer anderen zuwendet, nicht das Bedürfnis empfindet, dies dadurch vor sich selbst zu legitimieren, daß er sagt: sie war meiner Liebe nicht wert, oder sie hat mich enttäuscht, oder was dergleichen „Gründe" mehr sind. Eine Unritterlichkeit, die zu dem schlichten Schicksal: daß er sie nicht mehr liebt, und daß die Frau das tragen muß, in tiefer Unritterlichkeit sich eine „Legitimität" hinzudichtet, kraft deren er für sich ein Recht in Anspruch nimmt und zu dem Unglück noch das Unrecht auf sie zu wälzen trachtet. Ganz ebenso verfährt der erfolgreiche erotische Konkurrent: der Gegner muß der wertlosere sein, sonst wäre er nicht unterlegen. Nichts anderes ist es aber selbstverständlich, wenn nach irgendeinem siegreichen Krieg der Sieger in würdeloser Rechthaberei beansprucht: ich siegte, denn ich hatte recht. Oder, wenn jemand unter den Fürchterlichkeiten des Krieges seelisch zusammenbricht und nun, anstatt schlicht zu sagen, es war eben zu viel, jetzt das Bedürfnis empfindet, seine Kriegsmüdigkeit vor sich selbst zu legitimieren, indem er die Empfindung substituiert: ich konnte das deshalb nicht ertragen, weil ich für eine sittlich schlechte Sache fechten mußte. Und ebenso bei dem im Kriege Besiegten. Statt nach alter Weiber Art nach einem Kriege nach dem „Schuldigen" zu suchen – wo doch die Struktur der Gesellschaft den Krieg erzeugte –, wird jede männliche und herbe Haltung dem Feinde sagen „Wir verloren den Krieg, – ihr habt ihn gewonnen. Das ist nun erledigt: nun laßt uns darüber reden, welche Konsequenzen zu ziehen sind entsprechend den *sachlichen* Interessen, die im Spiel waren, und – die Hauptsache – angesichts der Verantwortung vor der *Zukunft*, die vor allem den Sieger belastet." Alles andere ist würdelos und rächt sich. Verletzung ihrer Interessen verzeiht eine Nation, nicht aber Verletzung ihrer Ehre, am wenigsten eine solche durch pfäffische Rechthaberei. Jedes neue Dokument, das nach Jahrzehnten ans Licht kommt, läßt das würdelose Gezeter, den Haß und Zorn wieder aufleben, statt daß der Krieg mit seinem Ende wenigstens *sittlich* begraben würde. Das ist nur durch Sachlichkeit und Ritterlichkeit, vor allem nur: durch *Würde* möglich, Nie aber durch eine „Ethik", die in Wahrheit eine Würdelosigkeit beider Seiten bedeutet. Anstatt sich um das zu kümmern, was den Politiker angeht: die

Zukunft und die Verantwortung vor ihr, befaßt sie sich mit politisch sterilen, weil unaustragbaren Fragen der Schuld in der Vergangenheit. *Dies* zu tun, ist politische Schuld, wenn es irgendeine gibt. Und dabei wird überdies die unvermeidliche Verfälschung des ganzen Problems durch sehr materielle Interessen übersehen: Interessen des Siegers am höchstmöglichen Gewinn – moralischen und materiellen –, Hoffnungen des Besiegten darauf, durch Schuldbekenntnisse Vorteile einzuhandeln: wenn es irgend etwas gibt, was „*gemein*" ist, dann dies, und das ist die Folge dieser Art von Benutzung der „Ethik" als Mittel des „Rechthabens".

Wie steht es denn aber mit der wirklichen Beziehung zwischen *Ethik und Politik*? Haben sie, wie man gelegentlich gesagt hat, gar nichts miteinander zu tun? Oder ist es umgekehrt richtig, daß „dieselbe" Ethik für das politische Handeln wie für jedes andere gelte? Man hat zuweilen geglaubt, zwischen diesen beiden Behauptungen bestehe eine ausschließliche Alternative; entweder die eine oder die andere sei richtig. Aber ist es denn wahr: daß für erotische und geschäftliche, familiäre und amtliche Beziehungen, für die Beziehungen zu Ehefrau, Gemüsefrau, Sohn, Konkurrenten, Freund, Angeklagten die inhaltlich *gleichen* Gebote von irgendeiner Ethik der Welt aufgestellt werden könnten? Sollte es wirklich für die ethischen Anforderungen an die Politik so gleichgültig sein, daß diese mit einem sehr spezifischen Mittel: Macht, hinter der *Gewaltsamkeit* steht, arbeitet? Sehen wir nicht, daß die bolschewistischen und spartakistischen Ideologen, eben weil sie dieses Mittel der Politik anwenden, genau die *gleichen* Resultate herbeiführen wie irgendein militaristischer Diktator? Wodurch als eben durch die Person der Gewalthaber und ihren Dilettantismus unterscheidet sich die Herrschaft der Arbeiter- und Soldatenräte von der eines beliebigen Machthabers des alten Regimes? Wodurch die Polemik der meisten Vertreter der vermeintlich neuen Ethik selbst gegen die von ihnen kritisierten Gegner von der irgendwelcher anderer Demagogen? Durch die edle Absicht!, wird gesagt werden. Gut. Aber das Mittel ist es, wovon hier die Rede ist, und den Adel ihrer letzten Absichten nehmen die befehdeten Gegner mit voller subjektiver Ehrlichkeit ganz ebenso für sich in Anspruch. „Wer zum Schwert greift, wird durch das Schwert umkommen", und Kampf ist überall Kampf. Also: – die Ethik der *Bergpredigt*? Mit der Bergpredigt – gemeint ist: die absolute Ethik des Evangeliums – ist es eine ernstere Sache, als die glauben, die diese Gebote heute gern zitieren. Mit ihr ist nicht zu spaßen. Von ihr gilt, was man von der Kausalität in der Wissenschaft gesagt hat: sie ist kein Fiaker, den man beliebig halten lassen kann, um nach Befinden ein- und auszusteigen. Sondern: ganz *oder* gar nicht, *das* gerade ist ihr Sinn, wenn etwas anderes als Trivialitäten herauskommen soll. Also z.B. der reiche Jüngling: „Er aber ging traurig davon, denn er hatte viele Güter." Das evangelische Gebot ist unbedingt und eindeutig: gib her, was du hast – *alles*, schlechthin. Der Politiker wird sagen: eine sozial sinnlose Zumutung, solange es nicht für *alle* durchgesetzt wird. Also: Besteuerung, Wegsteuerung, Konfiskation, – mit einem Wort: Zwang und Ordnung gegen *alle*. Das ethische Gebot aber fragt danach *gar nicht*, das ist sein Wesen. Oder: „Halte den anderen Backen hin!" Unbedingt, ohne zu fragen, wieso es dem anderen zukommt, zu schlagen. Eine Ethik der Würdelosigkeit – außer: für einen Heiligen. Das ist es: man muß ein Heiliger sein in *allem*, zum mindesten dem Wollen nach, muß leben wie Jesus, die Apostel, der heilige Franz und seinesgleichen, *dann* ist diese Ethik sinnvoll und Ausdruck einer Würde. *Sonst nicht*. Denn wenn es in Konsequenz der akosmistischen Liebesethik heißt: „dem Übel nicht widerstehen mit Gewalt", – so gilt für den Politiker umgekehrt der Satz: du *sollst* dem Übel gewaltsam widerstehen, sonst – bist du für seine Überhandnahme *verantwortlich*. Wer nach der Ethik des Evangeliums handeln will, der enthalte sich der Streiks – denn sie sind: Zwang – und gehe in die gelben Gewerkschaften. Er rede aber vor allen Dingen nicht von „Revolution". Denn jene Ethik will doch wohl nicht lehren: daß gerade der Bürgerkrieg der einzig legitime Krieg sei. Der nach dem Evangelium handelnde Pazifist wird die Waffen ablehnen oder fortwerfen, wie es in Deutschland empfohlen wurde, als ethische Pflicht, um dem Krieg und damit: jedem Krieg, ein Ende zu machen. Der Politiker wird sagen: das einzig sichere Mittel, den Krieg für alle *absehbare* Zeit zu diskreditieren, wäre ein Statusquo-Friede gewesen. Dann hätten sich die Völker gefragt: wozu war der Krieg? Er wäre ad absurdum geführt gewesen, – was jetzt nicht möglich ist. Denn für die Sieger – mindestens für einen Teil von ihnen – wird er sich politisch rentiert haben. Und dafür ist jenes Verhalten verantwortlich, das uns jeden Widerstand unmöglich machte. Nun wird – wenn die Ermattungsepoche vorbei sein wird – *der Frieden diskreditiert sein, nicht der Krieg*: eine Folge der absoluten Ethik.

Endlich: die Wahrheitspflicht. Sie ist für die absolute Ethik unbedingt. Also, hat man gefolgert: Publikation aller, vor allem der das eigene Land belastenden Dokumente und auf Grund dieser einseitigen Publikation: Schuldbekenntnis, einseitig, bedingungslos, ohne Rücksicht auf die Folgen. Der Politiker wird finden, daß im Erfolg dadurch die Wahrheit nicht gefördert, sondern durch

Mißbrauch und Entfesselung von Leidenschaft sicher verdunkelt wird; daß nur eine allseitige planmäßige Feststellung durch Unparteiische Frucht bringen könnte, jedes andere Vorgehen für die Nation, die derartig verfährt, Folgen haben kann, die in Jahrzehnten nicht wieder gutzumachen sind. Aber nach „Folgen" *fragt* eben die absolute Ethik nicht.

Da liegt der entscheidende Punkt. Wir müssen uns klarmachen, daß alles ethisch orientierte Handeln unter *zwei* voneinander grundverschiedenen, unaustragbar gegensätzlichen Maximen stehen kann: es kann „gesinnungsethisch" oder „verantwortungsethisch" orientiert sein. Nicht daß Gesinnungsethik mit Verantwortungslosigkeit und Verantwortungsethik mit Gesinnungslosigkeit identisch wäre. Davon ist natürlich keine Rede. Aber es ist ein abgrundtiefer Gegensatz, ob man unter der gesinnungsethischen Maxime handelt – religiös geredet: „Der Christ tut recht und stellt den Erfolg Gott anheim" –, *oder* unter der verantwortungsethischen: daß man für die (voraussehbaren) *Folgen* seines Handelns aufzukommen hat. Sie mögen einem überzeugten gesinnungsethischen Syndikalisten noch so überzeugend darlegen: daß die Folgen seines Tuns die Steigerung der Chancen der Reaktion, gesteigerte Bedrückung seiner Klasse, Hemmung ihres Aufstiegs sein werden, – und es wird auf ihn gar keinen Eindruck machen. Wenn die Folgen einer aus reiner Gesinnung fließenden Handlung üble sind, so gilt ihm nicht der Handelnde, sondern die Welt dafür verantwortlich, die Dummheit der anderen Menschen oder – der Wille des Gottes, der sie so schuf. Der Verantwortungsethiker dagegen rechnet mit eben jenen durchschnittlichen Defekten der Menschen, – er hat, wie *Fichte* richtig gesagt hat, gar kein Recht, ihre Güte und Vollkommenheit vorauszusetzen, er fühlt sich nicht in der Lage, die Folgen eigenen Tuns, soweit er sie voraussehen konnte, auf andere abzuwälzen. Er wird sagen: diese Folgen werden meinem Tun zugerechnet. „Verantwortlich" fühlt sich der Gesinnungsethiker nur dafür, daß die Flamme der reinen Gesinnung, die Flamme z.B. des Protestes gegen die Ungerechtigkeit der sozialen Ordnung, nicht erlischt. Sie stets neu anzufachen, ist der Zweck seiner, vom möglichen Erfolg her beurteilt, ganz irrationalen Taten, die nur exemplarischen Wert haben können und sollen.

Aber auch damit ist das Problem noch nicht zu Ende. Keine Ethik der Welt kommt um die Tatsache herum, daß die Erreichung „guter" Zwecke in zahlreichen Fällen daran gebunden ist, daß man sittlich bedenkliche oder mindestens gefährliche Mittel und die Möglichkeit oder auch die

Wahrscheinlichkeit übler Nebenerfolge mit in den Kauf nimmt, und keine Ethik der Welt kann ergeben: wann und in welchem Umfang der ethisch gute Zweck die ethisch gefährlichen Mittel und Nebenerfolge „heiligt".

Für die Politik ist das entscheidende Mittel: die Gewaltsamkeit, und wie groß die Tragweite der Spannung zwischen Mittel und Zweck, ethisch angesehen, ist, mögen Sie daraus entnehmen, daß, wie jedermann weiß, sich die revolutionären Sozialisten (Zimmerwalder Richtung) schon während des Krieges zu dem Prinzip bekannten, welches man dahin prägnant formulieren könnte: „Wenn wir vor der Wahl stehen, entweder noch einige Jahre Krieg und dann Revolution oder jetzt Friede und keine Revolution, so wählen wir: noch einige Jahre Krieg!" Auf die weitere Frage: „Was kann diese Revolution mit sich bringen?", würde jeder wissenschaftlich geschulte Sozialist geantwortet haben: daß von einem Übergang zu einer Wirtschaft, die man sozialistisch nennen könne in *seinem* Sinne, keine Rede sei, sondern daß eben wieder eine Bourgeoisiewirtschaft entstehen würde, die nur die feudalen Elemente und dynastischen Reste abgestreift haben könnte. – Für dies bescheidene Resultat also: „noch einige Jahre Krieg"! Man wird doch wohl sagen dürfen, daß man hier auch bei sehr handfest sozialistischer Überzeugung den Zweck ablehnen könne, der derartige Mittel erfordert. Beim Bolschewismus und Spartakismus, überhaupt bei jeder Art von revolutionärem Sozialismus, liegt aber die Sache genau ebenso, und es ist natürlich höchst lächerlich, wenn von dieser Seite die „Gewaltpolitiker" des alten Regimes wegen der Anwendung des gleichen Mittels *sittlich* verworfen werden, – so durchaus berechtigt die Ablehnung ihrer *Ziele* sein mag.

Hier, an diesem Problem der Heiligung der Mittel durch den Zweck, scheint nun auch die Gesinnungsethik überhaupt scheitern zu müssen. Und in der Tat hat sie logischerweise nur die Möglichkeit: *jedes* Handeln, welches sittlich gefährliche Mittel anwendet, zu *verwerfen*. Logischerweise. In der Welt der Realitäten machen wir freilich stets erneut die Erfahrung, daß der Gesinnungsethiker plötzlich umschlägt in den chiliastischen Propheten, daß z.B. diejenigen, die soeben „Liebe gegen Gewalt" gepredigt haben, im nächsten Augenblick zur Gewalt aufrufen, – zur *letzten* Gewalt, die dann den Zustand der Vernichtung *aller* Gewaltsamkeit bringen würde, – wie unsere Militärs den Soldaten bei jeder Offensive sagten: es sei die letzte, sie werde den Sieg und dann den Frieden bringen. Der Gesinnungsethiker erträgt die ethische Irrationalität der Welt nicht. Er ist kosmisch-ethischer „Rationalist". Sie erinnern sich, jeder von Ihnen, der Dostjewskij kennt, der Szene mit dem Großinquisitor, wo das Problem treffend auseinandergelegt ist. Es ist nicht möglich, Gesinnungsethik und Verantwortungsethik unter einen Hut zu bringen oder ethisch zu dekretieren: welcher Zweck *welches* Mittel heiligen solle, wenn man diesem Prinzip überhaupt irgendwelche Konzessionen macht.

Der von mir der zweifellosen Lauterkeit seiner Gesinnung nach persönlich hochgeschätzte, als Politiker freilich unbedingt abgelehnte Kollege f. W. Foerster glaubt, in seinem Buch um die Schwierigkeit herumzukommen durch die einfache These: aus Gutem kann nur Gutes, aus Bösem nur Böses folgen. Dann existierte freilich diese ganze Problematik nicht. Aber es ist doch erstaunlich, daß 2500 Jahre nach den Upanishaden eine solche These noch das Licht der Welt erblicken konnte. Nicht nur der ganze Verlauf der Weltgeschichte, sondern jede rückhaltlose Prüfung der Alltagserfahrung sagt ja das Gegenteil. Die Entwicklung aller Religionen der Erde beruht ja darauf, daß das Gegenteil wahr ist. Das uralte Problem der Theodizee ist ja die Frage: Wie kommt es, daß eine Macht, die als zugleich allmächtig und gütig hingestellt wird, eine derartig irrationale Welt des unverdienten Leidens, des ungestraften Unrechts und der unverbesserlichen Dummheit hat erschaffen können? Entweder ist sie das eine nicht oder das andere nicht, oder es regieren gänzlich andere Ausgleichs- und Vergeltungsprinzipien das Leben, solche, die wir metaphysisch deuten können, oder auch solche, die unserer Deutung für immer entzogen sind. Dies Problem: die Erfahrung von der Irrationalität der Welt war ja die treibende Kraft aller Religionsentwicklung. Die indische Karmanlehre und der persische Dualismus, die Erbsünde, die Prädestination und der Deus absconditus sind alle aus dieser Erfahrung herausgewachsen. Auch die alten Christen wußten sehr genau, daß die Welt von Dämonen regiert sei, und daß, wer mit der Politik, das heißt: mit Macht und Gewaltsamkeit als Mitteln, sich einläßt, mit diabolischen Mächten einen Pakt schließt, und daß für sein Handeln es *nicht* wahr ist: daß aus Gutem nur Gutes, aus Bösem nur Böses kommen könne, sondern oft das Gegenteil. Wer das nicht sieht, ist in der Tat politisch ein Kind.

Die religiöse Ethik hat sich mit der Tatsache, daß wir in verschiedene, untereinander verschiedenen Gesetzen unterstehende Lebensordnungen hineingestellt sind, verschieden abgefunden. Der hellenische Polytheismus opferte der Aphrodite ebenso wie der Hera, dem Dionysos wie dem Apollon und wußte: sie lagen untereinander nicht selten im Streit. – Die hinduistische

Lebensordnung machte jeden der verschiedenen Berufe zum Gegenstand eines besonderen ethischen Gesetzes, eines Dharma, und schied sie kastenmäßig für immer voneinander, stellte sie dabei in eine feste Ranghierarchie, aus der es für den hierin Geborenen kein Entrinnen gab, außer in der Wiedergeburt im nächsten Leben, und stellte sie dadurch in verschieden große Distanz zu den höchsten religiösen Heilsgütern. So war es ihr möglich, das Dharma jeder einzelnen Kaste, von den Asketen und Brahmanen bis zu den Spitzbuben und Dirnen, den immanenten Eigengesetzlichkeiten des Berufs entsprechend auszubauen. Darunter auch Krieg und Politik. Die Einordnung des Krieges in die Gesamtheit der Lebensordnungen finden Sie vollzogen im Bhaga vadgîtâ, in der Unterredung zwischen Krishna und Arjuna. „Tue das notwendige" – das heißt das nach dem Dharma der Kriegerkaste und ihren Regeln pflichtmäßige, dem Kriegszweck entsprechend sachlich notwendige – „Werk": das schädigt das religiöse Heil nach diesem Glauben nicht, sondern dient ihm. Indras Himmel war dem indischen Krieger beim Heldentod von jeher ebenso sicher wie Walhall dem Germanen. Nirvâna aber hätte jener ebenso verschmäht, wie dieser das christliche Paradies mit seinen Engelchören. Diese Spezialisierung der Ethik ermöglichte der indischen Ethik eine gänzlich ungebrochene, nur den Eigengesetzen der Politik folgende, ja diese radikal steigernde Behandlung dieser königlichen Kunst. Der wirklich radikale „Macchiavellismus" im populären Sinn dieses Wortes ist in der indischen Literatur im Arthashâstra des Kautilya (lange vorchristlich, angeblich aus Chandraguptas Zeit) klassisch vertreten; dagegen ist Macchiavellis "Principe" harmlos. – In der katholischen Ethik, der Professor Foerster sonst nahesteht, sind bekanntlich die „consilia evangelica" eine Sonderethik für die mit dem Charisma des heiligen Lebens Begabten. Da steht neben dem Mönch, der kein Blut vergießen und keinen Erwerb suchen darf, der fromme Bitter und Bürger, die, der eine dies, der andere jenes, dürfen. Die Abstufung der Ethik und ihre Einfügung in einen Organismus der Heilslehre ist minder konsequent als in Indien, mußte und durfte dies auch nach den christlichen Glaubensvoraussetzungen sein. Die erbsündliche Verderbtheit der Welt gestattete eine Einfügung der Gewaltsamkeit in die Ethik als Zuchtmittel gegen die Sünde und die seelengefährdenden Ketzer relativ leicht. – Die rein gesinnungsethischen, akosmistischen Forderungen der Bergpredigt aber und das darauf ruhende religiöse Naturrecht als absolute Forderung behielten ihre revolutionierende Gewalt und traten in fast allen Zeiten sozialer Erschütterung mit elementarer Wucht auf den Plan. Sie schufen insbesondere die radikal-pazifistischen Sekten, deren eine in Pennsylvanien das Experiment eines nach außen gewaltlosen Staatswesens machte, – tragisch in seinem Verlauf insofern, als die Quäker, als der Unabhängigkeitskrieg ausbrach, für ihre Ideale, die er vertrat, nicht mit der Waffe eintreten konnten. – Der normale Protestantismus dagegen legitimierte den Staat, also: das Mittel der Gewaltsamkeit, als göttliche Einrichtung absolut und den legitimen Obrigkeitsstaat insbesondere. Die ethische Verantwortung für den Krieg nahm Luther dem Einzelnen ab und wälzte sie auf die Obrigkeit, der zu gehorchen in anderen Dingen als Glaubenssachen niemals schuldhaft sein konnte. – Der Kalvinismus wieder kannte prinzipiell die Gewalt als Mittel der Glaubensverteidigung, also den Glaubenskrieg, der im Islam von Anfang an Lebenselement war. – Man sieht: es ist durchaus *nicht* moderner, aus dem Heroenkult der Renaissance geborener Unglaube, der das Problem der politischen Ethik aufwirft. Alle Religionen haben damit gerungen, mit höchst verschiedenem Erfolg, – und nach dem Gesagten konnte es auch nicht anders sein. Das spezifische Mittel der *legitimen Gewaltsamkeit* rein als solches in der Hand menschlicher Verbände ist es, was die Besonderheit aller ethischen Probleme der Politik bedingt.

Wer immer mit diesem Mittel paktiert, zu welchen Zwecken immer – und jeder Politiker tut das –, der ist seinen spezifischen Konsequenzen ausgeliefert. In besonders hohem Maß ist es der Glaubenskämpfer, der religiöse wie der revolutionäre. Nehmen wir getrost die Gegenwart als Beispiel an. Wer die absolute Gerechtigkeit auf Erden mit *Gewalt* herstellen will, der bedarf dazu der Gefolgschaft: des menschlichen „Apparates“. Diesem muß er die nötigen inneren und äußeren Prämien – himmlischen oder irdischen Lohn – in Aussicht stellen, sonst funktioniert er nicht. Also innere: unter der Bedingung des modernen Klassenkampfes, Befriedigung des Hasses und der Rachsucht, vor allem: des Ressentiments und des Bedürfnisses nach pseudoethischer Rechthaberei, also des Verlästerungs- und Verketzerungsbedürfnisses gegen die Gegner. Äußere: Abenteuer, Sieg, Beute, Macht und Pfründen. Von dem Funktionieren dieses seines Apparates ist der Führer in seinem Erfolg völlig abhängig. Daher auch von *dessen* – nicht: von seinen eigenen – Motiven. Davon also, daß der Gefolgschaft: der roten Garde, den Spitzeln, den Agitatoren, deren er bedarf, jene Prämien *dauernd* gewährt werden können. Was er unter solchen Bedingungen seines Wirkens tatsächlich erreicht, steht daher nicht in seiner Hand, sondern ist ihm vorgeschrieben durch jene ethisch überwiegend gemeinen Motive des Handelns seiner Gefolgschaft, die nur im Zaum gehalten werden, solange ehrlicher Glaube an seine Person und seine Sache wenigstens einen Teil der Genossenschaft: wohl nie auf Erden auch nur die Mehrzahl, beseelt. Aber nicht nur ist dieser Glaube, auch wo er subjektiv ehrlich ist, in einem sehr großen Teil der Fälle in Wahrheit nur die ethische „Legitimierung" der Rache-, Macht-, Beute- und Pfründensucht: – darüber lassen wir uns nichts vorreden, denn die materialistische Geschichtsdeutung ist auch kein beliebig zu besteigender Fiaker und macht vor den Trägern von Revolutionen nicht halt! –, sondern vor allem: der traditionalistische *Alltag* kommt nach der emotionalen Revolution, der Glaubensheld und vor allem der Glaube selbst schwindet oder wird – was noch wirksamer ist – Bestandteil der konventionellen Phrase der politischen Banausen und Techniker. Diese Entwicklung vollzieht sich gerade beim Glaubenskampf besonders schnell, weil er von echten *Führern:* Propheten der Revolution, geleitet oder inspiriert zu werden pflegt. Denn wie bei jedem Führerapparat, so auch hier, ist die Entleerung und Versachlichung, die seelische Proletarisierung im Interesse der „Disziplin", eine der Bedingungen des Erfolges. Die herrschend gewordene Gefolgschaft eines Glaubenskämpfers pflegt daher besonders leicht in eine ganz gewöhnliche Pfründnerschicht zu entarten.

Wer Politik überhaupt und wer vollends Politik als Beruf betreiben will, hat sich jener ethischen Paradoxien und seiner Verantwortung für das, was aus *ihm selbst* unter ihrem Druck werden kann, bewußt zu sein. Er läßt sich, ich wiederhole es, mit den diabolischen Mächten ein, die in jeder Gewaltsamkeit lauern. Die großen Virtuosen der akosmistischen Menschenliebe und Güte, mochten sie aus Nazareth oder aus Assisi oder aus indischen Königsschlössern stammen, haben nicht mit dem politischen Mittel: der Gewalt, gearbeitet, ihr Reich war „nicht von dieser Welt", und doch wirkten und wirken sie in dieser Welt, und die Figuren des Platon Karatajew und der Dostojewkijschen Heiligen sind immer noch ihre adäquatesten Nachkonstruktionen. Wer das Heil seiner Seele und die Rettung anderer Seelen sucht, der sucht das nicht auf dem Wege der Politik, die ganz andere Aufgaben hat: solche, die nur mit Gewalt zu lösen sind. Der Genius oder Dämon der Politik lebt mit dem Gott der Liebe, auch mit dem Christengott in seiner kirchlichen Ausprägung, in einer inneren Spannung, die jederzeit in unaustragbarem Konflikt ausbrechen kann. Das wußten die Menschen auch in den Zeiten der Kirchenherrschaft. Wieder und wieder lag das Interdikt – und das bedeutete damals eine für die Menschen und ihr Seelenheil weit massivere Macht als die (mit Fichte zu reden) „kalte Billigung" des kantianischen ethischen Urteils – auf Florenz, die Bürger aber fochten gegen den Kirchenstaat. Und mit Bezug auf solche Situationen läßt Macchiavelli an einer schönen Stelle, irre ich nicht: der Florentiner Geschichten, einen seiner Helden jene Bürger preisen, denen die Größe der Vaterstadt höher stand als das Heil ihrer Seele.

Wenn Sie statt Vaterstadt oder „Vaterland“, was ja zur Zeit nicht jedem ein eindeutiger Wert sein mag, sagen: „die Zukunft des Sozialismus“ oder auch der „internationalen Befriedung“, – dann haben Sie das Problem in der Art, wie es jetzt liegt. Denn das alles, erstrebt durch *politisches* Handeln, welches mit gewaltsamen Mitteln und auf dem Wege der Verantwortungsethik arbeitet, gefährdet das „Heil der Seele“. Wenn ihm aber mit reiner Gesinnungsethik im Glaubenskampf nachgejagt wird, dann kann es Schaden leiden und diskreditiert werden auf Generationen hinaus, weil die Verantwortung für die *Folgen* fehlt. Denn dann bleiben dem Handelnden jene diabolischen Mächte, die im Spiel sind, unbewußt. Sie sind unerbittlich und schaffen Konsequenzen für sein Handeln, auch für ihn selbst innerlich, denen er hilflos preisgegeben ist, wenn er sie nicht sieht. „Der Teufel, der ist alt.“ Und nicht die Jahre, nicht das Lebensalter ist bei dem Satz gemeint: „so werdet alt, ihn zu verstehen“. Mit dem Datum des Geburtsscheines bei Diskussionen überstochen zu werden, habe auch ich mir nie gefallen lassen; aber die bloße Tatsache, daß einer 20 Jahre zählt und ich über 50 bin, kann mich schließlich auch nicht veranlassen zu meinen, das allein wäre eine Leistung, vor der ich in Ehrfurcht ersterbe. Nicht das Alter macht es. Aber allerdings: die geschulte Rücksichtslosigkeit des Blickes in die Realitäten des Lebens, und die Fähigkeit, sie zu ertragen und ihnen innerlich gewachsen zu sein.

Wahrlich: Politik wird zwar mit dem Kopf, aber ganz gewiß nicht *nur* mit dem Kopf gemacht. Darin haben die Gesinnungsethiker durchaus recht. Ob man aber als Gesinnungsethiker oder als Verantwortungsethiker handeln *soll*, und wann das eine und das andere, darüber kann man niemandem Vorschriften machen. Nur eins kann man sagen: wenn jetzt in diesen Zeiten einer, wie Sie glauben, *nicht* “sterilen“ Aufgeregtheit – aber Aufgeregtheit ist eben doch und durchaus nicht immer echte Leidenschaft –, wenn da *plötzlich* die Gesinnungspolitiker massenhaft in das Kraut schießen mit der Parole: „Die Welt ist dumm und gemein, nicht ich; die Verantwortung für die Folgen trifft nicht mich, sondern die andern, in deren Dienst ich arbeite, und deren Dummheit oder Gemeinheit ich ausrotten werde“, so sage ich offen: daß ich zunächst einmal nach dem Maße des *inneren Schwergewichts* frage, das hinter dieser

Gesinnungsethik steht, und den Eindruck habe: daß ich es in neun von zehn Fällen mit Windbeuteln zu tun habe, die nicht real fühlen, was sie auf sich nehmen, sondern sich an romantischen Sensationen berauschen. Das interessiert mich menschlich nicht sehr und erschüttert mich ganz und gar nicht. Während es unermeßlich erschütternd ist, wenn ein *reifer* Mensch einerlei ob alt oder jung an Jahren –, der diese Verantwortung für die Folgen real und mit voller Seele empfindet und verantwortungsethisch handelt, an irgendeinem Punkte sagt: „Ich kann nicht anders, hier stehe ich." Das ist etwas, was menschlich echt ist und ergreift. Denn diese Lage muß freilich für *jeden* von uns, der nicht innerlich tot ist, irgendwann eintreten *können*. Insofern sind Gesinnungsethik und Verantwortungsethik nicht absolute Gegensätze, sondern Ergänzungen, die zusammen erst den echten Menschen ausmachen, den, der den „Beruf zur Politik" haben *kann*.

Und nun, verehrte Anwesende, wollen wir uns nach *zehn Jahren* über diesen Punkt einmal wieder sprechen. Wenn dann, wie ich leider befürchten muß, aus einer ganzen Reihe von Gründen, die Zeit der Reaktion längst hereingebrochen und von dem, was gewiß viele von Ihnen und, wie ich offen gestehe, auch ich gewünscht und gehofft haben, wenig, vielleicht nicht gerade nichts, aber wenigstens dem Scheine nach wenig in Erfüllung gegangen ist – das ist sehr wahrscheinlich, es wird mich nicht zerbrechen, aber es ist freilich eine innerliche Belastung, das zu wissen –, dann wünschte ich wohl zu sehen, was aus denjenigen von Ihnen, die jetzt sich als echte „Gesinnungspolitiker" fühlen und an dem Rausch teilnehmen, den diese Revolution bedeutet, – was aus denen im inneren Sinne des Wortes „geworden" ist. Es wäre ja schön, wenn die Sache so wäre, daß dann *Shakespeares* 102. Sonett gelten würde:

> Damals war Lenz und unsere Liebe grün,
> Da grüßt' ich täglich sie mit meinem Sang,
> So schlägt die Nachtigall in Sommers Blühn –
> Und schweigt den Ton in reifrer Tage Gang.

Aber so ist die Sache nicht. Nicht das Blühen des Sommers liegt vor uns, sondern zunächst eine Polarnacht von eisiger Finsternis und Härte, mag äußerlich jetzt siegen welche Gruppe auch immer. Denn: wo nichts ist, da hat nicht nur der Kaiser, sondern auch der Proletarier sein Recht verloren. Wenn diese Nacht langsam weichen wird, wer wird dann von denen noch leben, deren Lenz jetzt scheinbar so üppig geblüht hat? Und was wird aus Ihnen allen dann innerlich geworden sein? Verbitterung oder Banausentum, einfaches stumpfes Hinnehmen der Welt und des Berufes oder, das dritte und nicht Seltenste: mystische Weltflucht bei denen, welche die Gabe dafür haben, oder – oft und übel – sie als Mode sich anquälen? In jedem solchen Fall werde ich die Konsequenz ziehen: die sind ihrem eigenen Tun *nicht* gewachsen gewesen, *nicht* gewachsen auch der Welt, so wie sie wirklich ist, und ihrem Alltag: sie haben den Beruf zur Politik, den sie für sich in sich glaubten, objektiv und tatsächlich im innerlichsten Sinn nicht gehabt. Sie hätten besser getan, die Brüderlichkeit schlicht und einfach von Mensch zu Mensch zu pflegen und im übrigen rein sachlich an ihres Tages Arbeit zu wirken.

Die Politik bedeutet ein starkes langsames Bohren von harten Brettern mit Leidenschaft und Augenmaß zugleich. Es ist ja durchaus richtig, und alle geschichtliche Erfahrung bestätigt es, daß man das Mögliche nicht erreichte, wenn nicht immer wieder in der Welt nach dem Unmöglichen gegriffen worden wäre. Aber der, der das tun kann, muß ein Führer und nicht nur das, sondern auch – in einem sehr schlichten Wortsinn – ein Held sein. Und auch die, welche beides nicht sind, müssen sich wappnen mit jener Festigkeit des Herzens, die auch dem Scheitern aller Hoffnungen gewachsen ist, jetzt schon, sonst werden sie nicht imstande sein, auch nur durchzusetzen, was heute möglich ist. Nur wer sicher ist, daß er daran nicht zerbricht, wenn die Welt, von seinem Standpunkt aus gesehen, zu dumm oder zu gemein ist für das, was er ihr bieten will, daß er all dem gegenüber: „dennoch!" zu sagen vermag, nur der hat den „Beruf" zur Politik.

Kürzere politische Schriften

Der Nationalstaat und die Volkswirtschaftspolitik

1895

Vorbemerkung

Nicht die Zustimmung, sondern der Widerspruch, welchen die nachstehenden Ausführungen bei vielen ihrer Hörer fanden, veranlaßten mich, sie zu veröffentlichen. Sachlich Neues werden sie Fachgenossen wie andern nur in Einzelheiten bringen, und in welchem speziellen Sinn allein sie den Anspruch auf das Prädikat der „Wissenschaftlichkeit" erheben, ergibt sich aus der Veranlassung ihres Entstehens. Eine Antrittsrede bietet eben Gelegenheit zur offenen Darlegung und Rechtfertigung des persönlichen und insoweit „subjektiven" Standpunktes bei der *Beurteilung* volkswirtschaftlicher Erscheinungen. Die Ausführungen S. 15 bis 18 (oben)hatte ich mit Rücksicht auf Zeit und Hörerkreis fortgelassen, andere mögen beim Sprechen eine andere Form angenommen haben. Zu den Darlegungen im Eingang ist zu bemerken, daß die Vorgänge hier naturgemäß wesentlich vereinfacht gegenüber der Wirklichkeit dargestellt werden. Die Zeit von 1871–1885 zeigt in den einzelnen Kreisen und Gemeinden Westpreußens keine einheitlichen, sondern charakteristisch wechselnde Bevölkerungsbewegungen, die keineswegs durchweg so durchsichtig sind wie die herausgegriffenen Beispiele. Die Tendenz, welche an diesen zu veranschaulichen versucht ist, wird in anderen Fällen durch andere Momente durchkreuzt. Darauf werde ich demnächst ausführlicher an anderem Ort zurückkommen. Daß die Resultate, welche diese Zahlen bieten können, auf unsichereren Füßen stehen als diejenigen, welche die verdienstlichen Veröffentlichungen mehrerer Schüler Neumanns uns über die Nationalitätsverhältnisse in Posen und Westpreußen geliefert haben, liegt auf der Hand. Aber in Ermangelung korrekten Materials müssen wir uns vorerst mit ihnen begnügen, zumal die Erscheinungen, welche sie veranschaulichen, uns in ihren Hauptzügen bereits aus den ländlichen Enqueten der letzten Jahre bekannt sind.

Freiburg, Mai 1895
Max Weber

Die Fassung meines Themas verspricht weit mehr, als ich heute halten kann und will. Was ich beabsichtige, ist zunächst: an *einem Beispiel* die Rolle zu veranschaulichen, welche die physischen und psychischen Rassendifferenzen zwischen Nationalitäten im ökonomischen Kampf ums Dasein spielen. Daran möchte ich einige Betrachtungen über die Stellung der auf nationaler Grundlage ruhenden Staatswesen – wie es das unsrige ist – im Rahmen der volkswirtschaftspolitischen Betrachtung knüpfen. – Ich wähle für jenes Beispiel einen Kreis von Vorgängen, die örtlich fern von uns sich abspielen, aber seit einem Jahrzehnt die öffentliche Aufmerksamkeit wiederholt erregt haben, – und bitte Sie, mir in die Ostmarken des Reiches, auf das platte Land der preußischen Provinz *Westpreußen* zu folgen. Dieser Schauplatz verbindet die Eigenschaft eines nationalen Grenzlandes mit ungewöhnlich schroffen Unterschieden der ökonomischen und sozialen Existenzbedingungen, und dies empfiehlt ihn für unseren Zweck. Ich kann leider nicht umhin, Ihre Geduld zunächst für eine Reihe trockener Daten in Anspruch zu nehmen.

Die Provinz umschließt in ihren Landdistrikten Gegensätze von dreierlei Art.

Zunächst außerordentliche Verschiedenheiten in der *Güte des Ackerbodens*: – von den Zuckerrübenböden der Weichselebene bis auf die sandige kassubische Höhe liegen Unterschiede in der Steuerreinertragsschätzung um das 10- und 20fache. Selbst die Kreisdurchschnitte schwanken zwischen 4 [3/4] und 33 [2/3] Mark pro Hektar.

Gegensätze ferner in der *sozialen Schichtung* der Bevölkerung, die diesen Boden bebaut. Wie im Osten überhaupt, kennen auch hier die amtlichen Aufnahmen neben der „Landgemeinde" eine zweite, dem Süden unbekannte Form der kommunalen Einheit: den „Gutsbezirk". Und dementsprechend heben sich im Landschaftsbilde zwischen den Dörfern der Bauern die Rittergüter ab – die Sitze der Klasse, welche dem Osten sein soziales Gepräge gibt: der Junker –, Herrenhöfe, umgeben von den einstöckigen Katen, welche der Gutsherr nebst Ackerstücken und Weide den Tagelöhnern anweist, die das Jahr über zur Arbeit auf dem Hofe verpflichtet sind. Etwa je zur Hälfte ist die Fläche der Provinz zwischen beide verteilt. Aber in den einzelnen Regionen schwankt der Anteil der Gutsbezirke von wenigen Prozenten bis zu zwei Dritteln der Fläche der Kreise.

Endlich innerhalb dieser dergestalt in zweifacher Art sozial geschichteten Bevölkerung der dritte Gegensatz: derjenige der *Nationalitäten*. Und auch die nationale Zusammensetzung der Bevölkerung der einzelnen Gemeindeeinheiten ist regional eine verschiedene. *Diese* Verschiedenheit ist es, welche uns interessiert. Dichter wird das Polentum zunächst – natürlich – mit Annäherung an die Grenze. Es nimmt aber ferner, wie jede Sprachenkarte zeigt, *zu* mit *ab*nehmender Güte des Bodens. Das wird man – nicht überall mit Unrecht zunächst – historisch erklären wollen aus der Art der deutschen Okkupation, welche zuerst das fruchtbare Weichseltal überflutete. Allein wenn man nun weiter fragt: welche *sozialen Schichten* sind auf dem Lande die Träger des Deutschtums und des Polentums?, – so zeigen uns die Ziffern der bisher zuletzt publizierten Bevölkerungsaufnahme von 1885 ein merkwürdiges Bild. Aus dieser Aufnahme können wir zwar die nationale Zusammensetzung der Gemeinden nicht direkt, wohl aber – wenn wir uns mit einer nur annähernden Richtigkeit der Ziffern zufrieden geben – indirekt entnehmen: durch das Mittelglied der Konfession, die innerhalb des für uns in Betracht kommenden national gemischten Gebietes mit der Nationalität bis auf wenige Prozente zusammentrifft. Scheiden wir die ökonomischen Kategorien der Bauerndörfer und der Rittergüter in den einzelnen Gegenden, indem wir sie, gleichfalls ungenau, mit den Kommunaleinheiten der Landgemeinden bzw. Gutsbezirke identifizieren, so zeigt sich, daß sie sich je nach der Bodengüte in bezug auf ihre nationale Zusammensetzung *entgegengesetzt* voneinander verhalten: in den fruchtbaren Kreisen sind die Katholiken, d.h. die *Polen*, relativ am stärksten auf den *Gütern* und die Evangelischen, d. h. die *Deutschen*, in den *Dörfern* zu finden, – und gerade umgekehrt steht es in den Kreisen mit schlechtem Boden. Faßt man z.B. die Kreise mit unter 5 Mark Durchschnittssteuerreinertrag pro Hektar zusammen, so sind in den Dörfern nur 35,5 %, auf den Gütern 50,2 % Evangelische, nimmt man dagegen die Kreisgruppe, welche 10 bis 15 Mark Durchschnittssteuerreinertrag pro Hektar umfaßt, so sind die Evangelischen in den Dörfern mit 60,7 %, auf den Gütern nur mit 42,1 % beteiligt. Wie kommt das? Warum sind in der Ebene die Güter, auf der Höhe die Dörfer die Sammelbecken des Polentums? Eins sieht man alsbald: *die Polen haben die Tendenz, sich in der ökonomisch und sozial niedrigst stehenden Schicht der Bevölkerung anzusammeln.* Auf den guten Böden, zumal der Weichselebene, stand der Bauer in seiner Lebenshaltung stets über dem Gutstagelöhner, auf den schlechten Böden dagegen, die rationell nur im Großen zu bewirtschaften waren, war das Rittergut der Träger der Kultur und damit des Deutschtums; die kümmerlichen Kleinbauern stehen dort in ihrer Lebenshaltung noch heute *unter* den Gutstagelöhnern. Wüßten wir das nicht ohnehin, – der Altersaufbau der Bevölkerung ließe es uns vermuten. Steigt man in den *Dörfern* von der Ebene zum Höhenrücken hinauf, so steigt der Anteil der Kinder unter 14 Jahren von 35–36 % mit abnehmender Bodengüte bis auf 40 bis 41 %, – und wenn man damit die *Güter* vergleicht, so ist in der Ebene der Anteil der Kinder größer als in den Dörfern, steigt nach der Höhe zu, aber langsamer als in den Dörfern, und bleibt *auf* derselben hinter ihnen zurück. Die große Kinderzahl heftet sich hier wie überall an die Fersen der niedrigen Lebenshaltung, welche die Erwägungen der Fürsorge für die Zukunft erstickt. – Wirtschaftliche Kultur, relative Höhe der Lebenshaltung und *Deutschtum* sind in Westpreußen identisch.

Und doch konkurrieren beide Nationalitäten seit Jahrhunderten auf demselben Boden unter wesentlich gleichen Chancen miteinander. Worin ist also jene Scheidung begründet? Man ist alsbald versucht, an eine auf physischen und psychischen Rassenqualitäten beruhende Verschiedenheit der *Anpassungsfähigkeit* der beiden Nationalitäten an die verschiedenen ökonomischen und sozialen Existenzbedingungen zu glauben. Und in der Tat ist dies der Grund, – der Beweis dafür liegt in der Tendenz, welche in der *Verschiebung* der Bevölkerung und der Nationalitäten zutage tritt und welche zugleich das Verhängnisvolle jener verschiedenen Anpassungsfähigkeit für das Deutschtum des Ostens erkennen läßt.

Es stehen uns zur Beobachtung der Verschiebungen in den einzelnen Gemeinden allerdings nur die Zahlen von 1871 bis 1885 zum Vergleich zur Verfügung, und diese lassen uns den Anfang einer Entwicklung erst undeutlich erkennen, die sich seither nach allem, was wir wissen, außerordentlich verstärkt fortsetzt. Die Deutlichkeit des Zahlenbildes leidet ja überdies naturgemäß durch die notgedrungene, aber nicht ganz genaue Gleichsetzung von Konfession und Nationalität einerseits, Verwaltungseinteilung und sozialer Gliederung andererseits. Allein trotzdem sehen wir das, worauf es ankommt, deutlich genug. – Die Landbevölkerung der Provinz, wie diejenige großer Teile des Ostens überhaupt, zeigte während des Zeitraumes von 1880 bis 1885 eine Tendenz zur *Abnahme*: in Westpreußen betrug sie 12 700 Köpfe, d.h., während die Bevölkerung des Reiches sich um etwa 3½ % vermehrt hat, verminderte sie sich um 1¼ %. Auch diese Erscheinung, wie die bisher besprochenen, verteilt sich aber ungleich: in manchen Kreisen steht ihr eine Zunahme der Landbevölkerung gegenüber. Und zwar ist die Art, *wie* sich beide verteilen, recht eigentümlich. Nehmen wir zunächst die verschiedenen Bodenqualitäten, so wird jeder vermuten: die Abnahme wird am stärksten die *schlechtesten* Böden betroffen haben, wo unter dem Druck der sinkenden Preise der Nahrungsspielraum zuerst zu eng werden mußte. Sieht man sich die Zahlen an, so zeigt; sich: das *Umgekehrte* ist der Fall; gerade eine Reihe der gesegnetsten Kreise: Stuhm und Marienwerder z.B. mit rund 15–17 Mark Durchschnittsreinertrag, hatten den stärksten *Abfluß*: 7–8 %, während auf der Höhe die Kreise Könitz, Tuchel mit 5–6 Mark Reinertrag mit die stärkste, schon seit 1871 konstante *Vermehrung* erlebten. Man sucht nach Erklärung und fragt zunächst: welche sozialen Schichten sind es, denen einerseits jener Abfluß entstammte, und denen andererseits diese Vermehrung zugute kam? Sieht man sich die Kreise mit starken Verminderungsziffern an: Stuhm, Marienwerder, Rosenberg, so sind es durchweg solche, in denen der *große Grundbesitz* besonders stark herrscht, und betrachtet man nun weiter die *Gutsbezirke* der ganzen Provinz zusammen, so kommen, obwohl sie 1880 auf derselben Bodenfläche ohnehin eine um zwei Drittel geringere Volkszahl aufwiesen als die Dörfer, doch fast ¾ der Verminderung der Landbevölkerung, über 9000 Köpfe, auf sie allein: ihre Bevölkerung hat um etwa 3¾ % abgenommen. Aber auch *innerhalb* der Güter ist diese Abnahme wieder verschieden verteilt, teilweise fand Zunahme statt, und wenn man die Gegenden mit starker Abnahme der Gutsbevölkerung aussondert, so zeigt sich: gerade die Güter auf *guten* Böden haben einen besonders starken Abfluß erlebt.

Die *Zunahme* der Bevölkerung dagegen, welche auf den schlechten Böden der Höhe stattfand, ist vornehmlich den *Dörfern* zugute gekommen, und gerade den Dörfern auf *schlechten* Böden am stärksten, im Gegensatz zu den Dörfern der Ebene. *Abnahme der Tagelöhner* der Güter auf den *besten* Böden, *Zunahme der Bauern* auf den *schlechten* also ist die Tendenz. Um was es sich dabei handelt, und wie das zu erklären ist, wird klar, wenn man schließlich auch hier fragt: wie sich die *Nationalitäten* zu diesen Verschiebungen verhalten.

Das Polentum im Osten schien in der ersten Hälfte des Jahrhunderts langsam und stetig zurückgedrängt zu werden, seit den 60er Jahren aber ist es, wie bekannt, ebenso langsam und stetig im Vordringen begriffen. Das letztere ergeben für Westpreußen die Spracherhebungen trotz ihrer mangelhaften Grundlagen doch auf das deutlichste. Nun kann die Verschiebung einer Nationalitätengrenze auf zweierlei, grundsätzlich zu scheidende Arten sich vollziehen. – Einmal so, daß nationalen Minderheiten im national gemischten Gebiet Sprache und Sitte der Mehrheit allmählich oktroyiert wird, daß sie „aufgesogen“ werden. Auch diese Erscheinung findet sich im Osten: sie vollzieht sich statistisch nachweisbar an den Deutschen katholischer Konfession. Das kirchliche Band ist hier stärker als das nationale, Reminiszenzen aus dem Kulturkampf spielen mit, und der Mangel eines deutsch erzogenen Klerus läßt sie der nationalen Kulturgemeinschaft verlorengehen. Wichtiger aber und für uns interessanter ist die zweite Form der Nationalitätenverschiebung: die *ökonomische Verdrängung*. – Diese liegt hier vor. Prüft man die Verschiebungen des Anteils der Konfessionen in den ländlichen Gemeindeeinheiten 1871 bis 1885, so zeigt sich: der Abfluß der Gutstagelöhner ist regelmäßig mit einer relativen Abnahme des Protestantismus in der Ebene, die Zunahme der Dorfbevölkerung auf der Höhe mit einer relativen Zunahme des Katholizismus verknüpft. *Es sind vornehmlich deutsche Tagelöhner, die aus den Gegenden mit hoher Kultur abziehen; es sind vornehmlich polnische Bauern, die in den Gegenden mit tiefem Kulturstand sich vermehren.*

Beide Vorgänge aber – der Abzug hier, die Vermehrung dort führen in letzter Linie auf einen und denselben Grund zurück: die *niedrigeren Ansprüche an die Lebenshaltung* – in materieller teils, teils in ideeller Beziehung –, welche der slawischen Rasse von der Natur auf den Weg gegeben oder im Verlaufe ihrer Vergangenheit angezüchtet sind, verhalfen ihr zum Siege.

Warum ziehen die deutschen Tagelöhner ab? Nicht materielle Gründe sind es: nicht aus Gegenden mit niedrigem Lohnniveau und nicht aus den schlecht gelohnten Arbeiterkategorien rekrutiert sich der Abzug; kaum eine Situation ist materiell gesicherter als die eines Instmanns auf den östlichen Gütern. – Auch nicht die vielberufene Sehnsucht nach den Vergnügungen der Großstadt. Sie ist ein Grund für das planlose Wegwandern des jungen Nachwuchses, aber nicht für den Abzug altgedienter Tagelöhnerfamilien, – und warum erwacht jene Sucht gerade da unter den Leuten, wo der Großbesitz vorherrscht, warum können wir nachweisen, daß die Abwanderung der Tagelöhner abnimmt, je mehr das *Bauerndorf* die Physiognomie der Landschaft beherrscht? *Dies* ist es: zwischen den Gutskomplexen der Heimat gibt es für den Tagelöhner nur Herren und Knechte, und für seine Nachfahren im fernsten Glied nur die Aussicht, nach der Gutsglocke auf fremdem Boden zu scharwerken. In dem dumpfen, halbbewußten Drang in die Ferne liegt ein Moment eines primitiven Idealismus verborgen. Wer es nicht zu entziffern vermag, der kennt den Zauber der *Freiheit* nicht. In der Tat: selten berührt uns heute ihr Geist in der Stille der Bücherstube. Verblichen sind die naiv freiheitlichen Ideale unserer frühen Jugend, und manche von uns sind vorzeitig alt und allzu klug geworden und glauben, einer der urwüchsigsten Triebe der Menschenbrust sei mit den Schlagworten einer niedergehenden politischen und wirtschaftspolitischen Anschauung zu Grabe getragen worden.

Es ist ein massenpsychologischer Vorgang: die deutschen Landarbeiter vermögen sich den *sozialen* Lebensbedingungen ihrer Heimat nicht mehr anzupassen. Über ihr „Selbstbewußtsein" klagen uns Berichte der Gutsherren aus Westpreußen. Das alte patriarchalische Gutshintersassenverhältnis, welches den Tagelöhner als einen anteilsberechtigten Kleinwirt mit den landwirtschaftlichen Produktionsinteressen unmittelbar verknüpfte, schwindet. Die Saisonarbeit in den Rübenbezirken fordert Saisonarbeiter und Geldlohn. Eine rein proletarische Existenz steht ihnen in Aussicht, aber ohne die Möglichkeit jenes kraftvollen Aufschwungs zur ökonomischen Selbständigkeit, welche das in den Städten örtlich zusammengeschlossene Industrieproletariat mit Selbstbewußtsein erfüllt. – Diesen Existenzbedingungen sich zu fügen, vermögen diejenigen besser, welche an die Stelle der Deutschen treten: die polnischen Wanderarbeiter, Nomadenzüge, welche, durch Agenten in Rußland geworben, im Frühjahr zu Zehntausenden über die Grenze kommen, im Herbst wieder abziehen. Zuerst im Gefolge der Zuckerrübe, welche den Landwirtschaftsbetrieb in ein Saisongewerbe verwandelt, treten sie auf, dann allgemein, weil man an Arbeiterwohnungen, Armenlasten, sozialen Verpflichtungen spart, weil sie ferner als Ausländer prekär gestellt und deshalb in der Hand des Besitzers sind. Der ökonomische Todeskampf des alten preußischen Junkertums vollzieht sich unter diesen Begleiterscheinungen. Auf den Zuckerrübengütern tritt an die Stelle des patriarchalisch schaltenden Gutsherrn ein Stand industrieller Geschäftsleute, – und auf der Höhe bröckelt unter dem Druck der landwirtschaftlichen Notlage das Areal der Güter von außen her ab, Parzellenpächter- und Kleinbauernkolonien entstehen auf ihren Außenschlägen. Die ökonomischen Fundamente der Machtstellung des alten Grundadels schwinden, er selbst wird zu etwas anderem, als er war. –

Und weshalb sind es die *polnischen* Bauern, die an Terrain gewinnen? Ist es ihre überlegene ökonomische Intelligenz oder Kapitalkraft? Es ist vielmehr das Gegenteil von beiden. Unter einem Klima und auf einem Boden, welche neben extensiver Viehzucht wesentlich Getreide- und Kartoffelproduktion gestatten, ist hier derjenige am wenigsten durch die Ungunst des Marktes bedroht, der seine Produkte dahin bringt, wo sie durch den Preissturz am wenigsten entwertet werden: in seinen eigenen Magen, – der also für seinen *Eigenbedarf* produziert. Und wiederum ist derjenige begünstigt, der seinen Eigenbedarf am *niedrigsten* bemessen kann, die geringsten Ansprüche an die Lebenshaltung in physischer und ideeller Beziehung stellt. Der polnische Kleinbauer im Osten ist ein Typus sehr abweichender Art von dem geschäftigen Zwergbauerntum, welches Sie hier in der gesegneten Rheinebene durch Handelsgewächsbau und Gartenkultur sich an die Städte angliedern sehen. Der polnische Kleinbauer gewinnt an Boden, weil er gewissermaßen das Gras vom Boden frißt, nicht *trotz*, sondern *wegen* seiner tiefstehenden physischen und geistigen Lebensgewohnheiten. –

Ein *Ausleseprozeß* also scheint es zu sein, den wir sich vollziehen sehen. Beide Nationalitäten sind in die gleichen Existenzbedingungen seit langer Zeit hineingestellt. Die Folge war *nicht*, daß sie, wie der Vulgärmaterialismus es sich vorstellt, die gleichen physischen und psychischen Qualitäten annahmen, sondern daß die eine der anderen weicht, daß diejenige siegt, welche die größere Anpassungsfähigkeit an die gegebenen ökonomischen und sozialen Lebensbedingungen besitzt.

Diese verschiedene Anpassungsfähigkeit selbst bringen sie, so scheint es, als feste Größe mit, sie könnte vielleicht im Verlaufe generationenlanger Züchtungsprozesse so, wie sie in Jahrtausenden entstanden sein mag, wieder verschoben werden, aber für die Erwägungen der Gegenwart ist sie ein Moment, mit welchem wir, als gegeben, zu rechnen haben. –

Nicht immer – das sehen wir – schlägt, wie die Optimisten unter uns meinen, die Auslese im freien Spiel der Kräfte zugunsten der ökonomisch höher entwickelten oder veranlagten Nationalität aus. Die Menschengeschichte kennt den Sieg von niedriger entwickelten Typen der Menschlichkeit und das Absterben hoher Blüten des Geistes- und Gemütslebens, wenn die menschliche Gemeinschaft, welche deren Träger war, die Anpassungsfähigkeit an ihre Lebensbedingungen verlor, es sei ihrer sozialen Organisation oder ihrer Rassenqualitäten wegen. In unserem Fall ist es die Umgestaltung der landwirtschaftlichen Betriebsformen und die gewaltige Krisis der Landwirtschaft, welche der in ihrer ökonomischen Entwicklung tieferstehenden Nationalität zum Siege verhilft. Parallel miteinander wirken der emporgezüchtete Rübenanbau und die Unrentabilität der Absatzproduktion von Zerealien nach der gleichen Richtung: der erstere züchtet die polnischen Saisonarbeiter, die letztere die polnischen Kleinbauern. –

Blicken wir zurück auf die erörterten Tatsachen, so bin ich, wie ich gern bekenne, völlig außerstande, theoretisch die Tragweite der etwa daraus zu entnehmenden allgemeinen Gesichtspunkte zu entwickeln. Die unendlich schwierige und zur Zeit sicherlich nicht zu lösende Frage, *wo* die Grenze für die Variabilität physischer und psychischer Qualitäten einer Bevölkerung unter dem Einfluß der Lebensverhältnisse, in die sie gestellt wird, liegt, wage ich nicht auch nur anzurühren.

Unwillkürlich fragt dagegen jeder vor allen Dingen: was kann und soll hier geschehen?

Gestatten Sie aber, daß ich es unterlasse, bei dieser Gelegenheit ausführlicher darüber zu sprechen, und mich begnüge, kurz die beiden Forderungen anzudeuten, die m.E. vom Standpunkt des Deutschtums zu stellen sind und tatsächlich mit wachsender Einmütigkeit gestellt werden. Die eine ist: Schließung der östlichen Grenze. Sie war verwirklicht unter dem Fürsten Bismarck und ist nach seinem Rücktritt 1890 wieder beseitigt worden; dauernde Ansiedlung blieb den Fremdlingen versagt, aber als Wanderarbeiter wurden sie zugelassen. Ein „klassenbewußter" Großgrundbesitzer an der Spitze Preußens schloß sie aus im Interesse der Erhaltung unserer Nationalität, – und der verhaßte Gegner der Agrarier ließ sie zu im Interesse der Großgrundbesitzer, welche *allein* von ihrem Zuzug Vorteil haben: nicht immer, das zeigt sich, entscheidet der „ökonomische Klassenstandpunkt" in Dingen der Wirtschaftspolitik, – *hier* war es der Umstand, daß das Steuerruder des Staates aus einer starken Hand in eine schwächere fiel. – Die andere Forderung ist: systematischer Bodenankauf seitens des Staates, also Erweiterung des Domänenbesitzes einerseits, und systematische Kolonisation deutscher Bauern auf geeigneten Böden, namentlich auf geeigneten Domänen, andererseits. Großbetriebe, welche nur auf Kosten des Deutschtums zu erhalten sind, sind vom Standpunkt der Nation wert, daß sie zugrunde gehen, und sie sich selbst überlassen, heißt, im Wege der allmählichen Abparzellierung existenzunfähige slawische Hungerkolonien entstehen lassen. Und nicht nur das Interesse an der Hemmung der slawischen Flut ruft nach der Überführung bedeutender Teile des östlichen Bodens in die Hand des Staates, sondern auch die vernichtende Kritik, welche die Grundbesitzer selbst an dem Fortbestand ihres Privateigentums üben durch das Verlangen, in Gestalt des Getreidemonopols und einer Kontribution von einer halben Milliarde jährlich ihnen das Risiko, die Selbstverantwortlichkeit für ihren Besitz, seinen einzigen Rechtfertigungsgrund, abzunehmen –

Allein, wie gesagt, nicht diese praktische Frage der preußischen Agrarpolitik möchte ich heute besprechen. Ich möchte vielmehr an die Tatsache anknüpfen, daß eine solche Frage bei uns allen überhaupt entsteht, daß wir das Deutschtum des Ostens als solches für etwas halten, das geschützt werden und für dessen Schutz auch die Wirtschaftspolitik des Staates in die Schranken treten *soll*. Es ist der Umstand, daß unser Staatswesen ein *Nationalstaat* ist, welcher uns das Recht zu dieser Forderung empfinden läßt.

Wie verhält sich aber die volkswirtschaftspolitische Betrachtung dazu? Sind für sie derartige nationalistische Werturteile Vorurteile, deren sie sich sorgsam zu entledigen hat, um ihren eigenen Wertmaßstab, unbeeinflußt durch Gefühlsreflexe, an die ökonomischen Tatsachen legen zu können? *Und welches* ist dieser „eigene" Wertmaßstab der Volkswirtschaftspolitik? Dieser Frage möchte ich in einigen weiteren Überlegungen näherzukommen versuchen. –

Auch unter dem Schein des „Friedens", das zeigte sich uns, geht der ökonomische Kampf der Nationalitäten seinen Gang. Nicht im offenen Streit werden die deutschen Bauern und Taglöhner des Ostens durch politisch überlegene Feinde von der Scholle gestoßen: im stillen und öden Ringen des ökonomischen Alltagslebens ziehen sie einer tieferstehenden Rasse gegenüber den kürzeren, verlassen die Heimat und gehen dem Untertauchen in eine dunkle Zukunft entgegen. Es gibt keinen *Frieden* auch im wirtschaftlichen *Kampf* ums Dasein; nur wer jenen Schein des Friedens für die Wahrheit nimmt, kann glauben, daß aus dem Schöße der Zukunft für unsere Nachfahren Frieden und Lebensgenuß erstehen werde. Wir wissen es ja: die Volkswirtschaftspolitik ist der vulgären Auffassung ein Sinnen über Rezepte für die Beglückung der Welt, – die Besserung der „Lustbilanz" des Menschendaseins ist für sie das einzig verständliche Ziel unserer Arbeit. Allein: schon der dunkle Ernst des Bevölkerungsproblems hindert uns, Eudämonisten zu sein, Frieden und Menschenglück im Schoße der Zukunft verborgen zu wähnen und zu glauben, daß anders als im harten Kampf des Menschen mit dem Menschen der Ellenbogenraum im irdischen Dasein werde gewonnen werden.

Es gibt sicherlich keine volkswirtschaftspolitische Arbeit auf anderer als altruistischer Grundlage. Die Früchte alles wirtschafts- und sozialpolitischen

Strebens der Gegenwart kommen in ihrer gewaltigen Überzahl nicht der lebenden Generation, sondern der künftigen zugute. Unsere Arbeit ist und kann, wenn sie einen Sinn behalten soll, nur sein wollen: Fürsorge für die *Zukunft*, für unsere *Nachfahren*. Aber es gibt auch keine volkswirtschaftspolitische Arbeit auf der Grundlage optimistischer Glückshoffnungen. Für den Traum von Frieden und Menschenglück steht über der Pforte der unbekannten Zukunft der Menschengeschichte: lasciate ogni speranza.

Nicht wie die Menschen der Zukunft sich *befinden*, sondern wie sie *sein* werden, ist die Frage, die uns beim Denken über das Grab der eigenen Generation hinaus bewegt, die auch in Wahrheit jeder wirtschaftspolitischen Arbeit zugrunde liegt. Nicht das Wohlbefinden der Menschen, sondern diejenigen Eigenschaften möchten wir in ihnen emporzüchten, mit welchen wir die Empfindung verbinden, daß sie menschliche Größe und den Adel unserer Natur ausmachen.

Abwechselnd hat man in der Volkswirtschaftslehre das technisch-ökonomische Problem der Gütererzeugung und das Problem der Güterverteilung, der „sozialen Gerechtigkeit", als Wertmaßstäbe in den Vordergrund gerückt oder auch naiv identifiziert, – und über beiden erhob sich doch immer wieder, halb unbewußt und dennoch alles beherrschend, die Erkenntnis, daß eine Wissenschaft vom *Menschen*, und das ist die Volkswirtschaftslehre, vor allen nach der *Qualität der Menschen* fragt, welche durch jene ökonomischen und sozialen Daseinsbedingungen herangezüchtet werden. Und hier hüten wir uns vor einer Illusion.

Die Volkswirtschaftslehre als erklärende und analysierende Wissenschaft ist *international*, allein sobald sie *Werturteile* fällt, ist sie gebunden an diejenige Ausprägung des Menschentums, die wir in unserem eigenen Wesen finden. Sie ist es oft gerade dann am meisten, wenn wir unserer eigenen Haut am meisten entronnen zu sein glauben. Und – um ein etwas phantastisches Bild zu gebrauchen – vermöchten wir nach Jahrtausenden dem Grab zu entsteigen, so wären es die fernen Spuren unseres eigenen Wesens, nach denen wir im Antlitz des Zukunftsgeschlechts forschen würden. Auch unsere höchsten und letzten irdischen Ideale sind wandelbar und vergänglich. Wir können sie der Zukunft nicht aufzwingen wollen. Aber wir können wollen, daß sie in unserer Art die Art *ihrer eigenen Ahnen* erkennt. Wir, mit unserer Arbeit und unserem Wesen, wollen die Vorfahren des Zukunftsgeschlechts sein.

Die Volkswirtschaftspolitik eines deutschen Staatswesens ebenso wie der Wertmaßstab des deutschen volkswirtschaftlichen Theoretikers können deshalb nur deutsche sein.

Ist dem vielleicht anders, seit die ökonomische Entwicklung über die nationalen Grenzen hinaus eine umfassende Wirtschaftsgemeinschaft der Nationen herzustellen begann? Ist jener „nationalistische" Beurteilungsmaßstab ebenso wie der „Nationalegoismus" in der Volkswirtschaftspolitik seitdem zum alten Eisen zu werfen? Ja, – ist denn der Kampf für die ökonomische Selbstbehauptung, für das eigene Weib und Kind überwunden, seit die Familie ihrer einstigen Funktionen als Produktionsgemeinschaft entkleidet und verflochten ist in den Kreis der volkswirtschaftlichen Gemeinschaft? Wir wissen, es ist *nicht* der Fall: dieser Kampf hat *andere Formen* angenommen, – Formen, von denen sich noch fragen ließe, ob sie als eine Milderung und nicht vielmehr als eine Verinnerlichung und Verschärfung anzusehen seien. So ist auch die volkswirtschaftliche Gemeinschaft nur eine andere Form des Ringens der Nationen miteinander, und eine solche, welche den Kampf für die Behauptung der eigenen Kultur nicht gemildert, sondern *erschwert* hat, weil sie materielle Interessen im eigenen Schoße der Nation als Bundesgenossen *gegen* deren Zukunft in die Schranken ruft.

Nicht Frieden und Menschenglück haben wir unseren Nachfahren mit auf den Weg zu geben, sondern den *ewigen Kampf* um die Erhaltung und Emporzüchtung unserer nationalen Art. Und wir dürfen uns nicht der optimistischen Hoffnung hingeben, daß mit der höchstmöglichen Entfaltung wirtschaftlicher Kultur bei uns die Arbeit getan sei und die Auslese im freien und „friedlichen" ökonomischen Kampfe dem höher entwickelten Typus alsdann von selbst zum Siege verhelfen werde.

Nicht in erster Linie für die Art der volkswirtschaftlichen Organisation, die wir ihnen überliefern, werden unsere Nachfahren uns vor der Geschichte verantwortlich machen, sondern für das Maß des Ellenbogenraums, den wir ihnen in der Welt erringen und hinterlassen. *Macht*kämpfe sind in letzter Linie auch die ökonomischen Entwicklungsprozesse, die *Macht*interessen der Nation sind, wo sie in Frage gestellt sind, die letzten und entscheidenden Interessen, in deren Dienst ihre Wirtschaftspolitik sich zu stellen hat; die Wissenschaft von der Volkswirtschaftspolitik ist eine *politische* Wissenschaft. Sie ist eine Dienerin der Politik, nicht der Tagespolitik der jeweils herrschenden Machthaber und Klassen, sondern der dauernden machtpolitischen Interessen der Nation. Und der *Nationalstaat* ist uns nicht ein unbestimmtes Etwas, welches man um so höher zu stellen glaubt, je mehr man sein Wesen in mystisches Dunkel hüllt, sondern die weltliche Machtorganisation der Nation, und in diesem Nationalstaat ist für uns der letzte Wertmaßstab auch der volkswirtschaftlichen Betrachtung die *"Staatsraison"*. Sie bedeutet uns nicht, wie ein seltsames Mißverständnis glaubt: „Staatshilfe" statt der „Selbsthilfe", staatliche Reglementierung des Wirtschaftslebens statt des freien Spiels der wirtschaftlichen Kräfte, sondern wir wollen mit diesem Schlagwort die Forderung erheben, daß für die Fragen der deutschen Volkswirtschaftspolitik, – auch für die Frage unter anderen, ob und inwieweit der Staat in das Wirtschaftsleben eingreifen oder ob und wann er vielmehr die ökonomischen Kräfte der Nation zu eigener freier Entfaltung losbinden und ihre Schranken niederreißen solle, – im einzelnen Falle das letzte und entscheidende Votum den ökonomischen und politischen Machtinteressen unserer Nation und ihres Trägers, des deutschen Nationalstaates, zustehen soll. –

War es etwa überflüssig, an diese scheinbaren Selbstverständlichkeiten zu erinnern? Oder doch, daß gerade ein jüngerer Vertreter der ökonomischen Wissenschaften daran erinnerte? – Ich glaube nicht, denn es scheint, daß gerade unsere Generation diese einfachsten Urteilsgrundlagen nicht selten am leichtesten aus den Augen verliert. Wir sind Zeugen, wie ihr Interesse für die Fragen, die gerade unsere Wissenschaft bewegen, in ungeahntem Maße wächst. Auf allen Gebieten finden wir die ökonomische Betrachtungsweise im Vordringen. Sozialpolitik an Stelle der Politik, ökonomische Machtverhältnisse an Stelle der Rechtsverhältnisse, Kultur- und Wirtschaftsgeschichte an Stelle politischer Geschichte treten in den Vordergrund der Betrachtung. In hervorragenden Werken unserer historischen Kollegen finden wir da, wo uns früher von den Kriegstaten unserer Vorfahren erzählt wurde, heute den Unhold des „Mutterrechtes" sich in die Breite dehnen und die Hunnenschlacht auf den Katalaunischen Feldern in einen Nebensatz gedrängt. Die Jurisprudenz glaubte das Selbstgefühl eines unserer geistreichsten Theoretiker als eine „Magd der Nationalökonomie" bezeichnen zu können. Und eines ist ja wahr: auch in die Jurisprudenz drang die ökonomische Form der Betrachtung; selbst in ihrem Intimum, in den Handbüchern der Pandektisten, beginnt es, hie und da leise ökonomisch zu spuken. Und in den Urteilen der Gerichte finden wir nicht selten, wo die juristischen Begriffe zu Ende gingen, sogenannte „wirtschaftliche Gesichtspunkte" an die Stelle gesetzt, – kurz, um das halb vorwurfsvolle Wort eines juristischen Kollegen zu gebrauchen: wir sind „in die Mode gekommen". – Eine Betrachtungsweise, welche sich so selbstbewußt Bahn bricht, gerät in die Gefahr gewisser Illusionen und einer Überschätzung der Tragweite der eigenen Gesichtspunkte, – einer Überschätzung zumal in einer ganz bestimmten Richtung. Wie die Verbreiterung des Stoffes der *philosophischen* Betrachtung, – welche sich schon äußerlich darin kenntlich macht, daß wir heute vielfach die alten Lehrstühle der Philosophie den Händen z.B. hervorragender Physiologen anvertraut finden, – unter uns Laien vielfach zu der Meinung geführt hat, als seien die alten Fragen nach dem Wesen des menschlichen Erkennens nicht mehr die letzten und zentralen Probleme der Philosophie, so hat sich in den Köpfen der aufwachsenden Generation auch die Vorstellung gebildet, als sei dank der Arbeit der nationalökonomischen Wissenschaft nicht nur die *Erkenntnis* des Wesens der menschlichen Gemeinschaften gewaltig erweitert, sondern auch der *Maßstab*, an welchem wir in letzter Linie die Erscheinungen *bewerten*, ein völlig neuer geworden, als sei die politische Ökonomie in der Lage, ihrem eigenen Stoff eigenartige Ideale zu entnehmen. Die optische Täuschung, als gäbe es selbständige ökonomische oder „sozialpolitische" Ideale, wird freilich als solche klar, sobald man an der Hand der Literatur unserer Wissenschaft diese „eigenen" Grundlagen der Bewertung zu ermitteln sucht. Ein *Chaos* von Wertmaßstäben teils eudämonistischer, teils ethischer Art, oft beider in unklarer Identifikation, tritt uns entgegen. Werturteile werden überall unbefangen gefällt, – und ein Verzicht auf die *Beurteilung* der ökonomischen Erscheinungen bedeutete ja in der Tat den Verzicht auf eben diejenige Leistung, die man von uns verlangt. Aber nicht die Regel, sondern fast die Ausnahme ist es, daß der Urteilende andere *und sich selbst* ins Klare setzt über den letzten subjektiven Kern seiner Urteile, eben über die *Ideale*, von welchen aus er zur Beurteilung der beobachteten Vorgänge schreitet: die bewußte Selbstkontrolle fehlt, die inneren Widersprüche des Urteils kommen dem Schriftsteller nicht zum Bewußtsein und, wo er sein spezifisch „ökonomisches" Prinzip der Beurteilung allgemein zu formulieren sucht, fällt er in vage Unbestimmtheiten. In Wahrheit sind es *keine* eigenartigen und selbstgewonnenen, sondern die *alten allgemeinen Typen menschlicher Ideale*, die wir auch in den Stoff unserer Wissenschaft hineintragen. Nur wer ausschließlich das rein platonische Interesse des Technologen oder wer umgekehrt die aktuellen Interessen einer bestimmten, sei es herrschenden oder beherrschten Klasse zugrunde legt, kann jenem Stoffe selbst einen eigenen Maßstab zu seiner Beurteilung entnehmen wollen.

Und sollte es so ganz unnötig sein, daß gerade wir Jünger der deutschen historischen Schule uns diese überaus einfachen Wahrheiten vor Augen führen? Gerade wir verfallen leicht einer speziellen Illusion: derjenigen, uns des eigenen bewußten Werturteiles *überhaupt enthalten* zu können. Die Folge ist freilich, wie man sich leicht überzeugen kann, nicht, daß wir einem entsprechenden Vorsatze treu bleiben, sondern daß wir unkontrollierten Instinkten, Sympathien und Antipathien, verfallen. Und noch leichter widerfährt es uns, daß der Punkt, von welchem wir bei der Analyse und *Erklärung* der volkswirtschaftlichen Vorgänge ausgingen, unbewußt auch bestimmend wird für unser *Urteil* darüber. Vielleicht werden gerade wir uns davor zu bewahren haben, daß diejenigen großen Eigenschaften der toten und lebenden Meister unserer Schule, deren sie und die Wissenschaft ihre Erfolge verdanken, sich bei uns in Fehler verwandeln. Zweierlei verschiedene Ausgangspunkte der Betrachtung kommen praktisch hauptsächlich in Betracht.

Entweder wir blicken auf die ökonomische Entwicklung vornehmlich von oben her: von der Höhe der Verwaltungsgeschichte großer deutscher Staaten aus, deren Verwaltung und Verhalten in ökonomischen und sozialen Dingen wir in seiner Genesis verfolgen, – und unfreiwillig werden wir ihre Apologeten. Wenn – um bei unserem Beispiel zu bleiben – die Verwaltung sich entschließt, die östliche Grenze zu schließen, so werden wir geneigt und imstande sein, darin den Abschluß einer historischen Entwicklungsreihe zu finden, welche im Gefolge großer Reminiszenzen der Vergangenheit dem heutigen Staate hohe Aufgaben im Interesse der Kulturpflege der eigenen Nation stellt, – und unterbleibt jener Entschluß, so liegt uns die Erkenntnis näher, daß derartige radikale Eingriffe teils unnötig, teils den heutigen Anschauungen nicht mehr entsprechend seien.

Oder aber: wir betrachten die ökonomische Entwicklung mehr von unten aus, sehen das große Schauspiel, wie aus dem Chaos ökonomischer Interessenkonflikte sich die Emanzipationskämpfe aufsteigender Klassen abheben, beobachten, wie die ökonomische Machtlage sich zu ihren Gunsten verschiebt, – und unbewußt nehmen wir Partei für die, welche aufsteigen, weil sie die Stärkeren sind oder zu werden beginnen. Eben dadurch, daß sie siegen, scheinen sie ja zu beweisen, daß sie einen „ökonomisch" *höher* stehenden Typus des Menschentums darstellen: allzuleicht beherrscht den Historiker die Vorstellung, daß der Sieg der *höher* entwickelten Elemente im Kampfe selbstverständlich und das Unterliegen im Daseinskampf Symptom der

„Rückständigkeit“ sei. Und jedes neue der zahlreichen Symptome jener Machtverschiebung bietet ihm dann nicht nur deshalb eine Genugtuung, weil es seine Beobachtungen bestätigt, sondern halb unbewußt empfindet er es wie einen persönlichen Triumph: die Geschichte löst die Wechsel ein, welche er auf sie zog. Die Widerstände, welche jene Entwicklung findet, beobachtet er, ohne es zu wissen, mit einer gewissen Animosität, sie erscheinen ihm, ungewollt, nicht einfach als naturgemäße Ausflüsse selbstverständlicher Interessenvertretung, sondern gewissermaßen als Auflehnung gegen das „Urteil der Geschichte“, wie es der Historiker formulierte. Die Kritik, welche wir auch an Vorgängen zu üben haben, die uns als das unreflektierte Ergebnis geschichtlicher Entwicklungstendenzen erscheinen, verläßt uns dann gerade da, wo wir ihrer am nötigsten bedürfen. Allzunahe liegt ja für uns ohnehin die Versuchung, das Gefolge des Siegers im ökonomischen Machtkampf zu bilden und dabei zu *vergessen, daß ökonomische Macht und Beruf zur politischen Leitung der Nation nicht immer zusammenfallen.*

Denn – und damit werden wir zu einer letzten Reihe von Betrachtungen mehr praktisch-politischer Art geführt – an jenem *politischen Wertmaßstab,* der uns ökonomischen Nationalisten der für uns einzig souveräne ist, messen wir auch die Klassen, welche die Leitung der Nation in der Hand haben oder erstreben. Wir fragen nach ihrer *politischen Reife,* das heißt nach ihrem Verständnis und ihrer jeweiligen Befähigung, die dauernden ökonomischen und politischen *Macht*interessen der Nation über alle anderen Erwägungen zu stellen. Eine Gunst des Schicksals für die Nation ist es, wenn die naive Identifikation der Interessen der eigenen Klasse mit denen der Allgemeinheit den dauernden Machtinteressen auch der letzteren entspricht. Und es ist andererseits auch eine der Täuschungen, welche auf der modernen Überschätzung des „Ökonomischen“ im gewöhnlichen Sinne des Wortes beruhen, wenn man meint, daß die politischen Gemeingefühle eine Belastungsprobe durch abweichende ökonomische Tagesinteressen nicht vertrügen, womöglichst selbst *nur* eine Widerspiegelung des ökonomischen Unterbaues jener wandelbaren Interessenlage seien. Das trifft nur in Zeiten fundamentaler sozialer Umschichtung annähernd zu. – Eins nur ist wahr: bei Nationen, welchen die Abhängigkeit ihrer ökonomischen Blüte von ihrer politischen Machtlage nicht, wie der englischen, täglich vor Augen geführt wird, wohnen die Instinkte für diese spezifisch politischen Interessen *nicht,* wenigstens nicht in der Regel, in den breiten *Massen* der Nation, die mit der Not des Tages zu ringen haben, – es wäre ungerecht, sie von ihnen zu beanspruchen. In großen Momenten, im Fall des Krieges, tritt auch ihnen die Bedeutung der nationalen Macht vor die Seele, – dann zeigt sich, daß der nationale Staat auf urwüchsigen psychologischen Unterlagen auch bei den breiten ökonomisch beherrschten Schichten der Nation ruht und keineswegs nur ein „Überbau", die Organisation der ökonomisch herrschenden Klassen ist. Allein in normalen Zeiten sinkt dieser politische Instinkt bei der Masse unter die Schwelle des Bewußtseins. Dann ist es die spezifische Funktion der ökonomisch und politisch leitenden Schichten, Träger des politischen Sinnes zu sein, der *einzige* Grund, der politisch ihr Vorhandensein zu rechtfertigen vermag.

Die *Erlangung ökonomischer Macht* ist es zu allen Zeiten gewesen, welche bei einer Klasse die Vorstellung ihrer *Anwartschaft auf die politische Leitung* entstehen ließ. Gefährlich und auf die Dauer mit dem Interesse der Nation unvereinbar ist es, wenn eine ökonomisch sinkende Klasse die politische Herrschaft in der Hand hält. Aber gefährlicher noch ist es, wenn Klassen, *zu* denen *hin* sich die ökonomische Macht und damit die Anwartschaft auf die politische Herrschaft bewegt, politisch noch nicht reif sind zur Leitung des Staates. Beides bedroht Deutschland zur Zeit und ist in Wahrheit der Schlüssel für die derzeitigen Gefahren unserer Lage. Und auch die Umschichtungen der sozialen Struktur des Ostens, mit denen die im Eingang besprochenen Erscheinungen zusammenhängen, gehören in diesen größeren Zusammenhang.

Bis in die Gegenwart hinein hat im preußischen Staat die Dynastie politisch sich auf den Stand der preußischen *Junker* gestützt. Gegen ihn zwar, aber doch auch nur mit ihm, hat sie den preußischen Staat geschaffen. Ich weiß es wohl, daß der Name der Junker süddeutschen Ohren unfreundlich klingt. Man wird vielleicht finden, ich spräche eine „preußische" Sprache, wenn ich ein Wort zu ihren Gunsten sage. Ich wüßte nicht. Noch heute führen in Preußen für jenen Stand viele Wege zu Einfluß und Macht, viele Wege auch an das Ohr des Monarchen, die nicht jedem Staatsbürger sich ebnen; er hat diese Macht nicht immer so gebraucht, wie er es vor der Geschichte verantworten kann, und ich sehe nicht ein, weshalb ein bürgerlicher Gelehrter ihn lieben sollte. Allein trotz alledem war die Kraft seiner politischen Instinkte eines der gewaltigsten Kapitalien, welche im Dienst der Machtinteressen des Staates verwendet werden konnten. – Sie haben ihre Arbeit geleistet und liegen heute im ökonomischen Todeskampf, aus dem keine Wirtschaftspolitik des Staates sie zu ihrem alten sozialen Charakter zurückführen könnte. Und auch die Aufgaben der Gegenwart sind andere, als solche, die von ihnen gelöst werden könnten. Ein Vierteljahrhundert stand an der Spitze Deutschlands der letzte und größte der Junker, und die Tragik, welche seiner staatsmännischen Laufbahn neben ihrer unvergleichlichen Größe anhaftete und die sich heute noch immer dem Blick vieler entzieht, wird die Zukunft wohl darin finden, daß unter ihm das Werk seiner Hände, die Nation, der er die Einheit gab, langsam und unwiderstehlich ihre ökonomische Struktur veränderte und eine andere wurde, ein Volk, das andere Ordnungen fordern mußte, als solche, die er ihm geben und denen seine cäsarische Natur sich einfügen konnte. Im letzten Grund ist eben dies es gewesen, was das teilweise Scheitern seines Lebenswerkes herbeigeführt hat. Denn dieses Lebenswerk hätte doch nicht nur zur äußeren, sondern auch zur inneren Einigung der Nation führen sollen, und jeder von uns weiß: das ist nicht erreicht. Es konnte mit seinen Mitteln nicht erreicht werden. Und als er im Winter des letzten Jahres, umstrickt von der Huld seines Monarchen, in die geschmückte Reichshauptstadt einzog, da – ich weiß es wohl – gab es viele, welche so empfanden, als öffne der Sachsenwald wie ein moderner Kyffhäuser seine Tiefen. Allein nicht alle haben diese Empfindung geteilt. Denn es schien, als sei in der Luft des Januartages der kalte Hauch geschichtlicher Vergänglichkeit zu spüren. Uns überkam ein eigenartig beklemmendes Gefühl, – als ob ein Geist herniederstiege aus einer großen Vergangenheit und wandelte unter einer neuen Generation durch eine ihm fremd gewordene Welt. –

Die Gutshöfe des Ostens waren die Stützpunkte der über das Land dislozierten herrschenden Klasse Preußens, der soziale Anschlußpunkt des Beamtentums, – aber unaufhaltsam rückt mit ihrem Zerfall, mit dem Schwinden des sozialen Charakters des alten Grundadels, der Schwerpunkt der politischen Intelligenz in die Städte. *Diese* Verschiebung ist das entscheidende *politische* Moment der agrarischen Entwicklung des Ostens.

Welches aber sind die Hände, in welche jene politische Funktion des Junkertums hinübergleitet, und wie steht es mit ihrem politischen Beruf?

Ich bin ein Mitglied der bürgerlichen Klassen, fühle mich als solches und bin erzogen in ihren Anschauungen und Idealen. Allein es ist der Beruf gerade unserer Wissenschaft, zu sagen, was ungern gehört wird, – nach oben, nach unten, und auch der eigenen Klasse, – und wenn ich mich frage, ob das Bürgertum Deutschlands heute reif ist, die politisch leitende Klasse der Nation zu sein, so vermag ich *heute* nicht diese Frage zu bejahen. Nicht aus eigener Kraft des Bürgertums ist der deutsche Staat geschaffen worden, und als er geschaffen war, stand an der Spitze der Nation jene Cäsarengestalt aus anderem als bürgerlichem Holze. Große machtpolitische Aufgaben wurden der Nation nicht abermals gestellt; weit später erst, schüchtern und halb widerwillig, begann eine überseeische „Machtpolitik“, die diesen Namen nicht verdient.

Und nachdem so die Einheit der Nation errungen war und ihre politische „Sättigung“ feststand, kam über das aufwachsende erfolgstrunkene und friedensdurstige Geschlecht des deutschen Bürgertums ein eigenartig „unhistorischer“ und unpolitischer Geist. Die deutsche Geschichte schien zu Ende. Die Gegenwart war die volle Erfüllung der vergangenen Jahrtausende, – wer wollte fragen, ob die Zukunft anders urteilen möchte? Die Bescheidenheit verbot ja – so schien es der Weltgeschichte, zur Tagesordnung ihres alltäglichen Verlaufes überzugehen über diese Erfolge der deutschen Nation. Heute sind wir nüchtern geworden, es ziemt uns der Versuch, den Schleier der Illusionen zu lüften, der uns die Stellung unserer Generation in der historischen Entwicklung des Vaterlandes verhüllt. Und es scheint mir, daß wir dann anders urteilen. An unserer Wiege stand der schwerste Fluch, den die Geschichte einem Geschlecht als Angebinde mit auf den Weg zu geben vermag: das harte Schicksal des politischen *Epigonentums*.

Schaut uns nicht eben jetzt, wohin wir blicken im Vaterland, sein kümmerliches Antlitz entgegen? In den Vorgängen der letzten Monate, welche bürgerliche Politiker in erster Reihe zu verantworten haben, in allzu vielem, was in den letzten Tagen *im* deutschen Parlament, und in manchem, was *zu* ihm gesprochen wurde, erkannten diejenigen von uns, denen die Fähigkeit des Hasses gegen das Kleine geblieben ist, mit der Leidenschaft zorniger Trauer das kleinliche Treiben politischer Epigonen. Die gewaltige Sonne, welche im Zenit Deutschlands stand und den deutschen Namen in die fernsten Winkel der Erde leuchten ließ, war, so scheint es fast, zu groß für uns und hat die langsam sich entwickelnde politische Urteilsfähigkeit des Bürgertums ausgebrannt. Denn was erleben wir an ihm?

Nur allzu offenkundig sehnt sich ein Teil des Großbürgertums nach dem Erscheinen eines neuen Cäsar, der sie schirme: nach unten gegen aufsteigende Volksmassen, nach oben gegen sozialpolitische Anwandlungen, deren ihnen die deutschen Dynastien verdächtig sind.

Und ein anderer Teil ist längst versunken in jene politische Spießbürgerei, aus welcher die breiten Schichten des Kleinbürgertums noch niemals erwacht sind. Schon als nach den Einheitskriegen die ersten Anfänge positiver politischer Aufgaben der Nation nahe traten, der Gedanke einer überseeischen Expansion, – da fehlte ihm selbst jenes einfachste *ökonomische* Verständnis, welches ihm gesagt hätte, was es für den Handel Deutschlands in fernen Meeren bedeutet, wenn an den Küsten umher die deutschen Fahnen wehen.

Nicht ökonomische Gründe, auch nicht die vielberufene „Interessenpolitik", welche andere Nationen in nicht geringerem Maße kennen als wir, sind schuld an der politischen Unreife breiter Schichten des deutschen Bürgertums; der Grund liegt in seiner unpolitischen Vergangenheit, darin daß die politische Erziehungsarbeit eines Jahrhunderts sich nicht in einem Jahrzehnt nachholen ließ und daß die Herrschaft eines großen Mannes nicht immer ein Mittel politischer Erziehung ist. Und die ernste Frage für die politische Zukunft des deutschen Bürgertums ist jetzt: ob es nicht nunmehr zu *spät* ist, sie nachzuholen. Kein *ökonomisches* Moment kann sie ersetzen.

Werden andere Klassen die Träger einer politisch größeren Zukunft sein? Selbstbewußt meldet sich das moderne Proletariat als Erbe der bürgerlichen Ideale. Wie steht es mit seiner Anwartschaft auf die politische Leitung der Nation?

Wer heute der deutschen Arbeiterklasse sagen würde, sie sei politisch reif oder auf dem Weg zur politischen Reife, der wäre ein Schmeichler und strebte nach der fragwürdigen Krone der Popularität.

Ökonomisch sind die höchsten Schichten der deutschen Arbeiterklasse weit reifer, als der Egoismus der besitzenden Klassen zugeben möchte, und mit Recht fordert sie die Freiheit, auch in der Form des offenen organisierten ökonomischen Machtkampfes ihre Interessen zu vertreten. *Politisch* ist sie unendlich unreifer, als eine Journalistenklique, welche ihre Führung monopolisieren möchte, sie glauben machen will. Gern spielt man in den Kreisen dieser deklassierten Bourgeois mit den Reminiszenzen aus der Zeit vor 100 Jahren, – man hat damit in der Tat erreicht, daß hier und da ängstliche Gemüter in ihnen die geistigen Nachkommen der Männer des Konvents erblicken. Allein sie sind unendlich harmloser, als sie selbst sich erscheinen, es lebt in ihnen kein Funke jener katilinarischen Energie der *Tat*, aber freilich auch kein Hauch der gewaltigen *nationalen* Leidenschaft, die in den Räumen des Konventes wehten.

Kümmerliche politische Kleinmeister sind sie, – es fehlen ihnen die großen *Macht*instinkte einer zur politischen Führung berufenen Klasse. Nicht nur die Interessenten des Kapitals, wie man die Arbeiter glauben macht, sind heute politische Gegner ihrer Mitherrschaft im Staate. Wenig Spuren der Interessengemeinschaft mit dem Kapital fänden sie bei Durchforschung der deutschen Gelehrtenstuben. Aber: wir fragen *auch sie* nach ihrer *politischen Reife*, und weil es für eine große Nation nichts Vernichtenderes gibt als die Leitung durch ein *politisch* unerzogenes *Spießbürgertum*, und weil das deutsche Proletariat diesen Charakter noch nicht verloren hat, *deshalb* sind wir seine politischen Gegner. Und weshalb ist das Proletariat Englands und Frankreichs zum Teil anders geartet? Nicht nur die ältere *ökonomische* Erziehungsarbeit, welche der organisierte Interessenkampf der englischen Arbeiterschaft an ihr vollzogen hat, ist der Grund; es ist vor allem wiederum ein *politisches* Moment: die *Resonanz der Weltmachtstellung*, welche den Staat stetig vor große machtpolitische Aufgaben stellt und den Einzelnen in eine chronische politische Schulung nimmt, die er bei uns nur, wenn die Grenzen bedroht sind, akut empfängt. – Entscheidend ist auch für *unsere* Entwicklung, ob eine große Politik uns wieder die Bedeutung der großen politischen Machtfragen vor Augen zu stellen vermag. Wir müssen begreifen, daß die Einigung Deutschlands ein Jugendstreich war, den die Nation auf ihre alten Tage beging und seiner Kostspieligkeit halber besser unterlassen hätte, wenn sie der Abschluß und nicht der Ausgangspunkt einer deutschen Weltmachtpolitik sein sollte.

Das *Drohende* unserer Situation aber ist: daß die bürgerlichen Klassen als Träger der *Macht*interessen der Nation zu verwelken scheinen und noch keine Anzeichen dafür vorhanden sind, daß die Arbeiterschaft reif zu werden beginnt, an ihre Stelle zu treten.

Nicht – wie diejenigen glauben, welche hypnotisiert in die Tiefen der Gesellschaft starren – bei den *Massen* liegt die Gefahr. Nicht eine Frage nach der *ökonomischen* Lage der *Beherrschten*, sondern die vielmehr nach der *politischen* Qualifikation der *herrschenden und aufsteigenden* Klassen ist auch der letzte Inhalt des *sozial*politischen Problems. Nicht Weltbeglückung ist der Zweck unserer sozialpolitischen Arbeit, sondern die *soziale Einigung* der Nation, welche die moderne ökonomische Entwicklung sprengte, für die schweren Kämpfe der Zukunft. Gelänge es in der Tat, eine „Arbeiteraristokratie“ zu schaffen, welche Trägerin des politischen Sinnes wäre, den wir heute an der Arbeiterbewegung vermissen, dann erst möge der Speer, für welchen der Arm des Bürgertums noch immer nicht stark genug zu werden scheint, auf jene breiteren Schultern abgelegt werden. Bis dahin scheint es noch ein weiter Weg.

Für jetzt aber sehen wir eines: eine ungeheure *politische* Erziehungsarbeit ist zu leisten, und keine ernstere Pflicht besteht für uns, als, ein jeder in seinem kleinen Kreise, uns eben *dieser* Aufgabe bewußt zu sein: an der *politischen* Erziehung unserer Nation mitzuarbeiten, welche das letzte Ziel auch gerade unserer Wissenschaft bleiben muß. Die ökonomische Entwicklung der Übergangsperioden bedroht die natürlichen politischen Instinkte mit Zersetzung; es wäre ein Unglück, wenn auch die ökonomische Wissenschaft dem gleichen Ziele zustrebte, indem sie einen weichen Eudämonismus, wenn auch in noch so vergeistigter Form, hinter der Illusion selbständiger „sozialpolitischer" Ideale züchtete.

Freilich dürfen deshalb gerade wir wohl daran erinnern, daß es das Gegenteil von politischer Erziehung ist, wenn man ein Mißtrauensvotum gegen die friedliche soziale Zukunft der Nation in Paragraphen zu formulieren sucht, oder wenn das brachium saeculare nach der Hand der Kirche greift zur Stütze zeitlicher Autoritäten. Aber das Gegenteil von politischer Erziehung bekundet auch das schablonenhafte Gekläff jenes stets anwachsenden Chorus der – wenn mir der Ausdruck verziehen wird – Wald- und Wiesen-Sozialpolitiker, und ebenso jene menschlich liebenswürdige und achtungswerte, dennoch aber unsäglich spießbürgerliche Erweichung des Gemütes, welche politische Ideale durch „ethische" ersetzen zu können meint und diese wieder harmlos mit optimistischen Glückshoffnungen identifiziert. –

Auch angesichts der gewaltigen Not der Massen der Nation, welche das geschärfte soziale Gewissen der neuen Generation belastet, müssen wir aufrichtig bekennen: schwerer noch lastet auf uns heute das Bewußtsein unserer Verantwortlichkeit *vor der Geschichte*. Nicht unserer Generation ist beschieden zu sehen, ob der Kampf, den wir führen, Früchte trug, ob sich die Nachwelt zu *uns als ihren Ahnen* bekennt. Es wird uns nicht gelingen, den Fluch zu bannen, unter dem wir stehen: Nachgeborene zu sein einer politisch großen Zeit, – es müßte denn sein, daß wir verstünden, etwas anderes zu werden: Vorläufer einer größeren. Wird das unser Platz in der Geschichte sein? Ich weiß es nicht und sage nur: es ist das Recht der Jugend, zu sich selbst und ihren Idealen zu stehen. Und nicht die Jahre sind es, die den Menschen zum Greise machen: jung ist er, solange er mit den *großen* Leidenschaften, welche die Natur in uns legte, zu empfinden vermag. Und so – damit lassen Sie mich schließen – sind es nicht die Jahrtausende einer ruhmreichen Geschichte, unter deren Last eine große Nation altert. Sie bleibt jung, wenn sie die Fähigkeit und den Mut hat, sich zu sich selbst und den großen Instinkten, die ihr gegeben sind, zu bekennen, und wenn ihre führenden Schichten sich hinaufzuheben vermögen in die harte und klare Luft, in welcher die nüchterne Arbeit der deutschen Politik gedeiht, die aber auch durchweht ist von der ernsten Herrlichkeit des nationalen Empfindens.

Zur Gründung der National-Sozialen Partei

November 1896

Naumann hat mit scharfer Akzentuierung von der Stellung der Gebildeten zu dieser national-sozialen Bewegung gesprochen und uns – denn ich darf zwar nicht im *Namen* derer, die er meint, wohl aber als einer von ihnen sprechen – gesagt, wie weit wir mitgehen können. Da müssen wir aber unsererseits zunächst fragen: „Was *wollen* Sie denn eigentlich?" Will man in einer nationalen Arbeiterpartei die aufsteigenden Klassen der Arbeiter für sich zu gewinnen suchen, so wäre das zweifellos ein Fortschritt. Es würde die geistige Emanzipation der Arbeiter bedeuten: Gedankenfreiheit, die die Sozialdemokratie nicht duldet, indem sie Marx' zerbrochenes System als Dogma in die Köpfe der Masse stempelt, Gewissensfreiheit, die es bei ihr, wie jeder Berliner Stadtmissionar berichten kann, nur dem Worte, nicht der Sache nach gibt. Aber in einer Klassenpartei hätten *wir* natürlich keinen Platz, und vollends dann nicht, wenn Sie jetzt einen neuen Gewissensdruck ausüben wollen, indem Sie verlangen, daß der christliche Glaube zum öffentlichen Versammlungs-Bekenntnis gemacht werde. –

Was nun aber in dem jetzigen Entwurf Naumanns geboten wird, ist ein Rückschritt. Seltsam kontrastiert mit dem vermeintlichen Realismus, welcher politische Parteien nur auf wirtschaftlicher Interessenbasis aufbauen zu können meint, die Art, wie hier diese Interessengruppe, die den nationalen Sozialismus tragen soll, umschrieben wird. Denn welches ist sie? Es ist die Partei der Mühseligen und Beladenen, derjenigen, die irgendwo der Schuh drückt, aller derer, die keinen Besitz haben und welchen haben möchten. Ob Professor oder Arbeiter ist gleich; das Kriterium soll sein, ob das Einkommen aus Arbeit oder

Rente fließt. Wer kann nun da zu Ihnen kommen und bei Ihnen bleiben? Ein Kellner gehört zu Ihnen. Wird er morgen Oberkellner, wird seine Befähigung zum nationalen Sozialismus schon fraglich. Und ist er ein tüchtiger Mann und bringt es einmal zum Wirt, der selber Kellner und Oberkellner hält, hat er sicherlich bei Ihnen nichts mehr zu suchen. Ein bis zum Hals verschuldeter Gutsbesitzer kann der Ihrige sein; ein Bauer, der aufsteigt und seinen Besitz mehrt, nicht. Nun, das sind Karikaturen, werden Sie sagen, aber vergegenwärtigen Sie sich, daß eine Partei, die kein anderes Prinzip kennt als: Nieder mit den wirtschaftlich Starken!, die Karikatur einer Partei ist. Alle aufsteigenden Schichten des Volkes, auch die aufsteigenden Schichten der Arbeiterklassen, werden dann damit, daß sie aufsteigen, natürliche Gegner der national-sozialen Bewegung. Nur der Bodensatz der Bevölkerung bleibt bei Ihnen. Eine Partei aber, die nur die Schwächsten zu sich rechnet, wird die politische *Macht* nie erlangen.

Wollen Sie derartige, an die „ethische Kultur“ erinnernde miserabilistische Gesichtspunkte zugrunde legen, so werden Sie nichts anderes sein als politische Hampelmänner, Leute, heißt das, die – je nachdem, wo ihnen der Anblick irgendeines wirtschaftlicher Elends auf die Nerven fällt – durch unartikulierte Bewegungen bald nach rechts, bald nach links, hier einmal gegen die Agrarier, dort einmal gegen die Börse und gegen die Großindustrie, reagieren. Das sind keine *politischen* Gesichtspunkte. Die einzige klare politische Form, welche das seinerzeit vereinbarte erste Programm, auf Grund dessen allein ich hier erschienen bin, enthielt, die Bewegung gegen die Großgrundbesitzer, ist aus Unklarheit fallen gelassen worden. Damit ist die politische Pointe fortgefallen. Denn seien Sie sich darüber klar: Sie haben heute einzig und allein die Wahl, welches von den einander bekämpfenden Interessen der heute führenden Klassen Sie stützen wollen: das bürgerliche oder das agrarisch-feudale. Eine Politik, die das nicht berücksichtigt, ist eine Utopie. Jede aufstrebende neue Partei steht vor der Entscheidung, ob sie die bürgerliche Entwicklung fördern oder unbewußt die feudale Reaktion stützen will. Auch, wenn Sie es nicht wollen, wenn Sie meinen, ein Drittes tun, eine Politik des vierten Standes treiben zu können, wird das, was Sie wirklich erreichen, doch stets nur und allein die Stützung eines dieser beiden Interessen sein. Zwischen ihnen müssen Sie wählen und, wenn Ihnen die Zukunft der Bewegung am Herzen liegt, die bürgerlich-kapitalistische Entwicklung wählen. Die Sozialdemokratie hat dadurch, daß sie gegen das Bürgertum vorgegangen ist, der Reaktion die Wege geebnet. –

Wie unpolitisch Naumann denkt, ist daraus zu ersehen, daß er dem Parlament die Entscheidung über die Heeresstärke nehmen möchte. Im Gegenteil: die einzig gesunde Lösung ist die Behandlung der Militärfrage als einfache Budgetfrage, also die *jährliche* Bewilligung. Die neue Partei muß sein eine nationale Partei der bürgerlichen Freiheit; denn nur eine solche fehlt uns: es fehlt eine *nationale Demokratie*, der wir die Leitung Deutschlands durch unsere Wahlstimmen anvertrauen könnten, weil wir der Wahrung der nationalen und wirtschaftlichen Machtinteressen in ihrer Hand sicher sein würden. –

Damit komme ich zu einem Spezialpunkt, dessen Behandlung in Ihrer Presse mir gezeigt hat, daß Sie vorläufig diese Partei nicht sind. Es ist die Art, wie in letzter Zeit die sogenannte „Polenfrage“ in der „Zeit“ erörtert worden ist. Über die Einzelmaßnahmen, die da diskutiert wurden, läßt sich streiten, davon spreche ich nicht; sondern von der Art der Behandlung dieser Dinge in einem deutschen Blatte, wie es „Die Zeit“ sein will. Die „Zeit“ hat diejenigen, die eine energische Stellungnahme gegen die Polen befürworten, in einem hämischen Ton angegriffen, den Deutsche in nationalen Fragen gegeneinander nie anschlagen sollten. Man hat gesprochen von einer Herabdrückung der Polen zu deutschen Staatsbürgern zweiter Klasse. Das Gegenteil ist wahr: wir haben die Polen erst zu Menschen gemacht. Auch in der Auffassung der „Polenfrage“ tritt bei Ihnen eben jener unpolitische Zug des Miserabilismus hervor. Aber die Politik ist ein hartes Geschäft, und wer die Verantwortung auf sich nehmen will, einzugreifen in die Speichen des Rades der politischen Entwicklung des Vaterlandes, der muß feste Nerven haben und darf nicht zu sentimental sein, um irdische Politik zu treiben. Wer aber irdische Politik treiben will, der muß vor allen Dingen illusionsfrei sein und die eine fundamentale Tatsache: den unabwendbaren ewigen Kampf des Menschen mit dem Menschen auf der Erde, wie er tatsächlich stattfindet, anerkennen. Wenn nicht, dann soll er davon abstehen, eine politische Partei zu gründen. Ich möchte hier, in dieser thüringischen Stadt, Ihnen das alte Thüringerwort entgegenrufen: *„Landgraf werde hart!“*

Bismarcks Außenpolitik und die Gegenwart

Frankfurter Zeitung vom 25. Dezember 1915.

I. Dreibund und Westmächte

Äußerlich angesehen war Bismarcks Außenpolitik: Dreibundpolitik. Aber die innerliche Lockerung, welche er selbst durch den Rückversicherungsvertrag mit Rußland hineintrug, beweist, daß er sogar dem bedingten Bund mit Österreich-Ungarn schon während seiner Amtsführung nur den gleichen historisch bedingten Wert beimaß, wie in den „Gedanken und Erinnerungen". Vollends über Italien dachte er wohl sehr skeptisch. Die italienische Angst vor der englischen Seemacht freilich, welche Italien veranlaßte, nach Gründen zu suchen, sich der aktiven Teilnahme im Bündnisfalle zu entziehen, konnte Bismarck unmöglich in seine Rechnung einstellen. Aber das Bündnis mit Italien hatte noch andere schwache Punkte. Bismarck hatte gleich zu Beginn die Forderung eines Verzichts auf die „Irredenta" gestellt, den er selbst doch schwerlich als dauernd einschätzen konnte. Rein sachlich wäre eine rechtzeitige Verständigung darüber, wie die Wiener Angebote dieses Frühjahrs zeigten, nicht so schwer gewesen, wie sie jetzt geworden ist. Der schwierigste Punkt: Triest, hatte vor dem Kriege langsam an Bedeutung für Italien verloren. Aber nachdem die Unterschätzung der Kraft und des Zusammenhalts der Doppelmonarchie und das bei dem eigenen Verhalten Italiens ja leider subjektiv recht begreifliche, eben deshalb aber für den Gegenpart höchst verdächtige und verletzende Mißtrauen in die Loyalität Österreich-Ungarns die Verhandlungen zerschlagen hatte, ist jetzt ein Bund gebrochen und Blut geflossen und sind die auf keinerlei nationales Interesse Italiens mehr zu gründenden Forderungen italienischer Straßenpolitiker öffentlich erhoben worden. Das alles ist jetzt erschwerend hinzugetreten. Daß ein Entgegenkommen von Anfang des Bündnisses an nur aus Österreich-Ungarns alleiniger Initiative und nur bei stärkeren und dauerhafteren Garantien möglich war, als sie die stets – aus Gründen der Entstehungsart des modernen Italiens – gegenüber der Macht der Straße unsicher im Sattel sitzende italienische Dynastie und Regierung bieten zu können schien, war klar. Vor allem aber war etwas derartiges nur gelegentlich einer Ausdehnung der österreichisch-ungarischen Machtsphäre nach anderen Richtungen hin überhaupt möglich. Und da lag nun die Schwäche des Dreibundes in dem, was vom Standpunkt der Erhaltung des Friedens sein Vorzug war: in seinem reinen Defensivcharakter. Aus einem solchen Bund entsprangen keine Chancen für ein politisches Ausdehnungsbedürfnis Italiens. Auch die allgemeine Zusage eventueller Kompensationen im Falle der Ausdehnung des Nachbarn ist erst nachträglich, und zwar in gleichem Schritt mit einer Lockerung der italienischen Verpflichtung, mithin als ein Bestandteil dieser Lockerung, nicht aber als einer der positiven Zwecke des Bundes in den Vertrag aufgenommen worden.

Diese Eigenart des Dreibundes folgte aus allgemeinen Eigentümlichkeiten der in jedem Sinn „konservativen" Bismarckschen Politik. Sie war in keinem Sinn eine Politik eines „größeren Deutschlands".

Der Erwerb von Siedlungsland zur Erweiterung der Gebietsgrundlage unseres Volkstums wäre angesichts der Auswanderungsziffern in den siebziger Jahren naheliegend gewesen. Nachdem wir jetzt längst ohne eine Millionenziffer fremder Arbeitskräfte im Lande nicht mehr auskommen, ist er nach meiner Ansicht überholt. Die Hinzufügung neuer, mit dem geschlossenen Körper des Deutschtums nicht zusammenhängender Fetzen deutschen Bauernlandes im Osten würde angesichts der dortigen, ohnehin ungünstigen Gestaltung unseres Siedlungs- und Sprachgebiets Bismarck in keinem Fall in Betracht gezogen haben, auch wenn er mit der jetzigen Lage jemals zu rechnen gehabt hätte.

Auch dem Gedanken überseeischer Erwerbungen stand er bekanntlich innerlich fremd gegenüber. In dieser Frage schob der Verächter der öffentlichen Meinung dieser die Initiative zu. Für eine solche mangelte damals jegliche kapitalistische Interessengrundlage.

Zufällige geschäftliche Einzelunternehmungen in Westafrika, zufällige Pioniertaten einzelner in Ostafrika bestimmten dann die Richtung überseeischen Erwerbs dort. Unsere sonstige koloniale Ausdehnung kam vollends verspätet und blieb nach Art und Umfang dürftig. Man braucht die großen Kolonialgebiete, welche andere Staaten: Rußland, England, Frankreich, Belgien, im letzten Menschenalter neu annektierten, nur mit unseren eigenen Erwerbungen zu vergleichen, um zu sehen, daß diese Kolonialpolitik rein sachlich niemandes Eifersucht zu erregen geeignet war. Weil historische wirtschaftliche Interessensphären für uns fehlten, vollzog sich unsere Überseeausdehnung als ein Streuerwerb in aller Welt, der nur für einen künftigen Austausch gegen möglichst geschlossene Interessengebiete Sinn haben konnte. Inzwischen aber hatte dieser Streuerwerb den Nachteil, uns angesichts des Geräusches, welches er erregte, in Reibung mit aller Welt zu bringen und unser Wollen, bei Fehlen historischer Interessensphären, als unsachlichen Ehrgeiz erscheinen zu lassen. Er engagierte uns auch an Punkten, wohin unsere Machtmittel nicht reichten. Ostasiatischen Besitz hätten wir in keinem Fall eines Krieges mit einer dortigen Großmacht wirksam verteidigen können.

Einen Grund zum ernstlichen Konflikt mit England hat dieser Übersee-Erwerb nicht gebildet. Im Gegenteil: in gewissem Maße hatte jeder deutsche Kolonialbesitz für England den Wert eines „Pfandes“. Denn selbst bei gleicher Flottenmacht wäre für uns die geographische Lage Englands als eines Riegels vor der Nordsee und die Lage von Liverpool durch nichts auszugleichen (selbst nicht durch die Eroberung aller Kanalhäfen!). Allein dieser Umstand hat Bismarck nicht davon abgeschreckt, schließlich doch Kolonien zu erwerben. Mit Recht. Objektiv auch für heute mit Recht deshalb, weil wir andererseits Machtmittel auch gegen England besitzen, welche nach den Erfahrungen dieses Krieges, den England mit der stärksten überhaupt möglichen Koalition gegen uns führt, für künftig steigend ins Gewicht fallen werden. Und nach jetzt 1 1/2 Jahren sind die wichtigsten deutschen Besitzungen noch immer nicht ganz erobert. Andererseits ist das Ideal eines möglichst sich selbst genügenden Reichs für uns eine offenbare Utopie. Alle Textilstoffe und wichtige Metalle werden dauernd vom Ausland bezogen, müssen also durch Außenhandel verdient werden. Ob aber Kolonien oder Handelsschiffe und Handelsverbindungen das „Pfand“ bilden, ist gleichgültig. Zu Bismarcks Zeit konnte nicht als wahrscheinlich gelten, daß die englische Politik jemals das Interesse haben würde, sich, wie sie im Begriffe zu tun steht, ohne Not in uns einen Todfeind für alle Zukunft zu schaffen. Auch nicht, daß es erst eines Krieges mit uns bedürfen würde, um englischen Politikern zu zeigen, was ein Konflikt mit uns auch für England bedeute. Auch nicht, daß in England Theorien entstehen würden, wonach „jeder Engländer reicher sein würde“, wenn Deutschland aufhörte zu existieren. Wie diese Rechnung steht, weiß jeder ökonomisch Gebildete. Gesetzt aber, sie wäre richtig, so würde das, was sich England auf unsere Kosten an Seehandelsprofit (zu 10 Prozent des Umsatzes) günstigenfalls aneignen könnte, nicht ganz ein Drittel dessen ausmachen, was von ihm an Schuldzinsen und Mehrausgaben für das Heer zur Durchführung einer Politik blinden Neides jährlich mehr aufzuwenden wäre. Es ist rein sachlich ein Irrtum, anzunehmen, daß eine dauernde Verständigung und selbst ein festes Bündnis beider Mächte aus diesen Gründen unmöglich gewesen wäre. Ein Bündnis kam für Bismarck nicht in Frage, weil die damalige Tradition der englischen Politik feste Bündnisse ablehnte, teils weil es als unzulässig für eine Parteiregierung galt, die künftige Regierung der Gegenpartei zu binden, teils aus der überlieferten Politik der freien Hand heraus, welche damals als dem Interesse an dem berüchtigten „Gleichgewicht der Kräfte" allein entsprechend galt. Wäre es aber in Frage gekommen, so würden teils innerpolitische Antipathien, teils und entscheidend aber die überlieferten Beziehungen zu Rußland es für Bismarck ausgeschlossen haben. Als später die englische Politik bündnisreif wurde, geschah dies aus Angst vor uns und, um sich *gegen* uns zu wenden. Dafür gab aber nicht unser dürftiger Kolonialbesitz und auch nicht in erster Linie unser gelegentlich lästiger Handelsaufschwung den Ausschlag, sondern: die vermeintliche Bedrohung in der Nordsee. An die Tatsache einer relativ steigenden Seemacht *aller* anderen Mächte wird sich England schon infolge der bevorstehenden Entstehung einer amerikanischen Flotte ersten Ranges endgültig gewöhnen müssen. Für den Umfang unserer eigenen Rüstung aber haben eine Reihe unsachlicher und deshalb unkluger Rücksichtslosigkeiten der englischen Politik den Ausschlag gegeben. Sie behandelte im Ärger über unseren Flottenbau auch unsere kolonialpolitischen Interessen in allzu augenfälliger Art unfreundlicher als diejenigen Frankreichs mit seiner damals weit größeren Flotte. Wir gewannen dadurch den Eindruck, daß England bei allen überseeischen Chancen Deutschlands, auch wo wichtige englische Interessen gar nicht bedroht wurden, dennoch stets gegen uns Partei nehmen würde. Bei diesem sachlich nicht gebotenen Verhalten war die Angst vor uns ein schlechter Berater. Es liegt vor Augen, welche Zukunftsinteressen die englische Politik mit ihrer Wendung gegen uns und Österreich-Ungarn diesem Gespenst geopfert hat und, wenn sie sich nicht ändert, noch wird opfern müssen.

Die Bismarcksche Politik konnte diese Entwicklung nicht voraussehen und ging von der Annahme aus, daß wir auf Englands Neutralität mindestens für den Fall eines Zusammenstoßes mit Rußland sicher rechnen dürften. Allerdings hatte Bismarck auch keine ganz zutreffende Vorstellung von den militärischen Verhältnissen, welche im Fall einer doch immerhin möglichen Feindseligkeit Englands gegen uns eintreten könnten. „Die Engländer jagen wir mit ein paar Landwehrregimentern in die Nordsee", lautete seine Antwort an die Staatsmänner, welche ihn in Friedrichsruhe aufsuchten, um (vergeblich) seine Sympathie für den Flottenbau zu gewinnen. Es ist heute jedermann klar, welche Tragweite für die Möglichkeit, zur See überhaupt einer Großmacht würdig aufzutreten, der Besitz von Helgoland hat. Damit vergleiche man die darauf bezüglichen Bemerkungen der „Gedanken und Erinnerungen". Nüchtern zog Bismarck es vor, dies für unser heutiges Empfinden verletzende deutsche

Gibraltar lieber in – wie er annahm – neutraler Obhut bestehen zu lassen, als die Verpflichtung zu übernehmen, diesen „Steinfelsen“ künftig unsererseits gegen die: französische Flotte (die er allein in Betracht zog) verteidigen zu müssen. Die geringfügigen Leistungen der Franzosen zur See 1870 ermöglichten es ihm, die Marine als subaltern zu behandeln. In den 70er Jahren wäre der Bau einer ausreichenden deutschen Flotte schwerlich als Bedrohung Englands empfunden worden, sondern als eine selbstverständliche Ehrenpflicht, unsere einer Großmacht nicht würdige Ohnmacht zur See gegenüber Frankreich auszugleichen. In starkem Maße innerpolitische Antipathien bestimmten Bismarcks verhängnisvolle ablehnende Stellung zur Flotte, für welche, wie er sagte, „sogar der Abgeordnete Rickert“ Sympathie habe. Das damals Unterlassene wurde später schwer und daher mit einem Geräusch nachgeholt, welches Mißtrauen erwecken konnte.

Was an der heutigen Praxis der englischen Seeherrschaft das für uns Unerträgliche ist, weiß jedermann. Dem allein durch England gestützten Seebeuterecht hat die Initiative Englands heute ein noch weit gehässigeres Landbeuterecht zur Seite gestellt. Die Willkür der Konterbandebegrenzung bekommt jeder neutrale Staat zu fühlen. Wir unsererseits würden in jedem Kriege Englands gegen den Versuch einer solchen Kontrolle und Vergewaltigung, wie sie gegenüber anderen Mächten, auch Großmächten, jetzt geübt worden ist, um unserer Ehre willen Gewalt haben anwenden müssen. Die englische Politik wird über die wirkliche Wirkung ihres Verhaltens auf die Stimmung der Welt erst nach dem Kriege ihre Erfahrungen zu machen haben, wenn die Augenblickskonstellation der Interessen sie nicht mehr verschleiert. Entscheidend wird dann wohl die Erfahrung wirken, daß alle diese Vergewaltigungen und sittenlose Gehässigkeit eines krämerhaften Wirtschaftskrieges gegen uns nutzlos gewesen sind. Aber nur, wenn die Schlüsse daraus von England schon im Friedensvertrag voll gezogen werden, kann dieser die Pforte zu einer Verständigung werden.

Die Racheabsicht der Franzosen hat Bismarck nach 1870 als etwas für alle Zukunft in unsere Rechnung Einzustellendes angesehen. Welche Momente bei einer solchen Auffassung ihn eigentlich zur Herausgabe von Belfort veranlaßten, wissen wir heute ebensowenig, wie wir die Stellung der damaligen militärischen Autoritäten zu diesem Schritt kennen. Bismarck begann dann in Ermangelung anderer Möglichkeiten eine Politik der Isolierung Frankreichs, welche von ihm selbst unmöglich auf unbegrenzte Zeit berechnet sein konnte.

Gleichzeitig machte er seine bekannten Versuche der Ablenkung der Franzosen auf koloniale Erwerbungen in der Erwartung, sie würden, auf diesem Gebiet von uns unbehelligt und loyal gefördert, die kontinentalen Gegensätze schließlich vergessen. Zunächst enttäuschte der Sturz Ferrys diese Politik, die aber dennoch fortgesetzt wurde. Sie war kontinentalpolitisch völlig verständlich. Weltpolitisch aber hat sie auch einige bedenkliche Folgen gehabt. Worüber wir uns in letzter Zeit mit Grund beschwerten, war bekanntlich, daß Frankreich und andere Mächte unsere Existenz bei Fragen der Verteilung von Interessensphären einfach ignorierten. So England bei seiner südafrikanischen, Frankreich bei seiner nordafrikanischen Politik. Keine Großmacht darf sich ungestraft immer wieder vor vollzogene Tatsachen stellen und über sich zur Tagesordnung übergehen lassen. Eben jene Haltung der Bismarckschen Politik hatte aber Frankreich und die Welt daran gewöhnt, die Vorgänge in Überseegebieten als Dinge anzusehen, bei denen eigentlich Deutschland nur aus Anmaßung mitzureden beanspruche. Der nüchterne Standpunkt des „do ut des“ war ausgeschaltet. Als er von unserer Seite aufgenommen wurde, stand das entstehende Geräusch zu unseren wahrlich bescheidenen Ansprüchen außer allem Verhältnis, und wir gerieten dadurch in eine auch innerlich ungünstige Position. Denn es ist klar, daß ein Krieg mit Frankreich wegen „kapitalistischer“ Interessen in Marokko nicht jener unbedingten innerlichen Hingabe des deutschen Volkes sicher gewesen wäre, welche selbstverständlich war, als Frankreich, von uns unbedroht, als russischer Vasall uns angriff. Eine frühzeitigere und stärkere kolonialpolitische Betätigung Deutschlands hätte jedenfalls die Kriegsgefahr Frankreich gegenüber nicht gesteigert. Für diese bleibt allein entscheidend die französische Vorstellung, daß die Zugehörigkeit des Elsaß zu uns ein Provisorium sei. Diese Ansicht erhielt freilich durch das Provisorium seiner staatsrechtlichen Stellung im Reich stets neue Nahrung. Es gab daher in Frankreich eine nicht ganz unerhebliche Strömung für ein schweigendes Nebeneinander, aber keine für eine offene Verständigung mit uns. Eine Politik des Ignorierens ist aber gegenüber einer Großmacht friedlich nicht durchführbar. Darüber war auch die französische Politik nicht im Zweifel. Sie konnte aber den Entschluß zu etwas anderem nicht finden. Und seitdem sie den gebildeten Klassen des Landes auf Verlangen Rußlands die dreijährige Dienstzeit zugemutet hatte, mußte sie positiv entschlossen sein, den Krieg gegen uns baldmöglichst zu führen. „Wir werden Barbaren, wenn wir drei Jahre in der Kaserne liegen müssen; entweder wir vernichten Deutschland und brauchen das dann nicht mehr, oder – es lohnt nicht mehr“, war das entscheidende Argument, welches man von gebildeten Franzosen zu hören bekam. Nachdem entgegen der Annahme vieler von uns, welche unser eigenes Heer noch mit der dritten Jahresklasse kannten, die zweijährige Dienstzeit sich bei uns so glänzend bewährt hat, wird auch in Frankreich künftig jenes Argument an Gewicht verlieren. Die Erfahrung, daß auch diese Koalition Elsaß-Lothringen nicht wiederbringt, und die zu erwartende endgültige Regelung von dessen Stellung in Deutschland kann manches ändern. Wie schnell und viel wissen wir nicht.

Für den Augenblick liegt zwischen uns und den beiden Gegnern im Westen vor allem das *belgische Problem*. Der deutsche Standpunkt zu Belgien ist nicht unbekannt, aber immer wieder unzutreffend formuliert. Belgiens Selbständigkeit war von Frankreich bedroht, von Bismarck gestützt. Den Kongostaat hat Bismarcks Politik dem König der Belgier schaffen helfen. England hat diesen Besitz so lange bedroht, bis Belgien sich ihm politisch und militärisch willfährig zeigte. In den Irrsinn, dieses von jeher in seinen beiden Nationalitäten gleich stark an seiner Unabhängigkeit hängende Volkstum aus gleichviel welchen Gründen uns jemals zwangsweise angliedern zu wollen, sind vor dem Kriege weder kluge noch törichte deutsche Politiker je verfallen. Was könnte es uns auch nützen, wenn dadurch das uns stammverwandte Holland dazu getrieben würde, „Einfallspforte" der Gegner zu werden? Nicht daß Belgien, wohl aber daß das holländische Volkstum und mit ihm das Rheinmündungsgebiet sich national von uns geschieden hat, ist beklagenswert. Aber die Versäumnisse unseres Mittelalters sind heute nicht mehr rückgängig zu machen, und es ist bedauerlich genug, daß Hannovers Verhalten 1866 zur Einverleibung in Preußen zwang und durch diesen Eindruck das historische Vertrauensverhältnis Hollands zu uns getrübt war. Dies zu verschärfen, bestand und besteht kein Grund. Die Schwierigkeiten in den Beziehungen zu Belgien waren und sind rein militärischer Art.

Ein Mittelstaat, welcher lediglich die gegen Deutschland gerichtete Grenze wirklich befestigte, seine Seegrenze gegen England und seine Landgrenze gegen Frankreich aber in völlig verteidigungsunfähigem Zustand ließ, welcher ein zur Abwehr eines Durchmarsches unzulängliches Heer hielt und sein Verteidigungssystem letztlich auf die Behauptung einer von jenen beiden verteidigungslosen Grenzen möglichst entfernt liegenden Festung zuschnitt, – ein solcher Staat konnte, militärisch und politisch betrachtet, unmöglich als *effektiv* neutral gelten. Seine Neutralität war in der Tat „Papier". Vollends nachdem jahrelang in seinen führenden Blättern und in spontanen

Kundgebungen seines Parlaments immer wieder, und zwar ohne jeglichen Anlaß unsererseits, die Parteinahme für unsere Gegner zum Ausdruck gebracht worden war. Wirtschaftliche Momente: die Stellung des französischen Kapitals in sehr vielen, unter belgischer Flagge gehenden Unternehmungen, begünstigt durch die fast absolute rechtliche Freiheit des Börsenverkehrs und der Aktiengründungen in diesem Eldorado der Bourgeoisie, sprachen bei dieser sonst ganz unverständlichen Haltung entscheidend mit. Auch nicht die allergeringste Gewähr bestand daher dafür, daß dieser Staat nicht im Ernstfall seine Neutralität genau so betätigen würde, wie Griechenland jetzt unter dem Zwang unserer Gegner hat tun müssen, d.h. also: unter formalem Protest den Durchmarsch unserer Feinde geschehen lassen wird. Zum Überfluß war erinnerlich, daß England die Versetzung der holländischen Seeküste in verteidigungsfähigen Zustand fast wie einen Akt der Feindseligkeit gegen sich behandelt und zu hintertreiben gesucht hatte, um den Einbruch durch holländisches Gebiet nach Deutschland offen zu halten. Hollands Neutralität wurde von uns ebenso peinlich respektiert wie die der Schweiz. Das gleiche wäre selbstverständlich im gleichen Fall Belgien gegenüber geschehen. Wie man in Deutschland darüber dachte, war denen, die es anging, nicht verborgen. Belgien aber versagte uns jene Flankendeckung gegen Überfälle über sein Gebiet, welche die Schweiz durch ihre effektive Neutralität ebenso uns wie unseren Gegnern gewährte. Dabei war die deutsche Westgrenze bereits durch die Änderung des bis 1867 zu beiderseitiger Zufriedenheit in Luxemburg bestehenden Zustandes höchst ungünstig beeinflußt. Bismarck hatte das Besatzungsrecht ausschließlich um des Friedens willen Napoleon III. gegenüber aufgegeben. Der Krieg von 1870 blieb uns aber dennoch nicht erspart.

Das nur aus unbeglaubigten Gerüchten bekannte angebliche Projekt des jetzigen Königs der Belgier, einen Bund der neutralen Mittelstaaten zusammenzubringen, hätte die Lage vielleicht verschieben können. Freilich nur in dem leider äußerst unwahrscheinlichen Fall, wenn dabei etwa in erster Linie an eine feste militärische Verbindung Belgiens mit Holland zum Zwecke der gemeinsamen Verteidigung ihrer Neutralität gegen *jede* Antastung, also vor allem auch zur Herstellung eines verteidigungsfähigen Zustandes der Süd- und Seegrenzen Belgiens, gedacht gewesen wäre. Mit solchen effektiven Neutralitätsgarantien hätte Deutschland sich zufrieden geben können, und es wäre uns dann der trotz aller zwingenden Gründe für das Empfinden jedes

Deutschen peinliche präventive Durchmarsch durch Belgien erspart geblieben, den vermeiden zu können auch Bismarck sicher mit allen Mitteln angestrebt hätte. Ob etwa jene vagen Möglichkeiten künftig jemals praktische Bedeutung gewinnen könnten, ist bei der Stellung der beteiligten Nationalitäten zueinander durchaus problematisch und hängt jedenfalls nicht von uns ab. Nachdem das Geschehene einmal geschehen mußte und nachdem inzwischen die Emigrantenregierung in Le Havre ausdrücklich die Forderung von Gebietserweiterungen Belgiens angemeldet hat, ist die Lage stark verändert. Greifbare Garantien sind geboten. Daß diese jeder gewissenhafte deutsche Politiker nach Art und Zeitdauer gern auf das unentbehrliche Mindestmaß beschränken möchte, weiß jedermann. Denn es besteht keinerlei Interesse Deutschlands daran, sich Todfeinde zugleich jenseits der Grenze und im eigenen Lande zu schaffen und seine Politik auf lange Zeit gänzlich gegen die Westmächte festzulegen. Klar ist aber, daß die Art jener Garantien von der politischen „Gesinnung" abhängen muß, deren wir uns von unseren Nachbarn im Westen und jenseits der Nordsee künftig zu versehen haben werden, dann nämlich, wenn die Leidenschaften des Kriegs verflogen sind. Über „Gesinnungen" überhaupt und vollends über Zukunftsgesinnungen ist durch Friedensverträge nichts auszumachen. Die Garantien, wie immer sie aussehen mögen, müssen also mindestens für so lange Zeit gelten, bis sich voraussichtlich klar übersehen läßt, woran Deutschland mit jenen Nachbarn sein wird. Zur Zeit sind leider ihre Gesinnungen die denkbar ungünstigsten für die Erwartung, daß wir künftig dort Ruhe haben werden. Wenn selbst jetzt noch Minister der Westmächte (auch Englands!) von Abtrennungen deutschen Gebiets reden, über die Deutschland, wie sie wissen, auch dann nicht verhandeln würde, wenn bei Köln und Heidelberg statt bei Arras und Reims gekämpft würde, so kann allerdings von ernsthaften Friedenserörterungen keine Rede sein. Angesichts dessen werden vielmehr diejenigen deutschen Politiker sich im Recht fühlen, welche die Ansicht vertreten, daß bei der Gesinnung unserer Gegner ein Friede in jedem Falle nur ein Waffenstillstand, und daß es also militärisch unklug sein werde, irgendein Stück besetzten Landes herauszugeben. Müßte man diesen Eindruck gewinnen, dann freilich bliebe nichts übrig, als das Faustpfand festzuhalten und die Gegner einfach so lange gegen die deutschen Linien anrennen zu lassen, als sie wollen, und abzuwarten, bis sie für diesmal aufhören müssen. Das deutsche Heer kann das. Das Schicksal möge die europäische Kulturwelt, uns selbst eingeschlossen, davor bewahren, daß es geschehen müßte. Dies hängt jedoch nicht von uns ab, und die bekannten Worte des Reichskanzlers gaben dieser Lage den zutreffenden Ausdruck.

II. Dreibund und Rußland

Durch die Ereignisse überholt ist die Bismarcksche Politik im Osten. Infolge unserer eigentümlichen Lage dort war sie nicht ganz frei von widersprechenden Möglichkeiten. Man konnte innerlich nicht wohl gleichzeitig ein dauerndes Waffenbündnis mit Österreich-Ungarn für wünschenswert halten und den Rückversicherungsvertrag mit Rußland abschließen. Letzten Endes war aber auch schon nicht recht abzusehen, was für ein Interesse Deutschland daran hatte, den Berliner Kongreß zu arrangieren und den unvermeidlichen Haß enttäuschter Hoffnungen auf sich zu nehmen, wenn diese Probleme uns wirklich „Hekuba" waren. Eine Festsetzung der Russen in Konstantinopel hätte nach Bismarcks späteren Erklärungen ihm nicht nur für die deutschen, sondern auch für die österreichisch-ungarischen Interessen unter gewissen Bedingungen als unschädlich und direkt nützlich gegolten. War dies wirklich seine letzte Meinung, dann freilich war nicht recht ersichtlich, aus welchem Grund gerade wir der damaligen englischen Politik zu Hilfe kamen. Es kann, solange nicht triftige Gründe dagegen vorliegen, nicht als unwahrscheinlich gelten, daß auch später eine langfristige Verständigung unserer beiden östlichen Nachbarn über die Zerlegung des Balkangebietes in Interessensphären durch Vermittlung des Kanzlers möglich gewesen wäre, wie sie der damaligen, inzwischen gründlich veränderten Lage entsprach. Das Desinteressement Rußlands an den Gebieten zwischen der Adria und der bulgarischen Grenze war noch bis in weit spätere Zeit alles, was Österreich im Interesse seiner Existenz verlangen mußte. Darauf einzugehen, hat sich Rußland erst später durch sein Engagement in Serbien außerstande gesetzt. Sich aus gefühlspolitischen Motiven an Punkten zu engagieren, bis zu welchen aus politisch-geographischen Gründen die eigenen Machtmittel nicht mit Sicherheit reichen, führt sehr leicht, zu solchen für das Prestige bedenklichen Fehlschlägen, wie wir sie bei unserer Burenpolitik erfuhren und wie sie den Russen für ihre Serbenpolitik jetzt im größten Maßstab zuteil werden. Nicht nur und letztlich nicht einmal vornehmlich die Entstehung starker wirtschaftlicher Interessen Deutschlands in Kleinasien und Mesopotamien, sondern sehr wesentlich dies rein politische Hinausdrängen Rußlands über seinen natürlichen Aktionsradius hat Gegenaktionen Deutschlands im Orient und jetzt die für Rußland so peinliche Kampfgemeinschaft mit der Türkei und Bulgarien ins Leben gerufen. Über die rein wirtschaftlichen Interessen wäre eine Verständigung gerade mit Rußland nicht schwer gewesen. Das starke politische Engagement, welches jetzt das aus politischen Motiven entstandene Bündnis für uns mit sich bringt, hat alle Voraussetzungen der Bismarckschen Politik endgültig verschoben. Diese und ihre scheinbaren Widersprüche beruhten auf der Annahme, daß 1. wirkliche Interessengegensätze zwischen uns und Rußland nicht vorliegen, daß vielmehr 2. Interessengemeinschaft zwischen Rußland und uns infolge der Teilung Polens bestehe und immer bestehen werde. Das polnische Problem war einer der Angelpunkte seiner Politik. Es beherrschte seine Außenpolitik gegen Osten durchweg und seine innere Politik im Kulturkampf und auch sonst in sehr entscheidender Art. Die Polen waren ihm die Landesverräter schlechthin kraft unausrottbarer Eigenart, wie sie es für die Russen seit Nikolaus I. gewesen waren. Auch wer dieser Ansicht absolut fernstand und die von Anfang an ganz verfehlte antipolnische Sprachenpolitik in Preußen ablehnte, konnte unter den früheren Verhältnissen schwer umhin, für die preußische Siedlungspolitik im Osten und gegen die Zulassung der polnischen Arbeiter in Deutschland einzutreten. Die unvermeidliche Konkurrenz der Nationalitäten und nationalen Kulturen im Osten wollte man nicht dem Prinzip der billigsten Hand im Kampf um Bodenbesitz und Arbeitsmarkt unterstellt sehen. Das Verschwinden des loyal preußischen Beamtentums polnischer Herkunft war eine unangenehme Begleiterscheinung der Art, wie seit Bismarck der Kampf geführt wurde.

Diese Lage ist völlig verändert. Zunächst durch eine Entwicklung im deutschen Polentum, welche es nicht mehr zuläßt, nur von der „billigeren Hand" zu reden. Dann durch die jetzt entstandene politische Lage Deutschlands gegenüber den Polen. Nicht nur darf eine deutsche Regierung unter gar keinen Umständen öffentliche Versprechungen gemacht haben, die nicht zur Wahrheit werden, wie dies in Rußland nach dessen Eigenart immer wieder unvermeidlich geschehen wird. Sondern vor allem weist die Gewalt der Tatsachen beide Nationen für die Zukunft aufeinander hin. Während England unseren Handel und Überseebesitz, Frankreich die Integrität unseres Landbesitzes bedrohen kann, ist Rußland die einzige Macht, welche im Fall des Sieges, wie die polnische, so auch die deutsche Nationalität und politische Selbständigkeit in ihrem ganzen Bestande zu bedrohen in der Lage wäre. Das wird in Zukunft vermutlich in steigendem Maße der Fall sein. Die Frage, wie die Verständigung mit den Deutsch-Polen in den bisherigen Streitpunkten gestaltet werden kann (z.B. etwa: Abgrenzung von lokalen Siedlungsgebieten für jede Nationalität), kann jetzt und hier nicht behandelt werden. Sicher ist nur, daß die Aufgabe vor uns steht. Erst recht nicht könnte die künftige Politik den außerdeutschen Polen gegenüber hier erörtert werden. Sicher ist nur, daß dies die wichtigste aller zwischen uns und Österreich-Ungarn zu regelnden Fragen ist, und daß darüber vor Eintritt in die Friedensverhandlungen Einigkeit erzielt sein muß.

Die Bismarcksche Staatskunst würde sicherlich Nachdruck darauf gelegt haben, 1. daß eine Umgebung Schlesiens durch das Gebiet eines einheitlichen, sei es auch noch so fest befreundeten Staatswesens wirtschaftlich und politisch-geographisch nicht annehmbar sei, außer bei Herstellung solcher Beziehungen, welche jede Zwiespältigkeit der beiderseitigen Wirtschafts- und Gesamtpolitik dauernd ausschließen würden, 2. daß wenigstens im Nordosten die technischmilitärische Sicherung einer etwaigen Grenze Mitteleuropas gegen Rußland durch Garnisonen und strategische Verkehrsmittel nur in unserer eigenen Hand liegen könne. Andernfalls würde sie es abgelehnt haben, die Feindschaft des russischen Nachbarn von dessen anderen Gegnern ab- und auf uns allein zu ziehen, wie es jetzt geschieht. Welche Formen Bismarck etwa hätte vorschlagen können, um die von ihm in allgemeinen Wendungen befürwortete Umwandlung des Bündnisvertrages in eine verfassungsmäßige Verbrüderung durchzuführen, kann man nicht wissen. Den bloßen formalen Akt einer Genehmigung durch die Parlamente kann der Verächter des Parlamentarismus schwerlich im Auge gehabt haben, obwohl er nur davon spricht. Das Bündnis als solches steht auch ohne solchen Formalakt fest genug. Denn eine Bedrohung der Großmachtstellung Österreich-Ungarns wird auch in Zukunft uns veranlassen, das Schwert zu ziehen. Es sei denn, daß dessen eigene Politik uns jemals das Gegenteil direkt aufzwingen sollte. Ein solcher Selbstmord ist nicht zu gewärtigen. Das Interesse unseres Bundesgenossen an der Erhaltung unserer Machtstellung bleibt jedenfalls dauernd ebenso stark wie das entsprechende Interesse bei uns.

Die Stellung der Deutschen und der westslawischen Kulturvölker zueinander wird durch die politischen Folgen des Krieges von Grund aus umgestaltet werden müssen und einer solchen Umgestaltung auch fähig sein. Erstmalig ist erst jetzt diesen Völkern bewiesen worden, daß es gegenüber der ihnen allen drohenden Verwandlung in russische Fremdvölker überhaupt eine Macht gibt, die im Verein mit ihnen selbst ihre nationale Selbständigkeit gegen Rußland zu garantieren in der Lage ist. Eine der Grundlagen ihres bisherigen Verhaltens war der fatalistische Glaube an die Unvermeidlichkeit einer Entfaltung der russischen

Macht ins Grenzenlose. Es wird nun darauf ankommen, ihnen auch die Sicherheit beizubringen, daß sie statt der russischen keine deutsche Vergewaltigung zu befürchten haben. Unser Interesse gestattet und fordert ihre unbedingte Kulturselbständigkeit auf dem Boden zweckmäßiger Abgrenzung nationaler Wirkungsgebiete nach rein sachlichen politischen Gesichtspunkten, und das heißt: unter Ausschaltung nationaler Eitelkeit unsererseits. Soweit dabei andere Nationalitätsfragen als die polnischen in Betracht kommen, sind diese formell eine innere Angelegenheit unserer Verbündeten. Ihre möglichst schleunige Lösung ist allerdings auch für unsere weitere Politik von entscheidender Wichtigkeit, ohne daß wir ihnen doch irgendwie hineinzureden hätten. Eine Annexion polnischer oder anderer slawischer Gebietsteile durch uns hätte Bismarck sicherlich abgelehnt.

Was Rußland selbst anlangt, so weiß jeder: daß die vorläufig kaum überbrückbare Gegnerschaft, in welche wir zu diesem Land geraten sind, von unserer Seite durchaus unfreiwillig war. Es ist Bismarcks Lebensarbeit trotz aller Anstrengungen nicht gelungen, ihr Entstehen zu hindern. Auch nicht durch den Rückversicherungsvertrag, der zwar den formellen Abschluß der Allianz mit Frankreich hinausschob, nicht aber die politische Haltung Rußlands uns gegenüber in ihren Grundlagen änderte. Bismarck rechnete stets nur mit der Regierung des Zaren selbst. Innerhalb weiter Grenzen natürlich mit vollem Recht. Aber die polizeilichen Gefälligkeiten, welche der russischen Regierung im Kampfe gegen ihre inneren Gegner von uns dargeboten wurden, entsprangen nicht einem eigenen sachlichen Interesse unseres Staates und waren kein Mittel, auch nur den Respekt der russischen Machthaber uns zu erhalten. Deshalb waren sie unklug. Bei den Reformpolitikern stärkten sie den Glauben: Deutschland sei der eigentliche Feind einer freiheitlichen Entwicklung Rußlands, ja sogar: es würde gegebenenfalls gegen eine solche intervenieren, zu einem ebenso unsinnigen wie schwer ausrottbaren Dogma. Zu schwach, in ihrem eigenen Hause auch nur die elementarsten Forderungen nach einer festen Rechtsordnung und garantierten Freiheitssphäre durchzusetzen, geriet die enttäuschte russische Intelligenz im Suchen nach einem Halt für ihr gebrochenes Selbstgefühl in den Dienst einer phrasenverhüllten, nackten Expansionspolitik. Die von ihr verabscheute, dem Sinne nach westeuropäische Agrarreform der Regierung suchte die Bauernschaft von den altnationalen Bauernidealen abzulenken und ihren Landhunger für die gleiche Politik einzuspannen. Einmal in den Krieg hineingetrieben, glaubte die Regierung des Zaren, aus Angst vor Prestigeverlust und, in dessen Gefolge, einer neuen Revolution es nicht wagen zu können, rechtzeitig mit uns einen ehrenvollen Frieden zu schließen, der sehr wohl möglich gewesen wäre. Denn wir hatten keinerlei Interesse daran, russischen Bedürfnissen da in den Weg zu treten, wo sie nicht Lebensinteressen von uns oder unseren Verbündeten: Österreich-Ungarns, der Türkei und jetzt Bulgariens bedrohten. Bei rein sachlicher Behandlung war ein Ausgleich durchaus nicht ausgeschlossen. Jetzt kann nur die Zukunft lehren, wie sich, die russische Politik weitergestalten wird. Ihr Ausdehnungsehrgeiz und der Eifer der Intelligenz für die Beglückung fremder Nationen stand und steht mit den ungelösten Kulturaufgaben im eigenen Lande in schreiendem Kontrast. Und in diesem Fall hat sich das einmal gerächt. Eine der wichtigsten Erfahrungen dieses Krieges ist es bisher gewesen: daß die bloße Masse und Zahl, so wenig sie militärisch gleichgültig ist, doch nicht entscheidet. Entgegen den Annahmen, die bei uns verbreitet waren, haben sich die zivilisierten Heere den Barbaren- und Analphabetenheeren qualitativ stark überlegen gezeigt. Bei Fortsetzung der bisherigen Taktik würde Rußland wirtschaftlich dauernd außerstande bleiben, durch Zivilisierung seiner Bauernmassen die Voraussetzungen für ein Qualitätsheer zu schaffen. An einer großen Zukunft der russischen Nation zu zweifeln, hat niemand, der sich mit ihrer Eigenart beschäftigt hat, Grund. Aber in der Gegenwart führt ihr Weg nicht in dieser Richtung. Die russische Intelligenz hat ihre alten Ideale über Bord geworfen. Sollte der Deutschenhaß, den der Krieg bei ihr nicht erst erzeugte, aber ins Unsinnige steigerte, dauernd fortbestehen – und dies ist nach ihrer Haltung nicht unwahrscheinlich –, dann allerdings bleibt uns nichts übrig als die einfache praktische Konsequenz: suchen wir diesen Haß, im Gegensatz zu unserer bisherigen offenbar ganz nutzlosen Deferenz, wenigstens wirklich zu verdienen. Es wird in den Friedensbedingungen hoffentlich Anlaß genommen werden, allen russischen Deutschen das Abwanderungsrecht mit vollem Entschädigungsanspruch zu sichern.

Wenn so in zahlreichen Einzelpunkten und in der äußeren Gesamtlage die meisten Voraussetzungen der Bismarckschen Politik sehr stark verschoben sind, so können manche ihrer allgemeinen Maximen voraussichtlich für jede sachliche deutsche Politik als dauernd maßgebend gelten.

Zunächst solche formeller Art. Bismarck hat stets daran festgehalten, daß die Armee den Krieg führt, und zwar nur nach strategischen Rücksichten, daß aber den Frieden der Staatsmann macht. Unter gebührender Berücksichtigung der militärischen Erfordernisse, aber auch im Bewußtsein, daß die Interessen des Landes nach dem Kriege für vielleicht (hoffentlich!) sehr lange Zeit nur durch die friedlichen Mittel der Politik wahrgenommen werden können und sollen. Es ist unmöglich, bei jedem der zahlreichen, je für sich allein nicht lebenswichtigen Interessengegensätze, die auftauchen, erneut und ausschließlich an die Waffen zu appellieren. Eine Politik, die lediglich über diese Mittel verfügte, wäre praktisch so gut wie matt gesetzt. Für die nächste Zukunft ist nach der Erbitterung des Krieges die Fortdauer naher Beziehungen zwischen unseren Gegnern das Wahrscheinlichste, so radikal entgegengesetzt ihre Lebensinteressen in vielen Punkten sind. Aber infolge dieser Gegensätze wird auch diese höchst unnatürliche Koalition das Schicksal aller ihrer Vorgänger teilen. Jede künftige Außenpolitik setzt dann ein gewisses Minimum von Bewegungsspielraum der Zentralmächte in der Wahl ihrer künftigen Stellungnahme zu den verschiedenen jetzigen Gegnern voraus. Die rein militärisch wünschbarste Lösung einer Frage ist daher nicht immer auch die politisch günstigste. Aus manchen Äußerungen Bismarcks aus den Jahren 1870/71 ist zu schließen, daß er nicht immer richtig über das militärisch Zulässige und Mögliche informiert war. Er selbst hat damals ebenso wie schon 1866 seine Stellung zu den militärischen Autoritäten als einen fast beständigen unvermeidlichen Kampf aufgefaßt. Dies wird sich zweifellos nicht wiederholen.

Wenn etwas die sachlichen Ziele der Bismarckschen Politik auszeichnete, so war es das Augenmaß für das Mögliche und politisch dauernd Wünschbare, gerade auf den höchsten Höhen berauschender militärischer Erfolge. Sein Verhalten im Jahre 1866 freilich könnte nur in schiefer Art als unmittelbar übertragbar auf die ganz andersartigen Beziehungen zu unseren jetzigen Gegnern angewendet werden, zu welchen uns die Bande der Nationalität und Tradition fehlen. Dauernd anwendbar ist aber das Prinzip. Es widerstreitet auch heute den deutschen Interessen, einen Frieden zu erzwingen, dessen hauptsächliches Ergebnis wäre: *daß Deutschlands Stiefel in Europa auf jedermanns Fußzehen ständen*. Das wäre das Ende einer sachlichen deutschen Außenpolitik sowohl innerhalb wie außerhalb Europas. Und bleibende Wahrheiten stecken vor allem auch in jenen Ausführungen der „Gedanken und Erinnerungen", welche vor dem Außerachtlassen der, in Bismarck Redeweise: „von der Vorsehung", in der unsrigen: durch historische Schicksale, dem heutigen Deutschland mit auf den Weg gegebenen politisch-geographischen Bedingungen und Schranken und vor einer unsachlichen Politik der *nationalen*

Eitelkeit warnen. Deutschlands Ehre an Punkten zu engagieren, zu denen unsere Machtmittel entweder gar nicht oder nur bei gutem Willen allzu vieler anderer hinreichen, kann im großen zu politisch ähnlichen Situationen führen, wie Preußen sie im kleinen beim Abfall Neuchâtels erlebte. Es bestehen unzweifelhaft starke deutsche Interessen im Orient und noch stärkere werden entstehen. Unseren jetzigen und, wie bestimmt zu erwarten ist, bleibenden Verbündeten dort wird an materiellen, technischen, geistigen Hilfsmitteln, über welche Deutschland verfügt, alles das zu Gebote stehen, was sie selbst für sich für brauchbar halten; eine Politik des Aplombs aber, der Aufdringlichkeit und Eitelkeit wird deutscherseits zweifellos streng vermieden werden. Die deutsche Unterschätzung der Form erstreckte sich bei uns gelegentlich, und dann stets zum Nachteil, auch auf das Gebiet der Politik. Auch dort aber ist in hohem Maße wichtig nicht nur, was geschieht, sondern auch wie es geschieht.

Bismarcks Politik hatte nicht seinen Worten, aber seinen Taten nach das Ideal *des deutschen Nationalstaats* zur Voraussetzung. Seine Polenpolitik war der Ausdruck dessen. Wenn unter dem Eindruck unserer neuen Aufgaben die Vorstellung aufgetaucht ist: die „Nationalität" sei nun in ihrer Kulturbedeutung durch den „Staatsgedanken" abgelöst oder ablösbar, so ist das ein Mißverständnis. Alle *Kultur* ist und bleibt heute durchaus national gebunden, und zwar nur immer um so mehr, je „demokratischer" die äußeren Kulturmittel nach Verbreitung und Art werden. Aber der *Staat* muß nicht notwendig ein „Nationalstaat" in dem Sinne sein, daß er sein Interesse ausschließlich an den Interessen einer einzelnen, in ihm vorwiegenden Nationalität orientierte. Er kann den Kulturinteressen mehrerer Nationalitäten dienen, auch im eigenen wohlverstandenen Interesse der in ihm vorwiegenden Nationalität. Gemäß den veränderten Aufgaben ist heute auch im Kulturinteresse der deutschen Nationalität zu fordern, daß unser Staat sich dieser Aufgabe steigend zuwende. Wenn dann der russische Staat durch unser Verhalten veranlaßt werden sollte, den in seinem Verbande bleibenden Fremdvölkern um der „Konkurrenz" willen dasjenige Maß von „Kulturselbständigkeit" zu gewähren, welches Dragomanow und ähnlich gerichtete Politiker vor 50 Jahren an die Spitze ihrer Reformprogramme stellten, so wird dadurch Rußlands Macht gewiß nicht sinken, vielleicht aber sein von der Bürokratie und der einseitig großrussischen Legende getragener Expansionszwang sich abschwächen. Denn die ukrainischen und lettischen Bauern werden, je mehr sie national erwachen, desto weniger die Verwendung ihres Landes zur

Befriedigung des Landhungers großrussischer Bauern ertragen, und die nationalen Intellektuellenschichten dieser Völker des russischen Westgebiets werden nicht an uferlosen nackten Machtidealen hängen, welche ja nur dem Herrenkitzel der Petersburger und Moskauer Beamten zugute kämen.

Deutlicher als jetzt wird die Welt dann erkennen können: bei wem „die Interessen der kleinen Nationalitäten", die unsere Gegner, nachdem sie Indien, Ägypten, Nordafrika, Persien, die Kaukasusvölker, die Polen, Kleinrussen, Letten, Finnen, Gibraltar, Malta, den Dodekanes usw. geknebelt haben, im Munde führen, Rücksicht und Förderung finden.

Zur Frage des Friedenschließens

1915/1916

Der Friedensschluß einer europäischen Macht in unserer geographischen Lage, welche auch künftig „Weltpolitik" zu treiben beabsichtigt, hat von der Tatsache auszugehen, daß außer uns noch sechs andere Mächte vorhanden sind, welche das gleiche zu tun willens sind und von denen einige der stärksten an unseren Grenzen auch die Macht dazu haben. Daraus folgt, daß trotz eines noch so vollständigen Sieges jene Absicht für uns unausführbar ist. Weltpolitik ist für uns nicht zu führen, wenn wir die Chance haben, bei jedem Schritt auch in Zukunft stets erneut auf die gleiche Koalition zu stoßen, wie sie diesmal gegen uns sich zusammengefunden hat. Es muß die Möglichkeit für uns offen gehalten werden, mit einer der stärksten von ihnen eine feste Verständigung auf lange Sicht hinaus zu erzielen. Dies muß keineswegs sofort geschehen, wohl aber dürfen die Friedensbedingungen nicht so gestaltet werden, daß sie jene Möglichkeiten dauernd ausschließen. Dies wäre der Fall, wenn Annexionen nach *beiden* Fronten auf jeder von ihnen uns Gegner schaffen würden, welche durch die Interessen ihrer eigenen Sicherheit genötigt wären, jedem Feind, der gegen uns in die Schranken tritt, die Hand zu reichen. – So aber wäre die Lage Englands und Frankreichs, wenn Belgien durch Deutschland ganz oder überwiegend annektiert oder in einer Art dauernd „angegliedert" würde, welche einer Verwandlung der belgischen Seeküste in eine maritime Operationsbasis gegen England, der belgischen Südgrenze in eine territoriale Operationsbasis gegen Frankreich gleichkäme.

Die Annexion Elsaß-Lothringens hat jeder Macht, welche in Gegensatz zu unseren weltpolitischen Interessen geriet, gestattet, bedingungslos und ohne alle Gegenleistung auf die Hilfe Frankreichs gegen uns zu zählen, ohne daß die geringste Chance für uns bestand, durch Verständigung mit Frankreich diese Lage zu ändern, weil die *Ehre* den Franzosen verbot, die Annexion als definitiv anzuerkennen, solange die Elsässer selbst dies zu tun zum erheblichen Teil abgeneigt waren, und solange die politische Lage des Elsaß den Stempel des Provisoriums an sich trug. Wir sind dadurch weltpolitisch vollkommen gelähmt und sowohl Rußland wie England gegenüber zur Ohnmacht verurteilt worden. Eine Annexion oder dauernde widerwillige „Angliederung" von Belgien an uns innerlich anzuerkennen, verbietet Frankreich und England nicht nur die Ehre, sondern die elementarste Rücksicht auf die eigene Sicherheit ganz ebenso, wie unsere Sicherheitsinteressen uns verbieten würden, die Angliederung Belgiens an eine jener beiden Mächte zu dulden. An ein innerliches Sichabfinden mit der deutschen Herrschaft von seiten der Belgier selbst ist vollends unter gar keinen wie immer gearteten Verhältnissen jemals zu denken. Alle gegenteiligen Vorstellungen sind auch hinsichtlich der Flamen – große Selbsttäuschungen. Aber auch abgesehen davon steht fest: jede Macht, die uns künftig bedrohen könnte, insbesondere also *Rußland*, würde im Fall der Annexion jenes Gebiets nunmehr die vollkommene Sicherheit haben, nicht nur wie jetzt: Frankreich, sondern: Frankreich *und* England auf seiner Seite zu haben. Und nicht nur diese Militärmächte allein, sondern alle jene ideellen Mächte in der ganzen Welt, welche nun einmal durch das Schauspiel der dauernden Vergewaltigung und Unterjochung eines Volkes mit (formell) erstklassiger Zivilisation in Bewegung gesetzt würden. Die Stimmung, welche diesmal in Amerika und Italien von Kriegsbeginn an gegen uns bestand, und deren Folgen politisch und auch militärisch nicht gleichgültig gewesen sind, bestände dann dauernd auch im Frieden. Denn so hoch man die ältere und technisch weit überlegene englische Nachrichtenorganisation und vor allem die Angst dieser Länder vor der überlegenen englischen Seemacht als Gründe ihrer feindlichen Stellungnahme gegen uns einschätzen mag, so kann über die gewaltige Bedeutung des Eindrucks unseres Einmarsches in Belgien dafür doch kein Zweifel bestehen. Die urwüchsige Solidaritätsempfindung der lateinischen ebenso wie der angelsächsischen Bevölkerung der Erde ist an sich in ihrer Bedeutung für die Stellungnahme Italiens und Amerikas von uns zu niedrig eingeschätzt worden. An ihrer Erweckung ist der Eindruck von deutschen Eroberungs- und Invasionsplänen in Belgien und auf dem Weg über Belgien ganz wesentlich beteiligt.

Haben wir mit einer dauernden und wachsenden Gefährdung unserer nationalen Unabhängigkeit durch Rußland in Zukunft zu rechnen, so gebieten uns zwingende Gründe weltpolitischer Art, nicht an unserer Westgrenze einen Zustand zu schaffen, welcher für alle Zukunft die Feindschaft eines großen und – mögen wir annektieren, was wir wollen – sehr mächtig bleibenden Teils der Welt zur Folge haben *muß*. Daß wir mit jener Bedrohung durch Rußland zu rechnen haben werden, unterliegt nicht dem geringsten Zweifel. England kann unseren Handel abschneiden und uns Kolonien abnehmen auf Kosten eigener materieller Interessen, wie selbst dieser Krieg gezeigt hat –, Frankreich könnte uns im Fall eines Sieges eine Provinz abnehmen. Keine der beiden Mächte und auch nicht beide zusammen könnten jemals unsere Existenz als Nation und Großmacht wirklich dauernd vernichten. Die einzige Macht, von welcher uns etwas derartiges drohen kann, ist aus geographischen und nationalpolitischen Gründen Rußland, und zwar bis zum Eintritt eines (relativen) populationistischen Sättigungsgrades, der noch in weiter Ferne liegt, in steigendem Maße. Rußland wird auch, wenn wir die gegenwärtige Linie unserer Orientpolitik fortsetzen, unbedingt dazu genötigt sein, mit allen Mitteln nach der Vernichtung unserer Machtstellung zu trachten. Nicht nur der durch ökonomische und soziale Motive bedingte Expansionsdrang der russischen Bauernschaft, sondern die Abschneidung vom offenen Meer und von den historisch und kulturlich bedingten nationalen Aspirationen aller Jahrhunderte zwingt jede russische Regierung in Zukunft zu einer vor allem darauf gerichteten Politik. Es scheint nicht klug, dieser Politik in Gestalt der Heere und der ökonomischen Mittel von Frankreich und England Helfer zu verschaffen, welche durch ihr eigenes Interesse genötigt sind, ihr bedingungslos dauernd zur Verfügung zu stehen.

Die durch den ungeheuren Lärm, mit welchem wir unsere wahrlich bescheidene Übersee-Expansion in Szene setzten, verursachte Vorstellung, daß wir das ebenso aussichtslose wie nach geographischen Bedingungen sinnlose Ziel verfolgten: 1. eine deutsche Expansion in Westeuropa vor Englands Toren, 2. die Eroberung des indischen und ägyptischen Kolonialreichs und 3. die Vernichtung des national-britischen Weltreichs durchzusetzen, hat der russischen Politik schon bisher diesen Dienst geleistet. Die beginnende Umsetzung des zuerst genannten Ziels (Expansion in Westeuropa) in die Tat würde für die russische Politik die gleichen Chancen für alle Zukunft verewigen. Die beiden anderen Ziele würden aber beim Versuch der Umsetzung in die Tat alsbald als Utopien erkannt werden – im Gegensatz zu der äußerlich möglichen Annexion Belgiens. Daß der Gedanke, ein auf nationaler Grundlage ruhendes Weltreich wie England mit Kanada, Australien und jetzt auch Kapland zu zersprengen, für uns Unsinn ist und durch keine Niederlage Englands in die Tat umzusetzen wäre, hat der Krieg wohl erwiesen. Nur innere ökonomische und soziale Zersetzung könnte es zerfallen lassen. Gegen den Versuch, eine deutsche Herrschaft an die Stelle der englischen zu setzen, fände es sich sofort wieder zusammen, genau so wie jetzt die Anglo-Amerikaner zum alten Mutterland halten. Über den Ungedanken einer deutschen Herrschaft in Indien ist wohl kein Wort zu verlieren. Eine etwaige Überspannung des direkten Aktionsradius der deutschen Orientpolitik bis nach Syrien und Ägypten bedeutete die dauernde solidarische Feindschaft Frankreichs und Italiens mit England gegen uns und ist aus geographischen Gründen für uns militärisch nicht durchführbar.

Es wird politisch durchaus nützlich sein, wenn der Verlauf des Kriegs in England den Eindruck hinterläßt, daß wir über Mittel verfügen, die naturgegebenen und unvermeidlichen Orientinteressen dieses Landes ernstlich zu schädigen, wenn Englands Politik unseren eigenen Kolonialinteressen so wie bisher ohne Notwendigkeit schikanös in den Weg tritt. Sicher aber ist, daß der Krieg, einerlei wie er im übrigen ausgeht, bei uns wie in England den Beweis liefern wird, daß eine *Verdrängung* der englischen Macht speziell in Ägypten zu unseren eigenen Gunsten politisch nicht in Betracht kommt, und daß es also notwendig und auch sehr wohl möglich ist, mit England über die beiderseitigen nordafrikanischen und Orientinteressen zu einem beide Teile befriedigenden Abkommen zu gelangen. Eine politische Mittelmeermacht können wir nun einmal aus geographischen Gründen nicht werden. Wenn so diese utopischen Ziele, welche der Zorn gegen England und die Phantastik politischer Publizisten anläßlich der Siege unserer Heere hie und da auftauchen ließ, sich von selbst durch die Gewalt der Tatsachen erledigen werden, so steht es infolge der militärischen Okkupation Belgiens und Nordfrankreichs anders mit dem Ziel der westeuropäischen Expansion. Der Gedanke einer solchen hat vor dem Krieg wohl auch dem verantwortungslosesten Bierstubenpolitiker ganz ferngelegen. Unser militärischer Aktionsradius, der im Orient selbst bei den überschwenglichsten Siegen seine festen Grenzen haben wird, reicht, wie sich zeigt, selbst in der jetzigen unerhörten Lage dieser Koalition gegenüber weit genug, um wenn nichts zur Zeit Unvorhergesehenes geschieht – Belgien und

Nordfrankreich wenigstens äußerlich militärisch in der Gewalt zu behalten. Die Frage ist: ob wir es sollen.

Was haben wir uns von diesem Besitz zu versprechen? Zunächst 1. *keine* "deutsche Rheinmündung", ein Kanal nach Antwerpen ist nur durch holländisches Gebiet möglich; ebensowenig 2. selbst im Fall des Hinzunehmens von Dünkirchen, Calais und Boulogne einen Kriegshafen für Schlachtschiffe. Dafür müßte schon Cherbourg mitannektiert werden, und dann wäre die deutsche Hochseeflotte, falls England in der Themsemündung einen Flottenstützpunkt schafft, in zwei strategisch getrennte Hälften zerschnitten. Also nur 3. einen Stützpunkt für Unterseeboote: und also die Möglichkeit einer Sperrung der Themsemündung, wenn dieses Kampfmittel genügend weiterentwickelt wird und wir es rücksichtslos, insbesondere ohne Rücksicht auf die Neutralen, gebrauchen. Aber die Ungunst unserer militär-geographischen Lage zur See wäre damit nur wenig gebessert, denn diese beruht darauf, daß die quer vorgelagerten britischen Inseln die fast vollständige Sperrung aller Nordsee- und Kanalhäfen für England sehr leicht machen, während die Sperrung Liverpools, auf die alles ankäme, dann ebensowenig wirklich durchführbar wäre, wie sie es jetzt gewesen ist. Dem freien Ozean wären wir in einem praktisch wirklich entscheidenden Grade nur dann näher gerückt, wenn wir auch die Häfen der Bretagne besäßen; ohne diese wird eine wirkliche Hinderung von Truppentransporten von England nicht möglich, und sie wird auch dann nur in unerheblichem Grade möglicher werden als diesmal, wo sie trotz des Besitzes von Zeebrügge und Ostende *nicht* gelang. Die Flankenlage der Häfen der britischen Seeküste bliebe bestehen. Die (in dem diesmaligen Kriege) völlig utopische Invasion nach England hinein wäre auch in Zukunft nur im Fall des Besitzes von Calais und der Nachbarhäfen eine ernsthafte Möglichkeit. Eben deshalb aber wäre die dauernde Besetzung benachbarter belgischer Küstenstriche durch uns nur das Mittel, England und Frankreich zu einem dauernden Schutz- und Trutzbündnis gegen uns direkt zu zwingen, also der russischen Politik in die Hände zu arbeiten. So wehrlos wie diesmal gegenüber einer wirklich gelungenen Invasion werden wir England künftig nicht wieder finden. Die Notwendigkeit ständiger Munitions- und Proviantnachschübe macht übrigens auch jede gelungene Truppenlandung, wenn nicht die feindliche Torpedo- und Unterseebootsflotte in jeder Hinsicht absolut unterlegen ist, zu einem reinen Abenteuer. Ob endlich unserer eigenen Unterseebootmacht für die Schädigung des englischen Handels und der englischen Truppentransporte künftig etwas mehr als die diesmalige – weit mehr durch den in dieser Art nicht leicht wiederholbaren, moralischen Eindruck als in wirklich militärisch wichtigen Erfolgen sich äußernde – Bedeutung beschieden sein wird, hängt von der heute nicht übersehbaren Frage ab, ob nicht vielleicht zunehmend wirksamere technische Mittel zur Unschädlichmachung der Unterseeboote geschaffen werden. Andererseits auch davon, wie sich der Aktionsradius und das Aktionstempo der Unterseeboote selbst entwickelt. Diese letzteren Umstände werden auch darüber entscheiden, wieviel oder wie wenig der Unterschied des Besitzes von Kanalstützpunkten gegenüber den Nordseehäfen für die Verwertung der Unterseeboote gegen England künftig bedeuten wird. Daß die Chance, dem englischen friedlichen und militärischen Schiffsverkehr im Kriegsfall Verlegenheiten zu bereiten, mit dem Besitz von Kanalhäfen steigt, soll mit alledem natürlich nicht bestritten werden. Ganz unsicher sind nur alle Faktoren für die Berechnung, wie *stark* diese Steigerung künftig militärisch ins Gewicht fällt. Politisch wird die *ideelle* Bedrohung: das gewaltig gesteigerte subjektive Bedrohtheits*gefühl* der englischen Bevölkerung uns gegenüber, das einzig sichere Ergebnis sein. Es scheint, daß manche Politiker sich eben davon günstige Wirkungen versprechen. Gerade dies aber geschieht mit dem denkbar zweifelhaftesten Recht. Gelänge es *jetzt* etwa, Calais zu besetzen und zu behaupten, so wäre ein guter Friede mit England gewiß wahrscheinlich, – dann nämlich, wenn England dabei gegen andere Konzessionen die *Beseitigung* dieser (wesentlich ideellen) Bedrohung, also unseren *Verzicht* auf die Kanalküste eintauschte. Würde man aber darauf bestehen, im *Frieden* Kanalhäfen oder auch nur dem Kanal naheliegende Gebiete zu behalten, dann wären die einzigen politisch denkbaren Wirkungen: einerseits dauernde Todfeindschaft Englands (und Frankreichs) uns gegenüber und andererseits die Verewigung von deren jetziger Koalition mit Rußland ausdrücklich oder stillschweigend, also: die günstigsten Zukunftschancen für Rußland gegen uns.

Gewiß ist es ein nationales Unglück, daß unsere mittelalterliche Geschichte und dann das 16. Jahrhundert die Mündungsgebiete des Rheins von uns trennte. Aber selbst wenn es möglich wäre, die Fehler von acht Jahrhunderten durch Annexionen wieder zu reparieren, so liegt doch eins auf der flachen Hand: nicht Belgien, welches an uns mit rein französischen Landesteilen grenzt, sondern – wie schon angedeutet – *Holland* müßte dann das Objekt unseres westeuropäischen Expansionsstrebens sein. Jede Karte zeigt und jeder ehrliche Politiker sollte zugeben, daß *hier* die politisch-geographische Verstümmelung

Deutschlands liegt, welche durch jenes geschichtliche Verhängnis herbeigeführt wurde. Nun gibt es freilich hie und da Politiker, welche meinen, wenn wir Belgien uns zwangsweise „angliedern“, so wird Holland sich uns „freiwillig anschließen“. Es gehört ein unglaubliches Maß von Unkenntnis der holländischen Eigenart und Interessenlage dazu, um das zu glauben. Nur durch militärische Gewalt oder durch Vergewaltigung (gleichviel mit welchen Mitteln) könnte jetzt und künftig Holland zu irgend etwas, was einer Aufgabe seiner Selbständigkeit ähnlich sieht, veranlaßt werden. Es bleibe dahingestellt, ob eine indirekte, etwa durch ökonomische Mittel, ins Werk zu setzende Vergewaltigung leicht durchführbar wäre. Die Erfolge der österreichischen ökonomischen Zwangspolitik gegen Serbien sind nicht ermutigend. Jedenfalls wäre die Chance sehr groß, daß Holland alle Mittel dagegen in den Kauf nehmen würde, auch das: sich seinerseits zum Einfallstor Englands gegen uns und schlimmstenfalls selbst zu einem „Bündnis“ nach Art Portugals herzugeben. In jedem Fall aber würde ein schwerer, auch für den Kriegsfall immerhin nicht gleichgültiger Haß der – seit der Annexion Hannovers – ohnehin tief mißtrauisch gewordenen holländischen Bevölkerung gegen Deutschland die Folge jeder als solcher fühlbaren Vergewaltigung der Selbständigkeit des Landes sein. Eine etwaige militärische Besetzung aber, die nicht so einfach ist, wie die Landkarte dem Landesunkundigen vortäuscht, würde England lediglich Anlaß geben, die holländischen Kolonien in „Verwahrung“ zu nehmen, ohne daß wir dies hindern könnten.

Es ist eine ganz andere Frage, ob es etwa auf dem Gebiet unserer Verkehrspolitik Mittel gibt, den Holländern einzelne bestimmte, auf gegenseitigen Konzessionen ruhende Abmachungen vorteilhaft erscheinen zu lassen, welche dann zu intimeren Beziehungen der beiden Länder und Völker führen können, als sie bisher bestanden. Je sorgsamer dabei die unbedingte Selbständigkeit des Landes unsererseits geschont wird, desto möglicher kann dies erscheinen, und desto mehr wird auch politisch das Interesse Hollands, so wie bisher gegen jedermann, auch gegen England seine Selbständigkeit zu wahren, zugunsten einer engeren Freundschaft mit uns ausschlagen. Die „Angliederung“ Belgiens aber und ein fühlbarer Druck unsererseits auf Holland würde das vorhandene Mißtrauen nur steigern.

Jegliche Annexions- und Vergewaltigungspolitik an der Westgrenze führt uns in eine Verwicklung von Todfeindschaften, welche unsere Macht für die Lösung der Probleme des Ostens dauernd lähmen. Glauben wir trotzdem, aus welchen

Gründen immer, über das hinausgehen zu müssen, was das absolute Minimum an *Sicherung* der Grenzen unserer Rheinprovinz erfordert, nämlich 1. Herstellung des Zustandes von vor 1867 in Luxemburg und 2. eine Behandlung des belgischen Problems, welche eine zukünftige Versöhnung mit dem belgischen Volke nicht ausschließt und welche uns lediglich die *ohne* Annexionen oder annexionsartige „Angliederung" erreichbaren, relativ optimalen Garantien gegen plötzliche Überfälle auf unser westliches Industriegebiet gibt, – wollen wir also *Expansions-* und nicht bloße Sicherungspolitik im Westen treiben –, dann wäre eine vorbehaltlose Verständigung und d.h. ein festes Bündnis mit *Rußland* absolute Voraussetzung. Andernfalls gibt es durchaus keine Mittel, den Fortbestand der jetzigen Koalition und die Erneuerung des gleichen Krieges in einem dem Gegner gelegeneren Zeitpunkt zu vermeiden, weil beides absoluten Lebensinteressen der Westmächte entspricht. Wir würden dann unsere Gegner in West und Ost geradezu nötigen, auf nichts anderes als die Vorbereitung dieses Zukunftskrieges hinzuarbeiten, selbst unter Preisgabe von anderen wichtigen (asiatischen und anderen außereuropäischen) Interessen, die sie schon im Lauf der letzten beiden Jahrzehnte lediglich aus Angst vor uns in auffallendem Maße zurückgestellt haben. Es steht aber dann auch bei noch so ausschließlicher Berücksichtigung rein militärischer Gesichtspunkte bei einem siegreichen Friedensschluß keineswegs fest, ob nicht die innerösterreichische und die Balkansituation sich bis dahin so verschoben und ob nicht die Entwicklung der englischen und russischen Wehrkraft und die technische Vervollkommnung der Gegner bis dahin solche Fortschritte gemacht haben, daß die Lage dennoch für uns weit schwieriger wäre als diesmal.

Abgesehen von diesen Zukunftschancen aber wird ein direkt greifbarer Effekt jeder, eine aufrichtige Verständigung mit den Westmächten doch für die Zukunft ausschließenden Annexionspolitik im Westen unvermeidlich der sein: *den jetzigen Krieg ins Unabsehbare zu verlängern*, gleichviel welche äußeren militärischen Erfolge wir erzielen. Unsere Gegner können aus finanziellen Gründen in absehbarer Zukunft einen Krieg gegen uns nur wagen, *wenn England will*. Sie können den jetzigen Krieg nur so lange fortführen, *wie England will*. England muß den Krieg gleichviel um wie viele sonstige Opfer fortsetzen, und wenn das Versagen eines Bundesgenossen etwa den Frieden erzwingt, die künftige Erneuerung der Koalition wollen, solange nicht feststeht, daß unsere Politik im Westen den Standpunkt der reinen *Sicherungs*politik (im obigen Sinn) festhält. Das Fortbestehen und stete Wiedererstehen der gleichen Koalition in der Zukunft würde unsere Weltpolitik dauernd lähmen. Wir werden, wenn wir mit keiner der jetzt gegen uns verbündeten Mächte zu einem wirklichen Vertrauensverhältnis gelangen, auch künftig auf Schritt und Tritt, in Afrika, im Orient und wo es sei, auf ihre gemeinsame Gegnerschaft stoßen. Und es wäre ein ganz gewaltiger Irrtum, zu glauben, daß uns dann immer erneut das Mittel des Krieges zur Verfügung stände, um sie zu beseitigen. Es wäre ferner ein schwerer Irrtum, zu meinen, daß die Nation seinerzeit etwa in einen Krieg wegen Marokko ebenso hineingegangen wäre wie in den jetzigen. Ein noch schwererer Irrtum, daß wir bei solchen Kriegen um kolonialpolitische Objekte der Mithilfe Österreich-Ungarns schlechthin sicher wären, mögen wir mit dieser Monarchie Verträge schließen, welche immer. Wir haben die Wahl: *Weltpolitik* oder eine sämtliche Weltmächte gegen uns zusammenschließende europäische, insbesondere – da die Gegnerschaft Rußlands naturgegeben ist – *westeuropäische* Expansionspolitik zu treiben.

Die unabsehbare Verlängerung des Kriegs aber hat noch andere Folgen. Zunächst lohnt es freilich, nach ihren *Gründen* zu fragen. Daß unter der Hand Verhandlungen aller Art stattgefunden haben, auch abgesehen von den bekannten fehlgeschlagenen Versuchen im Haag, dürfte kaum zweifelhaft sein. Indessen ist davon nichts bekannt. Sicher scheint nur, daß jeder Versuch einer eigentlichen „Vermittlung" von neutralen Staaten auf unabsehbare Zeit als aussichtslos unterlassen wird, gleichviel was sich im Felde ereignen möge. Es fragt sich: warum dies aussichtslos erscheint? Bei unseren Gegnern zunächst und vor allem: weil sie trotz allem an eine Wendung des Kriegsglücks glauben und an diesem Glauben so lange festhalten werden, bis 1. auch der letzte der noch in Betracht kommenden Staaten seine Macht in die Waagschale geworfen haben und 2. sich gezeigt haben wird, ob nicht doch Rohstoffmangel und erlahmende Finanzkraft einen unabweisbaren Druck auf uns ausüben. Aber daneben wird aus anderen, innerpolitischen Gründen, auch im Fall größter Unwahrscheinlichkeit einer Änderung der Lage, an der Fortsetzung festgehalten aus dem Grunde, weil der Entschluß zum Frieden nicht gefunden wird. Innerpolitische Befürchtungen spielen dabei in Rußland, Frankreich, Italien unzweifelhaft die entscheidende Rolle, weniger in England. In allen gegnerischen Ländern sind von Seiten der für den Krieg verantwortlichen Leiter maßlose Versprechungen gemacht worden. Die Enttäuschung und der Zorn nach einem Frieden, der diese Hoffnungen unerfüllt läßt, bedroht die russische und italienische Dynastie und die französischen führenden Staatsmänner zu sehr. Wie steht es damit bei uns? Bei uns ist wenig versprochen worden, es ist aber dennoch eine ähnliche Situation entstanden. Es sind bei uns der „Burgfriede“ und das Verbot der Erörterung der „Kriegsziele“ der Sache nach so gehandhabt, daß alldeutschen Phantasten und den Kriegslieferungsinteressenten einseitig die Freiheit des Wortes zugestanden, allen anderen aber unterbunden wurde. Es ist ferner unterlassen worden, von Anfang an und stets erneut zu erklären: daß das okkupierte belgische und französische Gebiet für uns lediglich die Bedeutung eines *Pfandes* habe, daß wir es also bei anderweitigen Garantien für das Aufhören der Kriegsbedrohung von Westen her und gegen geeignete Abgrenzung unserer kolonial- und weltwirtschaftlichen Interessensphäre jederzeit herausgeben würden. Die Folge ist, daß, wenn jetzt oder künftig ein Frieden auf Grundlage einer solchen Herausgabe zustande kommt, im Ausland und Inland der Anschein entstehen kann, als ob wir diese Gebiete wieder hergeben, nicht weil wir wollen, sondern weil wir müssen. Die weitere Folge ist, daß in breiten Schichten der Bevölkerung und des Heeres die Vorstellung entstanden ist: nur die Annexion dieser Gebiete sei ein würdiges Kriegsziel, jede Form der Herausgabe aber ein nach unseren Siegen ganz unbegründetes Eingeständnis von Feigheit oder Schwäche. Die Fortsetzung des Krieges ist auch bei uns höchst wesentlich nicht durch sachlich-politische Erwägungen, sondern durch die Angst vor dem Frieden bedingt. Man fürchtet einerseits die außenpolitischen Wirkungen jedes Anscheins von Schwäche und Nötigung, Frieden schließen zu müssen. Noch weit mehr aber fürchtet man die innerpolitischen Wirkungen jener Enttäuschungen, welche angesichts der törichten Erwartungen, die nunmehr ins Kraut geschossen sind, in jedem Fall eintreten müssen. Irgendwelche schwere Enttäuschungen nun werden unvermeidlich eintreten. Sie und ihre Folgen werden aber wesentlich akuten Charakters und zugleich (relativ) vorübergehende sein, wenn sie nur darauf beruhen, daß die politischen Friedensbedingungen, insbesondere die „Angliederungen“ hinter den Forderungen der annexionistischen Presse zurückbleiben. Sie werden dagegen chronische und schwere Folgen nach sich ziehen – selbst bei den ausgiebigsten Annexionen –, wenn der Güterverbrauch des Krieges rein als solcher die Steigerung der Schuldzinsen und die Festlegung der Vermögen in Rentenpapieren die Anlage suchenden Kapitalien derart dezimiert haben wird, daß die Masse der heimkehrenden Krieger keine oder doch keine ihren Ansprüchen und Selbstgefühl ökonomisch und sozial entsprechende Arbeitsgelegenheit findet. Diese Folgen werden mit zunehmender Länge des Krieges rein an sich immer unvermeidlicher und schwerer. Sie sind durch keinerlei Annexionen zu kompensieren, und es steht auch rein ökonomisch völlig fest, daß eine Kriegsentschädigung so phantastischen Umfangs, um dagegen überhaupt ins Gewicht zu fallen, niemals von irgendeinem Gegner zu erlangen sein würde.

Die bloße Verlängerung des europäischen Krieges bis zur Ermattung aller Beteiligten bringt rein an sich die Folge mit sich, daß die außereuropäischen Nationen, insbesondere Nordamerika, die industrielle Suprematie an sich reißen und uns für alle Zeit ins Hintertreffen drängen. Dies ist die unvermeidliche Folge einerseits eines Hineingleitens in Papier[geld]wirtschaft mit ihren bekannten Folgen, andererseits der Aufzehrung der Inlandskapitalien durch die zunehmende Anlage in festverzinslichen öffentlichen Anleihen. Diese letztere bedeutet zunächst Minderung der für die Industrieanlagen verfügbaren Mittel, also erstens Stillstand der Inlandsentwicklung der Industrie und zweitens Fehlen der für die Erschließung der uns etwa beim Frieden zufallenden Interessensphäre erforderlichen Kapitalien. Was das erste für unsere Zukunftskampfkraft bedeuten kann, ist an sich klar. Das zweite aber kann die Folge haben, daß in den uns zufallenden Interessensphären fremde Kapitalisten die ökonomische Herrschaft gewinnen, weil wir nicht mehr die Mittel haben, sie uns zu sichern. Abgesehen aber hiervon bedeutet jede Zunahme der Anleihewirtschaft rein an sich eine gewaltige Steigerung des Rentnertums – es sind schon jetzt jährlich eine Milliarde Kriegsanleihezinsen an Rentner zu zahlen – und vor allem die Züchtung der Rentner*gesinnung*, welche ökonomische „Sekurität" sucht.

Deutschland verliert dann mit dem ökonomischen Wagemut auch die ökonomische Expansionskraft zugunsten in erster Linie der Amerikaner. Es dürfte ein sehr bescheidener Trost für uns sein, daß auch England und Frankreich ein ähnliches Schicksal gegenüber Amerika droht. Aber selbst dieser Trost ruht auf nicht ganz sicherer Grundlage. Es ist richtig, daß im Krieg, wenigstens diesmal und vorerst, die finanzielle Lage Englands und Frankreichs im Verhältnis zu uns relativ schwächer war, als man nach der Weltstellung ihrer Börsen in Friedenszeiten vielleicht erwartet hat. Aber es wird sich zeigen, daß im Frieden das Land des Zweikindersystems und das Mutterland der angelsächsischen Handelssprache, Handelstechnik und Handelsbeziehungen erheblich schneller, als jetzt angenommen wird, und weit schneller als wir es für uns – der Krieg möge ausgehen, wie immer er wolle – erwarten können, wieder in die Reihe der Geldgeber der Welt werden eintreten können, und daß dies künftig ebenso wie bisher die bekannten politischen Folgen haben wird.

Zwischen zwei Gesetzen

1916

Die Diskussion über den Sinn unseres Krieges (in der „Frau“) wäre vielleicht durch stärkere Betonung eines Gesichtspunktes zu ergänzen, den gerade Sie sicher würdigen: *unserer Verantwortung vor der Geschichte* – ich finde nur diesen etwas pathetischen Ausdruck. Der Sachverhalt selbst ist schlicht:

Ein an Zahl „größeres“, machtstaatlich organisiertes Volk findet sich durch die bloße Tatsache, daß es nun einmal ein solches ist, vor gänzlich andere Aufgaben gestellt, als sie Völkern wie den Schweizern, Dänen, Holländern, Norwegern obliegen. Weltenfern liegt dabei natürlich die Ansicht: ein an Zahl und Macht „kleines“ Volk sei deshalb weniger „wertvoll“ oder vor dem Forum der Geschichte weniger „wichtig“. Es hat nur einfach als solches andere Pflichten und eben deshalb auch andere Kulturmöglichkeiten. Sie kennen Jacob Burckhardts oft bestaunte Ausführungen über den diabolischen Charakter der Macht. Nun, dies ist ganz konsequent gewertet vom Standpunkt derjenigen Kulturgüter aus, welche in der Obhut eines Volkes, wie z. B. der Schweizer, stehen, die den Panzer großer Militärstaaten nicht tragen können (und also auch nicht zu tragen historisch verpflichtet sind). Auch wir haben allen Anlaß, dem Schicksal zu danken, daß es ein Deutschtum außerhalb des nationalen Machtstaates gibt. Nicht nur die schlichten Bürgertugenden und die echte, in keinem großen Machtstaat jemals noch verwirklichte Demokratie, sondern weit intimere und doch ewige Werte können nur auf dem Boden von Gemeinwesen erblühen, die auf politische Macht verzichten. Selbst solche künstlerischer Art: ein so echter Deutscher wie Gottfried Keller wäre nie dies ganz Besondere, Einzigartige, geworden inmitten eines Heerlagers, wie unser Staat es sein muß.

Die Anforderungen umgekehrt, welche an ein machtstaatlich organisiertes Volk ergehen, sind unentrinnbar. Nicht die Dänen, Schweizer, Holländer, Norweger werden künftige Geschlechter, unsere eigenen Nachfahren zumal, verantwortlich machen, wenn kampflos die Weltmacht – und das heißt letztlich: die Verfügung über die Eigenart der Kultur der Zukunft – zwischen den Reglements russischer Beamter einerseits und den Konventionen der angelsächsischen „society“ andererseits, vielleicht mit einem Einschlag von lateinischer „raison“, aufgeteilt würde. *Sondern uns*. Und mit Recht. Weil wir ein Machtstaat sind und weil wir also, im Gegensatz zu jenen „kleinen“ Völkern, unser Gewicht in dieser Frage der Geschichte in die Waagschale werfen können –, deshalb eben liegt auf uns, und nicht auf jenen, die verdammte Pflicht und Schuldigkeit vor der Geschichte, das heißt: vor der Nachwelt, uns der Überschwemmung der ganzen Welt durch jene beiden Mächte entgegenzuwerfen. Lehnten wir diese Pflicht ab, – dann wäre das Deutsche Reich ein kostspieliger eitler Luxus kulturschädlicher Art, den wir uns nicht hätten leisten sollen und den wir so schnell wie möglich zugunsten einer „Verschweizerung“ unseres Staatswesens: einer Auflösung in kleine, politisch ohnmächtige Kantone, etwa mit kunstfreundlichen Höfen, wieder beseitigen sollten –, abwartend, wie lange unsere Nachbarn uns diese beschauliche Pflege der Kleinvolk-Kulturwerte, die dann für immer der Sinn unseres Daseins hätten bleiben sollen, gestatten würden. Ein schwerer Irrtum aber wäre es, zu meinen, ein politisches Gebilde, wie das Deutsche Reich es ist, könne durch *freiwilligen* Entschluß sich einer pazifistischen Politik in dem Sinne zuwenden, wie sie etwa die Schweiz pflegt, also: sich darauf beschränken, einer Verletzung seiner Grenzen durch eine tüchtige Miliz entgegenzutreten. Ein politisches Gebilde wie die Schweiz – obwohl auch sie, falls wir unterlägen, sofort italienischen Annexionsgelüsten ausgesetzt wäre – ist, wenigstens im Prinzip, niemandes politischen Machtplänen im Wege. Nicht nur ihrer Machtlosigkeit, sondern auch ihrer geographischen Lage wegen. Aber die bloße Existenz einer Großmacht, wie wir es nun einmal sind, ist ein Hindernis auf dem Wege anderer Machtstaaten, vor allem: des durch Kulturmangel bedingten Landhungers der russischen Bauern und der Machtinteressen der russischen Staatskirche und Bürokratie. Es ist absolut kein Mittel abzusehen, wie das hätte geändert werden können. Österreich war der von Expansionslust sicher freieste aller Großstaaten, und *eben deshalb* – was leicht übersehen wird – der gefährdetste. Wir hatten nur die Wahl, im letzten möglichen Augenblick vor seiner Zerstörung dem Rad in die Speichen zu fallen oder ihr zuzusehen und es nach einigen Jahren über uns selbst hinweggehen zu lassen. Gelingt es nicht, den russischen Expansionsdrang wieder anderswohin abzulenken, so bleibt es auch künftig dabei. Das ist Schicksal, an dem alles pazifistische Gerede nichts ändert. Und ebenso klar ist es: daß wir *ohne Schande* der Wahl, die wir einmal getroffen hatten – damals, als wir das Reich schufen –, und den Pflichten, die wir dadurch auf uns nahmen, uns nie mehr entziehen konnten und können, auch wenn wir wollten. –

Der Pazifismus amerikanischer „Damen“ (beiderlei Geschlechts!) ist wahrlich der fatalste „cant“, der – ganz gutgläubig! – jemals, vom Niveau eines Teetisches aus, verkündet und vertreten worden ist, – mit dem Pharisäismus des Schmarotzers, der die guten Lieferungsgeschäfte macht, gegenüber den Barbaren der Schützengräben. In der antimilitaristischen „Neutralität“ der Schweizer und ihrer Ablehnung des Machtstaats liegt gelegentlich ebenfalls ein gut Teil recht pharisäischer Verständnislosigkeit für die Tragik der historischen Pflichten eines nun einmal als Machtstaat organisierten Volks. Indessen, wir bleiben trotzdem objektiv genug, zu sehen, daß dahinter ein durchaus echter Kern steckt, der nur, nach Lage unseres Schicksals, für uns Reichsdeutsche nicht übernommen werden kann. –

Das Evangelium aber möge man aus diesen Erörterungen draußen lassen – *oder: Ernst* machen. Und da gibt es nur die Konsequenz Tolstojs, sonst nichts. Wer auch nur einen Pfennig Renten bezieht, die andere – direkt oder indirekt – zahlen müssen, wer irgendein Gebrauchsgut besitzt oder ein Verzehrsgut verbraucht, an dem der Schweiß fremder, nicht eigener, Arbeit klebt, der speist seine Existenz aus dem Getriebe jenes liebeleeren und erbarmungsfremden ökonomischen Kampfs ums Dasein, den die bürgerliche Phraseologie als „friedliche Kulturarbeit“ bezeichnet: eine andere Form des Kampfes des Menschen mit dem Menschen, bei der nicht Millionen, sondern Hunderte von Millionen jahraus, jahrein an Leib und Seele verkümmern, versinken oder doch ein Dasein führen, dem irgendein erkennbarer „Sinn“ wahrhaftig unendlich fremder ist als dem Einstehen aller (auch der Frauen – denn auch sie „führen“ den Krieg, wenn sie ihre Pflicht tun) für die Ehre, *und das heißt* einfach: für vom Schicksal verhängte geschichtliche Pflichten des eigenen Volkes. Die Stellung der Evangelien dazu ist in den entscheidenden Punkten von absoluter Eindeutigkeit. Sie stehen im Gegensatz nicht etwa gerade nur zum Krieg – den sie gar nicht besonders erwähnen –, sondern letztlich zu allen und jeden Gesetzlichkeiten der sozialen Welt, wenn diese *eine Welt der diesseitigen „Kultur“*, also der Schönheit, Würde, Ehre und Größe der „Kreatur“ sein will. Wer die Konsequenzen nicht zieht – Tolstoj selbst hat das erst getan, als es ans Sterben ging –, der möge wissen, daß er an die Gesetzlichkeiten der diesseitigen Welt gebunden ist, die auf unabsehbare Zeit die Möglichkeit und Unvermeidlichkeit des Machtkrieges einschließen, und daß er nur *innerhalb* dieser Gesetzlichkeiten der jeweiligen „Forderung des Tages“ genügen kann. Diese Forderung lautete und lautet aber für die Deutschen

Deutschlands anders als für die Deutschen der Schweiz. Dabei wird es bleiben. Denn alles, was an den Gütern des Machtstaates teilnimmt, ist verstrickt in die Gesetzlichkeit des „Macht-Pragma“, das alle politische Geschichte beherrscht.

Der alte nüchterne Empiriker John Stuart Mill hat gesagt: rein vom Boden der Erfahrung aus gelange man nicht zu *einem* Gott – mir scheint: am wenigsten zu einem Gott der Güte –, sondern zum Polytheismus. In der Tat: wer in der „Welt“ (im christlichen Sinne) steht, kann an sich nichts anderes erfahren als den Kampf zwischen einer Mehrheit von Wertreihen, von denen eine jede, für sich betrachtet, verpflichtend erscheint. Er hat zu *wählen*, welchem dieser Götter, oder wann er dem einen und wann dem anderen dienen will und soll. Immer aber wird er sich dann im Kampf gegen einen oder einige der anderen Götter dieser Welt und vor allem immer fern von dem Gott des Christentums finden – von dem wenigstens, der in der Bergpredigt verkündet wurde.

Deutschland unter den europäischen Weltmächten

1916

Nicht als Parteimann will ich reden. Politik habe ich immer nur unter dem nationalen Gesichtspunkte angesehen, nicht nur die auswärtige, sondern alle Politik überhaupt. Danach allein orientierte ich auch meine Parteizugehörigkeit. Als ich zum erstenmal mit meinem Vater zur Wahlurne ging, gab er einen liberalen Stimmzettel ab und ich einen konservativen, – jetzt längst nicht mehr. Ich habe dem alldeutschen Verbande angehört und erhielt in der Kriegszeit ein Zirkular mit der Überschrift „Alldeutscher Verband“, welches mir (wie anderen) die Brandmarkung vor der Nachkommenschaft ankündigte. Ich überlasse diesen guten Leuten und schlechten Musikanten die Sorge für unsere Unsterblichkeit, halte es aber für richtig, scharf Farbe zu bekennen.

Es herrscht jetzt viel Gerede von „innerer Einigung“. Das soll doch heißen: Einigung unter dem ausschließlichen Gesichtspunkt einer nationalen auswärtigen Politik. Gut! Es hat Zeiten gegeben, wo man Sympathien für ein Zusammengehen mit England hatte, deshalb, *weil* man liberal war. Nun, das ist jetzt für immer vorbei. Ebenso aber hat es Parteien gegeben, die Rußland würdelos umschmeichelten, *weil* sie konservativ waren. Die „Kreuzzeitung“ hat über Olmütz gejubelt und den Einmarsch der Heere des Kaisers Nikolaus ersehnt. Die Polizeidienste, die wir ohne jegliches politische Entgelt der russischen Regierung leisteten, haben in Rußland uns den Haß der

Liberalen und – selbstverständlich – die Mißachtung der reaktionären Kreise eingetragen, wie jeder aus der Presse sich überzeugen konnte. Ist auch diese innerpolitische Sympathie mit Rußland jetzt vorbei? Ich glaube ganz und gar nicht. Mit Eifer bieten sich manche Berliner Politiker den Russen an, obwohl die russische Presse, gerade auch die reaktionäre, diesem Liebeswerben nur Hohn und Spott entgegensetzt. Dabei sind rein innerpolitische Gründe im Spiel. Nicht *einmal*, sondern Dutzende von Malen trat mir in Berlin die Äußerung entgegen: „Keine Verständigung mit England, denn das führt zum Parlamentarismus", oder: „Wie denken Sie sich aber die innere Politik, wenn wir wirklich Belgien räumen sollten?" Und leider haben derartige Erwägungen auch in die U-Boot-Kriegsfrage hineingespielt, wie wir alle wissen. Denn ohne dies hätte jeder sich gesagt, daß es ein Frevel ist, den schwer kämpfenden Truppen draußen vorzureden: es gäbe ein Mittel, den Krieg in einigen Monaten zu beenden. Männer, die innerpolitische Antipathien in unserer Kriegs- und Friedenspolitik mitsprechen lassen, *sind für mich keine nationalen Politiker*, und von einer inneren Einigung mit ihnen kann gar keine Rede sein.

Unsere besondere internationale Lage und unsere Außeninteressen allein haben unsere Außenpolitik zu bestimmen.

Welches sind nun diese unsere Außeninteressen und welches ist unsere besondere Lage? Davon will ich reden und mich dabei ganz kühl und akademisch nicht an das Gefühl, sondern nur an das politische *Denken* wenden.

Unsere Außeninteressen sind zum erheblichen Teil rein geographisch bedingt. Wir sind ein Machtstaat. Für jeden Machtstaat bildet die Nachbarschaft eines anderen Machtstaates ein Hemmnis in der Freiheit seiner politischen Entschließungen, weil er auf ihn Rücksicht nehmen muß. Für jeden Machtstaat ist es wünschenswert, von möglichst schwachen Staaten oder doch von möglichst wenigen anderen Machtstaaten umgeben zu sein. Unser Schicksal nun hat es gefügt, daß nur Deutschland an drei große Landmächte, und noch dazu die stärksten nächst uns, und außerdem an die größte Seemacht als unmittelbarer Nachbar angrenzt und ihnen also im Wege ist. Kein anderes Land der Erde ist in dieser Lage.

Daraus folgt erstens die Notwendigkeit besonders starker Rüstung. Auch der extremste Pazifist bei uns wird das heute nicht mehr bestreiten. Aber es folgt daraus allerdings auch, daß wir unsere Politik mit unserer geographischen Lage in Einklang bringen müssen. – Was heißt das?

Das heißt zunächst, daß wir Politik nicht – wie Bismarck sagen würde – durch Einwerfen von Fensterscheiben betreiben dürfen, daß wir, heißt es, nicht, um unsere Gefühle auszutoben, Feindschaften auf uns nehmen dürfen um solcher Objekte willen, *für welche wir unsere Machtmittel nicht einsetzen können oder wollen*. Bei dem heute üblichen Schelten auf unsere Diplomatie wird immer das eine vergessen: daß auch die beste Diplomatie gar nichts leisten kann, wenn die Politik einer Nation darin falsch orientiert wird. Die erste, lange nachwirkende schwere und dabei ganz nutzlose Niederlage, welche die deutsche Politik sich zugezogen hat – es muß einmal daran erinnert werden –, ist durch die törichte Gefühlspolitik in der Burenfrage herbeigeführt worden. Die Nation, unter der Führung ganz der gleichen Kreise, die jetzt die „Fronde" betreiben, *nicht die Diplomatie*, machte den Fehler. Es war eine ganz planlose Gefühlspolitik oder – was dafür nur ein anderes Wort ist – eine alldeutsche Politik, die uns das zugezogen hat. Und es war nur einer von zahlreichen Fällen.

Es bedeutet weiter: daß wir nur eine sachliche Politik und keine *Politik des Hasses* treiben dürfen. Ich spreche nicht gegen Haß und Zorn als solche. Man kann das Große nicht wahrhaft lieben, wenn man das Niederträchtige nicht hassen kann. Deutscher Haß, einmal fest eingewurzelt, ist nachhaltig. Gewiß wäre es von England töricht, wenn es durch Fortsetzung seiner bisherigen Politik gegen uns sich einen Todfeind auf 100 Jahre schüfe. Denn in der Tat kann es dann unter Umständen für unsere Politik unmöglich werden, darüber hinwegzukommen. Aber das ist Englands Sache. Töricht wäre es jedenfalls von unserer Seite, wollten wir jetzt unsere politischen Ziele abgrenzen nicht nach politischen Gesichtspunkten, sondern aus dem Gefühl eines noch so begreiflichen Hasses. *Gegen uns* ist der Haß am stärksten in Frankreich. Bei uns dagegen richtet sich der Haß ganz ausschließlich gegen England, ganz ebenso, wie er sich in Österreich ausschließlich gegen Italien richtet. Mag er nun in beiden Fällen menschlich noch so begreiflich sein, so sind doch die einzigen wirklichen Fehler, die – vielleicht! – in diesem Kriege gemacht worden sind, aus der Unsachlichkeit eben dieses Hassens geboren worden.

Sachliche Politik bedeutet weiter: keine *Politik der Eitelkeit*, des renommistischen Redens und Auftrumpfens, sondern eine Politik des *schweigenden Handelns*. Wie aber ist bei uns Politik gemacht worden? Vergleicht man etwa den Kolonialerwerb Deutschlands mit dem anderer Staaten in der gleichen Zeitspanne, so ist er wahrhaftig lächerlich bescheiden. Denkt man aber dann an den Lärm, der bei uns diesen bescheidenen Erwerb begleitete, als wenn es sich darum handelte, die halbe Welt zu verschlingen, – und vergleicht man damit das ruhige Schweigen der anderen, so wirkt das politisch für uns tief beschämend. Das war ein Produkt politischer Unerzogenheit der Nation, wiederum: ein alldeutsches Produkt. Genau die gleiche Erscheinung: die gleichen alldeutschen Renommistereien, bei der Flotte. Und noch jetzt im Kriege erleben wir ja genau das gleiche. Man hat von dem „Ende des englischen Weltreichs“ als Kriegsziel gefabelt,– als ob das englische Weltreich auf dem Besitz etwa des Suezkanals und ähnlicher Dinge und nicht vielmehr auf der nationalen Gemeinschaft der Angelsachsen beruhte, die nun einmal mehrere Kontinente teils ganz, teils halb besiedelt haben und die doch nun einmal von dort nicht durch uns herausgejagt werden können. Oder man hat von dem Ende der englischen Seemacht geredet. Und doch liegt es auf der Hand, daß auch bei gleich starker Flotte es für uns unmöglich wäre, den Hafen von Liverpool ebenso zu blockieren, wie für England den von Hamburg. Die geographische Lage Großbritanniens rein als solche erleichtert ja die Blockade Hamburgs und behindert die von Liverpool. Und der Besitz von ein paar Kanalhäfen würde daran gar nichts ändern. „Ja, wozu brauchen wir dann unsere Flotte!“, bin ich daraufhin allen Ernstes gefragt worden. Es ist ein Glück, daß die ruhmvolle Seeschlacht beim Skagerrak angesichts dieses Unsinns auch jedem Laien gezeigt hat, wofür wir Schlachtschiffe brauchen. Ohne sie hätten wir die englische Landung in Dänemark. Wir brauchen sie auch, um England im Angriffsfall so schädigen zu können, daß es sich zweimal besinnt, uns anzugreifen. Und das wird es künftig tun. „Vernichten“ aber können wir einander nun einmal nicht. In England wie bei uns sollte man dies prahlerische Gerede abstellen.

Wenn wir Bismarcks “Gedanken und Erinnerungen“ aufschlagen, so werden wir finden, daß zu den nicht sehr zahlreichen gesperrt gedruckten Worten im Text auch die Warnung gehört, uns zu einer Politik der „Eitelkeit“ und dazu verleiten zu lassen, aus den geographischen Bedingungen unseres Daseins heraustreten zu wollen. Das gilt auch heute noch. Denn am allerwenigsten dürfen wir, in unserer geographischen Lage, eine Politik der *Erobereitelkeit* treiben wollen. Es ist öffentlich bekannt, daß eine Denkschrift mehrerer Interessentenverbände unter alldeutschem Einfluß seinerzeit die Einverleibung – oder noch Schlimmeres: die Unterwerfung ohne Gewährung von Bürgerrecht! – für ganz Belgien und Nordfrankreich bis zur Somme gefordert hat. Wenn jemand diese, nach meiner Meinung unglaublich törichte Ansicht hatte, – nun, so war es gewiß sein Recht, sie zu vertreten. Dazu stand ihm das Mittel der Eingabe an die politischen Instanzen und daneben der Erörterung mit den politischen Parteiführern zu Gebote. Den Weg zu diesen hatten gerade diese Herren nicht weit. Was aber geschah? In so zahlreichen Exemplaren wurde die Denkschrift gedruckt verschickt, daß nach kurzer Zeit ihr Inhalt Gemeingut aller ausländischer Zeitungen war: das also waren die deutschen Kriegsziele. Ich habe es von Anbeginn an als einen Fehler des Reichskanzlers angesehen, daß er diesem Unfug nicht scharf entgegentrat und den Ausdruck „Faustpfand“ für Belgien nicht alsbald erneut unterstrich. Alldeutsche Einflüsse stellten sich ihm in den Weg. Als sich dann für jedermann deutlich herausstellte, daß *keinerlei* deutsche Autorität hinter den Plänen jenes Machwerks stand, war infolgedessen das Echo des Auslands: „Deutschland wird billiger“, es fühlt sich also wohl schwach. Aber damit nicht genug: die Demagogie dieser Eitelkeitspolitiker – ich will ganz davon absehen, daß dahinter sich zum Teil materielle Interessen verbargen – ging nun dazu über, den Ehrenpunkt auszuspielen: „Wer Belgien herausgibt, der ist besiegt.“ So etwas ist doch auch rein *menschlich unerträglich*. Wenn die Armee draußen sich auf den Standpunkt stellte: „Wir haben diese Gebiete erobert, wir wollen nicht, daß sie herausgegeben werden“, – nun, so würden wir immer noch für uns in Anspruch nehmen zu sagen: „Bedenkt, es ist vielleicht nicht klug.“ Bliebe sie dann dabei, – gut. Wenn aber Daheimgebliebene, im Kontor oder auf dem Katheder oder wo immer sie sitzen mögen, – wenn die unseren Truppen, die draußen für Deutschlands Ruhm und Ehre das Unerhörte getan und unvergängliches Gedenken an ihre Fahnen geheftet haben, die Freude an dem ungeheuren Erfolg zu verderben und ihnen zu sagen sich herausnehmen: „Wenn nicht die Landkarte so und so verändert wird, dann habt ihr *umsonst* gefochten“, – dann kann ich nur hoffen, daß sich noch deutsche Fäuste finden, um solchen Burschen auf den Mund zu schlagen. Das sind nicht die Leute, die in ernsten Stunden der Nation das Wort zu führen haben. Und dann noch eins: wir führen einen gemeinsamen Bundeskrieg. Jeder Admiral weiß, daß er im Geschwaderverband sich nach dem langsamsten Schiff richten muß. Wenden wir das einmal auf die Politik an. Für sachliche Lebensfragen eines Verbündeten werden alle beliebig lange weiterkämpfen. Nicht aber für eitle Erobererinteressen, für ein deutsches Belgien die anderen so wenig wie wir etwa für ein österreichisches Venedig.

Unsere Politik hat sachliche Politik zu sein, auch in der Aufregung des Krieges. Was folgt nun positiv daraus?

Zunächst folgt aus unserer geographischen Lage die *Notwendigkeit weitsichtiger Bündnispolitik*. Heute kann keine Weltmacht, auch nicht Rußland oder England, der Bündnisse für die Weltpolitik entbehren. Wir noch weniger als andere. Verteidigen können wir uns gegen eine Welt von Feinden auch allein. In der Welt mitreden nicht. Denn man könnte nicht etwa wegen Samoa gegen eine Weltkoalition wie diese in einen Krieg gehen. Die Nation hätte nicht so dahintergestanden wie jetzt. Jede Bündnispolitik aber hat eine unumgängliche sachliche Voraussetzung: die möglichste *Erhaltung der Wahlfreiheit*. Bündnisse kann man um so zweckmäßiger schließen, je mehr Möglichkeiten man sich vorher, durch seine Politik, offengehalten hat. Und da war und ist nun für uns durch unsere *historische Lage* folgendes gegeben.

Es bestand *eine* absolute Schranke unserer Wahlfreiheit schon bisher: Frankreich. Es war für jeden Gegner gegen uns zu haben, und es war niemals für uns zu haben. Unsere ganze internationale Lage seit 1871 war dadurch bestimmt.

Eine neue Schwierigkeit, das wollen wir uns nicht verhehlen, ist jetzt hinzugetreten: die Sprengung des Dreibundes, dessen ausschließlicher Sinn im letzten Jahrzehnt die Erhaltung der Wahlfreiheit war. Dadurch ist unsere Wahlfreiheit wiederum eingeschränkt. Sehr verstärkt ist dadurch die Notwendigkeit, in unserer Gesamtpolitik *wählen* zu müssen zwischen den beiden größten Weltmächten: England und Rußland. Nicht notwendig in der Form eines Bündnisses, – das würden wir nur bei sehr gewichtigen Vorteilen abschließen. Wohl aber in der Form der Verständigung. Absolut rotwendig aber ist, um eine zweckmäßige Politik nach dem Kriege zu ermöglichen, die Fernhaltung jeder weiteren nutzlosen Beschränkung unserer Wahlfreiheit, solange dies möglich ist. Jedenfalls dürfen wir sie uns nicht durch eine unsachliche Politik beschränken lassen. Es ist gewiß nicht wünschenswert, daß wir in Zukunft etwa auch Rußland uns für immer zum Gegner machen. Ebensowenig aber, statt Frankreich allein, nun: Frankreich *und England*. Denn in diesem Fall könnte uns Rußland die Bedingungen jeder Verständigung einseitig vorschreiben. Es hätte uns in der Tasche, wir würden sein Werkzeug. Unglaublicherweise ist aber in der letzten Zeit in der alldeutsch beeinflußten Presse sogar die Parole aufgetaucht: „Wir sind für Verständigung mit Rußland, *und deshalb* für den U-Bootkrieg." Das heißt: wir wollen die ganze Welt gegen uns in die Schranken rufen, damit Rußland uns in der Tasche hat. Solch törichtes Gerede nennt man bei uns: nationale Politik.

Jede Verständigungspolitik nach dem Kriege muß von unseren *sachlichen Interessen* ausgehen. Welches also sind diese? *Was liegt zwischen uns und unseren Feinden*, – nach Ausscheidung aller Gefühls- und Eitelkeitsfragen?

Man hat gesagt: *wirtschaftliche Gründe* haben den Krieg bedingt. Ist das wahr? Wo sind sie bei Frankreich? Wo bei Italien? Bei Serbien? Bei Rumänien? Schön, sagt man, aber bei England: eben deshalb, weil da wirtschaftliche Gründe vorliegen, sei es unser „natürlicher Feind". Wirklich? Und Rußland weniger?

Fast jede Handelsvertragsverhandlung mit Rußland hat doch zu Kriegsdrohungen Rußlands gegen uns geführt. Gewiß: England war unsere industrielle Konkurrenz sehr im Wege. Vor allem: die Preispolitik mancher Kartelle: hohe Preise im Inland, Schleuderpreise im Ausland, das sog. „dumping". Rußland andererseits verlangte: das Opfer unserer Landwirtschaft. In beiden Fällen ist aber aus diesen Gründen kein Krieg entstanden, wäre er nicht entstanden und wird er künftig erst recht nicht entstehen. Denn das ist ein einfaches Rechenexempel. Nehmen wir einmal an, England könne uns wirklich 2 bis 3 Milliarden von unserem Überseehandel dauernd gewaltsam abnehmen. Nehmen wir weiter an, daß an Unternehmergewinn und reinem Arbeitslohn dabei für England 400 bis 500 Millionen mehr jährlich herauskämen, – das ist gut gerechnet. Die Verzinsung der diesmaligen englischen Kriegskosten aber wird schon jetzt mehr als 3 Milliarden jährlich betragen. So schlecht rechnet dort niemand.

Aber, könnte man sagen: der Interessengegensatz im Orient: der Kampf gegen die Linie Berlin-Bagdad. War das ein rein wirtschaftliches Problem? Und war dies unausgleichbar? Die Erfahrung hat gelehrt: nein. Gewiß: wenn dadurch die Orientstellung Englands *politisch* bedroht werden sollte, dann freilich trug diese Interessenkonkurrenz den Keim des Krieges in sich. Sonst nicht. Wie aber stellt sich denn unser Interesse zu dem Rußlands? Da handelt es sich nicht um Bagdad, sondern um Konstantinopel selbst! Die Erfahrungen des tripolitanischen Krieges, die Bankerotte in Odessa, als damals die Dardanellen gesperrt wurden, haben das *wirtschaftliche* Interesse Rußlands an Konstantinopel gewaltig in den Vordergrund gerückt. Rußland ist die schlechthin einzige Macht, die an dem, was wir politisch nicht zulassen wollen: am Untergang der Türkei, *wirtschaftlich* interessiert ist und vorläufig bleibt. England und Frankreich dagegen hatten seit alters ganz ebenso wie wir das entgegengesetzte Interesse. Erst jetzt, aus *politischen* Gründen, haben sie sich anders gestellt. Unsere eigenen rein wirtschaftlichen Interessen in der Türkei sind nicht bedeutend. Immerhin muß man doch bedenken: wenn man den Reinertrag der dortigen Unternehmungen für uns nach Abzug der Kosten berechnet, so könnten von den Renten vielleicht 50 000 bis 60 000 von den 70 Millionen Deutschen bescheiden existieren. Sehr wichtige *politische,* nicht aber wirtschaftliche Gründe bestimmen also letztlich unser Verhalten zur Türkei. Eine wirtschaftliche Verständigung mit den Westmächten über den Orient wäre wahrscheinlich sofort möglich, wenn der politische Gegensatz nicht mehr bestände. Eine Verständigung darüber mit Rußland ist politisch *und* wirtschaftlich schwer, solange nicht die unbedingte *politische* Integrität der Türkei als Grundlage anerkannt ist. Die vielberedete Ablenkung auf Persien bedeutet für Rußland keinerlei Ersatz für Konzessionen an den Dardanellen. Und was schließlich das national-türkische Interesse selbst anlangt, so muß man sich doch nüchtern klarmachen, daß nach dem Kriege die Türkei neben unserm Geldmarkt auch den der Westmächte wieder wird suchen wollen. Wir sind gewiß für die Türkei der naturgemäße, weil notwendig politisch uneigennützige Freund. Aber sie wird uns schwerlich das absolute Monopol einer wirtschaftlichen Freundschaft gewähren wollen oder auch nur können.

Und schließlich findet sich in unserer Lage gegenüber Rußland noch ein wirtschaftliches Element, welches bei den Westmächten gänzlich fehlt: der russische *Volksimperialismus,* wie ein österreichischer Sozialdemokrat es genannt hat: die Expansionstendenz durch den Landhunger der russischen Bauern. Der ist Folge des Kulturzustandes, er wird irgendwann schwinden, aber er wird vorläufig zunehmen.

Alles in allem also entscheidet die *wirtschaftliche* Interessenkonstellation, rein aus sich, *keinesfalls zugunsten einer Verständigung mit Rußland.* Indessen, die wirtschaftlichen Gründe waren ja nicht die wirklichen Kriegsgründe. Diese waren, wie fast immer, politischer Natur. Welche waren sie?

Zunächst für *Frankreich*: Vor allem natürlich unsere Existenz als benachbarter Machtstaat an sich. Aber Frankreich wird uns sowenig aus der Welt schaffen wie wir Frankreich. Dann ein Einzelgrund: das Elsaß. Diese Frage war vor 15 Jahren auf dem Punkt, sich allmählich von selbst zu erledigen, und wäre längst erledigt, wenn nicht ein Grundfehler der Bismarckschen Politik dort einen Zustand geschaffen hätte, der in den Augen der Franzosen und auch der Elsässer selbst nur ein Provisorium bedeuten *konnte.* Es ist eine der allerwichtigsten Friedensgarantien, daß dieser Zustand unbedingt ein Ende nimmt. Nur ein großer Staat ersetzt den Elsässern Frankreich. Das Elsaß kann finanziell nur gedeihen durch Anschluß an einen Bundesstaat, der groß genug ist, um die künftig unvermeidliche jährliche Mehrausgabe von etwa 40 Millionen nicht scheuen zu müssen. Würde diese Lösung etwa durch Eifersüchteleien der Regierungen verhindert, so trügen diese die furchtbare Verantwortung, wenn in der Tat der Krieg nutzlos geführt ist. Aber in den letzten Jahren war nun ein weiterer ganz entscheidender Kriegsgrund hinzugetreten: seit Einführung der dreijährigen Dienstzeit betrachtete die gebildete Schicht in Frankreich wie ein Mann den Krieg als unvermeidlich. „Wir werden Barbaren, wenn wir alle wirklich drei Jahre in der Kaserne liegen; wir brauchen den Krieg bis aufs Messer. Entweder wir brauchen nachher die starke Armee nicht mehr, oder – sie lohnt sich nicht mehr." Das sagte mir ein Jahr vor dem Kriege ein gebildeter Franzose. Nun, dieser Kriegsgrund wird fortfallen. Die Finanzen der Staaten auf der einen Seite, die Notwendigkeit der Ausbildung jedes Mannes auf der anderen werden automatisch in allen Ländern die Abkürzung der Dienstzeit erzwingen. Nicht ein Bündnis, aber eine friedliche Beziehung zu Frankreich wird dann möglich sein.

Nun zu *England*: Nicht die deutsche Konkurrenz war der entscheidende Kriegsgrund, sondern die vermeintliche Bedrohung durch unsere *Flotte*. Der englische Spießbürger fürchtete die Gefahr einer Landung. Der englische Weltpolitiker aber fand den Zwang unerträglich, die ganze englische Flotte in der Nordsee zu konzentrieren; das bedeutete eine Einschränkung der weltpolitischen Handlungsfreiheit und zwang zu Opfern an andere, die England sonst nie gebracht hätte. Ist da eine Änderung möglich? Nach dem Geschehenen gewiß nicht leicht. Aber eine Verständigung ist ja seinerzeit versucht worden unter Beteiligung des Staatssekretärs v. Tirpitz. Woran scheiterte sie? Nicht an der Formel. Sondern einmal daran, daß *kein Teil dem anderen traute*, dann aber auch daran, daß sie *zu spät* versucht wurde, als England schon zu fest engagiert war. Da Deutschland nur eine Verteidigungsflotte braucht, ist künftig eine Änderung dieser Lage nicht ausgeschlossen. Vorbedingung ist freilich: einmal eine Änderung des Seerechts von Grund auf. Dazu wird sich England früher oder später ohnedies verstehen müssen, sonst droht ihm bei jeder künftigen kriegerischen Verwicklung auch der Krieg mit neutralen Großmächten. Denn niemals würden *wir* uns das gefallen lassen, was jetzt Amerika und andere Neutrale sich von England bieten lassen. Und auch Amerika wird, wenn es erst seine Kriegs- und Handelsflotte hat, es sich nicht mehr bieten lassen. Und ferner: daß auf kolonialpolitischem Gebiet

England zu dem Grundsatz: „Leben und leben lassen“ sich bekennt. Wir brauchen statt unseres Streubesitzes gewiß keine Welteroberung, aber eine arrondierte Interessensphäre, wie andere Länder sie auch haben, ohne daß jemand dadurch gefährdet wird. Nun ist seit dem Krieg die *belgische Frage* zwischen uns getreten. Der Kriegsgrund war unser Einmarsch in Belgien nicht, das wissen wir ja. Aber daß über Belgien ein Einvernehmen hergestellt wird, ist allerdings Vorbedingung einer ehrlichen dauernden Auseinandersetzung. Die dauernde Besetzung Belgiens durch uns in Verbindung mit unserer Flotte bedeutet für England die Notwendigkeit, außer der größten Flotte auch ein sehr großes Landheer zu halten, und das erklärt die Hartnäckigkeit des Krieges. Eine dauernde Kriegsgefahr gegenüber Frankreich und England, wie sie die Eroberung Belgiens bedeuten würde, hätte aber für die Zukunft die Folge für uns: daß wir uns *nicht* auf gleichem Fuß mit Rußland verständigen könnten, sondern ihm preisgegeben wären. – Wie steht es nun angesichts dessen mit unseren eigenen Interessen an Belgien?

Zunächst: Was war der Sinn unseres Durchmarsches? Eroberungsabsicht? Kein Deutscher hat an so etwas vor dem Krieg auch nur im Traum gedacht. Sondern das *Fehlen der effektiven Neutralität* auf belgischer Seite. Da waren nicht die verdächtigen Verhandlungen Belgiens mit unseren Feinden das letztlich Entscheidende. Die folgten erst aus der Lage, in welche Belgien sich gebracht hatte. Entscheidend war: daß Belgien zwar seine Grenze gegen uns verteidigungsfähig gemacht hatte, sich aber *außerstande gesetzt hatte, seine Grenze gegen Frankreich und England überhaupt zu schützen*. Das war in der Tat „papierne“, nicht effektive Neutralität. Bei einem französisch-englischen Angriff befand es sich in der Lage Griechenlands. Wenn uns freilich England seine eigene Neutralität zusagte, dann war der Durchmarsch dennoch überflüssig. Das tat Herr G r e y aber bekanntlich nicht, und damit war der Garantievertrag, den ja die nunmehr kriegführenden Mächte abgeschlossen hatten, ein wertloser Fetzen Papier geworden. Ein neutraler Staat, wie Belgien sein wollte, hatte die Pflicht, sich in den Stand zu setzen, alle seine Grenzen verteidigungsfähig zu erhalten. Den Belgiern war diese Lage auch gut bekannt. Durch die ganze Presse war die Äußerung des Deutschen Kaisers bei den Schweizer Manövern gegangen: *„daß wir an unserer anderen Flanke“ (in Belgien also) „ungedeckt“ seien*. Die Schweiz und Holland schützten ihre Neutralität effektiv. Holland tat das bekanntlich gegen Englands Widerspruch. Belgien allein tat es nicht.

Welches Interesse haben wir nun jetzt, nach dem Einmarsch, an Belgien? Nach meiner Ansicht kein wirtschaftliches. Wenn man nämlich das wirtschaftliche Interesse *national* versteht und *nicht als ein Profitinteresse einzelner Unternehmer*. Antwerpen bleibt immer eine nichtdeutsche Stadt. Die belgische Industrie wird immer welsches Volkstum tragen. Wir haben kein Interesse daran, für den Profit einiger deutscher Reeder, Bankiers und Unternehmer unseren Arbeitern die Konkurrenz eines Fremdvolkes auf den Hals zu hetzen. Haben wir etwa ein Interesse an einer deutschen Verwaltung Belgiens? Sie wäre ein Unding. Man braucht die Verhältnisse nur auszudenken, die entstehen würden. Sie sind jetzt trotz der Tüchtigkeit unserer Beamten nur haltbar, weil eben das Kriegsrecht dahintersteht. Und ganz undenkbar ist eine Kastration Belgiens durch eine *dauernde* deutsche Vormundschaft. Wer an so etwas denkt, unterschätzt die Wirkung des Würde- und Ehrgefühls zivilisierter Völker. Wir haben ein Kulturinteresse daran, daß das flämische Volkstum nicht verwelscht, ein politisches daran, daß es nicht rein französisch beeinflußt wird. Aber die Flamen denken gar nicht daran, die deutsche Beherrschung für die französische eintauschen zu wollen. Die Revolte in Belgien würde in Permanenz sein, und wir würden im Westen niemals wieder die Hände frei bekommen. Wir wären Rußland preisgegeben.

Unser Interesse ist ein rein politisches: Belgien darf kein Einfallstor unserer Feinde werden. Daß es das werden *müsse*, wenn wir es nicht zum Klientelstaat erniedrigen, – das ist ein Irrtum. Die Belgier wollen unabhängig sein. Jetzt freilich und in der nächsten Zukunft wirkt der Haß gegen uns. Garantien sind also nötig. Welcher Art sie sein müssen, das allein ist die Frage. Wenn von „realen" Garantien die Rede ist, so heißt es wohl: militärisch wirksame Garantien. Und zwar so lange, *bis sie überflüssig werden*. Sie wären schon jetzt überflüssig, wenn ein festes Neutralitätsbündnis Belgiens mit Holland denkbar wäre. Leider ist das augenblicklich sehr wenig wahrscheinlich. Also muß die Änderung der gesamtpolitischen Situation den Zeitpunkt ergeben. Je früher, je besser.

Die englischen Minister verlangen ihrerseits „Garantien" von uns. Was sie sich darunter denken, sagen sie nicht. Was der Sinn unserer Garantien ist, wissen sie dagegen. Jedenfalls ist der Sinn beiderseits, wenn man sachliche Politik treibt: Garantien, *bis sie überflüssig werden*. Also: auf Zeit.

Demgegenüber nun *Rußland:* Die wirklichen, d. h. die politischen Kriegsgründe, waren hier einerseits das Machtinteresse der Bürokratie und der Großfürstenschaft. Andererseits die *panslawistische Legende*. Diese ist nun in diesem Kriege – das ist ein wichtiges Ereignis – durch die Haltung vor allem der Bulgaren und Polen zerbrochen worden. Und der Traum von der Zertrümmerung Österreichs und der Herrschaft der russischen Bürokratie über alle Slawen wird nun, hoffentlich, damit ausgeträumt sein. Für uns allein wäre eine Verständigung für die Gegenwart vielleicht – ich weiß es nicht – möglich. Wir hätten freilich auch dabei zu bedenken, daß nicht die slawische Frage allein im Wege steht: auch die Ostseefrage: die Frage der Ålandsinseln, liegt heute zwischen uns. Indessen die wirklichen Schwierigkeiten liegen anderswo. Zunächst und vor allem darin, daß wir *Bundesgenossen* haben und *haben müssen*. Wir haben sie nur im Osten, nicht im Westen. Im Osten, nicht im Westen fing der Krieg an. Mit großem Nachdruck muß daran erinnert werden: uns dort durch Annexion zu arrondieren, unsere Bundesgenossen aber an ganz entscheidenden Punkten – etwa: Armenien – Provinzen abtreten zu lassen, würde uns in die Unmöglichkeit versetzen, in Zukunft Bündnispolitik zu treiben. Wir können nur eine Verständigung annehmen, die unseren östlichen Bundesgenossen annehmbar ist.

Weiter: die Bedrohung von Osten her nimmt, infolge der Volkszunahme Rußlands, in Zukunft zu. Das ist im Westen nicht der Fall. Und vor allem: Die Bedrohung von *Rußland* her ist die einzige, die sich *gegen unsere Existenz* als nationaler Machtstaat überhaupt richtet. England kann wohl unseren Seehandel lahmlegen, – unseren gesamten Außenhandel überhaupt schon nur bei einer solchen Koalition wie jetzt. Frankreich kann uns ein Stück Land wegnehmen. Ein siegreiches Rußland kann unsere Selbständigkeit vernichten. –

Jedenfalls also: eine Verständigung mit Rußland ist nicht leicht. Sie ist, deutlich gesagt, nur möglich im Falle eines *Desinteressements Rußlands zum mindesten an der serbischen und polnischen Frage*. Denn beide sind Existenzfragen für Österreich und uns. Und sie ist nur möglich bei *dauernden* Garantien, weil die Bedrohung dauernd, und bei *sehr starken* Garantien, weil sie im Wachsen ist. – Nun aber etwas Letztes: Rußland bedroht nicht nur unsere staatliche Stellung, sondern unsere ganze Kultur und darüber hinaus die Weltkultur, *solange* es so geartet ist wie jetzt. In dieser Art trifft das für keine andere Macht zu. Unter universalgeschichtlichen Gesichtspunkten werden künftig die Streitpunkte im Westen, wegen Belgien, als Lappalien erscheinen gegenüber den Entwicklungen im Osten, welche Weltentscheidungen bedeuten.

Und auch wir selbst: *im Osten*, nicht aber (nach Lösung der Flamenfrage) im Westen, werden wir außerhalb unserer Grenzen *Kulturaufgaben* haben. Kulturaufgaben? Der moderne deutsche sog. „Realpolitiker“ zuckt darüber die Achseln. Es ist eigentümlich: andere Nationen treiben Realpolitik und schwatzen nicht darüber. Der Deutsche aber muß auch aus der Realpolitik sich eine Phrase machen, an die er dann mit der ganzen Inbrunst eines – ich möchte sagen – femininen Gefühls glaubt. Wie steht es denn mit der realpolitischen Bedeutung der „Kultur“? (Wir wollen hier der Einfachheit wegen unter „Kulturgemeinschaft“ jetzt einmal nur die durch die Sprache begründete Gemeinschaft verstehen, die „Nation“ als im Sinne von Sprach- und Literaturgemeinschaft.) Der Krieg hat den Nimbus des *Staates* gewaltig gehoben: „ *Der Staat, nicht die Nation*“, ist die Parole. Ist sie richtig? Erkundigen Sie sich bei österreichischen Offizieren einmal über die fundamentale Schwierigkeit, die dadurch gegeben ist, daß der Offizier nur 50 deutsche Kommandoworte mit seiner Mannschaft gemein hat. Wie soll er im Schützengraben mit ihr Gemeinschaft pflegen? Was soll er tun, wenn etwas Unvorhergesehenes, nicht durch jene Worte Gedecktes, geschieht? Vollends im Fall einer Niederlage? Blicken Sie noch weiter östlich auf das russische Heer, das zahlreichste der Erde: 2 Millionen Gefangene sprechen eine deutliche Sprache dafür, daß der Staat zwar vieles kann, daß er aber nicht die Macht hat, die *freie Hingabe des einzelnen* an sich zu erzwingen, ohne welche die innere Wiedergeburt Deutschlands zu Beginn dieses Krieges unmöglich gewesen wäre.

Diese Bedeutung der Kultur hat aber für uns auch negative Konsequenzen, die wir uns rückhaltlos klarmachen müssen. Jede Politik jenseits unserer Ostgrenze ist, gerade wenn sie Realpolitik ist, *unvermeidlich westslawische Politik* und *nicht* nationaldeutsche Politik. Daß dies das Schicksal des Krieges ist, ist eine ganz zentrale Einsicht, die wir die sittliche Selbstzucht haben müssen, uns nicht zu verhehlen. Auch einige hunderttausend deutscher Kolonisten in Kurland würden daran *gar nichts* ändern. Ihren gefühlspolitischen Wert verkenne ich nicht, – realpolitisch aber bedeuten sie schlechterdings *nichts*. Würden wir im Osten deutsche Nationalitätspolitik treiben, so würden wir die 15 Millionen dazwischensitzender Slawen für alle Zeit zu unseren Todfeinden und zu Parteigängern Rußlands machen. –

Was folgt nun aus dem Gesagten? Zunächst: daß alle Friedensziele töricht sind, die jedem Hunde der feindlichen Meute ein Stück vom Schwanz abhacken würden. Das hat B i s m a r c k 1856 weislich vermieden. Dann: daß für die

Gegenwart zwar eine Verständigung mit England gefühlspolitisch und infolge des einmal bestehenden Mißtrauens schwierig ist, daß aber für die Zukunft die größere Schwierigkeit Rußland gegenüber besteht, weil es der dauernd gefährlichere Nachbar bleibt und weil es immer stärker wird. Daß wir im Westen nur zeitweilige, im Osten aber dauernde und auch stärkere Garantien brauchen als im Westen. Daß eine dauernde Verständigung mit Rußland gewiß möglich ist, aber nur bei starken Änderungen in den Grundlagen seiner Politik: Einschränkung seines Eroberungsdranges oder Änderung seines Expansionszieles. – Feststeht aber natürlich eins: *verständigen werden wir uns nach dem Krieg unter allen Umständen mit dem, der uns die besseren Garantien gibt*; er sei, wer er wolle. Dem können auch wir alle denkbaren Freundschaftsgarantien geben. Unabhängig aber muß diese Frage bleiben von unsachlichen Motiven: von Haß, von Eitelkeit und unabhängig vor allem auch: von innerpolitischen Sympathien.

Ich habe bisher allein von unseren Gegnern gesprochen. Von unseren Beziehungen zu unseren Verbündeten enthält verwickelte Probleme nur unser Verhältnis zu *Österreich-Ungarn*. Eins freilich ist selbstverständlich: Solange nicht die Politik dieser unserer großen Nachbarmonarchie uns ein anderes Verhalten absolut aufzwingt – und das ist nicht zu erwarten –, kann unser Interesse stets nur dahin gehen: das Bündnis immer noch inniger zu gestalten. Wir denken dabei an das glänzende Buch unseres Freundes Naumann. Seine Intuition allein hat bei uns und drüben das starke Stimmungskapital geschaffen, mit dem jetzt die Politiker diesseits und jenseits wirtschaften können. Rein sachliche politische Erwägungen müssen nun den Weg zum Ziele bestimmen. Die Schwierigkeiten sind natürlich nicht ganz gering. Wirtschaftliche Momente können auch hier nicht den Ausschlag geben. Ein „gutes Geschäft" ist die engere zollpolitische Verbindung für uns durchaus nicht sicher. Aber die entscheidenden Probleme sind natürlich auch hier politische. Die beteiligten Dynastien und auch die Völker werden ihre Bewegungsfreiheit sich nicht gern beschränken lassen. Ganz einfach ist dabei die Lage gerade für uns nicht. Ein enger Verband mit zwei souveränen Staaten belastet uns mit allen Konsequenzen von deren äußerer und innerer Politik und Wirtschaftspolitik. Und gerade der Versuch, eine *wirtschaftliche* Einigung herbeizuführen, belastet, wenn er gelingt, die gegenseitige Beziehung mit all jenen Verstimmungen, welche aus dem wirtschaftlichen Wettbewerb folgen. Man muß sich jedenfalls ganz klarmachen: daß der Inhalt der Militärkonvention für beide Teile bei weitem das Wichtigste von allem ist, weit wichtiger z. B. als alle Zollfragen. Die beiden Heere müssen, wenn die neue Entwicklung einen Fortschritt im Vergleich mit der Gegenwart bedeuten soll, in ihren inneren Einrichtungen und im Kriege im Kommando so ineinandergreifen können, als ob sie Verbände eines einheitlichen Heeres wären. Und doch muß dabei die beiderseitige Militärhoheit gewahrt bleiben. Eine solche Konvention ist schwerlich auf der Grundlage eines kündbaren Bündnisses möglich. Und jeder derartige Versuch erfordert von beiden Seiten vor allen Dingen ein ganz ungeheures Maß von Vertrauen. Beide Teile dürfen nicht enttäuscht sein, wenn er nicht sofort in allen Einzelheiten ihren Idealen entspricht. Wird er in die richtige, für alle Teile zweckmäßige Bahn gelenkt, so führt das Schwergewicht der Tatsachen weiter als der formelle Inhalt. In den siebziger Jahren kam einmal bei Bismarck die Rede auf die Verhandlungen über den Eintritt *Bayerns* in das Deutsche Reich. Schräg gegenüber dem Reichskanzler saß der bayerische Bundesratsbevollmächtigte, um beide herum saßen Abgeordnete der nationalliberalen Partei. Die heikle Frage der bayerischen Reservatrechte, die Enttäuschung, welche sie anfänglich erregt hatten, wurde berührt. Der Reichskanzler sagte etwa: Gewiß, die Stimmung in Deutschland und auch in Bayern selbst war unter der Einwirkung des Krieges so, daß wir von der bayerischen Regierung durch einen scharfen Druck wohl mehr hätten erreichen können. „Aber“, fuhr er fort, indem er die Hand über den Tisch nach dem bayerischen Gesandten hin reckte, „wenn ein Freund seine Hand in meine gelegt hat, *so werde ich sie doch nicht zerquetschen*“, – und er ballte sie zusammen. Ich sprach Anwesende gleich nachher; der Eindruck war gewaltig: es war der grandiose Stil der deutschen Politik jener Tage. Ich denke: das, was Bismarck sagte, ist gehalten worden: – Bayerns Dynastie und Volk haben ihr Vertrauen nicht zu bereuen gehabt, und die Einrichtung genügte trotz ihrer Mängel. Nun ist aber freilich die Frage eines Bündnisses unter mehreren gleich mächtigen Großstaaten eine andere als die zwischen dem Norddeutschen Bund und auch einem starken deutschen Einzelstaat. Da mußte nur Bayern das Vertrauen haben, nicht vergewaltigt zu werden. In diesem Falle müssen *beide* Teile es haben. Auch wir. Und damit komme ich denn zuletzt auf den wichtigsten Punkt, an dem sich das zeigen muß und wird. Gemeinsam erobert sind Serbien und Polen. Die Probe *unserer* Bundestreue ist: daß über Serbien nur so disponiert werden wird, wie es Österreich und Ungarn verlangen. Die Probe der Treue unserer Bundesgenossen ist: daß über das eroberte *Polen* nur so disponiert werden kann, *wie es unsere Lebensinteressen erheischen*. Die polnische Frage reicht bei uns bis vor die Tore der Reichshauptstadt. Jede Landkarte ergibt, daß das Schicksal Kongreß-Polens über Schlesien entscheidet und uns unendlich näher berührt als Österreich. Niemand wird erwarten, daß wir uns als Resultat des Krieges ein Serbien vor die Tür setzen, welches durch sein Schwergewicht die Nachbarmonarchie *gegen* uns beeinflussen könnte. Eine wirklich glatte, sowohl für uns wie für Österreich und für die Polen befriedigende Lösung der polnischen Frage *gibt es nicht*. Rein politisch war der Zustand vor dem Kriege für unser Interesse so lange erträglich, als Rußland nicht – wie es im Begriff stand – Polen als Operationsbasis gegen uns ausbaute. Jetzt ist dieser Zustand von vor dem Kriege nicht mehr möglich. Polen wurde russisches Einfallstor, die Polen selbst wurden sämtlich Parteigänger der Einigung unter russischer Oberherrschaft. Es ist nun bekannt, daß die Polen Galiziens und vielleicht anfangs ein Teil der Kongreß-Polen die Angliederung an Österreich wünschten. Die wäre aber allerdings nur möglich, wenn wirklich zwischen uns und Österreich-Ungarn ein ewiger unzerreißbarer Staatenbund, das heißt: neben dem ewigen Militärbündnis eine volle Wirtschafts-, Zoll-, Bank- und Währungsgemeinschaft derart geschaffen würde, daß die drei Staaten trotz ihrer Souveränität einen für alle Zeit unzerreißbaren Verband bildeten. Bloße Verabredungen tun das nicht. Für uns wäre eine Befriedigung solcher Wünsche vielleicht politisch so ratsam, daß wir sogar jenes sehr starke politische und wirtschaftliche Opfer zu bringen uns entschließen könnten: ich lasse das hier unerörtert. Denn unsere Bundesgenossen müssen zuerst entscheiden, ob *sie* das können und wollen. Die preußischen Polen und eine wachsend starke Partei Kongreß-Polens wünschen die Angliederung an uns als verbündeter, aber selbständiger Staat. Das wäre die einfachere Lösung. Wirtschaftlich brauchten wir von diesem Staate nur die Meistbegünstigung. In allen anderen Dingen wäre absolut entscheidend nur: nichts zu versprechen, was wir nicht halten können, alles loyal zu halten, was versprochen ist. Das aber können wir. Wir sind in der Lage, jene Forderungen der Polen selbst, welche sie 1905 während der Revolution an Rußland stellten, weit zu überbieten. Die Nation würde die volle Selbstregierung haben. Nur militärisch müssen wir – das verkennen die Polen selbst am wenigsten – die Garantien für unsere Nordostgrenze angesichts der russischen Übermacht in eigener Hand haben.

Nun hat man gesagt, und auch Parteiführer der Rechten haben das getan: was gehen denn uns die Polen an? Ja, ich wiederhole, die Polen reichen bis vor die Tore Berlins. Ich galt für einen Polenfeind. Ich verwahre noch einen mit Namen unterzeichneten Brief aus Lemberg von vor 20 Jahren, der das Bedauern aussprach, daß mein Urahne nicht von einem mongolischen Schwein gefressen sei, – davor hätten mich die Polen bewahrt, und nun bewähre ich mich schlecht. Gewiß: gegen die Nationalitätenkonkurrenz nach dem System der billigeren Hand, Unterbieten im Arbeitslohn durch ausländische Arbeiter, habe ich mich gewandt und trat aus dem Alldeutschen Verband aus, weil er das Interesse der Großgrundbesitzer an billigeren slawischen Arbeitskräften über das der Nationalität stellte. Die alldeutsche, törichte und unwirksame Sprachenpolitik gegen die Polen habe ich niemals mitgemacht. Jetzt aber ist – innen und außen – die Lage völlig verändert, genau so, wie ich es alldeutsch beeinflußten Kollegen vor dem Kriege voraussagte. Im Innern muß eine ehrliche Verständigung mit den Polen, die wie alle anderen ihre Pflicht taten, stattfinden. Jenseits unserer Grenze aber können wir, in Polen und im Osten überhaupt, nachdem einmal dieser Krieg gekommen ist, keine großdeutsche Politik treiben. Sondern es ist unser Schicksal, daß dieser Krieg die Westslawenfrage aufrollt, und daß wir im Osten Befreier der kleinen Nationen *selbst dann* sein würden, *wenn wir es nicht wollten.* (Der inzwischen im preußischen Abgeordnetenhaus eingebrachte Antrag zur Polenfrage und die Reden der Politiker der Rechten dazu sind – von anderem abgesehen – das vernichtendste Zeugnis gegen deren politische Urteilsfähigkeit oder Urteilswilligkeit; denn daß dieser Schritt bevorstand, wußten die Führer so gut wie andere mindestens seit mehreren Monaten.)

Als eine der Phrasen unserer Gegner wurde ja das Problem der „kleinen Nationen“ aufgeworfen. Wenn sie wirklich auf der Grundlage des Nationalitätenprinzips Frieden schließen wollten, nun, *das könnten wir – sagen wir das doch mit lauter Stimme vor der ganzen Welt! – jeden Tag.* Aber: „Que Messieurs les assassins commencent!“ Der Friedensvertrag hätte dann also zu besagen, daß Irland, Malta, Gibraltar, Ägypten, Indien, die Buren, Indochina, Marokko, Tunis, die Araber in Algier, die Polen, Ukrainer, Litauer, Letten, Esten, Finnländer, Kaukasusvölker, – daß, sage ich, diese 350 *Millionen Fremdvölker*, welche unsere Gegner ungefragt beherrschen, ausbeuten, in unsere Maschinengewehre jagen, in einer – sagen wir – durch den menschenfreundlichen Herrn Präsidenten der Vereinigten Staaten zu kontrollierenden freien Abstimmung sich zu äußern hätten, ob sie einen eigenen Staat bilden wollen oder nicht. Wir wollen dabei gern unsern Gegnern zugestehen, daß man kein Prinzip bis zum Unsinn treiben kann. Die drei rationalen Komponenten einer politischen Grenzabsteckung: militärische

Sicherheit, ökonomische Interessengemeinschaft, nationale Kulturgemeinschaft, harmonieren nun einmal auf der Landkarte nicht, und solange es Staaten mit Armeen und Wirtschaftspolitik gibt, sind Kompromisse zwischen jenen Prinzipien unvermeidlich. Mehr als das militärisch Unentbehrliche besitzen an fremdvölkischem Land wir selbst weder im Westen noch im Osten, wo ja innerhalb unserer Grenzen Deutsche und Polen dörferweise durcheinander und benachbart auf demselben Boden sitzen, so daß eine Grenzziehung gar nicht möglich ist. Eine reinliche Scheidung der Nationalitäten Österreich-Ungarns in selbständige reine Nationalstaaten ist teils schon geographisch unmöglich, teils würde sie zum politischen oder wirtschaftlichen Unsinn in der Staatsbegrenzung führen. Hier ist für immer nur die Nationalitätenföderation in einem übernationalen Staatswesen möglich. Unsere Gegner aber können gar nicht daran denken, ihrerseits mit dem Nationalitätenprinzip Ernst zu machen. Das französische ebenso wie das russische und englische Weltreich wären ja damit von vornherein gerichtet. Wir dagegen *müssen* damit Ernst machen im eigenen Interesse. Nicht wir waren es, die das Prinzip des Machtstaates über die Schranken der Nation hinaustrugen. Wir besitzen keine Kolonie, deren Einwohner wie die Inder, Birmanen, Cochinchinesen, Araber, Litauer, Ukrainer, Georgier, Finnen eine eigene und zum Teil uralte Kultur und, mindestens Rußland gegenüber, eine weit *überlegene* Kultur besäßen.

Aber freilich: ein Machtstaat sind auch wir. Und daß wir das sind, *das ist der letzte entscheidende Kriegsgrund.* Gelänge es, uns zu vernichten, so hätten alle unsere Gegner für die Teilung der Welt freie Hand und brauchten dafür nur die Hälfte ihrer jetzigen Heere zu halten. Das ist wahr an dem Gerede über den Kampf gegen den Militarismus. *Warum sind wir eigentlich ein Machtstaat geworden?*, fragen wir also zuletzt. Sind denn Nationen, die keine großen Machtstaaten bilden, sind die „kleinen" Nationen, die Schweizer, Holländer, Dänen, Norweger, Schweden etwa um deswillen *weniger wert? Keinem Deutschen* ist es in den Sinn gekommen, derartiges zu behaupten.

Im geschichtlichen Dasein der Völker haben die Machtstaaten und die äußerlich kleinen Nationen beide ihre dauernde Mission. Ein großer Machtstaat von 70 Millionen kann gewiß vieles, was ein Schweizer Kanton oder ein Staat wie Dänemark nicht kann. Aber er kann auch in manchem weniger als diese. Auf dem Kulturgebiet sowohl wie auch bei den ganz eigentlich politischen Werten. Nur in den kleinen Staaten, wo die Mehrzahl der Bürger einander noch kennt oder kennenlernen kann, – wo, auch wenn man nicht mehr das ganze Volk wie in Appenzell auf einem Platz versammelt, doch wenigstens die Verwaltung so von jedem übersehen werden kann wie in einer mittelgroßen Stadt, nur da ist die echte Demokratie, nur da ist aber auch die echte, auf persönlichem Vertrauen und persönlicher Leistung ruhende Aristokratie *überhaupt möglich*. Im Massenstaat wandeln sich beide bis zur Unkenntlichkeit: die Bürokratie statt der vom Volk gewählten oder ehrenamtlichen Verwaltung, die gedrillte Armee statt der Volkswehr wird unvermeidlich. Das ist das unentrinnbare Schicksal des im Massenstaat organisierten Volkes. Darum hat der Schweizer Jacob Burckhardt in seinen „Weltgeschichtlichen Betrachtungen" die Macht als ein Element des Bösen in der Geschichte gewertet. Jeder von uns wird es als eine Fügung des Schicksals preisen, daß einem Teil unseres Volkstums: den Deutsch-Schweizern, es vergönnt ist, die Tugenden der Kleinstaatsexistenz zu pflegen und ihre Blüten hervorzubringen. Wir jedenfalls sind objektiv genug, diese Sonderlage und den Sonderwert der Schweizer anzuerkennen, trotz so manchem recht törichten und zugleich unangenehm pharisäischen Wort aus ihrem so sorgsam „neutralen" Mund über unseren „Militarismus". Grenzenlos unverständlich sind solche Reden. Denn *warum* begaben wir selbst uns in den Bann dieses politischen Machtverhängnisses? Aus Eitelkeit nicht. Sondern unserer *Verantwortung vor der Geschichte* wegen. Nicht von den Schweizern, den Dänen, Holländern, Norwegern wird die Nachwelt Rechenschaft fordern über die Gestaltung der Kultur der Erde. Nicht sie würde sie schelten, wenn es auf der Westhälfte unseres Planeten gar nichts mehr geben würde als die angelsächsische Konvention und die russische Bürokratie. Und das mit Recht. Denn nicht die Schweizer oder Holländer oder Dänen konnten das hindern. Wohl aber wir. Ein Volk von 70 Millionen zwischen solchen Welteroberungsmächten hatte die *Pflicht*, Machtstaat zu sein. Wir mußten ein Machtstaat sein; und mußten, um mitzusprechen bei der Entscheidung über die Zukunft der Erde, es auf diesen Krieg ankommen lassen. Wir hätten es selbst dann tun müssen, wenn wir hätten fürchten müssen, zu unterliegen. *Weil es uns Schande vor Nach- und Mitwelt* gebracht hätte, wenn wir uns dieser Pflicht feig und bequem entzogen hätten. Die Ehre unseres Volkstums gebot es. Um Ehre, nicht um Änderungen der Landkarte und des Wirtschaftsprofits – das wollen wir nicht vergessen – geht der deutsche Krieg. Er geht nicht nur um unsere eigene Existenz. Im Schatten unserer Macht leben die kleinen Nationen um uns herum. Was würde aus der Selbständigkeit der Skandinavier, was auch aus der Hollands und was aus dem Tessin, wenn Rußland, Frankreich, England, Italien unser Heer nicht zu scheuen hätten? Nur das Gegengewicht der Großmächte gegeneinander verbürgt die Freiheit der Kleinstaaten.

Gewiß, nicht nur diese Verantwortlichkeit steht jetzt im Krieg in Frage. In der letzten Stube des letzten Arbeiters würde man noch bei unseren Enkeln es gefühlt haben, wenn wir unterlegen wären. Diese Einschränkung, diese Not, die das Durchhalten im Kriege jetzt über Hunderttausende brachte und noch bringen wird, diese selbe beengte Existenz würde dann das dauernde Schicksal der Masse der Deutschen sein. Denn die Welt wird voller, der Vorteil der Auswanderung versagt. Mit der Demokratisierung der Kultur wird die Sprachgemeinschaft auch in den Massen exklusiv, die nationalen Gegensätze werden notwendig schärfer, mit dem ideellen und wirtschaftlichen Interesse der Massenschriftstellerei in den einzelnen Volkssprachen fest verknüpft. Ein durch den Verlust des Krieges wirtschaftlich ruiniertes Deutschland würde deutsche Ware als Schleuderware, deutsche Arbeitskräfte als Kulis auf den Weltmarkt werfen; das würde erst die wirkliche „deutsche Gefahr", den Deutschen aber die Pariastellung bringen. Das hängt für uns am Siege.

Wollten wir diesen Krieg nicht riskieren, nun, dann hätten wir die Reichsgründung ja unterlassen und als ein Volk von Kleinstaaten weiter existieren können. Freilich, so wenig uns der französische Besitz des Elsaß Ruhe vor den Franzosen, so wenig hätte uns das Ruhe vor dem Krieg als solchem gebracht. Den Krieg hätten wir auch dann gehabt: die einen hätten als Rheinbundstaaten für französische, die anderen als russische Satrapie für russische Interessen fechten oder dafür, wie früher stets, den Kriegsschauplatz abgeben dürfen. Nur die Weihe eines *deutschen* Krieges, die hätten wir dann nicht kennengelernt. Daß wir nun einmal nicht ein Volk von sieben, sondern von 70 Millionen sind, *das* war unser Schicksal. Das begründete jene unentrinnbare Verantwortung vor der Geschichte, der wir uns nicht entziehen konnten, selbst wenn wir wollten. Das muß man sich immer wieder klarmachen, wenn heute die Frage nach dem „Sinn" dieses endlosen Krieges gestellt wird. Die Wucht dieses Schicksals, das wir bestehen müssen, führte die Nation empor, an Abgründen und Gefahr des Untergangs vorbei, auf der steilen Bahn der Ehre und des Ruhmes, auf der es keine Umkehr gab, in die klare harte Luft des Waltens der Weltgeschichte, der sie in ihr grimmiges, aber gewaltiges Angesicht schauen mußte und durfte, späten Nachfahren zu unvergänglichem Gedächtnis.

Deutschlands äußere und Preußens innere Politik

Februar 1917

I. Die Polenpolitik

Der monarchischen Staatsform wird die Fähigkeit besonders stetiger und einheitlicher Haltung in der großen Politik nachgerühmt. Wenn es nun irgendeine hochpolitische Frage gibt, welche besonders dringend zielbewußter Einheitlichkeit der Behandlung bedarf, so ist es die polnische. Im Winter 1916 kündigte der Reichskanzler die Wiederaufrichtung Polens an, nachdem das Problem schon seit Monaten erwogen war. Bis zur Novemberproklamation der beiden Kaiser blieb also hinlänglich Zeit für alle Instanzen, sich über die Konsequenzen klar zu werden. Daß diese vor allem auch auf dem Gebiet der *innerdeutschen* Polenpolitik liegen mußten, war selbstverständlich. Die folgenschwere Wandlung unserer Gesamtpolitik im Osten wäre sonst ein politischer Aberwitz. Ohne grundsätzliche Neuorientierung der Beziehungen zwischen den beiden Nationalitäten bedeutete sie ja die bewußte Schaffung eines „Serbien" vor unseren Toren. Die Ära, in welcher unsere Interessengemeinschaft mit Rußland auf der beiderseitigen Beherrschung polnischen Gebietes beruhte, ist abgeschlossen, und neue Wege müssen beschritten werden.

Eine für die Deutschen sowohl wie die Polen absolut befriedigende Lösung der zahlreichen schwierigen Interessenkollisionen ist – leider – nicht möglich. Denn solange Militärstaaten und staatliche Wirtschaftspolitik bestehen, kann die Nationalität – deren Grenze überdies im Osten mit seinem Durcheinanderwohnen beider Völker gar nicht gefunden werden könnte – für die Ziehung der politischen Grenzen nur *neben* 1. der militärischen Sicherheit und 2. der wirtschaftlichen Zusammengehörigkeit maßgebend sein. Aber auch eine nur irgendwie leidliche Lösung ist ausgeschlossen, wenn nicht von beiden Seiten alle jene „Prestige"- und Eitelkeitsfragen ausgeschieden werden, deren Hineintragung die Kämpfe der Nationalitäten ebenso wie die der Staaten immer unaustragbar macht. Die Frage darf nur dahin gestellt werden: was die rein sachlich- *staatlichen* Interessen des Reichs und Preußens einerseits und was das Interesse der Polen an der Entwicklung ihrer eigenen *Kultur* auf der anderen Seite als absolutes Minimum erfordern, was also z. B. auf den wichtigsten Gebieten: der Schul- und Sprachenpolitik und der Siedlungspolitik beiderseits rein sachlich 1. unentbehrlich, 2. wünschenswert, 3. erträglich ist. Die bisherige preußische Polenpolitik ist jedenfalls fortan unhaltbar. Das ist sie aber auch rein an sich.

Daß das Vordringen der Polen auf Kosten der Deutschen im Osten sich vollzog gerade infolge der größeren *Kulturarmut* der ersteren, die sich ausdrückte in geringeren Lohnforderungen der polnischen Arbeiter und geringerem Mindestbodenbedarf der polnischen Bauern, – diese fatale Beherrschung der Nationalitätenkonkurrenz durch das „Prinzip der billigeren Hand“ war seinerzeit ein triftiger Grund für uns Deutsche, die *Ansiedlungspolitik* der preußischen Regierung zu unterstützen. Selbstverständlich aber unter der Voraussetzung, daß gleichzeitig und vor allem die alljährliche Überschwemmung des Ostens durch Hunderttausende billiger russisch-polnischer Wanderarbeiter aufhörte, welche dazu dienten, Großgrundbesitzern eine Existenz *auf Kosten der nationalen Interessen* zu ermöglichen. Statt dessen wurde die von Bismarck durchgeführte Grenzsperre beseitigt und damit der Ansiedlungspolitik aller Wind aus den Segeln genommen, sie, trotz noch so ausgezeichneter Arbeit, zur politischen Sinnlosigkeit verurteilt. An Stelle jener nationalitäts- und siedlungspolitisch allein wirksamen Maßregel begann die bekannte Sprachenpolitik. Alle Erfahrungen darüber, daß solche Maßregeln überall und immer eine jede *nicht* mehr analphabetische, sondern mit eigener Presse und einer eigenen Literatenschicht ausgestattete Nationalität, schon durch das materielle Interesse dieser Schichten, zum äußersten, bisher noch in *keinem* Falle gebrochenen Widerstand zusammengeschlossen haben, blieben unbeachtet. Jetzt erst wurden die „Massen“ innerlich beteiligt. Die wirtschaftliche Mobilmachung des Polentums folgte. Die immer weiter sich verschärfenden Gegenmaßregeln führten in logischer Konsequenz zum Enteignungsgesetz. Damit war man aber auf dem Punkt, wo Interessen der hohen Politik mitsprachen: Rücksicht auf das *österreichische Bündnis* nötigte dazu, haltzumachen, und das Gesetz blieb ein agitatorisch für die Polen höchst wirksamer toter Buchstabe. Der sichtbarste Erfolg dieses Kampfes und all jener höchst fatal wirkenden „Ostmarken“-Pfründen, die er schuf, war – wie das mit amtlichem Material arbeitende Buch von Ludwig Bernhard drastisch schilderte: –, daß die Polen in ihren Kampforganisationen sich ökonomisch so entwickelt haben, daß von einer „Konkurrenz der durch Kulturlosigkeit billigeren Hand“ heute *nicht* mehr wie früher geredet werden darf.

Die jetzige Außenpolitik des Reichs in Polen aber ist mit der bisherigen innerpreußischen Polenpolitik ganz unvereinbar: *beide* müssen zu den verhängnisvollsten Konsequenzen führen, wenn nicht die innere Polenpolitik Preußens sich der hochpolitisch bedingten Stellungnahme des Reichs anpaßt.

Selbstverständliche Voraussetzung jedes Erfolgs einer neu orientierten Polenpolitik ist zunächst, daß die Regierung und daß die in Preußen maßgebenden Parteien sich mit den *Vertretern der preußischen Polen in Verbindung setzen*. Ob nicht auch im Königreich Polen der sachlich zweckmäßige erste Schritt, statt der Ausstellung einer Art von Ehrenwechsels mit unbestimmtem Inhalt und zugunsten eines als Verband noch nicht existierenden Adressaten, die Schaffung einer von niemand anzweifelbaren gewählten Vertretung der Bevölkerung, zunächst natürlich zu rein intern beratenden Zwecken, gewesen wäre, mit der man dann hätte verhandeln können, das soll hier unerörtert bleiben. Denn es ist unbekannt, ob nur sachliche Gründe den jetzt beliebten Weg erzwangen. Über manche Zukunftsfrage aber, z. B. die der geographischen Begrenzung des künftigen Polen nach Osten und Nordosten, sind aus den Kreisen der preußischen Polen Ansichten vertreten worden, deren Berücksichtigung gerade eine rein „realpolitische" Vertretung deutscher Interessen weit eher in Erwägung ziehen sollte als die vielfach heillos konfusen östlichen Ideale mancher deutscher Politiker. Für die preußische *Innen*politik ist ohne streng sachliche Erörterung der Ausgleichsprobleme mit den polnischen Interessenten keinesfalls vorwärts zu kommen. Die Sprachenprobleme, Fragen wie die Schaffung von Siedlungsrayons beider Nationalitäten in den Ostprovinzen und die Begünstigung freiwilliger Umsiedlungen deutscher Ansiedler aus dem Königreich Polen nach Deutschland und umgekehrt, können nicht einseitig ohne den ehrlichen Versuch einer vorherigen Verständigung gelöst werden. Allein wie man darüber denken mag, unter *allen* Umständen ist eins zu verlangen: daß für unbedingte *Einheit der Politik* des Reichs und Preußens in dem ganzen Komplex von Fragen, welche die kaiserliche Proklamation aufgeworfen hat, Sorge getragen werde. Ist davon irgend etwas bisher zu bemerken?

Die November- und erst recht die Januarverhandlungen des Abgeordnetenhauses gaben darauf eine negative und, wenn es dabei bleibt, für die Politik des Reiches vernichtende Antwort. Direkt provozierend, politisch gänzlich zwecklos und ohne alles Augenmaß war schon das Vorgehen der Rechtsparteien in der Spätherbsttagung. Rein agitatorisch gebärdeten sich die auf den Ton der Kapitolsrettung gestimmten Reden so, als ob der Schritt der beiden Kaiser sie aus allen Wolken fallen lasse, obwohl die Absicht doch seit

Monaten niemandem unbekannt war. Wenn man die Proklamation der beiden Kaiser in ihrer politischen Wirkung absichtlich zu durchkreuzen und zu diesem Zwecke das nun folgende Verhalten der preußischen Polenfraktion als Echo absichtlich hätte hervorrufen wollen, dann war dies freilich der Weg. Die damalige Erklärung des Ministers des Innern zeigte überdies: daß jetzt erst, endlose Monate nach der öffentlichen Ankündigung des Kanzlers, die aus der Reichspolitik folgenden Probleme Gegenstand von „Erwägungen" werden *sollten*.

Die Januartagung dieses Jahres brachte Schlimmeres: Die Etatsrede des Abgeordneten Korfanty war, so begreiflich eine gewisse Ungeduld der Polen nachgerade sein konnte, doch in der Tonart mancher Stellen gewiß keine Leistung eines verantwortungsbewußten Politikers, wie übrigens von polnischer Seite nicht verkannt zu werden scheint. Beide Teile, die Deutschen ganz ebenso wie die Polen, werden eben außer ihren alten Schlagworten nötigenfalls auch manche ihrer alten Führer über Bord werfen müssen, wenn jemals etwas Verständiges herauskommen soll. Eine Ablehnung dieser Teile der Rede war am Platze, aber gut vereinbar mit sachlicher Behandlung des Problems selbst. Indessen, die Antwort des Ministers, der sich doch nicht verhalten darf wie ein bloßer (und noch dazu wie ein die Selbstbeherrschung verlierender!) Parteipolitiker, war von Sachlichkeit weit entfernt. Auf die von dem polnischen Redner erörterten Etatstitel ging er gar nicht ein. Sondern nachdem er erklärt hatte, daß „Beschwerden" über seine Verwaltung nicht an die Zentralinstanz gelangt seien, fuhr er unter Hinweis auf die wirtschaftliche Blüte der Provinz Posen fort: „Sie (die Polen) sollten noch heutigen Tages Gott auf den Knien danken, daß sie zu solcher Entwicklung gekommen sind! Sie sollten den preußischen Königen danken, die die Staatsregierung angewiesen haben, solche Wege zu gehen!" Abgesehen davon, daß es wohl besser wäre, wenn ein Minister Gott und die Könige nicht als Deckung seiner eigenen Politik verwenden würde, werden die Polen wohl der Ansicht sein, daß für die wirtschaftliche Entwicklung ihrer eigenen Nationalität jedenfalls in den letzten zwanzig Jahren „Gott" durch die Leiter der polnischen Genossenschaften besser vertreten war als durch die preußischen Minister. Der übliche unsachliche Prestigestandpunkt der Regierung: ein gewisses „Entgegenkommen" in der Praxis der Verwaltung wie eine Art von Gnadengeschenk an „Untertanen" zu behandeln, für welches man von diesen „Dankbarkeit" beanspruchen könne, schneidet jede sachliche Erörterung von vornherein ab. Wir könnten allmählich wenigstens eins wissen: *Wo immer* man eine auf Dank spekulierende Politik betrieben hat, war sie von vornherein zum Scheitern verurteilt. Angesichts der wahrlich schwierigen Frage, wie die bisherigen schweren Auseinandersetzungen im Osten durch einen billigen *Ausgleich* ihrer doch nun einmal *kollidierenden Interessen* in andere Bahnen geleitet werden können, wirkt es doch unglaublich oberflächlich, wenn der Minister solche Probleme von obenher mit der etwas schulmeisterlichen Bemerkung abtun zu dürfen glaubt: es sei „ungehörig" (!), einen „Unterschied zu machen zwischen polnischen und deutschen Interessen hier im Inland". Und wenn der Minister, der am 20. November die „überkommenen bisher erfüllten Aufgaben Preußens in den Ostprovinzen" als „in naher und ferner Zukunft:" fortbestehend bezeichnet hatte, nunmehr gar in Aussicht stellte, die Staatsregierung werde auf Grund der Rede des Abgeordneten K o r f a n t y *"diejenigen Entschlüsse finden, die sie als Konsequenz solcher Ausführungen für nötig erachtet"*, so ist das nichts anderes als eine Kriegsansage gegen die innerdeutschen Polen sowohl wie vor allem *gegen die hochpolitisch bedingte Polenpolitik des Reichs*. Denn diese wäre ja bei der angekündigten Haltung eine frevelhafte politische Leichtfertigkeit. *Eine von beiden*, die jetzige Politik des Reichs oder die Preußens, muß *jedenfalls weichen*. Schon die ungünstige Rückwirkung der rein agitatorischen Novemberreden der Rechten auf die Entwicklung der Verhältnisse im künftigen Königreich ist kaum zweifelhaft. Diese jetzige Regierungserklärung aber schafft eine politisch unhaltbare Lage. Es handelt sich hier nicht etwa um die Person eines Ministers, gegen den persönlich gewiß niemand etwas hat. Daß gerade er *absichtlich* die kaiserliche Proklamation zu konterkarieren versuchte, traut ihm selbstverständlich niemand zu. Der Sache nach aber hat er dies in einem Maße getan, welches die deutsche Polenpolitik in einer der ernstesten Stunden unserer Geschichte in kaum zu verantwortender Art bloßstellt und tatsächlich geeignet ist, ihr alles Vertrauen zu entziehen. Solche bedenklichen Fehler sich zu gestatten, ist Deutschland, wenn es große Politik treiben will, nicht in der Lage, und der Ministerpräsident, der zugleich Leiter der Reichspolitik ist, muß schlechterdings dafür haften, daß sie sich fortan nicht wieder ereignen. Die bürokratische Fachspezialisierung und die Stellung Preußens im Reich dürfen nicht zu einem *Zerfall der einheitlichen Leitung*, wie sie eine monarchische Staatsform zu gewährleisten beansprucht, in Satrapien führen, die miteinander im Kampfe liegen. Der letzte Grund liegt freilich nicht in der Struktur des Reichs, sondern in der Abhängigkeit der preußischen Regierung von der politisch unendlich kurzsichtigen, aber nun einmal den Landtag beherrschenden

Plutokratie, der sich keine, angeblich noch so „starke“, Regierung bisher entzogen hat. *Entweder* dies findet einmal ein Ende, *oder* es ist besser, auf jede Politik jenseits unserer Ostgrenze sofort und definitiv zu verzichten. Sie könnte unter solchen Einflüssen nur zum Unheil führen.

II. Die Nobilitierung der Kriegsgewinne

Frankfurter Zeitung vom 1. März 1917.

Zu den erstaunlichsten Schritten der neuesten preußischen Politik gehört die Einbringung der *Fideikommißvorlage*. Das Wesentliche darüber hat die Redaktion dieser Zeitung schon gesagt. Es sei aber gestattet, im Anschluß daran noch auf einige *politisch* wichtige Punkte etwas näher einzugehen.

Es besteht in Deutschland zurzeit ein starkes Ressentiment gegen „Kriegsgewinne“. Je nach den Umständen, mit Recht oder mit Unrecht. Bei Kriegsgewinnen der Firma Krupp z. B. wäre doch wohl ausschließlich zu fragen: 1. waren ihre Leistungen der Nation nicht diesen Betrag (und vielleicht ein Vielfaches davon) wert?, und ferner 2. verwendet sie diese Gewinne nicht in ihrem Betrieb in einer Art, welche den Interessen der Nation frommt? Und das gleiche gilt in vielen anderen Fällen. Auch den Landwirten, welchen die Kriegspreise die Abstoßung ihrer Schuldenlast ermöglicht haben, sei das gegönnt. Der bloße Neid gegen den, der Geld verdient, wäre ein schlechter und auch ein der Nation unwürdiger Berater. Etwas ganz anderes ist es freilich, wenn ein Gesetz geschaffen werden soll, welches im wesentlichen ausschließlich, und zwar auf Kosten von Lebensinteressen der Nation, der *Nobilitierung von Kriegsgewinnen* zu dienen bestimmt ist. Darum aber handelt es sich hier. Wer wird Fideikommisse gründen? Einerseits der Landwirt, den die Kriegsgewinne schuldenfrei und damit „fideikommißfähig“ gemacht haben. Andererseits der Händler und Gewerbetreibende, der sein durch Kriegsgewinne vermehrtes Vermögen zum Ankauf eines Rittergutes verwendet, dessen Sohn dann den erworbenen Besitz in ein Fideikommiß verwandelt was nach dem Gesetz schon nach dreißig Jahren, für Leute aber, die auf dem Lande Wohnung nehmen, *ohne* alle Zeitgrenze zulässig sein soll –, und der dann die schlichtbürgerliche Vergangenheit des Vaters vergessen zu machen trachtet, indem er den Briefadel erwirbt. Im wesentlichen nur dazu dient: die Zulassung neuer Fideikommißgründungen. Sie ist ein Instrument für die Befriedigung der allererbärmlichsten Art von Eitelkeit, die es gibt. Diese Schaffung neuer Peers, welche man im vermeintlichen Interesse der Krone und des Adels damit bezweckt, ist nichts als eine grobe und dabei ganz ungleichwertige Nachahmung englischer Gepflogenheiten. Denn in England, außerdem in Spanien und im Orient (der Türkei), war dies Institut vornehmlich zu Hause. Und in allen diesen Ländern ist das Problem heute dies: ob und wie man seine Folgen wieder *beseitigen* könnte. Unseren historischen Adel möchte auch ich nicht missen. Aber gerade er bedarf bekanntlich keiner neuen Fideikommißgründungen. Diese dienen lediglich der Eitelkeit der *Plutokratie*. Über die Eigenart jenes Talmiadels, der auf dieser Leiter „aufsteigen" möchte, nehme ich eine gewisse Urteilsfähigkeit in Anspruch und bin der Ansicht: daß, allgemein gesprochen, unter allen Parvenüs der Erde diese Art von Briefadeligen bei weitem die wertlosesten sind. Unsere tüchtigsten Offiziere stammen ebensowenig aus diesen Kreisen wie unsere tüchtigsten Beamten. Keinerlei Staatsinteresse fordert die Vermehrung einer Schicht von Emporkömmlingen, deren nichterbberechtigte Angehörige doch geradezu darauf hingewiesen sind, ihr Adelsdiplom und ihre Konnexionen zur Jagd auf Staatspfründen zu benutzen. Denn jene „Versorgungsmasse", deren Aufspeicherung aus den Einkünften des Fideikommisses der Entwurf für diese „Enterbten" vorschreibt, wird zwar bei ihnen die Vorstellung nähren, einer alimentationsberechtigten Kaste anzugehören, ohne sie doch zu sättigen. Wir haben heute in Preußen etwa tausend Fideikommißbesitzerfamilien. Um diese Familien zu sustentieren, ist bereits jetzt *mehr als der Flächenraum einer ganzen preußischen Provinz fideikommissarisch gebunden*, was auch einem fanatischen Freund des Instituts genügen muß. Der Entwurf richtet zwar (§ 5) gegen das Umsichgreifen der Fideikommisse eine Schranke auf, die sich aber, näher hingesehen, sofort als Attrappe erweist: ein Zehntel des landwirtschaftlichen Bodens des Staatsgebiets will er den Fideikommissen preisgeben. Mehr als 10 Prozent der landwirtschaftlichen Fläche des betreffenden Kreises soll nicht gebunden werden dürfen. Aber: für Grund und Boden, der sich sechzig Jahre in derselben Familie befindet, *fällt auch dies fort*, und die schon bestehenden riesigen Fideikommißkomplexe werden überhaupt nicht angetastet. In Wirklichkeit wird also weit mehr, wohl etwa 15 Prozent des Staatsgebiets, der Eitelkeit der Parvenüs preisgegeben. Wer ein erjobbertes Vermögen in einem Rittergut anlegt, kann seinen Enkel ohne Rücksicht auf jene Schranken hoffähig werden sehen. Das ist keine ernsthafte Schranke, wie es z. B. die in Baden geltende Beschränkung auf alten Adel ist.

Was bedeutet nun die Existenz und Neuzulassung von Fideikommissen praktisch? Rein technisch-wirtschaftlich wirkt die Bindung des Grundbesitzes so weit und nur so weit günstig, als reiner *Waldboden* in Betracht kommt. Denn auf diesem entfalten die feudalen Instinkte ihre wirtschaftlich günstigen Seiten. Nur etwa ein Viertel des Waldbesitzes ist heute fideikommissarisch gebunden, und es wäre also reichlich Platz für ein etwaiges Bedürfnis nach unschädlicher Vermehrung der Fideikommisse. Für den *landwirtschaftlichen* Boden dagegen gelten die folgenden statistisch feststehenden Tatsachen:

1. Die Plutokratie sucht für neue Fideikommisse gerade den *guten* Boden auf, denjenigen, der für den Besitzer nicht ein bloßes Arbeitsentgelt, sondern außerdem eine *Rente* liefert. Die Bauern werden also auf die schlechteren Böden gedrängt. In den typischen Fideikommißkreisen des Ostens steht daher neben den Fideikommissen nicht etwa Mittelstand, sondern *Zwerg*besitz. Ganz natürlich: die Einschränkung des käuflichen Bodens steigert den Landhunger der Massen, und alle Bodenmonopole haben daher überall diese Folge gehabt.

2. *Abwanderung* und *Unstetheit* der Landbevölkerung sind, unter sonst gleichen Umständen, da weitaus am größten, wo der kompakte Großbesitz vorherrscht und natürlich am allermeisten da, wo dieser Besitz überdies gebunden ist. Die Landbevölkerung ist um so landsässiger, der Prozentsatz der im Bezirk ihrer Geburt Ansässigen um so größer, je beweglicher der Boden ist (bis erheblich über 90 Prozent im Rheinland, gegen 55–63 Prozent in Schlesien). Ganz natürlich: die Chance, sich *in der Heimat ankaufen* zu können, ist das entscheidende Motiv, auf dem Lande zu bleiben.

3. Wo der Boden frei beweglich ist und Kleinbesitz vorherrscht, ist die *Landbevölkerung* auch am *dichtesten*. Den Grund dafür kann man so ausdrücken: Die Bauern wirtschaften, um ein Maximum von Menschen mit den Erzeugnissen der gegebenen Landfläche auf dem Lande selbst zu ernähren. Der große Landkapitalist dagegen wirtschaftet, um mit möglichst *wenig* Aufwand an ortsansässigen Arbeitskräften möglichst viel für den Absatz in die *Ferne* zu erzeugen.

4. Der Mobilisierung, Verdünnung und Verdrängung der Landbevölkerung von der Scholle parallel geht bei herrschendem Großbesitz ihre Zusammendrängung in den Wohngebäuden und Wohnräumen, die auf dem Lande im Osten um ein vielfaches größer ist als im Westen (in den schlesischen

Gutsbezirken 15–16 Köpfe auf das Wohnhaus gegen 6–7 auf dem Lande im Westen).

5. Unglaublicherweise wird nicht selten die Bindung des Bodens mit dem Interesse an der *Erhaltung des Deutschtums* in Zusammenhang gebracht. Statistisch steht aber fest: daß die Landkapitalisten am meisten mit billigen Saisonarbeitern fremder Nationalität wirtschaften, und allen voran stehen auf dem national umstrittenen Gebiet im Osten gerade die *Fideikommiß*grundherrschaften, die den Höchstbruchteil *polnischer* Arbeiter verwenden. Das Interesse der Plutokratie an billigen Arbeitern und das Interesse des Deutschtums sind unvereinbar.

6. Gerade die *mittleren* und *kleineren* gebundenen Besitzungen sind agrarpolitisch die schlimmsten Schädlinge. Ein ganz großer Standesherr kann und wird häufig eine großzügige Agrarpolitik, nach Art etwa des Mecklenburgischen Domaniums durchführen: planvolle Einteilung in rationelle Betriebsgrößen, langfristige und gesunde Pacht- oder Erbrentnerstellen, verhältnismäßig günstige Wohn- und Lohnverhältnisse der Arbeiter, planvolle Unterstützung der Pächter mit Kapital sind nur bei ihm heimisch und können es auch nur dort sein. Das Fideikommiß ist auch geschichtlich ein Institut der allergrößten Landkomplexe. Um aber dem Vorwurf zu entgehen, die „Latifundien“ zu begünstigen, hat der Entwurf die Bindung landwirtschaftlichen Bodens auf höchstens 2500 Hektar beschränkt, dagegen nach unten keine andere Grenze gezogen als die Vorschrift: daß das Fideikommiß dem Besitzer mindestens 10 000 Mark Reinertrag abwerfen müsse. Diese Demagogie ist auf die Ignoranz des Mittelstandes berechnet. Denn während ein ganz großer Grundherr mit fürstlichen Einnahmen nicht auf die Herauspressung des absoluten Höchstgewinnes aus seinem Besitz bedacht sein muß, muß ein Fideikommißherr von ein paar hundert Hektaren aus Boden, Pächtern und Arbeitern herausholen, was irgend möglich ist, um „standesgemäß“ zu leben und außerdem das Betriebskapital zu sammeln, welches er nicht hat. Und gelingt ihm das gut, – was wird er tun? *Land kaufen*. Denn Rente braucht er und immer mehr Rente, um zunächst geadelt, dann im Lauf der Generationen Freiherr, Graf usw. werden zu können. Denn wird einmal der Grund und Boden des Landes der Befriedigung der Parvenüeitelkeit preisgegeben, so besteht für diese keine Obergrenze. Jedes Fideikommiß ist, wie die Statistik erweist, ein naturgegebenes Zentrum von Landhunger zu Rentenzwecken. Der Entwurf freilich gebärdet sich

so, als wolle und könne er dieser ganz selbstverständlichen Entwicklung Halt gebieten.

Sehen wir zu, wie? Da finden wir zunächst eine Attrappe: die königliche *Genehmigung* für jedes Fideikommiß und jede Erweiterung um mehr als 20 Hektar landwirtschaftlichen Bodens. Was bedeutet sie? Schlesien, in welchem die königliche Genehmigung für große Fideikommisse erforderlich war, ist deren klassischer Boden. In Hannover war die königliche Genehmigung unbekannt, und Hannover hat das Minimum an Fideikommißentwicklung. Ganz natürlich: das Fideikommiß ist eine Angelegenheit der *Eitelkeit*, und nichts kann die Eitelkeit mehr kitzeln als der Glaube: daß die genehmigte Fideikommißstiftung den Beweis liefere, die betreffende Familie habe der Allerhöchsten Prüfung auf ihre „Würdigkeit" hin unterlegen und diese Probe bestanden. Eine wirksame *materielle* Prüfung der Zweckmäßigkeit der Fideikommißgründung ist absolut *nicht* garantiert. Die Prüfung durch die Fideikommißbehörde (Oberlandesgericht, Beschwerdeinstanz – höchst unpassender Weise – der Justizminister!) erstreckt sich lediglich auf die Verletzung formaler Rechte. Das Amtsgericht (!) und der Kreisausschuß sollen im Falle der Einverleibung früher bäuerlicher Grundstücke über die Unschädlichkeit von deren Einbeziehung in ein Fideikommiß gehört werden: eine absolut unwirksame Bestimmung, wenn einmal das Land dem Bauernareal verloren ist. Der König wird sich in solchen Fällen der Zustimmung dazu, daß das einmal gekaufte Land nun auch Fideikommißland wird, nie entziehen können. Das Allermindeste, was zu verlangen wäre, ist: 1. die Vorschrift einer öffentlichen Bekanntmachung des Antrages auf Fideikommißerrichtung mit angemessener Frist zur Geltendmachung von Bedenken, die dann *öffentlich* vor einer unbefangenen Instanz zu verhandeln wären, – 2. Verbot jedes Ankaufs von Land durch den Fideikommißbesitzer.

Je *kleiner* das Fideikommiß, desto kapitalärmer und schlechter ist die Wirtschaft des Besitzers, dem ja die Unterlage für den persönlichen Betriebskredit fehlt. Als wahre Mißgeburten haben sich daher überall die Bauernfideikommisse bewährt. Tüchtigkeit als Landwirt vererbt sich nicht mechanisch auf einen durch Gesetz oder Statut bestimmten und oft überhaupt auf keinen Sohn. Die Einführung von „Stammgütern" durch den Entwurf für selbständige Bauerngüter ist daher lediglich ein Feigenblatt für den eigentlichen Zweck: die Schaffung von Parvenüadel. Unglaublicherweise scheint aber ein Teil der Zentrumspartei in diese plumpe Falle zu gehen. Die Verbreitung der mittleren und kleinen Fideikommisse wäre eines der sichersten Mittel, die Leistung unserer Landwirtschaft herabzusetzen. Man braucht sich die Vorschriften des Entwurfs über die Aufstellung und obrigkeitliche Genehmigung eines „Wirtschaftsplans“ und alle die anderen Fälle, in denen der Fideikommiß- und Stammgutsbesitzer an behördliche Genehmigung gebunden ist, nur anzusehen, um sich ein Bild davon zu machen, wie wenig anpassungsfähig ein solcher Besitzer an Konjunkturen und neue Wirtschaftsmethoden ist.

Der Entwurf züchtet nicht Wirtschafter, sondern: *Rentner*. Und zwar solche von der übelsten Sorte. Ein Einkommen von 10 000 Mark, wie es der Entwurf als Minimum zuläßt, genügt heute zur Führung einer schlicht bürgerlichen Existenz nach Art eines mittleren Beamten, nicht aber für eine Lebensführung von in irgendeinem Sinn „aristokratischer“ Art. Die Parvenüansprüche, welche in einem solchen Fideikommißbesitzer geweckt werden, verdammen ihn zu einer scheinadligen Bettelexistenz. Jenes Interesse an der Züchtung von Rentnern aber ist das Unerhörte an dem ganzen Vorgehen gerade im gegenwärtigen Augenblick. Denn ohnehin wird der Zustand nach dem Kriege ja der sein: daß mindestens ein Fünftel unseres Nationalvermögens in Kriegsanleihen, fast ein Drittel in rententragendem Besitz aller Art angelegt sein wird. Denn wir haben dann für 60 Milliarden Kapital *neue* Rentiers und sicher für über 100 Milliarden Rentiers überhaupt. Dazu treten die Kriegsbeschädigten, Alters-, Invaliditäts- und Unfallrentner, die „privatisierenden“ Hausbesitzer usw. usw. Das *Ideal der sicheren Rente* schwebt einem steigenden Bruchteil der Nation vor, und das stupide Literatengezeter gegen den „Kapitalismus“ ist sein Schrittmacher. Das über unsere ganze Zukunft entscheidende Problem ist: jene *Rentnergesinnung*, die daraus entstehen muß, *wieder loszuwerden*. Gelingt das nicht, so wird Deutschland ein ökonomisch stationäres Land, weit mehr als Frankreich es ist, und unsere Zukunft in der Welt, die auf angespanntester ökonomischer Arbeit allein ruhen kann, ist verscherzt, möge der Krieg noch so glänzend ausgehen. Und in einem solchen Moment will man diese Rentnergesinnung zugunsten von reinen *Eitelkeits*interessen noch verstärken und dabei nebenher die Zukunft unserer inneren Kolonisation, welcher der beste, für Bauern geeignetste Boden entzogen werden soll, über Bord werfen. Man redet viel von der Notwendigkeit, Neuland zur Besiedlung für den Nachwuchs unserer Bauern zu schaffen. Aber wo? Draußen in Kurland, wo diese Kolonisten dann im Kriegsfall als erste den Anprall der Barbaren auszuhalten haben, dabei rund umstellt von Millionen fremdstämmiger, aller menschlichen Berechnung nach ihnen, als

Eindringlingen, feindlich gesinnter Nachbarn? Dabei ist aber unser eigener deutscher Osten um ein *volles Viertel dünner besiedelt* als das angrenzende kongreßpolnische Gebiet. Dieses soll durch Fideikommißbildung verewigt werden, obwohl doch unsere dringendsten Interessen für die möglichste Verstärkung der Zahl der Landbevölkerung gerade im Osten sprechen. Reichlich *zehn Armeekorps* wären aus den Bauernstellen, die innerhalb unserer Grenzen noch neu geschaffen werden könnten, in Zukunft zu rekrutieren. Im Innern das Reservoir an besiedlungsfähigem Boden zugunsten von Bodenkapitalisten, die den Briefadel erstreben, der Bauernsiedlung zu sperren und dafür dem deutschen bäuerlichen Nachwuchs Hoffnungen auf Boden weitab von der Heimat zu eröffnen, dieses „Ineinandergreifen" von östlicher Expansionspolitik des Reichs und Binnenpolitik Preußens eröffnet unerwartete Perspektiven. Im Ernst: etwas Maßloseres als die Zumutung dieses Gesetzentwurfs in dieser Zeit unter dem „Burgfrieden", hinter dem Rücken unserer Heere draußen, ist schwer auszudenken, und das Ganze ist eine schlimme Karikatur des Wortes: Freie Bahn jedem Tüchtigen.

Unsere militärischen und nationalen Interessen fordern gebieterisch, daß dem sofort Einhalt geboten werde. Zu Unrecht hat das Reich die Fideikommißgesetzgebung den Einzelstaaten und damit gerade an dem gefährdeten Punkt, den im preußischen Landtag vertretenen Interessen der *Plutokratie* an der Nobilitierung von Parvenüs preisgegeben. Mag man die Regelung der technischen Einzelheiten des Instituts den Einzelstaaten belassen. Zu verlangen aber ist, daß *für das Reich* folgende Grundsätze festgelegt werden:

1. Beschränkung der Neugründung von Fideikommissen auf absoluten *Wald*boden.

2. Beschränkung auf hinreichend *große* Komplexe (mindestens etwa 30 000 Mark sicherer Reinertrag), um keine auf die Staatskrippe angewiesenen Bettelexistenzen zu schaffen.

3. Beschränkung auf Familien, die a) seit hundert Jahren in den betreffenden Bezirken begütert sind, und b) dem historischen *Adel* angehören, – ausgenommen etwa für hervorragend verdiente Feldherren oder Staatsmänner im Einzelfall durch Staatsgesetz.

4. Verbot und Auflösung aller nach Nr. 1 und 2 unzulässigen Fideikommisse.

5. Vor allem: *hoher Fideikommißstempel und dauernde Sonderbesteuerung.* Denn was durch die Bindung des Bodens der Staatskasse

durch Mindereinnahmen aus dem Immobilienstempel entgeht, muß ja durch andere Volksteile, also auch durch die Bauern, aufgebracht werden. Wie soll man es aber parlamentarisch kennzeichnen, wenn im gegenwärtigen Moment der Steuernot der Entwurf den Fideikommißstempel gerade für die schädlichsten, die mittleren Fideikommisse bis auf die Hälfte *herabsetzen* will? Ausdrücklich ist ferner auch festzustellen, daß alle Fideikommißnachfolge der *Erbschaftsteuer* unterliegt. Eine etwaige Steuerfreiheit würde sonst bei Einführung der Erbschaftsteuer für die direkte Linie von 1 Prozent eine Steuerentlastung dieses besonders steuerfähigen Großgrundbesitzes von schon jetzt etwa 8 bis 10 Millionen Mark in jeder Generation bedeuten!

Der Gegenstand darf nie wieder von der Tagesordnung irgendeiner wirklich nationalen Partei verschwinden. Die beabsichtigte Erleichterung der Nobilitierung von Kriegsgewinnen auf Kosten der Bauerninteressen gehört zu dem auch sittlich Unerträglichsten, was eine durch das plutokratische Wahlrecht an der Macht erhaltene Minderheit sich gegen die Nation herausnehmen könnte. Die überwältigende Mehrheit des preußischen Volkes, erfreulicherweise einschließlich der Nationalliberalen Partei, lehnt den Entwurf ab. Durch das Vorgehen der privilegierten Minderheit ist der Burgfriede gebrochen, und es besteht aller Anlaß, daraus sofort die Konsequenzen zu ziehen.

Ein Wahlrechtsnotgesetz des Reichs

Frankfurter Zeitung vom 28. März 1917

Das Recht der heimkehrenden Krieger

Wir erhalten folgende Zuschrift:

Der innere Burgfriede ist durch den Fideikommißentwurf gebrochen und damit der Weg frei, um dem vielen unverbindlichen Sprechen über das, was *nach* dem Kriege geschehen soll, ein Ende zu machen. Die an dieser Stelle gemachten Ausführungen über den Fideikommißentwurf haben in zahlreichen Zuschriften aus dem Inland und, was noch wichtiger ist, aus der Front Zustimmung gefunden. *Gerade aus der Front* aber ist dabei immer wieder auf ein Grundproblem hingewiesen worden, ohne dessen *alsbaldige* wenigstens provisorische Lösung es in der Tat nach dem Krieg für jeden Versuch eines „Neubaues“ *zu spät* sein wird. Die eindrucksvolle Rede des Reichskanzlers ändert naturgemäß daran gar nichts, daß er zur Einlösung seiner Zusagen sich alsdann völlig außer Stand sehen wird, wenn nicht wenigstens *eines* sofort geschieht. Alle, gleichviel wie sich nennenden, wirklich nationalen Reichstagsparteien haben die Pflicht, die brennendste aller Fragen: nach der Zukunft des *einzelstaatlichen Wahlrechts* durch einen darauf gerichteten Notgesetzantrag im Reichstag jetzt ins Rollen zu bringen. *Von Reichs wegen* zu bestimmen wäre folgendes:

> „Wer während des Krieges zum *Heeresdienst eingezogen* gewesen und im Besitz der bürgerlichen Ehrenrechte ist, erlangt mit Erreichung der Großjährigkeit dauernd das Wahlrecht für jede in dem Bundesstaat seiner Staatsangehörigkeit bestehende, aus allgemeinen Wahlen hervorgehende gesetzgebende Körperschaft am Orte seines letzten Wohnsitzes in diesem Staat, *und zwar, falls das Wahlrecht dort ein abgestuftes ist, in der bevorzugtesten Klasse oder Art.*“

Durch besondere Bestimmungen wäre dabei Vorsorge für eine rechtzeitige (nicht zu frühe und nicht zu späte) Veranstaltung dieser Wahlen nach Friedensschluß zu treffen und zugleich dafür, daß jeder nach diesem Notgesetz wahlberechtigte eingezogene Mann daran teilnehmen kann, eventuell durch Beurlaubung mit freier Fahrt.

Die absolute *Notwendigkeit* eines solchen Notgesetzes ergibt sich, wenn man das nächstliegende Beispiel: Preußen, heranzieht, aus folgenden einfachen Erwägungen.

Wie würden die jetzigen nach der Steuerleistung abgestuften *Wählerklassen*, von denen jede ein Drittel der Wahlmänner stellt, *nach dem Kriege* aussehen? Ungeheure neue Rentenvermögen und -einkommen hat der Krieg erzeugt, große Unternehmervermögen und -einkommen teils riesenhaft vermehrt, teils sie neu aus dem Boden gestampft, dagegen massenhaft mittlere und kleinere teils ganz vernichtet, teils absolut oder relativ vermindert. In der ersten Klasse würden also nach dem Kriege die ganz großen *Kriegsgewinnmacher* (die legitimen sowohl wie auch die eigentlichen Kriegswucherer) und die großen neuen Kriegsrentner in Stadt und Land ganz allein den Ausschlag geben. Bei der bekannten Eigenart der Bildung der Klassen würden sie sehr oft auch die zweite beherrschen.

Annähernd die Hälfte aller Wahlmännerstimmen würden also von diesen ganz großen Vermögensinhabern beherrscht werden, *die daheimgeblieben sind*. In der zweiten Klasse würden sich, neben einigen von ihnen, solche Mittelstandselemente befinden, welche daheimgeblieben sind und denen daher die Kundschaft der nächstens drei Jahre im Feld liegenden Krieger zugefallen ist. Die dritte Klasse endlich würde nicht nur die abwesend gewesenen Arbeiter, auch die höchstqualifizierten, umfassen, welche sich neue Arbeitsgelegenheit *erst suchen* müssen, sondern ebenso die abwesend gewesenen Betriebs- und Ladeninhaber, die ihren Betrieb und ihre Kundschaft neu aufbauen müssen, die abwesend gewesenen Bauern, deren Frauen mühsam den Betrieb aufrechterhielten, die in der Kriegsnot mit Schulden belasteten Hausbesitzer, – mit einem Wort alle diejenigen Mittelschichten enthalten, welche in ihrer Steuerkraft *durch Militärdienst* auf längere Zeit gelähmt sind. Also: *die ganze Masse der jetzt draußenliegenden Krieger ohne Unterschied des Standes*. Es hilft gar nichts, von der „Unhaltbarkeit des preußischen Wahlrechts“ und von der „Unvermeidlichkeit eines Neubaues“ zu reden. Denn die Glückspilze, in deren Händen sich infolge des Krieges mehr als ein Drittel des Volksvermögens zusammengehäuft hat, würden dann über die Neuordnung der Dinge entscheiden, die anderen aber, die zuerst mit ihrem Blut den Staat erhalten haben, und die nun weiterhin mit ihrer *geistigen oder körperlichen Arbeit* die Zinsen für jene Kriegsrentner herauswirtschaften müssen, wären zur politischen Ohnmacht verdammt.

Das wäre an sich ein Skandal ohnegleichen. Aber es ist auch *politisch ganz unmöglich*. Denn wie denkt sich der Reichskanzler eine Neuordnung des deutschen Staats-, Finanz- und Wirtschaftslebens mit einem *nach dem Kriege* gewählten preußischen Parlament, welches die reichgewordenen Kriegsparvenüs vertritt, und mit Ministern, die diesem Parlament nach dem Munde reden? Es ist einfach lächerlich zu denken, daß er gegen diese Leute irgend etwas ausrichten könnte, nachdem er jetzt, mitten im Ernst des Krieges, nur mit Mühe sich der Intriganten aus diesen Kreisen erwehren konnte. Seit Jahrzehnten sind in Preußen Minister durch „Friktionen“ und Intrigen gestürzt worden. Dabei ist es, wie die Vorgänge im Hotel Adlon und die Vorstöße im Herrenhaus zeigten, zum mindesten der Absicht der Beteiligten nach geblieben, und gegen derartige Absichten wird *gar nichts* zu machen sein, wenn diese in ihrer Machtstellung ins Ungeheure gewachsene Plutokratie nach dem Krieg im neuen Abgeordnetenhause *ganz und gar unter sich* sein wird. *Niemals* wird diese aus dem Krieg hervorgehende neue Plutokratie von sich aus auf ihr Wahlrechtsprivileg verzichten. Nach dem Krieg, wo es an das Steuerzahlen geht, am allerwenigsten. Auch das blödeste Auge sieht ja an der unverfrorenen Behandlung der Fideikommißfrage schon durch die jetzige Mehrheit, daß die Interessenten ausschließlich darauf ausgehen, ihre Kriegsgewinne *hinter dem Rücken des kämpfenden Heeres* in Fideikommißform ins Trockene zu bringen. Nur Scheinwerk hat bei diesen Kreisen Aussicht auf Annahme. Vollends, wo es sich um Wahlreformanträge handelt. Die Vergangenheit aller dahingehenden Versuche, schon unter den bisherigen Verhältnissen, ist bekannt. Sie alle begannen seit 30 Jahren ihren Weg in gleicher Art im Königlich Preußischen Statistischen Büro mit Berechnung derjenigen Zahl zuverlässig plutokratischer Abgeordneter, welche die Reform voraussichtlich ins Parlament bringen würde. Und die betroffenen Parteien rechneten dann ihrerseits ebenso weiter. So wird es in Zukunft, wenn das neue Abgeordnetenhaus nach den bisherigen Normen gewählt wird, erst recht gehen. Die Natur der Dinge schließt jeden anderen Verlauf aus.

Der obige Vorschlag eines Reichsnotgesetzes ist dagegen von *jeglicher Parteiinteressiertheit frei*. Denn kein Mensch weiß heute, welches die politische Stellungnahme der heimkehrenden Krieger sein wird. Vielleicht eine sehr autoritäre. Zu erwarten ist nur, daß diese gleichweit von umstürzlerischen und pazifistischen Utopien wie von dem billigen Heldentum des Mundes entfernt seien, daß sie ferner Sinn für die *Realitäten, Sachlichkeit* und *Verachtung von Phrasen* jeglicher Art mitbringen werden. Darauf allein kommt es an.

Die Unterlassung eines solchen Antrags wäre eine schwere und vor allem nie wieder gut zu machende *Unterlassungssünde*. Die nächsten Wahlen nach dem Frieden würden in Preußen ein Kriegsparvenüparlament in den Sattel setzen, das über unsere Zukunft entscheiden würde, und dann wäre alles zu spät. Keine nationale Partei im Reich hat Anlaß, die Mitverantwortung dafür auf sich zu laden.

Eine dauernde Einmischung in die Verfassung der Einzelstaaten kommt bei dem föderativen Grundcharakter des Reichs nicht in Frage. Die Wirkung des Gesetzes ist eine zeitweilige. Aber: *das Reich* führt den Krieg; *das Reich* verlangt seinen Bürgern die ungeheuren Lasten ab, die er erfordert. *Das Reich* hat daher dafür zu sorgen, daß wenigstens das absolute Minimum an politischen Konsequenzen daraus gezogen werde, wenn der Fall vorliegt, daß die Regierungen der Einzelstaaten voraussichtlich durch kurzsichtige und eigensüchtige Interessenten daran gehindert werden, es ihrerseits zu tun, wie das durch die preußische Plutokratie ohne allen und jeden Zweifel geschehen wird.

Das Notgesetz bedürfte nicht der Formalien des Art. 78 Abs. 2, sondern nur derjenigen des Art. 78 Abs. 1 der Reichsverfassung. Die Stimmen zum Bundesrat werden instruiert von den Ministerien, welche sich nach geltendem Recht die Monarchen, insbesondere auch der König von Preußen, frei wählen. Der Reichskanzler, an dessen ehrlichem Wollen niemand zweifelt, ist in diesem Fall nun einmal *nicht* die Instanz, deren Stellungnahme letztlich entscheidet. Nein! Auf die deutschen *Dynastien* kommt es an, und sie müssen jetzt, ehe es zu spät ist, vor die *klare Entschließung* gestellt werden: ob sie sich nach dem Kriege auf reichgewordene Kriegsparvenüs stützen zu können und zu sollen glauben oder auf das Heer, welches ihnen allen Macht und Ehre und – es ist wohl kaum zu viel gesagt – die Krone mit seinem Blut und seinem Schweiß verteidigt hat und noch verteidigt. Der endgültige Neubau mag sorgsamer Überlegung vorbehalten bleiben. Aber daß über diesen einen entscheidenden Punkt Klarheit geschaffen werde, dafür ist es jetzt schlechterdings die höchste Zeit. Die Armee selbst hat Anspruch darauf, – und die Zuschriften von der Front lassen mich schließen, daß sie diesen Anspruch auch erhebt: – endlich zu wissen, was bei den einzelnen Parteien und auch bei den führenden Staatsmännern hinter den gewiß schönen Worten zu ihrem Lob denn eigentlich an Bereitwilligkeit zur Tat steht. Nicht um „Dank“ handelt es sich hier, sondern um eine politisch absolut notwendige Maßregel – und daneben allerdings: um eine schlichte zwingende *Pflicht des politischen Anstandes*. Das Heer, das die Schlachten schlug, soll auch die entscheidende Stimme beim Neubau des Vaterlandes nach dem Kriege haben.

Ich habe Grund zu der Annahme, daß dies nicht die zufällige Meinung eines einzelnen ist, und glaube, Ihnen daher die Aufnahme dieser Zeilen zumuten zu dürfen.

gez. Prof. Max Weber (Heidelberg).

Die Lehren der deutschen Kanzlerkrisis

Frankfurter Zeitung vom 7. September 1917.

Die innere Krisis, deren Widerspiegelung in einem Teil der Presse offenbar dem Inland, der Front und dem Ausland ein irreführendes Bild gegeben hat, entstand im Juli, von Nebenpunkten abgesehen, aus drei Ursachen:

1. Aus dem Unwillen über die fortwährende Rücksichtnahme der Regierung auf die alldeutsche Demagogie und dem festen Willen, daß vor Eintritt in das vierte Kriegsjahr eine unbezweifelbare *ehrliche Probe* auf die Aufrichtigkeit der ausländischen Friedensformeln gemacht werde. Das war politisch um so richtiger, als er der öffentlichen Feststellung der Einheit unseres eigenen Kriegsprogramms mit dem unserer *Verbündeten* diente, welche ebensowenig für ein deutsches Belgien fechten würden wie wir für ein österreichisches Venedig. Da die Friedensresolution gefaßt wurde *in Kenntnis* der von den militärischen Chefs dargelegten ausgezeichneten Lage und da ihr die in Aussicht gestellten Erfolge auf dem Fuße folgten, so konnte und kann kein Mensch in ihr ein Symptom von „Schwäche" erblicken. Dazu trat

2. der Unwille über die Verzögerung der preußischen Wahlreform und der inneren Neuordnung überhaupt. Da die entscheidenden Reformen nicht im sachlich geeigneten Augenblick: bei Eröffnung des Tauchbootkrieges, angekündigt worden waren, entstand, angesichts der Agitation der Rechten, der fatale Anschein, daß auch politisch unabweisbare Notwendigkeiten nur als „Konzessionen", unter einem Druck, erledigt werden würden. Dem ein Ende zu machen, war politisch richtig. Endlich machte sich

3. der Unwille Luft über die niemals von der Leitung unserer Seestreitkräfte, wohl aber, trotz aller Warnungen vor dem unausbleiblichen Rückschlag, von anderen Seiten – am unverantwortlichsten von Herrn von Heydebrand – genährte Erwartung: daß der Tauchbootkrieg schon jetzt England zur „Kapitulation" zwingen werde. Dem Unfug war nie hinlänglich bestimmt entgegengetreten worden. Der Zorn darüber explodierte im gleichen Augenblick, wo über den zu erwartenden Erfolg tatsächlich Klarheit geschaffen war.

Irreführend an den Vorgängen war zweierlei: einmal die *Verquickung* der Friedensfrage mit den Problemen der Neuorientierung, dann aber der verworrene *Verlauf* der Krise selbst. Zunächst von dem ersten.

Es ist lächerlich zu glauben, der Krieg wäre auch nur um einen Tag später ausgebrochen, wenn Deutschlands Verfassung derjenigen Frankreichs oder Englands geglichen hätte *wie ein Ei dem anderen, nachdem* einmal diese Weltkonstellation geschaffen und dadurch dem russischen Imperialismus eine nie wiederkehrende Chance gegeben war. Und jedes Kind kann sehen, daß jetzt die Gegner die deutsche Demokratie nur deshalb umschmeicheln, weil sie sich einbilden, ihr Sieg könne eine *Schwächung* Deutschlands bedeuten. Auf die naive Frechheit einer Einmischung in innerdeutsche Verfassungsfragen vollends wird jeder Deutsche ohne Parteiunterschied dem Ausland, welches ihn mit „Befreiung" zu beglücken verspricht, ein für allemal mit der bekannten freundlichen Einladung des belagerten Götz von Berlichingen antworten. Das, was man die „Demokratisierung" der deutschen politischen Institutionen nennt, verlangen wir als unentbehrliches Mittel der *Erhaltung der Einheit der Nation* in einem Augenblick, wo wir einem vielleicht noch langen Verteidigungskrieg entgegengehen, die Parlamentarisierung aber als Garantie der *Einheitlichkeit in der Führung* der Politik und der künftigen Vermeidung jener Fehler, welche in der Vergangenheit allerdings an der Entstehung dieser Weltkoalition gegen uns nicht unbeteiligt gewesen sind. Aber keine Partei, welche Deutschlands Interessen und Ehre preisgäbe, würde sich auch nur einen Augenblick in der Macht behaupten können.

Woher rührt nun aber *im Inland* die schiefe und verwirrende Verquickung der beiden Fragen: eines sachlichen Friedens auf Grundlage der Verständigung einerseits und der freiheitlichen Neuordnung andererseits, miteinander? Das *Gerede und Geschreibe der Literaten* ist es gewesen, welches sie zuerst in Verbindung miteinander gebracht hat. Von Kriegsbeginn an haben sie unseren nationalen Existenzkampf umzufälschen getrachtet zu einem Kampf für die jetzige, angeblich spezifisch „deutsche", rein bürokratische Staatsstruktur gegen eine angebliche „Verschwörung" der westeuropäischen Demokratie. Die große Mehrheit der Nation aber weist es zurück, daß unsere Brüder draußen für nichts besseres als für solche Literatenprodukte und für die durch sie verklärte *kontrollfreie Beamtenherrschaft* ihr Blut vergossen haben sollen. Die Struktur eines Staates hat sich ausschließlich nach den sachlichen welt- und kulturpolitischen *Aufgaben* zu richten, vor welche die Nation sich gestellt sieht.

Auch die irreführende Art des *Verlaufs* der Krise war letztlich begründet in der inneren Struktur des heutigen Parlaments und vor allem: seiner Stellung zur

Regierung. Die deutsche Beamtenregierung stand ihm als eine fremde Gewalt gegenüber, welche lediglich das Beamtentum repräsentierte, innerhalb der politischen Parteien aber nicht wurzelte und sie daher nicht zu leiten vermochte. Das Parlament war seit Bismarck für positive politische Leistungen machtlos gemacht, und neben der Erörterung von Budget- und Gesetzesvorschlägen auf rein „negative Politik": Beschwerde und Kritik der Maßregeln jener außerparlamentarischen politischen Gewalt, beschränkt. Es konnte keine Stätte sein, auf welcher politische Führer von der Qualität der Bennigsen, Völk, Mallinckrodt, Bethusy-Huc u.a.. gediehen. Ein Parlament ohne fest eingeschulten Apparat von Führern aber, der in Fällen einer Krise sofort in Aktion tritt, und mit dem der Monarch über Programm und Persönlichkeiten Fühlung nimmt, ist nichts Besseres als irgendeine andere Menschenansammlung, und ein führerloses Aufflammen politischen Wollens in ihm verläuft daher *nach Art eines Sklavenaufstandes*. Bis in die letzten Einzelheiten der heutigen parlamentarischen Konvention und der Geschäftsgebarung der Fraktionen ist alles auf die selbstverständliche Voraussetzung abgestellt: daß dies Parlament und seine Parteiführer niemals in die Lage kommen werden, eine *Mitverantwortung* für das Schicksal des Staates zu übernehmen. Wie wenig aber eine außerhalb stehende Beamtenherrschaft ein Parlament zu leiten in der Lage ist, zeigte die durch keinerlei sachliche Gründe bedingte Kopflosigkeit am Bundesratstische. Die deutsche Regierung war eben seit langem ein Nebeneinander von Beamtenressorts, nicht eine von einem Politiker dirigierte Staatsleitung. Der ganze Hergang war ein Schulparadigma: *wie das Fehlen eines normal entwickelten Parlamentarismus in Krisenfällen wirkt*. Niemals wird da eine Änderung eintreten, wenn man die Reichstagsparteien *nicht* fortwährend zu klarer, ausdrücklicher *Stellungnahme* gegenüber den sachlichen Fragen sowohl wie den Persönlichkeiten nötigt. Dafür aber sind uns sogar die äußeren Formen abhanden gekommen. Jedenfalls ist derartiges in der Julikrise *nicht* geschehen. Daß es nicht geschah, war, vom eigenen Interesse der Regierung aus, ein schwerer Fehler. Um das einzusehen, braucht man sich die *Lage*, in welche die Parteien dadurch gesetzt worden wären, nur zu vergegenwärtigen. Und es ist völlig klar, wie grundlegend anders die Stellung der neuen Männer dadurch nach innen und außen geworden wäre, und wie dies auf die politische Situation zurückgewirkt hätte. So aber trat, wieder unter dem Eindruck der unredlichen Sophistik der Rechten, im August alsbald die gleiche, mühsam aufs neue beschworene Situation ein, deren Einzelverlauf darzulegen noch nicht an der

Zeit ist, die aber jedenfalls eine Stärkung der Regierung nicht bedeutet hat. *Nicht* das Parlament und die Parteien, wie der äußere Anschein glauben machen könnte, tragen dafür die Verantwortung. Es stecken ja lediglich Prestige-Interessen des Beamtentums, und gar nichts anderes, dahinter, wenn so ängstlich schon der äußere Anschein vermieden wird, als ob man bei der Auswahl der leitenden Persönlichkeiten des Reichs auch die Führer der Volksvertretung zu Rate gezogen habe. Erstaunlich war es vollends, in diesem Zusammenhang die Bemerkung hören zu müssen: der *Bundes*charakter des Reiches stehe einer solchen Befragung der Parteien im Wege. Nach der Verfassung (Art. 18) hat der Bundesrat in die Ernennung sämtlicher Reichsbeamter mit Einschluß des Reichskanzlers *mit keinem Worte* hineinzureden, und es wäre ein verfassungswidriger Übergriff, wenn von seiten eines Bundesstaates versucht würde, die Zurateziehung der Volksvertreter zu hindern.

Ebenso fehlerhaft war aber die bisherige Organisation der parlamentarischen Einflußnahme auf die Regierungsgeschäfte. Aus dem *Hauptausschuß des Reichstages* kann recht wohl einmal ein leidlich geeignetes Instrument der fortlaufenden *Verwaltungs*kontrolle entstehen, sofern ihm die dafür unentbehrlichen Mittel (Enqueterecht) gegeben werden. Aber nimmermehr ist eine vor Hunderten von Zuhörern verhandelnde Versammlung geeignet, *hochpolitische* Fragen zu diskutieren oder wohl gar: Entschließungen darüber zu fassen. Die ganze völlig unnötige Erregung in der Öffentlichkeit war durch diesen technischen Fehler bedingt, – Politik wird innerhalb wie außerhalb der Demokratie *überall von wenigen* gemacht. Parteien eines politisch aktiv mitarbeitenden Parlaments dürfen also nicht nach Art von „Zünften", sondern müssen nach Art von „Gefolgschaften" organisiert sein. Aus dem jetzt für einen Einzelfall geschaffenen Siebenerausschuß könnte, heißt das praktisch, *nur* dann ein politisch leistungsfähiges Gebilde vielleicht entstehen, wenn

1. die darin sitzenden Parteivertreter *unbedingte Vollmacht* ihrer Parteien haben (oder eventuell sich jederzeit in wenigen Stunden von einem permanenten Parteiausschuß verschaffen können), –

2. wenn sie ständig und jederzeit über alle politisch maßgebenden Vorgänge (unter Diskretionspflicht) auf dem laufenden gehalten werden. *Sonst nicht*. Und was soll es heißen, daß man mit diesen sieben Parteivertretern Bundesratsgesandte deutscher Kleinstaaten zusammensetzt? Wird etwa

dadurch das politische Gewicht des (zum Hineinreden in die Außenpolitik verfassungsmäßig gar nicht befugten) Bundesrats oder vollends die „Idee" des „Föderalismus" gestärkt? In die gemeinsamen Sitzungen gehören vernünftigerweise neben den Vertretern der zwei bis drei größten Mittelstaaten die vier oder fünf Chefs der für die Kriegszeit wichtigsten militärischen und zivilen *Ressorts des Reichs,* vorbehaltlich der Zuziehung anderer, vor allem preußischer Ressortchefs nach Bedarf. Beschlüsse zu fassen, ist ja ein solches Gremium natürlich schon verfassungsmäßig, angesichts der alleinigen Verantwortlichkeit des Kanzlers, nicht der Ort. Sondern es kann ein Mittel werden, endlich der unvermeidlichen *Direktionslosigkeit* des bisher *politisch strukturlosen Parlaments* ein Ende zu machen, und vielleicht dadurch auch indirekt jene „Disziplin der Presse" überhaupt erst zu *ermöglichen,* deren Fehlen man bei uns so oft, mit einem neidischen Seitenblick auf England, beklagt, ohne sich über die Gründe klar zu werden. Zum politischen Prinzip sollte lediglich erhoben werden: daß Veröffentlichungen und Kundgebungen an das Ausland, welche durch den Namen des Monarchen selbst gedeckt werden, nicht ohne *beratende* Anhörung dieses Gremiums stattfinden.

Der neue Reichskanzler hat das Wort gesprochen: er werde „sich die Führung nicht aus der Hand nehmen lassen". Es steht heute fester als je, daß Deutschland und seine Verbündeten einen ehrenvollen Frieden erlangen, wenn nötig: erzwingen werden, wenn die *innere Einheit* der Nation hinter dem Willen zum Durchhalten steht. Möchten die neuen Männer uns also die Wiederholung nutzloser innerer Erschütterung ersparen und sich als nationale *Politiker* erweisen, nicht nur als tüchtige Beamte. Ob sie aber das Erstere sein können, das hängt davon ab, ob sie die deutsche innerpolitische Frage *überhaupt richtig stellen,* und das heißt so: *wie ist das nach seiner jetzigen inneren Struktur zur negativen Politik verdammte Parlament zum Mitträger der politischen Verantwortung umzuformen?*

Vaterland und Vaterlandspartei

Münchener Neueste Nachrichten vom 20. September 1917.

Die neue sogenannte „Vaterlandspartei" begründet ihre Existenz damit: die heutige Zusammensetzung des Reichstags und infolgedessen auch dessen Beschlüsse in der Friedensfrage entsprächen nicht „der Volksstimmung". Nun gäbe es ja ein einfaches Mittel, die Wahrheit dieser Behauptung zu kontrollieren: die *Volksabstimmung*. Durch sie könnte insbesondere auch das kämpfende Heer, welches ja schließlich für all dies bramarbasierende Schwadronieren mit seinem Blut einzustehen hat, zur Meinungsäußerung veranlaßt werden. Rein politisch empfiehlt sich die Technik der Volksabstimmung in vieler Hinsicht gewiß wenig. Aber wenn diese Agitation so fortgeht, könnte ja schließlich die Probe gemacht werden.

Die politischen Motive der Reichstagsentschließung lagen auf dem Gebiet der internationalen Beziehungen, insbesondere derjenigen zu unseren Bundesgenossen. Was unsere Kriegsredner immer wieder vergessen, ist: *wir führen einen Bundeskrieg* und müssen, wie der Admiral im Geschwaderverband, unsere Ziele nach der Offensivkraft und dem Offensivwillen der in dieser Hinsicht „schwächsten Schiffe" richten. Von den verbündeten Mächten kämpft Bulgarien gemäß den Bündniszusagen für die Herstellung derjenigen, auch dem Nationalitätsverhältnis entsprechenden Machtverteilung auf dem Balkan, die schon der Friede von San Stefano festgelegt hatte, mit jenen Kompensationen im Nordosten und Nordwesten, welche durch die zuletzt im Übereinkommen mit der Türkei von 1915 festgelegte, andersartige Grenze im Süden bedingt sind. Österreich-Ungarn und die Türkei kämpfen ausschließlich um die Sicherung der Integrität ihres Gebiets, und Österreich-Ungarn hatte sich sogar, auf deutschen Wunsch, seinerzeit zu gewissen Konzessionen an Italien bereit erklärt. Für Deutschlands Sicherheit und Unversehrtheit werden alle Verbündeten ebenso solidarisch und unbegrenzt kämpfen, wie wir für ihre Ziele. Es ist aber ebensowenig daran zu denken, daß Österreich und die Türkei unbegrenzt für ein deutsches Belgien kämpfen werden, wie wir etwa für ein österreichisches Venedig oder für ein türkisches Persien. An diese nüchterne Tatsache sind unsere politischen Phantasten auch öffentlich erinnert worden. Aber obwohl sie schlechthin ausschlaggebend für unsere Friedenspolitik ist, haben jene Herren noch immer nichts gelernt. Die Friedensentschließung des Reichstags gab gegenüber dem fortwährenden rein demagogisch und innerpolitisch bedingten Gerede der Rechtsparteien unseren Verbündeten die Sicherheit, daß ihnen nichts anderes als die Erfüllung jener Bündnispflicht zugemutet werde, daß also die gemeinsame Absicht: keinen Eroberungskrieg zu führen, von uns genau ebenso ehrlich wie von Österreich-Ungarn gemeint sei und innegehalten werde. Daß für Deutschland die Herrschaft über Belgien bei schwersten politischen Nachteilen ausschließlich militärische Bedeutung hätte, daß sie deshalb aufgegeben werden sollte, falls ein Friede zustande käme, welcher die Gewähr der Dauer in sich trüge, – dies stand bei Politikern von Augenmaß längst vor der Friedenskundgebung des Reichstags fest. Die Frage ist, ob ein solcher Friede möglich ist. Und eben darauf wünscht diese Kundgebung eine ehrliche Probe zu machen.

Es ist ein politisch bedenkliches Unterfangen, wenn Militärs a.D., und seien sie als solche noch so bedeutend, Dörchläuchtings und dergleichen unverantwortliche Amateurpolitiker sich herausnehmen, an dem festen Vertrauensverhältnis innerhalb des Bündnisses, um dessen gewissenhafte Pflege sich, wie bei aller sonstigen Gegnerschaft anerkannt werden muß, auch der bayerische Ministerpräsident Graf Hertling nicht unerhebliche Verdienste erworben hat, leichtfertig zu rütteln. Zumal der Zweck auch hier wieder kein nationaler, sondern rein innerpolitische Demagogie ist. Schon die Vorgänge bei der Friedensentschließung selbst zeigten das. Wirklich gegen ihren sachlichen Inhalt stimmten nur etwa achtzig Reichstagsmitglieder. Nicht nur Linke und Zentrum, sondern bekanntlich auch ein Teil der konservativen Partei hat in aller Form für sie gestimmt. Die Nationalliberalen aber mußten, da ein Teil ihrer angesehensten Mitglieder das gleiche tun wollte, zunächst die Abstimmung freigeben (als Partei der „Individualitäten“, wie sie das für ihre Mitglieder motivierten). Erst später einigten sie sich auf eine eigene Entschließung, deren Unterschied von jener der Mehrheit man allenfalls mit dem Mikroskop entdecken kann. Auch dies wurde mit Opportunitätsgründen (Möglichkeit der „Mißdeutung“) motiviert und den Mehrheitsparteien gegenüber eine Loyalitätserklärung abgegeben. Dennoch hat ein Teil der norddeutschen nationalliberalen Presse leider in schwer illoyaler Art sich an der Hetze gegen den Reichstag beteiligt.

Das immer weitere Reden über den Frieden bei uns ist nachgerade gewiß durchaus unerwünscht und schädlich. Allein die Schuld liegt ausschließlich an der Hetze der Gegner der Friedensentschließung. Es ist wahrlich eine schwere Verantwortung, durch derartige Hetzereien in der Öffentlichkeit das Vertrauen sowohl der Bundesgenossen wie des deutschen Volkes in die Aufrichtigkeit des deutschen Friedenswillens zu erschüttern und überdies die Ehrlichkeit der Probe zu gefährden und dadurch deren günstige Wirkung, wenn sie fehlschlägt, auf die Kriegsentschlossenheit des deutschen Volkes in Frage zu stellen. Vollends unglaublich ist freilich die dreiste Behauptung: die Friedensentschließung habe „die Stimmung im Lande verdorben“. Soweit dies zeitweilig überhaupt zutraf, war bekanntlich etwas ganz anderes daran schuld: die Enttäuschung der ununterrichteten Massen über das Ausbleiben der in frevelhafter Art, wieder und wieder mit der größten Bestimmtheit und unter Berufung auf angebliche Informationen eines Admirals von den Politikern der Rechten, von Herrn von Heydebrand noch im Sommer 1917, öffentlich in sichere Aussicht gestellten Kapitulation Englands in diesem Herbst. Da die Admiralität etwas Ähnliches nie behauptet hat, ist es jetzt an der Zeit, öffentlich und auch im Reichstag zu fragen: *wer war jener angebliche Admiral?* Heraus mit ihm! Er melde sich öffentlich, – wenn er nämlich existiert! Wir wünschen keine politisierenden Militärs und keine Neuauflage der gleichen leichtfertigen Demagogie unter neuer Maske. Will es die Verblendung der Gegner, dann muß natürlich der Krieg auch um den Preis noch so schwerer Lasten noch bis zu jenem keineswegs nahen Zeitpunkt fortgeführt werden, zu welchem nach unserer jetzigen, auf Erfahrung gestützten Kenntnis der Tauchbootkrieg die Offensivkraft und schließlich auch die Defensivkraft des Feindes militärisch entscheidend geschwächt haben wird. Aber nicht nur den Verbündeten, sondern auch dem eigenen Heer draußen schuldete der Reichstag die Sicherheit, daß der Krieg nicht einen Tag länger geführt wird, als es für Deutschlands Ehre und Zukunft unerläßlich ist.

Dies Vertrauen bringt den Herren von der „Vaterlandspartei" kein Urteilsfähiger entgegen. Um es unmöglich zu machen, dazu genügt schon das einzige Ziel, das ihnen wirklich innerlich offensichtlich am Herzen liegt: der Widerstand gegen die *innere Neuordnung,* deren alsbaldige Durchführung allein den heimkehrenden Kriegern die Gewähr geben kann, daß bei den sofort nach dem Krieg erfolgenden Wahlen nicht die Kriegsgewinnmacher allein die Herrschaft in Händen haben und die Krieger im führenden Staate Deutschlands unvertreten bleiben. Nie wieder würde die Nation so, wie 1914, gegen den Feind zu führen sein, wenn feierlich gegebene Versprechungen nicht voll und loyal erfüllt würden. Nie wieder ist Weltpolitik in Zukunft überhaupt möglich, wenn das frühere Regime, unter dessen diplomatischen Niederlagen wir in den Krieg eintraten und welches uns während des Krieges noch immer neue diplomatische Niederlagen eingetragen hat, wiederkehrt. *Da* liegt das Interesse des Vaterlandes. Niemals freilich wird im Falle der Neuordnung das Schicksal des Reiches in der Hand jener Demagogen liegen, deren unverantwortlich lärmendes Gebaren an seinem Teil dazu beigetragen hat, fast die ganze Welt gegen uns in einer widernatürlichen Koalition zusammenzuschmieden. *Da* liegt das Interesse derjenigen, welche den Namen des Vaterlandes zu einer demagogischen Parteifirma herabwürdigen, *gegen* die Neuordnung. Die Nation aber wird zwischen Vaterland und „Vaterlands *partei*“ zu wählen wissen.

Bayern und die Parlamentarisierung im Reich

Münchener Neueste Nachrichten vom 15. Oktober 1917.

I.

Während der Julikrise trat das Problem der *Parlamentarisierung* zum erstenmal in ein aktuelles Stadium. Im Zusammenhang damit aber fanden sich in einem Teil der bayerischen Presse heftige Auseinandersetzungen über den dadurch drohenden „Zentralismus“, welcher die föderalistischen Grundlagen des Reiches gefährde und den Geist „beschworener Verträge“ (?) verletze. Im Anschluß an die Sprache einiger dieser Blätter malten dann konservative norddeutsche Literaten das Gespenst einer „Abkehr Bayerns vom Reich“ an die Wand. Nüchterne Betrachtung der Lage ergibt, daß derartige Wendungen nur geeignet sind, die *wirklichen* Gegner des Föderalismus zu stärken. Ganz abgesehen nämlich von der Frage, wie denn eine solche „Abkehr“ praktisch durchgeführt werden sollte, wissen die wirklich zentralistisch gesinnten Interessenten im Reich nur zu genau, daß sie gegebenenfalls nur kaltblütig zu warten brauchten, um im Falle des ernstlichen Versuchs sofort, aus wirtschaftlichen Gründen, ein so überwältigendes Anwachsen der zentralistischen Stimmung *in Bayern* selbst erstehen zu sehen, daß sie das Spiel in der Hand hätten. Sich vom Zollverband abzukehren, wäre für Bayern (von der Lage der Pfalz ganz abgesehen) die aussichtsloseste aller Unternehmungen. Solche Wendungen stärken Bayerns Stellung im Reich gewiß nicht. Diese ist formal gesichert zunächst durch die, nur mit seiner freiwilligen Zustimmung abänderbaren, weittragenden Singular- und Reservatrechte. Ferner durch die Möglichkeit, jede Änderung der geschriebenen Verfassung zu Fall zu bringen, falls im Bundesrat noch acht Stimmen dagegen zu gewinnen sind, wie dies bei wichtigen Fragen stets der Fall sein würde. Dies alles gewährleistet Bayern ein starkes Maß von Freiheit vom Reich. Nicht dagegen, was für Bayern mit Recht (und übrigens vielfach auch außerhalb seiner Grenzen) gewünscht wird, von positiver Macht *im* Reich. Wie kann diese gesichert werden?

Eine gänzliche oder teilweise Angliederung des *Elsaß* an Bayern wurde öffentlich angeregt. Diese hier nicht weiter zu besprechende Angelegenheit will rein *sachlich* erwogen sein. Es muß aber mit der Tatsache gerechnet werden, daß die weit überwiegende Stimmung der deutschen öffentlichen Meinung nun einmal dahin geht: daß ähnliches nur *bei Verzicht auf die Reservatrechte* diskutabel sei, daß ferner im Elsaß selbst die Stimmung für einen Anschluß an Preußen, falls dort das gleiche Wahlrecht das entscheidende Hindernis hinweggräumt, weit stärker, am stärksten aber der Wunsch nach bundesstaatlicher Selbständigkeit ist.

Wie immer solche Sonderprobleme aber gelöst werden mögen, – ein Unglück wäre es jedenfalls, wenn die berechtigten Ansprüche Bayerns auf Einfluß im Reich sich der Forderung der *Parlamentarisierung* in den Weg stellen würden. Denn die letzte Krisis hat jedermann zeigen müssen: daß es *so nicht weitergeht*. Nicht Persönlichkeiten, sondern das System der Führung der Reichspolitik muß gewechselt werden, und es kann niemand übersehen, daß zu den unumgänglichen Voraussetzungen jedenfalls ein starkes Maß von „Parlamentarisierung“ gehört. Angesichts dessen erscheint es nützlich, ganz nüchtern festzustellen: wie sich denn tatsächlich das Interesse Bayerns dazu stellt.

Zunächst: die formale Rechtslage. Einer Durchführung des Prinzips, daß der Reichskanzler und die Staatssekretäre des parlamentarischen Vertrauens bedürfen, wäre Bayern verfassungsmäßig überhaupt *nicht* in der Lage, sich zu widersetzen. Alle Reichsbeamten ernennt und entläßt der Kaiser allein (Art. 18 R.V.), ihm allein versprechen sie Gehorsam; dem Bundesrat haben sie nicht einmal die Pflicht, Rede zu stehen, außer soweit ihm ein Aufsichtsrecht über Verwaltungsmaßnahmen ausdrücklich zugesprochen ist. Falls der Kaiser fortan die leitenden Staatsmänner *prinzipiell* nur gemäß den Vorschlägen der Parlamentsführer ernennt, wäre jeder Einspruch dagegen verfassungswidrig. Ein kollegiales Reichsministerium kennt die Reichsverfassung freilich nicht. Indessen, auch in Preußen, wo es besteht, ist der Ministerpräsident „collega major“ der anderen Minister, deren Vorträge beim Monarchen er kontrolliert. Und überall in parlamentarischen Staaten *steigert* sich diese überragende Stellung des Ministerpräsidenten im Interesse der Einheitlichkeit der Regierung. Die Reichsverfassung schließt ferner das parlamentarische System im engeren Sinne, das heißt die Leitung der Reichsgeschäfte durch den Führer der ausschlaggebenden Reichstagsparteien insofern aus, als der Art. 9 der

Reichsverfassung den Bundesstaaten *verbietet*, Mitglieder des Reichstags zu Bundesratsbevollmächtigten zu ernennen, und also der Reichskanzler, der nach Art. 15 notwendig dem Bundesrat angehört, zwar dem preußischen Landtag, nicht aber dem Deutschen Reichstag angehören kann. *Nicht* ausgeschlossen ist dagegen, daß die *Staatsekretäre* der Reichstagsmehrheit entnommen werden. Denn es ist zwar jetzt üblich, aber verfassungsmäßig keineswegs nötig, daß auch sie dem Bundesrat angehören.

Schon heute also wäre durchaus möglich, daß der Reichskanzler nur nach *Vorschlag* der Reichstagsmehrheit ernannt würde, daß ferner alle Staatssekretäre grundsätzlich der Reichstagsmehrheit *entnommen* würden und ihr weiter angehören, und daß alsdann der Reichskanzler die Reichsangelegenheiten als Vorsitzender eines aus diesen parlamentarisierten Staatssekretären gebildeten Kollegiums mit ihnen *maßgeblich* beriete. Sie, *nicht* er, würden dabei den Einfluß auf die Reichstagsparteien, denen sie angehörten, haben, und also durch deren Macht gestützt werden, politisch also seine Kollegen sein, möge auch der Wortlaut des Stellvertretungsgesetzes sie nur als seine „Stellvertreter" anerkennen. Würde sich eine ähnliche Gepflogenheit entwickeln, so wäre der Bundesrat trotz oder vielmehr *infolge* des erwähnten Verbotes des Art. 9 Satz 2 der Reichsverfassung weitgehend ausgeschaltet. Natürlich mit *Ausnahme* der Präsidialmacht: *Preußen*. Denn die Machtstellung des im Reichstag wurzellosen Reichskanzlers gegenüber den im Reichstag wurzelnden Staatssekretären würde nun ganz und gar auf seiner *preußischen* Stellung beruhen. Der Reichskanzler ist gemäß Art. 11 der Reichsverfassung notwendig Träger der preußischen Stimmen im Bundesrat, welche durch das preußische Ministerium instruiert werden und tatsächlich, wenn außer den vom Statthalter des Kaisers instruierten drei elsässischen Stimmen noch die der von Preußen gänzlich abhängigen norddeutschen Zwergstaaten auf ihre Seite treten, die feste Mehrheit im Bundesrat, auch gegen alle größeren Bundesstaaten zusammen, besitzen.

Ein *nicht* im Reichstag wurzelnder Reichskanzler muß, wenn er nicht völlig machtlos sein will, unbedingt Leiter des preußischen Ministeriums sein, wie er dies bisher schon in aller Regel gewesen ist. Für die Instruktion der in politischen Fragen stets ausschlaggebenden preußischen Stimmen ist aber das preußische Ministerium dem *preußischen Landtag* verantwortlich. Die Stimmen Preußens werden nun *heute* von der Reichsregierung dadurch zu beeinflussen gesucht, daß der Kaiser und König die Staatssekretäre tunlichst zu preußischen Ministern ernennt, und dadurch in das preußische Staatsministerium einschiebt. Dagegen ist zwar verfassungsmäßig nichts zu sagen, und das preußische Dreiklassenparlament mußte, in seiner prekären Lage, den Zustand wohl oder übel dulden. Keineswegs sicher ist aber, daß ein auf gleichem Wahlrecht ruhendes preußisches Parlament, das eine *effektive* Verantwortung der eigenen Regierung erzwingen könnte, ihn sich dauernd gefallen lassen würde. Der Reichskanzler würde dann, solange der Art. 9 der Reichsverfassung besteht, mit steigender Macht des preußischen Parlaments immer ausschließlicher *preußischer* Interessenvertreter werden.

Widersetzt sich also Bayern noch so sehr jeder formellen parlamentarischen Neuordnung, so könnte es doch auf keine Art hindern, daß der Reichskanzler als *preußischer* Vertrauensmann dem *Bundesrat* präsidiert, die Staatssekretäre aber entweder dem preußischen Landtag oder dem Reichstag oder beiden angehören, in den letzteren beiden Fällen aber *außerhalb* des Bundesrats bleiben. Ohne jede Änderung der Reichsverfassung würde so den größeren Bundesstaaten, insbesondere Bayern, *jeder aktive Einfluß auf die Reichspolitik genommen* und diese zu einer Angelegenheit der Verständigung zwischen den Staatssekretären als Vertrauensmännern des Reichstags und den preußischen Ministern, einschließlich des Reichskanzlers, als Vertrauensmännern des preußischen Landtags werden. Der überragende Einfluß würde dabei ganz und gar dem *preußischen Landtag* zufallen, der Bundesrat aber zwischen diesem Landtag und dem Reichstag als eine reine Abstimmungsmaschinerie mit völlig beherrschendem Einfluß Preußens mitten hindurchfallen. *Großpreußischer Zentralismus* im Reich würde also die Folge davon sein, wenn Bayern der Tendenz zur Parlamentarisierung, die nun einmal sich früher oder später Bahn schaffen wird, einfach ablehnend oder tatenlos gegenübersteht.

II.

Münchener Neueste Nachrichten vom 17. Oktober 1917.

Die B i s m a r c k sche Politik beruhte wie nach außen so im Verhältnis zu den Bundesstaaten auf Verhandlung und Kompromiß mit den Ministerien und Höfen. Nur als ultima ratio hielt er die Abstimmung im Bundesrat im Hintergrund. Wenn er mit großer Emphase den Reichstag vor der Unterschätzung des Bundesrats warnte und betonte, daß der Freiherr von F r i e s e n nicht als Person, sondern als Resultante „aller politischen Kräfte Sachsens“ dort sitze, so konnte mit diesen „Kräften“ damals nur die sächsische

Bürokratie und der Hof gemeint sein, nicht aber das sächsische Parlament. Die einzelstaatliche Bürokratie ihrerseits betrachtete das Reich als eine Art Versicherungsanstalt nicht nur für die Dynastien, sondern auch für die eigene Machtstellung, froh, daß das Dreiklassenparlament in Preußen und das preußische Beamtentum sie in ihrem kleinen Umkreis frei schalten ließ unter der stillschweigenden Bedingung, daß sie sich des Einflusses auf den Gang der Dinge in Berlin enthielten. Insbesondere die bayerische Regierung fuhr dabei leidlich. Denn das Übliche war, daß für die in den Reichsämtern ausgearbeiteten Präsidialvorlagen zunächst die preußischen Stimmen gewonnen und dann Bayern ins Vertrauen gezogen, die anderen Regierungen aber meist vor die vollendete Tatsache gestellt wurden.

Ganz unabhängig von Parteistellungen muß man sich nun klarmachen, daß dieser idyllische Zustand zu Ende geht, und daß selbst eine Periode der Reaktion, wenn es zum Unheil Deutschlands den Interessenten gelingen sollte, sie jetzt zu organisieren, den späteren Rückschlag nur verschärfen würde. Nur auf parlamentarische Macht gestützt, werden die Einzelregierungen künftig sich im Reich zur Geltung bringen können. Wie in der äußeren Politik die dynastischen Zusammenkünfte und Korrespondenzen bedeutungslos wurden (in die Schären brachte der Zar nicht einmal seinen Außenminister mit, und dieser ging lächelnd über die Zusammenkunft zur Tagesordnung über), so werden in der inneren Reichspolitik die einzelstaatlichen Parlamente stärker mitsprechen, und es ist nicht wahrscheinlich, daß eine nachdrückliche Stellungnahme Bayerns, hinter welcher sein Parlament steht, leichter unbeachtet bleibt als früher eine solche seiner Regierung.

Indessen, in die innerpolitischen bayerischen Konsequenzen wird ein Auswärtiger nicht hineinreden wollen. Hier ist zu betonen, daß infolge der steigenden Bedeutung der großen Parlamente (vor allem des demokratisierten preußischen Landtags) die Regierungen der Einzelstaaten voraussichtlich nur die Wahl haben werden, entweder den großpreußischen Charakter des Reichs sich verstärken zu sehen, also „Vasallen“ zu werden, oder den Strom des parlamentarischen Lebens in den Kanal des Reiches leiten zu helfen und im Reich mit den Mitteln der neuen Verhältnisse Einfluß zu erstreben. Die Abgeordneten aus den Einzelstaaten im Reichstag werden angesichts der schroffen Gegensätze in der preußischen Reichstagsvertretung notwendig einen stark ins Gewicht fallenden Faktor bilden.

Was aber den Bundesrat anlangt, so widerspricht es den bayerischen ebenso wie den Interessen der anderen Bundesstaaten, durch Aufrechterhaltung des Art. 9 Satz 2 der Reichsverfassung einerseits die künftigen parlamentarischen Staatssekretäre, wenn sie ihr Mandat beibehalten wollen, aus dem Bundesrat hinauszudrängen, andererseits die Stellung des Reichskanzlers, infolge seiner Wurzellosigkeit im Reichstag, zu einer zunehmend rein preußischen werden zu lassen. Es muß vielmehr den Bundesstaaten gestattet werden, nach Ermessen auch Reichstagsabgeordnete zu Bundesratsbevollmächtigten zu ernennen, und es muß möglich sein, gegebenenfalls dem Reichskanzler und dem Staatssekretär neben ihrer jetzigen Stellung als preußischen Stimmenträgern im Bundesrat auch Einfluß innerhalb der Reichstagsparteien zu erhalten.

Wie der jetzige Zustand wirkt, zeigten die letzten Monate. Der in die Reichsregierung hineingenommene Abgeordnete Spahn schied aus dem Reichstag aus, verlor damit aber jeden Einfluß auf seine Partei, und die Regierung hatte nichts gewonnen. Der neue Reichskanzler wurde ohne alle Fühlungnahme mit den großen Parteien ernannt, und die Folge war, daß er deren Vertrauen nicht genoß und sich daher die Kuratel des Siebenerausschusses gefallen lassen mußte. Man sollte sich wirklich durch die Redensart von der „Parlamentarisierung“ des Bundesrats nicht schrecken und nicht einreden lassen, daß es Bayerns Einfluß abträglich gewesen wäre, wenn in der Zeit der liberalen Mehrheit etwa der Abg. Völk und später der Abg. Frhr. v. Hertling oder der Abg. Frhr. v. Franckenstein bayerischer Bundesratsbevollmächtigter gewesen wäre und zugleich Einfluß in der betreffenden Partei behalten hätte. Jedenfalls ist die „Parlamentarisierung“ des Bundesrats in diesem Sinne nichts, was gerade die außerpreußischen Bundesstaaten zu scheuen hätten. Im Gegenteil. Die Sonderstellung und Eigenart Bayerns bliebe dabei gegen alle zentralistischen Vergewaltigungen mindestens so gut wie bisher gesichert.

Aber ebenso wichtig wäre die Steigerung der *positiven* Anteilnahme Bayerns und anderer Mittelstaaten am Reich. Diese Anteilnahme beruhte bisher auf bloßer Höflichkeit. So wichtig diese ist, so wird sie doch in Zukunft nicht ausreichen, um einen legitimen Einfluß der größeren Bundesstaaten an der *Vorerwägung*, welche ja oft über die Richtung politischer Schritte bereits entscheidet, zu sichern. Gerade *dieser* Einfluß sollte auf eine gesicherte *rechtliche* Unterlage gestellt werden. Während der Beratung des Verfassungsausschusses ist bei der Erörterung der Stellung des Reichskanzlers auch die Einführung seiner Verantwortlichkeit gegenüber dem Bundesrat kurz besprochen worden. Was könnte sie praktisch bedeuten? Heute bedeutet auch die parlamentarische Verantwortlichkeit bei uns im Grunde nichts anderes als die Pflicht, Rede zu stehen. Diese Art von Verantwortlichkeit könnte nun auch gegenüber dem Bundesrat oder besser gegenüber besonders dazu verordneten Ausschüssen desselben mit Nutzen geschaffen werden. Für die äußere Politik gegenüber dem bisher rein dekorativen Bundesratsausschuß für die auswärtigen Angelegenheiten, dem Bayern präsidiert. Für andere Angelegenheiten gegenüber ähnlichen, neu zu bildenden Ausschüssen. Das Entscheidende wäre dabei, daß die größeren Bundesstaaten nun durchzusetzen in der Lage wären, daß sie wenigstens bei wichtigen Aktionen (in der auswärtigen Politik vor allen öffentlichen Schritten) bereits im *Vorberatungsstadium* zugezogen werden, damit ihre Regierungen und Parlamentsführer schon dann Stellung zu nehmen in der Lage sind. Dafür ist entscheidend wichtig, daß diese Ausschüsse mit den betreffenden Ressortchefs und den maßgebenden Parlamentsführern in Berührung stehen, und das ist der Fall, wenn diese andererseits zu beanspruchen das Recht erhalten, als Bundesratsbevollmächtigte der gleichen Körperschaft anzugehören. Man unterschätze solche „nur beratenden" Gremien nicht. Es ist irrig, daß jeder tatsächliche Einfluß auf die Politik sich in formellen Stimmrechten ausdrücke. Politische Entschlüsse werden stets von wenigen gefaßt, die dann für sie die anderen zu gewinnen suchen. Es ist nun nicht zu verkennen, daß im Reich die „Präsidialstimme", welche in allen militärischen, zoll- und handelspolitischen und den wichtigsten Finanzfragen ein Veto hat, aus diesem Grunde und infolge der Vorbereitung der Vorlagen in den Reichsämtern an Gewicht stark über das bei Schaffung der Verfassung vorgesehene Maß gewachsen ist.

Die Frage ist, ob in Zukunft diese Stimme eine zunehmend rein preußische Stimme sein wird, die *Entwicklung zum „Großpreußentum"* also zunimmt. Das aber wird geschehen, wenn die Beseitigung des Art. 9 Satz 2 von den Bundesstaaten aus Angst vor „Parlamentarisierung" und „Zentralisierung" hintertrieben wird. Im eigenen Interesse wäre das sicher nicht klug. Parlamentarisierung (im obigen Sinn) verbunden mit der Schaffung vorberatender, aber zur Erzwingung von Rede und Antwort der Zentralbehörden des Reiches berechtigter Ausschüsse ist der gewiesene Weg, bei Festigung des Reichsgedankens zugleich den Einfluß der größeren Bundesstaaten und an ihrer Spitze Bayerns zu stärken.

„Bismarcks Erbe in der Reichsverfassung“

Frankfurter Zeitung vom 29. Oktober 1917.

Es ist angenehm, sich ausnahmsweise mit einem *sachlichen* Gegner auseinanderzusetzen. Die eben erschienene Schrift des jungen Berliner Ordinarius Erich Kaufmann (mit dem obigen Titel) verdient diese Bezeichnung. Die Gesinnung, die sie trägt, ist sympathisch, der staatsrechtliche und historische Inhalt, auch wo er anfechtbar sein könnte, wertvoll. Gänzlich *versagt* sie erst da, wo der Jurist zum Politiker wird. Das ist der Fall vor allem bei der Würdigung der politischen Folgen der vom Verfassungsausschuß des Reichstags beantragten Aufhebung des Art. 9 Satz 2 der Reichsverfassung, welcher bekanntlich den bundesstaatlichen Regierungen *verbietet*, Mitglieder des *Reichstags*, wenn sie ihr Mandat beibehalten, zu *Bundesratsbevollmächtigten* zu ernennen, und es damit ausschließt, daß ein dem Parlament entnommener Reichskanzler (der dem Bundesrat angehören muß) oder Staatssekretär (wenn er, wie durchweg üblich, in den Bundesrat eintritt) Einfluß in seiner Partei behält. Die praktische Bedeutung zeigte sich gerade jetzt. Die Übernahme der auch außerhalb ihrer Parteien angesehenen Abgeordneten Spahn (Zentrum) und Schiffer (nationalliberal) in Regierungsstellen hatte den Verlust ihres Einflusses in ihren Parteien zur Folge. Die Regierung gewann ein paar brauchbare Verwaltungsbeamte, die sie ohnedies besitzt, ohne aber, wie die jüngste Krisis zeigte, politisch irgend etwas an parlamentarischem Rückhalt zu gewinnen. Auf der anderen Seite hatten jene Politiker zwar durch ihre Metamorphose ihren parlamentarischen Einfluß eingebüßt, Einfluß innerhalb der Regierung aber nicht im mindesten gewonnen. In seiner politischen Sinnlosigkeit war der Vorgang ein Musterbeispiel für die verderbliche Wirkung jener Bestimmung. Wenn Bennigsen, den der Verfasser (Seite 75) in befremdlicher Art zitiert, in Bismarcks Regierung eingetreten wäre, so würde er, infolge des Art. 9, die Partei in die Hände des linken Flügels (Lasker-Forckenbeck) haben fallen lassen, und er hat in persönlicher Rücksprache Bismarck auch erklärt, daß er dessen Politik als Parteiführer wirksamer dienen könne als in einer Verwaltungsstelle. Der Sinn der Beseitigung jener Schranke liegt eben keineswegs nur in einer Stärkung der Parlamentsmacht, sondern ganz ebenso auch umgekehrt in der Stärkung des *legitimen* Einflusses der politischen Führung auf das Parlament. Heute beeinflußt die Bürokratie das Parlament durch ein Trinkgeldersystem von kleinen Konzessionen und verhüllter Ämterpatronage. Höchst charakteristischerweise möchte nun der Verfasser *diesen* Zustand noch in seinen Konsequenzen steigern. Er findet es „angenehm" und „ersprießlich" für die Regierung, wenn im Parlament Leute mit „solchem Ehrgeiz" (nach „Regierungsstellen" nämlich!) sitzen (S. 77). Also schreite man auf dem durch die Übernahme von Spahn und Schiffer betretenen Wege fort und eröffne den Parlamentariern die Chance, anders als auf dem Wege „der normalen Beamtenlaufbahn" Ämter zu erlangen. In *unserer* Sprache: man mache das Parlament zu einer Stätte für das Getriebe von Strebern und Stellenjägern, ohne ihm aber politischen Einfluß einzuräumen, und also ohne für *Führer*naturen, – die ja nicht Pfründe, Rang, Gehalt, sondern etwas ganz anderes: Macht und *politische Verantwortung* erstreben, – in ihm Raum zu schaffen. Resultat: Neben den kleinen die großen Trinkgelder als Prämie für eine der Bürokratie genehme Parlamentstätigkeit!

Wenden wir dem abstoßenden Bild den Rücken und fragen nur noch, welche *Bedenken* denn nun eigentlich gegen die Aufhebung jener Bestimmung vorgebracht werden. Mit den „Gewissenskonflikten" zwischen der „eigenen Überzeugung" des Abgeordneten und der „Instruktion" des Bundesratsbevollmächtigten bleibe man uns vom Leibe. Der Abgeordnete Spahn müßte als Mitglied der preußischen Zentrumsfraktion ja die preußische Regierung für die ihm gegebenen Instruktionen „nach eigener Überzeugung" zur Verantwortung ziehen. Warum erregt dieser tolle Zustand keinen Anstoß? Einfach, weil es sich nicht um den *Reichstag* handelt. Der „Konflikt" erledigt sich sehr einfach: Ein Staatsmann, der Instruktionen erhält, welche seinen politischen Überzeugungen zuwiderlaufen, *hat sein Amt zu verlassen.* Der Rücktritt ist dann ein Gebot der *politischen Ehre* und nicht: eines „Gewissenskonflikts".

Aber der Verfasser fährt schwereres Geschütz auf. Zwar die Gefahr, daß Preußen durch einen Block parlamentarischer Bundesratsbevollmächtigter von Kleinstaaten vergewaltigt würde, ist schwerlich ernst gemeint. Mehr als zwei Drittel der Reichstagsabgeordneten stellt Preußen, und die ungeheure Übermacht, welche neben dem Veto der Präsidialstimme und den persönlichen Machtbefugnissen des Kaisers die Militärkonventionen und die oft rücksichtslos ausgenutzte Eisenbahn- und Finanzmacht gegenüber den Kleinstaaten darbieten, ist unerschütterlich. Aber der Verfasser sieht durch parlamentarischen Zentralismus die Mittelstaaten mit „Zerstörung“ bedroht, Bayern zum Suchen nach „Anschluß außerhalb“ verleitet oder gar „aus dem Reich herausdrängt“. Ob solche Wendungen politisch angebracht sind, möge der Verfasser doch reiflich erwägen. Sie entbehren jedes Ernstes und würden die wirklichen Zentralisten (wenn es solche gibt) wenig schrecken. Aus der *Zollgemeinschaft* heraus führt heute kein gangbarer Weg. Wir wünschen die Teilnahme Bayerns und der anderen großen Mittelstaaten an der Leitung des Reichs *gestärkt* und sehen gerade in der Parlamentarisierung in Verbindung mit der Entwicklung vorberatender Ausschüsse unter obligatorischer Vertretung der Mittelstaaten und mit dem Recht, vom Reichskanzler Rede und Antwort zu verlangen, dazu den Weg. Bleibt aber die mechanische Schranke des Art. 9 Satz 2 bestehen, so kann die Entwicklung dahin gehen, daß zwar der Reichskanzler als zunehmend rein preußischer Interessenvertreter im Bundesrat bleibt, die künftigen parlamentarischen Staatssekretäre aber, um sich im Parlament nicht zu entwurzeln, *nicht* in den Bundesrat eintreten, sondern, gestützt auf das Parlament, trotz ihrer formalen Unselbständigkeit auf Kosten des Reichskanzlers und des Bundesrats an selbständigem Einfluß gewinnen, der Bundesrat aber eine zwischen preußischem und Reichsparlament ausgeschaltete Abstimmungsmaschinerie wird. Dies möchten wir verhindern.

Der Verfasser schildert richtig, wie Bismarck seinerzeit seine Leitung der Politik nicht auf Bundesratsabstimmungen, sondern auf Verständigung und Kompromiß mit den Höfen und Ministerien abgestellt hat (der reale Machtanteil der Bundesstaaten war freilich minim!). Aber wie in der Außenpolitik die Beeinflussung der Monarchen und Kabinette als politisches Mittel an Bedeutung zurücktritt, so werden in Zukunft auch in der Innenpolitik die Bundesratsbevollmächtigten an der Stellung der Einzel*parlamente* nicht vorübergehen können und an ihnen den nötigen Rückhalt finden. Die Frage ist nur, ob man nicht klug tut, demgegenüber den Strom der deutschen Parlamentarisierung in die Kanäle des *Reiches* zu leiten. Damit dies möglich sei, muß jenes mechanische Hemmnis des Art. 9 beseitigt werden.

Schließlich noch eins. Ungern liest man auch in dieser Schrift unsachliche Literatenwendungen wie die Warnungen vor dem Aufgeben deutscher „Eigenart“ (d.h. der reinen Bürokratenherrschaft). Wir haben das satt. Noch jedesmal vor unvermeidlichen Neuordnungen waren in den Augen der Interessenten des Bestehenden spezifisch „deutsche“ Kleinodien in Gefahr, vor allem bei den großen Reformen zwischen 1807 und 1813, welche bekanntlich als

Nachäffungen der französischen Revolution mit ungefähr so viel Recht verketzert wurden wie heute die Arbeit an der Schaffung eines deutschen Volksstaats. Und es ist ein peinliches Schauspiel, wenn heutige Professoren Leute wie Bennigsen oder auch wie die Männer der Paulskirche oder die Göttinger Sieben *nicht* als Repräsentanten spezifisch *deutscher* politischer Gesinnung anerkennen wollen, weil ihre Eigenart den heutigen Schulmeistern des „deutschen Geistes“ nicht in ihr trauriges Eintagsschema paßt.

Wahlrecht und Demokratie in Deutschland

Dezember 1917

Das weitschichtige Problem der Demokratie wird hier nur mit Rücksicht auf die augenblickliche Problemlage *bei uns* behandelt, der wir uns sofort ohne Umschweife und allgemeine Betrachtungen zuwenden.

Das jetzige Reichstagswahlrecht ist von Bismarck bekanntlich ausschließlich aus Demagogie, und zwar teils aus außenpolitischen Gründen, teils zu innerpolitischen Zwecken: für den Kampf seines Cäsarismus gegen das damals widerspenstige Bürgertum, in seinem berühmten Ultimatum an den Frankfurter Bundestag auf den Schild gehoben und gegen schwere Bedenken der damaligen Liberalen eingeführt worden. Zwar seine Hoffnung auf ein konservatives Verhalten der Massen erfüllte sich nicht. Aber die Spaltung gerade der für die moderne soziale Gliederung charakteristischen Schichten in zwei sich ebenso intim berührende wie, eben deshalb, verfeindete Klassen: Bürgertum und Proletariat, gab später die Möglichkeit – wie Fürst Hohenlohe bemerkt hat, die *Feigheit* (Hohenlohe sagt: „Schüchternheit“) des Bürgertums vor der „Demokratie“ für die Erhaltung der Herrschaft der Bürokratie auszunutzen. Diese Feigheit wirkt bis heute nach. Daß man recht wohl ein Demokrat sein und dennoch Lassalles Begeisterung für jenes Wahlrecht unter den damaligen Umständen ablehnen konnte, zeigt z.B. Eduard Bernsteins Stellungnahme in der Einleitung zu dessen Schriften. Rein staatspolitisch wäre sehr wohl die Frage aufzuwerfen: ob für die ersten Jahrzehnte der neuen Reichsgründung ein die ökonomisch und sozial prominenten und politisch (damals) geschulten Schichten etwas stärker privilegierendes Wahlrecht – etwa so, wie es das bisherige englische tat – den inneren und äußeren Ausbau des Reichs, vor allem: die Eingewöhnung in parlamentarische verantwortliche Mitarbeit, nicht erleichtert hätte. Doktrinäre „Wahlrechts-Orthodoxie“ wollen wir hier nicht treiben. Aber das Beispiel Österreichs unter Graf Taaffe zeigt: daß alle nur durch Wahlrechtsprivilegien in der Macht erhaltenen bürgerlichen Parteien heute nicht in der Lage sind, dem Beamtentum die demagogische Waffe der Drohung mit dem gleichen Wahlrecht zu lassen, ohne daß sie bei jeder ernstlichen Gefährdung bürokratischer Machtinteressen auch von ihm gegen sie gebraucht wird. Ganz ebenso wäre es den deutschen bürgerlichen Parteien Bismarck gegenüber gegangen, wenn sie das gleiche Wahlrecht abgelehnt hätten. Und Ungarns Beispiel lehrt, daß sogar die stärksten Gegeninteressen einer herrschenden staatsklugen Nationalität gegen das gleiche Wahlrecht es nicht dauernd verhindern, daß im Konkurrenzkampf ihrer eigenen Parteien dennoch die Parole eben dieses Wahlrechts ausgespielt, dadurch ideell propagiert und schließlich einmal durchgeführt wird. Immer wieder finden sich – und das ist kein Zufall – politische Gelegenheiten, bei denen es auf dem Plan erscheint. Gleichviel wie es damit anderwärts liegt, für Deutschland jedenfalls steht seit Bismarck fest, daß ein anderes Wahlrecht nie mehr *am Ende* von Wahlrechtskämpfen stehen kann. Und während andere Fragen des Wahlrechts (z.B. das Proportionalwahlrecht) bei aller politischen Wichtigkeit doch als „technische“ empfunden werden, ist die Frage der Gleichheit des Wahlrechts eben auch subjektiv eine so rein politische, daß ihr ein Ende gemacht werden *muß*, wenn man sterile Kämpfe vermeiden will. Schon dies ist staatspolitisch entscheidend. Der 4. August 1914 und die Zeit nachher zeigte aber auch, daß dies Wahlrecht bei entscheidenden politischen Proben sich bewährt, wenn man damit zu regieren versteht und den guten Willen dazu hat. Es würde *dauernd* ganz ebenso gut funktionieren, wenn das gleiche Stimmrecht seinen Gewählten die Verantwortlichkeit der *an der Macht im Staat wirklich mitbestimmend Beteiligten* auferlegte. Überall sind *mitherrschende* demokratische Parteien Träger des Nationalismus.

Der zunehmende Nationalismus gerade der Massen ist nur natürlich in einem Zeitalter, welches die Teilnahme an den Gütern der nationalen Kultur, deren Träger nun einmal die nationale *Sprache* ist, zunehmend demokratisiert. Schon das wahrlich bescheidene Maß faktischer und prekärer Anteilnahme, welches den Vertretern der radikalen Demokratie im Kriege bei uns eingeräumt wurde, genügte, sie in den Dienst sachlicher *nationaler* Politik treten zu lassen. Sehr im Gegensatz zu der Plutokratie des preußischen Landtags, die im dritten Kriegsjahr wahrhaftig nichts Besseres zu tun wußte, als ein Gesetz zur *Nobilitierung von Kriegsgewinnen* zu beraten. Statt daß im deutschen Osten neues Bauernland bereitgestellt würde – und wir könnten noch den

Mannschaftsbestand für 10 Armeekorps durch neue Bauernstellen beschaffen –, sollte hinter dem Rücken des kämpfenden Heeres der deutsche Boden den Eitelkeitszwecken der Kriegsparvenü-Plutokratie für Fideikommißstiftungen zwecks Erlangung des Adelstitels ausgeliefert werden. Diese bloße Tatsache ist Kritik des Klassenwahlrechts genug. –

Die innere Unhaltbarkeit dieses und jedes ähnlich wirkenden Wahlrechts liegt aber auch an sich auf der Hand. Bei Fortbestand der preußischen Dreiklassengliederung würde sich die ganze Masse der heimkehrenden *Krieger* einflußlos in der untersten Klasse befinden, in den Vorzugsklassen aber: *die Daheimgebliebenen*, denen inzwischen Kundschaft und Arbeitsstellen jener zugefallen, die im Kriege oder durch den Krieg reich geworden oder doch intakt geblieben sind, und deren schon vorhandenen oder neuerworbenen Besitz jene durch den Krieg politisch Deklassierten mit ihrem Blut draußen verteidigt haben. Gewiß ist die Politik kein ethisches Geschäft. Aber es gibt immerhin ein gewisses Mindestmaß von Schamgefühl und Anstandspflicht, welche auch in der Politik nicht ungestraft verletzt werden.

Welches andere Wahlrecht könnte an seine Stelle treten? Bei den Literaten erfreuen sich allerhand Pluralwahlsysteme großer Beliebtheit. Welche aber? Soll der Familienstand, etwa durch Zusatzstimmen, privilegiert werden? Die Unterschichten des Proletariats und die Bauern auf den ärmsten Böden, überhaupt aber alle Schichten mit der geringsten ökonomischen Voraussicht, heiraten am frühesten und haben die meisten Kinder. Oder – der Lieblingstraum der Literaten – die „Bildung"? Unterschiede der „Bildung" sind heute, gegenüber dem *klassen*bildenden Element der Besitz- und ökonomischen Funktionsgliederung, zweifellos der wichtigste eigentlich *stände*bildende Unterschied. Wesentlich kraft des sozialen Prestiges der Bildung behauptet sich der moderne Offizier vor der Front, der moderne Beamte innerhalb der sozialen Gemeinschaft. Unterschiede der „Bildung" sind – man mag das noch so sehr bedauern – eine der allerstärksten rein innerlich wirkenden sozialen Schranken. Vor allem in Deutschland, wo fast die sämtlichen privilegierten Stellungen innerhalb und außerhalb des Staatsdienstes nicht nur an eine Qualifikation von *Fach*wissen, sondern außerdem von „allgemeiner *Bildung*" geknüpft sind und das ganze Schul- und Hochschulsystem in deren Dienst gestellt ist. Alle unsere Examensdiplome verbriefen auch und vor allem diesen *ständisch* wichtigen Besitz. Also könnte man sie der Wahlrechtsgliederung zugrunde legen. Welche aber? Sollen die Doktorfabriken der Hochschulen oder die Maturitätszeugnisse der Mittelschulen oder soll etwa das Einjährigenzeugnis die politische „Reife“ beglaubigen? Rein quantitativ bedeutet das ganz gewaltige Unterschiede, und mit der letztgenannten, der Masse nach stark ins Gewicht fallenden, Mehrstimmrechtsqualifikation könnte man politisch recht eigenartige Erfahrungen machen. Vor allem aber: Soll wirklich das *Examens*diplom, welchem schon die Masse aller Ämter ausgeliefert ist, und die dadurch patentierte Schicht mit ihren sozialen Prätensionen noch weiter privilegiert werden? Soll dem Pfründenhunger der examinierten Amtsanwärter – deren Zahl durch die Frequenzkonkurrenz der Hochschulen und den sozialen Ehrgeiz der Eltern für ihre Kinder ungeheuer über den Bedarf gesteigert ist – die Macht über den Staat zugewendet werden? Und was hat eigentlich der Doktor der Physik oder der Philosophie oder Philologie mit *politischer* "Reife“ zu tun? Jeder Unternehmer und jeder Gewerkschaftsführer, der, im freien Kampf um das ökonomische Dasein stehend, die Struktur des Staates täglich am eigenen Leibe spürt, weiß mehr von Politik als derjenige, dem der Staat nur die Kasse ist, aus der er kraft Bildungspatentes eine standesgemäße, sichere, pensionsfähige Einnahme erhält.

Oder – eines der Lieblingskinder aller kurzsichtigen „Ordnungsphilister“ – ein *"Mittelstandswahlrecht“*, also etwa: Privilegierung der Inhaber „selbständiger“ Betriebe oder dergleichen? Abgesehen davon, daß auch dies die *Daheimgebliebenen* gegenüber den Kriegern bevorzugen würde, – was bedeutete es für den „Geist“ der künftigen deutschen Politik?

Von den wirtschaftlichen Bedingungen der deutschen Zukunft lassen sich mit Sicherheit heute nur *drei* vorausberechnen. Zunächst: die Notwendigkeit einer ungeheuren *Intensivierung* und *Rationalisierung* der wirtschaftlichen Arbeit. Nicht, damit das deutsche Dasein reich und glänzend, sondern damit das Dasein der Massen bei uns überhaupt *möglich* sei. Es ist angesichts des eisernen Frühlings, den uns der Frieden bringen wird, ein Frevel, wenn jetzt Literaten der verschiedensten Lager den deutschen „Arbeitsgeist“ als die nationale Erbsünde und ein „gemächlicheres“ Dasein als Zukunftsideal hinstellen. Das sind *Schmarotzerideale* einer Pfründner- und Rentnerschicht, welche den schweren Alltag der geistig und körperlich arbeitenden Mitbürger an ihrem Tintenfaßhorizont messen zu wollen sich erdreistet. Wie vollends die kindliche Literatenvorstellung vom „Segen“ der genügsamen Armut der guten alten Zeit, den Deutschland als Frucht des Krieges wieder genießen werde, in der Realität aussehen würde, lehrt die zweite unzweifelhafte Zukunftstatsache: daß der Krieg uns für 100 Milliarden Kapitalwert *neue Rentner* hinterlassen wird. Schon vor dem Krieg war die relative statistische Zunahme der reinen Rentner bedenklich groß für eine auf den Wettkampf mit den großen Arbeitsvölkern der Erde angewiesene Nation. Für diese nunmehr ganz ungeheuer in die Breite gewachsene Schicht werden die wirtschaftlich arbeitenden Staatsbürger die Rente zu beschaffen haben. Teils in der Entstehung großer neuer [Wert-]Papiervermögen, teils aber auch in der Verwandlung der vorhandenen Vermögen durch Anleihezeichnung äußert sich die Umgestaltung. Denn wenn ein Vermögensbesitzer heute statt Dividendenpapieren (also: Anteilen an privatwirtschaftlichen Unternehmungen) staatliche Rentenverschreibungen in seinen Bankdepots hat, – was *bedeutet* das? Ein „Rentner", dessen Einkommen die Banken mit der Couponschere beschaffen, ist er formell in beiden Fällen. Allein: wenn ihm früher die Dividendenpapiere Einnahmen brachten, dann bedeutete dies: daß auf einem Kontor und in einem betriebstechnischen Büro – Stätten geistiger Arbeit so gut und oft besser als irgendeine Gelehrtenstube es ist –, und daß in den Maschinensälen von Fabriken von kaufmännischen und technischen Leitern, Angestellten, Meistern und Arbeitern scharf und hart *gearbeitet*, Güter für einen vorhandenen Massenbegehr hergestellt, Menschen ihr Lohn und Brot beschafft wurde, dies alles in der Vollkommenheit oder Unvollkommenheit, wie dies nun einmal die heutige noch auf lange gültige Wirtschaftsordnung gestattet. Für die Leiter hat dabei die ökonomische und soziale Macht- und Rangstellung, für die Angestellten und Arbeiter die Brotstelle im Kampf um den Markt auf dem Spiele gestanden, und dieser Kampf ist gewonnen worden: *das* "beweist" die Dividende. Wenn er dagegen jetzt Zinsen von seinen staatlichen Rentenpapieren bezieht, so bedeutet dies: daß der Steuerexekutor oder der Zollbeamte oder ihresgleichen den Zahlungspflichtigen das Geld erfolgreich aus der Tasche geholt haben und dafür bezahlt worden sind, und daß auf staatlichen Büros nach Reglement und Anweisung die geforderte Arbeit abgeleistet wurde. Natürlich muß *beides* geschehen, die privatwirtschaftliche wie die staatliche Arbeit. Aber es liegt auf der flachen Hand, daß die ganze Zukunft Deutschlands, wirtschaftlich und politisch, die Lebenshaltung der Massen sowohl wie die Beschaffung von Mitteln für „Kulturbedürfnisse", in *erster* Linie daran hängt, daß die Intensität der deutschen *wirtschaftlichen* Arbeit nicht herabgesetzt wird, daß – wie man es auch ausdrücken kann – die *Rentnergesinnung*: die typisch *französische* innere Haltung der dortigen Kleinbürger- und Bauernschichten zum Wirtschaftsleben, in der deutschen Nation nicht noch mehr, als es ohnedies geschieht, überhand nimmt. Denn das würde die wirtschaftliche Lähmung Deutschlands bedeuten und – eine noch rapidere Propagierung des ohnehin sich schnell ausbreitenden Zweikindersystems. Außerdem noch einen anderen Zug der französischen Zustände: die Abhängigkeit von den *Banken*. Die Unwissenheit der Literaten, welche das *Rentenvermögen* des Couponschneiders von dem *Erwerbskapital* des Unternehmers nicht zu unterscheiden vermag und dem letzteren mit ebensoviel Ressentiment wie dem ersteren mit begehrlichem Wohlwollen gegenübersteht, hat von der Rolle etwas läuten gehört, welche im parlamentarischen Regime Frankreichs das „Finanzkapital" spielt, sowohl bei sachlichen Maßregeln (Steuern), wie bei der Auswahl der Minister, und meint natürlich, daß dies eine Folge des gefürchteten „Parlamentarismus" sei. Aber es ist in Wahrheit die Folge davon, daß Frankreich ein *Rentner*staat ist, daß die *Kreditwürdigkeit der jeweiligen Staatsregierung*, wie sie sich in dem Börsenkurse der Staatsrenten ausdrückt, für die Millionen mittlerer und kleinerer Rentner schlechthin *die* Frage ist, nach welcher sie den Wert der Minister taxieren, daß *deshalb* die Banken bei der Ministerauswahl oft irgendwie mitwirken oder geradezu konsultiert werden. Von jeder, ganz gleichviel ob monarchischen oder parlamentarischen oder plebiszitären Regierung würden sie berücksichtigt werden *müssen*, ganz ebenso wie ein Schuldnerstaat wie der russische Zarismus 1905 seine „Verfassung" und nachher wieder den „Staatsstreich" machte, weil in beiden Fällen die Stimmung der auswärtigen Börsen: die Quelle seines Kredits, es verlangte. Fortschreitende Verstaatlichung gegen Ausgabe von Staatsrenten bei uns, vor allem aber: die Zunahme der *mittleren* und *kleinen* Staatsrentenpapierbesitzer, würde bei uns genau die gleichen Folgen haben, ganz einerlei ob „Demokratie" oder „Parlamentarismus" besteht oder „monarchische" Regierung. Während die Beziehung des *englischen* Staates zum Kapitalismus vornehmlich eine solche zum *Erwerbs*kapitalismus war, welcher der Ausdehnung der Macht und des Volkstums über die Erde hin gedient hat. Welche Maßregeln finanzpolitischer Art nun in Deutschland dazu dienen können, jene erstickende Rentnerlast abzuwälzen und doch den Ansprüchen und Erwartungen der Anleihezeichner voll zu genügen, ist eine gewichtige Frage für sich. Wirtschaftspolitisch ist jedenfalls die höchstmögliche Rationalisierung der wirtschaftlichen Arbeit, also die ökonomische Prämiierung der rationalen Wirtschaftlichkeit der Produktion, also: des „Fortschrittes" in diesem technisch-ökonomischen Sinn, – mag man ihn nun an sich hassen oder lieben, – eine Lebensfrage für die Weltstellung nicht nur, sondern einfach für die Möglichkeit einer erträglichen Existenz der Nation überhaupt. Und deshalb ist es eine gebieterische politische Notwendigkeit, daß den Trägern dieser rationalen Arbeit wenigstens jenes Mindestmaß politischen Einflusses zugewendet wird, welches ihnen nur das *gleiche* Wahlrecht gewährt. Denn in jenem einen wichtigen Punkt: dem Interesse an der Wirtschafts *rationalisierung*, ist, trotz aller sozialen Gegensätze, das Interesse der Arbeiterschaft mit dem der organisatorisch *höchst*stehenden Unternehmer und sind beide mit dem politischen Interesse an der Erhaltung der Weltstellung der Nation, nicht immer in den Einzelheiten, wohl aber *im Prinzip*, identisch und schnurstracks entgegengesetzt dem Interesse aller Pfründnerschichten und aller ihnen kongenialen Vertreter ökonomischer Stagnation. Und es scheint die höchste Zeit, daß der Einfluß jener Schichten eingesetzt wird an einem Punkt, dessen prinzipiell falsche Behandlung schon jetzt einen Schatten auf unsere Zukunft vorauswerfen könnte. Denn – das ist die dritte völlig sichere Zukunftsperspektive – wir werden für Jahre im Zeichen einer *"Übergangswirtschaft"* stehen mit Rationierung der Rohstoff Zuteilung, der Zuweisung internationaler Zahlungsmittel und womöglich: der Betriebe selbst und ihrer Kundschaft. Es ist klar, daß dies eine nie wiederkehrende Gelegenheit sein kann *sowohl* im Sinne der *Rationalisierung* der Wirtschaft *wie auch*, genau umgekehrt, eine Fundgrube für sogenannte „mittelständlerische" Experimente im denkbar übelsten Sinne dieses fast stets mißbrauchten Wortes. Mit Hilfe eines staatlichen Bezugscheinsystems und verwandter Mittel könnte man „selbständige" Bettelexistenzen aller Art, vor allem das Ideal jedes Kleinkapitalisten: bettelhafte, aber bequeme *Ladentisch*existenzen und ihresgleichen, in Masse subventionieren, welche das gerade Gegenteil einer Intensivierung und Rationalisierung unserer Wirtschaft bedeuten würden: die Züchtung von Schmarotzern und Tagedieben, Trägern jener „Gemächlichkeit", die das Zukunftsideal der Literaten ist. Was würde das bedeuten? Die *"Verösterreicherung" Deutschlands*. Und zwar in jenem Punkte, der von den Österreichern selbst als eine der Hauptquellen alles dessen angesehen wird, was sie bei sich als „Schlamperei" bezeichnen. Denn soviel wir auf dem Gebiet der Geschmackskultur und gesellschaftlichen Erziehung von ihnen zu lernen hätten – allen Grund, uns zu bedanken, hätten wir für die Übernahme ihrer „Mittelstandspolitik", deren wunderbare Früchte man in den dicken Bänden der Entscheidungen über solche Fragen wie: ob das Benageln eines Stuhls Tapezier- oder Tischlerarbeit sei, studieren kann. Die Gefahr aber, daß etwas Ähnliches geschieht, ist nicht gering. Denn es gibt in den heute maßgebenden Schichten zweifellos Politiker, welche unbelehrbar der Meinung bleiben: daß auf dem gen

Himmel stinkenden Sumpf von Faulheit und Schlamperei, den man dadurch ins Leben rufen würde, am besten die Fundamente dessen, was sie „monarchische Gesinnung" nennen, das heißt: einer die Machtstellung der *Bürokratie* und der wirtschaftlich reaktionären Gewalten unangetastet lassenden bierseligen Fügsamkeit, gelegt werden könnten. Denkt man sich nun gar Wahlrechtsprivilegien für jene Schichten, welche eine solche Politik gern züchten möchte, so kann man sich leicht vorstellen, wie das wirkt: im Sinne der *Lähmung Deutschlands*, ökonomisch und politisch. Wer diese Lähmung aus irgendeinem positiven religiösen oder anderen letzten metaphysischen Glauben heraus *will*, – nun wohl! er bekenne sich offen dazu. Aber aus erbärmlicher *Feigheit vor der Demokratie* soll man sie *nicht* wollen, und eben jene Feigheit: Angst um die Erschütterung der Legitimität des Besitzes und der heute in Kraft stehenden sozialen Positionen, ist das derzeit zentrale Motiv, es zu tun.

Zu den dilettantischen Seifenblasen, welche deutsche Literateninstinkte immer neu hervortreiben, gehören nun auch alle jene zahlreichen Ungedanken, welche unter der Firma: „ *berufsständische* Vertretung" kursieren. Sie hängen mit allerhand konfusen Vorstellungen von der Zukunft unserer Wirtschaftsorganisation eng zusammen. Es ist erinnerlich, daß schon die Art der Organisation der Unfallversicherung in Berufsgenossenschaften die Erwartung einflußreicher Literatenkreise erregte (und zum Teil ihr entstammte): hiermit werde der erste Schritt zu einem „organischen Aufbau" der Volkswirtschaft getan, – und man könnte auch wissen, was daraus geworden ist. Und heute erwartet mancher von den vorwiegend finanz- und valutapolitisch bedingten wirtschaftlichen Zukunftsorganisationen gar, daß sie sich als Drachentöter gegen den unruhestiftenden Vater alles Bösen, den *"Kapitalismus"*, erweisen werden. Man stellt sich dabei die „Gemeinwirtschaft", „Solidaritätswirtschaft", „Genossenschaftswirtschaft" (oder wie die Phrasen lauten) der Kriegszeit und der durch sie geschaffenen Zwangsorganisationen, kindlich genug, als Vorläufer einer künftigen prinzipiellen Änderung der „Wirtschaftsgesinnung" vor, welche die abhanden gekommene „Wirtschaftsethik" der Vergangenheit auf höherer Stufe „organisch" wiedererstehen lassen werde.

Dabei ist nun vor allem die profunde Ignoranz unserer Literaten über das Wesen des Kapitalismus das, was jeden mit den Verhältnissen Vertrauten so ungeduldig macht. Es ist noch das wenigste, wenn diese heilige Einfalt etwa die Kriegsgewinne der Firma Krupp mit den Kriegsgewinnen irgendeines

Malzschiebers in einen Topf wirft, weil ja beides Produkte von „Kapitalismus" seien. Wichtiger ist, daß sie von dem abgrundtiefen Gegensatz alles von der rein *politischen* Konjunktur: von Staatslieferungen, Kriegsfinanzierungen, Schleichhandelsgewinnen und all solchen durch den Krieg wieder gigantisch gesteigerten Gelegenheits- und Raubchancen lebenden Kapitalismus und seiner Abenteurergewinne und -risiken gegenüber der Rentabilitätskalkulation des bürgerlichen *rationalen Betriebs* der Friedenszeit nicht die geringste Ahnung hat. Was auf dem Kontor eines solchen Betriebes eigentlich geschieht, ist ihr ein Buch mit sieben Siegeln. Daß ferner die grundlegende „Gesinnung", oder wenn man es so ausdrücken will: das „Ethos" jener beiden verschiedenen Arten von Kapitalismus untereinander so entgegengesetzt ist, wie zwei geistige und sittliche Potenzen es überhaupt zu sein vermögen, daß die eine: der rein politisch verankerte „Raubkapitalismus", so uralt ist wie die uns bekannte Geschichte von Militärstaaten überhaupt, die andere aber ein spezifisches Produkt des modernen europäischen Menschentums, davon ahnt sie natürlich gar nichts. Wenn man einmal ethisch unterscheiden *will* (und das ist hier immerhin möglich), dann besteht ja die eigentümliche Lage eben darin, daß in der persönlichen Geschäfts*ethik* gerade die höchststehende – im Durchschnitt weit höher als irgendeine historisch wirklich *real* gewesene, und nicht nur von Philosophen und Literaten *gepredigte,* ökonomische Durchschnittsethik *irgend*eines Zeitalters stehende –, die *rational*-kapitalistische *Betriebsethik* dieser zweiten Art von „Kapitalismus": die Ethik der Berufspflicht und Berufsehre es ist, welche jenes eherne Gehäuse hergestellt hat und erhält, durch das die wirtschaftliche Arbeit ihr heutiges Gepräge und Schicksal empfängt und natürlich nur um so mehr und endgültiger empfangen wird, wenn man an Stelle des *Gegensatzes* zwischen privatkapitalistischer und staatlicher Bürokratie durch „Vergemeinwirtschaftung" der Betriebe eine *einheitlich* den Arbeitern übergeordnete Bürokratie schaffen würde, gegen die es kein Gegengewicht außerhalb ihrer selbst mehr gäbe.

Um aber hier bei jenem Gegensatz zu bleiben: *nicht* jene Gewinne, die nach dem berüchtigten Satz gemacht wurden: daß man „die Millionen nicht verdient, ohne mit dem Ärmel an das Zuchthaus zu streifen", sondern gerade jene Rentabilität, welche nach dem Grundsatz erzielt wurde: „honesty is the best policy", wurde der Träger des spezifisch modernen Kapitalismus als eines die Wirtschaft und durch sie das Alltagsschicksal der Menschen *unentrinnbar* beherrschenden *Systems*. Hat denn wohl jemand von diesen schreibseligen Ideologen einer geträumten wirtschaftlichen Solidaritätsethik einmal einen Blick hinter die Vorhänge unserer „Kriegsgemeinwirtschaft“ getan und gesehen, *was* unter ihrer Einwirkung aus dem angeblich durch sie zu erdrosselnden „Erwerbstrieb“ geworden ist? Ein wilder Tanz um das goldene Kalb, ein hasardierendes Haschen nach jenen Zufallschancen, welche durch alle Poren dieses bürokratischen Systems quellen, ein Verlust jedes Maßstabes für irgendwelche *wie immer* gearteten geschäftsethischen Unterscheidungen und Hemmungen und – ein eherner Zwang für jeden, auch den gewissenhaftesten, Geschäftsmann, bei Strafe des ökonomischen Untergangs mit den Hyänen dieser beispiellosen Schädelstätte *aller* Wirtschaftsethik mitzuheulen und mitzutun, – genau so oder vielmehr in weit ungeheuerlicherem Maßstab so, wie es zu allen Zeiten gewesen ist, wenn kapitalistische Erwerbschancen sich an die Fußstapfen des Kriegsgottes oder – des heiligen Bürokratius hefteten. Generationen werden vergehen, bis die Nachwirkungen dieser Zersetzung des normalen bürgerlich-kapitalistischen Ethos wieder *ausgetilgt* sind, – und das soll die Grundlage einer neuen Wirtschaftsethik sein? Wir werden uns zu bemühen haben, zunächst das Niveau der *alten* wieder zu erreichen! Doch das alles nur nebenbei.

Rationale *Zweckverbands*bildungen größten Stils werden die Kriegswirtschaft ablösen. Aber doch wahrhaftig keine „organisch“ auf dem Boden der natürlich gewachsenen oder aus primären *inneren* menschlichen Beziehungen heraus entfalteten Gemeinschaftsverhältnisse und Gebilde von jener innerlichen Eigenart, wie sie Familie, Sippe, Gemeinde, die feudalen und grundherrlichen Beziehungen und auch noch die Zünfte, Gilden, sogar die Ständeeinungen des Mittelalters immerhin in verschieden starkem Maße an sich trugen. Wer von dem Gegensatz *aller* modernen rationalen Zweckverbände zu ihnen noch keine Ahnung hat, der begebe sich zunächst in die soziologische Abc-Schule, ehe er anfängt, den Büchermarkt mit seiner Literateneitelkeit zu behelligen. Daß der einzelne nicht einem, sondern oft zahlreichen solcher Gebilde zugleich angehören müßte, würde zwar einem auf ihnen aufgebauten Wahlrecht die Qualität einer „Volksvertretung“ nehmen, es aber nicht schon dazu verdammen, „Unsinn“ zu sein. Es wäre eben „Interessenvertretung“: die Vergangenheit kannte Ähnliches. Aber man braucht nur die ersten Anfänge eines Versuchs zu machen, die typischen Figuren der modernen Wirtschaft nach „*Berufen*“ so zu gruppieren, daß die entstehenden Gruppen als *Wahl*körperschaften für eine allgemeine *Volks*vertretung brauchbar wären, – dann steht man vor dem vollendeten Unsinn. Gleich die eigentlichen „Leiter" des Wirtschaftssystems finden einfach gar keinen Platz. Unter welche „Berufe" – es stünden deren Dutzende zur Wahl – sollen die Herren Stinnes, Thyssen, Krupp v. Bohlen, Graf Henckel-Donnersmarck, v. Mendelssohn, Rathenau, die persönlich haftenden Gesellschafter der Disconto-Gesellschaft usw. verteilt oder sollen sie vielleicht in einer einzigen Wahlkörperschaft der „Riesenunternehmer" vereinigt werden? Und sollen andererseits die Generaldirektoren Kirdorf, Hugenberg und ihresgleichen unter die „Betriebsbeamten" der einzelnen „Berufe" verteilt werden, oder was geschieht mit ihnen? So aber geht es nun von diesen höchsten Spitzen des kapitalistischen Getriebes bis zum untersten Boden. Gerade die wirklich wichtigsten von den Steuerleuten der heutigen Wirtschaft entziehen sich überall, bis zum Engrossortimenter und Betriebsvorstand herunter, jeder Einordnung unter *materiell* zutreffende Kategorien. Denn überall müßte ja für die Abgrenzung der Wahlkörperschaften ein *formales* Merkmal gefunden werden, dem aber unter den heutigen wirtschaftlichen Verhältnissen der materielle, ökonomische *Sinn* der betreffenden Stellung hundertfältig ins Gesicht schlüge. Unsere moderne Wirtschaft zeichnet sich ja im Gegensatz zur *ständisch* gebundenen Wirtschaft gerade dadurch aus, daß man aus der äußeren Stellung fast *nie* entnehmen kann, welche ökonomische *Funktion* dem einzelnen eignet, daß auch die eingehendste Berufsstatistik noch nicht das geringste von der inneren Struktur der Wirtschaft verrät. So wenig man in dem Landschaftsbild einer schönen Standesherrschaft ihre Hypothekenbelastung sieht, so wenig sieht man einem Ladeninhaber an, was er ökonomisch ist: ob ein Filialbetriebsbesitzer, ein Angestellter oder fest gebundener Klient einer kapitalistischen Macht (z. B. einer Brauerei), ein wirklich selbständiger Detaillist oder was sonst. Ebensowenig einem „selbständigen Handwerker", ob er Hausindustrieller, Zwischenmeister oder selbständiger Kleinkapitalist oder handwerksmäßiger Kundenarbeiter ist. Und das sind noch die einfachsten Fälle! Vollends die immer wieder neu auftauchende naive Literaten-Vorstellung, daß dies der Weg sei, um die heute in „verhüllter" Art sich bei den Parlamentswahlen geltend machende Macht der materiellen Interessen „offen" und also „ehrlich" sich „im Kreise der Berufsgenossen" auswirken zu lassen, gehört in die politische Kleinkinderstube. Tausendfach sind die Drähte, an welchen kapitalistische Gewalten den „selbständigen" Kleinhändler und Handwerker nicht nur, sondern auch den selbständigen Fabrikanten bei den Wahlen nach ihrem Willen tanzen lassen würden. Ganz abgesehen davon, daß sich jede solche Berufsabgrenzung in breitestem Maße auf dem Flugsand der durch jede neue Maschine oder Absatzchance radikal umgeschichteten Betriebseinheiten, Produktionsrichtungen und Arbeitskräfte bewegte.

Etwas objektiv Unwahrhaftigeres als den Versuch, in einem Zeitalter beständiger technischer und kommerzieller Umschichtungen und fortschreitender *zweckverbands*mäßiger ökonomischer und sozialer Bindungen *"organische"* Gliederungen im alten ständischen Sinn als politische Wahlkörper schaffen zu wollen, gibt es schon aus diesen rein ökonomischen Gründen in aller Welt nicht. Wo immer man „berufsständische" Wahlrechtsexperimente gemacht hatte – in neuerer Zeit in Österreich und in dem B u l y g i n schen russischen Dumawahlrecht –, hatte man daher ganz grobe und formale Kategorien bilden müssen, und man hatte damit in Österreich ein tief korruptes Parlament geschaffen, welches nur die Ehre der ersten Erfindung der Obstruktion für sich in Anspruch nehmen darf, in Rußland aber: die Vorfrucht der Revolution. In keinem von beiden Fällen aber sind dabei die Vertreter der in der ökonomischen Welt heute wirklich bedeutsamen Gewalten überhaupt politisch zur Geltung gekommen. Am allerwenigsten: „offen". Zu dieser Unangepaßtheit an die moderne, fortwährend in Umwälzung begriffene ökonomische Struktur käme die Kreuzung der beruflichen durch die rein politischen Interessen, deren selbstherrliches Wirken solche vermeintlich realistischen Afterprojekte stets gründlich verkennen. Nicht etwa eine Fundierung der Parlamentsvertretung auf „offene" Wahrnehmung der „natürlichen" in sich solidarischen beruflichen Interessen käme heraus, sondern gesteigerte Zerreißung der Berufssolidarität durch politische Parteiung. Schon heute sehen wir die politischen Parteien auch in den Gemeindeverwaltungen, Genossenschaften, Krankenkassenverwaltungen usw. – kurz, in allen möglichen sozialen Bildungen, um die Macht ringen. Man hat das oft beklagt. Die verschiedenen Seiten des gar nicht einfachen organisationspolitischen Problems sollen hier nicht nebenher miterörtert werden. Jedenfalls zeigt sich darin eins: daß überall, wo Wahlzettel und Agitation herrscht, die *politischen* Parteien als solche schon jetzt dazu prädisponiert sind, Träger des Kampfes zu werden. Schon weil sie über den Apparat dazu verfügen. Man stelle sich nun vor, daß jene Interessenkörperschaften durch ihre Vertreter über die staatspolitischen und Kulturfragen abzustimmen hätten, und das Resultat ist klar: Das Hineintragen politischer Parteiungen in Interessentenverbände, welche *sachliche*, den Verbandsgenossen wirklich *solidarisch* gemeinsame Angelegenheiten zu erledigen haben, durch ihre Erhebung zu parlamentarischen Wahlkörpern würde selbstverständlich zur Folge haben, daß zunächst einmal der wirklich rein wirtschaftliche Interessenkampf sich *neben* dem Gehäuse dieser politischen Wahlkörperschaften neue Organe schaffen müßte und würde. Vergebens würden jene Schachteln für die Zählung von Wahlstimmen versuchen, das reale ökonomische Leben in sich einzufangen. Zwar würde der ökonomische Interessenkampf natürlich in diese wie in alle Wahlkörper hineinspielen. Aber weit mehr auf nackte *individuelle* Gewaltverhältnisse: – Verschuldung, Kundschaft – statt auf dauernde Klassenlage abgestellt als heute bei der Finanzierung und Beeinflussung des Parteiwahlkampfes durch Interessenten. Und zugleich: ungleich verborgener. Denn wer könnte unter einer derart verzwickten Wahlrechtsgliederung noch den Abhängigkeitsverhältnissen, in welchen ein formal „selbständiger" Händler oder Gewerbetreibender zu einer kapitalistischen Potenz steht, nachspüren und den Einfluß ermitteln, welchen der Druck solcher kapitalistischer Mächte auf die politische Haltung der von ihnen Abhängigen ausüben würde? Die Schärfe der Abhängigkeit als solcher würde steigen, da ja die Betroffenen nun durch ihre *Konkurrenten* in den Wahlkörpern sehr zuverlässig kontrolliert werden würden. Denunziation und Boykott würden diese in den Wahlkörperschaften zusammengepferchten vermeintlichen Träger von „Berufssolidarität" gegeneinander hetzen. Denn nun würden diese berufsständischen Körperschaften ja nicht nur *berufliche* Interessen wahrzunehmen haben, sondern: das Ergebnis des Wahlkampfes in ihnen entschiede *über die Besetzung der staatlichen Pfründen und Ämter*. Haben sich die „guten Leute und schlechten Musikanten", welche *dies* System empfehlen, wohl klargemacht, was dabei herauskäme? – Genug. Diese kindlichen literarischen Seifenblasen sind hier nur deshalb erwähnt, weil sie Anlaß geben, zu noch einem allgemeinen Problem Stellung zu nehmen.

Wir *haben* ja bei uns und anderwärts schon heute auch Interessentenverbände als Träger von Vertretungsrechten. Zunächst für die Beratung der Bürokratie: die Landwirtschafts-, Handels-, Handwerks-, künftig wohl einmal die Arbeitskammern, auch die Eisenbahnräte u.dgl. Gerade an ihnen aber kann man lernen, was heute eine formale Berufsorganisation *nicht* leistet. Oder bildet sich jemand ein, diese offiziellen Körperschaften könnten den „Bund der Landwirte", den „Zentralverband der Industriellen", vollends: die Arbeitgeberverbände oder die Gewerkschaften, je *ersetzen?* Wo pulsiert denn *wirklich* das „Leben" der berufsgegliederten Interessensolidarität? Und ebenso *haben* wir ja innerhalb unserer Gesetzgebungsmaschinerie wenigstens teilweise berufsständisch zusammengesetzte Körperschaften: die ersten Kammern. Vorwiegend Grundbesitzerverbände bestimmter sozialer Prägung („alter und befestigter Grundbesitz"), daneben Handelskammern, einige besonders große Gemeinden, auch Universitäten, künftig vielleicht einmal Handwerks- und Arbeiterkammern, senden ihre Vertreter hinein. Unendlich grobschlächtig ist diese Art der Interessenvertretung, aber für diese politischen Zwecke notdürftig ausreichend. Die politische Kindlichkeit unserer Literaten bildet sich nun offenbar ein: durch Häufung und Spezialisierung solcher Vertretungsrechte müsse es schließlich doch gelingen können, aus diesen Oberhäusern Parlamente zu machen, in welchen nun jeder Staatsbürger als Glied seines organischen Berufs- und Lebenskreises sich vertreten finde, – wie (angeblich) einst im „Ständestaat". Von diesem „Ständestaat" nachher ein Wort. Die ersten Kammern aber, bei denen wir hier kurz verweilen, sind (der „Idee", meist nicht der Wahrheit nach) heute Stätten der politischen Aussprache teils von Honoratioren, teils aber von solchen Interessentenschichten, welche rein staatspolitisch aus Traditionsgründen als besonders ins Gewicht fallend gelten. Vor allem: des Besitzes und bestimmter sozial hoch bewerteter Berufe. Nicht immer tatsächlich, meist aber nach der „Idee" werden sie *nicht* nach politischen Parteigesichtspunkten ausgelesen. Daraus folgt sofort das Entscheidende für die naturgemäße Stellung eines solches Oberhauses im Staate. Wo immer sie politisch richtig geordnet ist, *fehlt* ihm zum mindesten das eigene Budgetrecht, die Grundlage der Machtstellung der *Volks*vertretung, und ist seine Rechtslage im übrigen, politisch angesehen, die: daß es eine Instanz ist, welche Beschlüsse der Volksvertretung beanstanden, kritisieren, zur nochmaligen Erörterung zurückgeben, sistieren und zurückstellen, auch amendieren kann, welche aber – gleichviel ob das formale *Recht* dazu besteht – *nicht* dauernd in einer politisch wichtigen Frage dem Willen einer unbezweifelbaren starken Mehrheit der Volksvertretung sich in den Weg stellen darf, bei Strafe des Verlustes ihrer formalen Rechte (wie jetzt in England) oder des Pairsschubs (wie in Preußen 1873). Dieser letztere ist ein Ventil, welches ohne politische Gefahr nie beseitigt werden kann, obwohl alle Oberhäuser aus Machtlust dagegen zu remonstrieren pflegen und das preußische Herrenhaus sicherlich gelegentlich der Wahlreform die Beseitigung dieses Kronrechts und womöglich das Budgetrecht erstreben wird, – was politisch zu den schwersten Krisen und Gefahren führen würde: denn das würde bedeuten, daß das *Klassenwahlrecht fortbestände*, nur auf *zwei* Körperschaften verteilt, deren Konflikte sich zu Staatskrisen auswachsen würden. Hoffen wir, daß das nicht versucht wird.

Der Einfluß von Oberhäusern kann – und zwar auch und gerade bei formal beschränkten Rechten – sehr bedeutend sein. Aber mit einer Volksvertretung haben sie, wie immer sie zusammengesetzt seien, schlechterdings gar nichts zu schaffen. Sie bilden der Idee nach ein Gegengewicht gegen die Parteiherrschaft. Der Tatsache nach freilich oft ein solches von problematischer politischer Nützlichkeit und unzulänglichem geistigem Niveau: das preußische Herrenhaus ist die einzige „gesetzgebende" Körperschaft, welche des *Strafrichters* zur Erzwingung des von ihr in Anspruch genommenen Respekts zu bedürfen glaubt. Die Oberhäuser könnten gewiß heute recht eigentliche Stätten *individueller* politischer Beredsamkeit sein. Tatsächlich freilich sind sie statt dessen recht oft Stätten überflüssigen Geredes. Im preußischen Herrenhause wird gewiß viel kunstgerechter und „vornehmer" geredet als im Reichstag, – aber wer möchte seine Zeit daran wenden, diese Reden zu lesen? Und doch könnte ein solcher *öffentlich beratender Staatsrat* – denn das ist ein richtig konstruiertes Oberhaus dem Sinne nach – als eine Stätte der Aussprache des *parteiungebundenen* politischen Denkens und der *amtlosen,* aber amtserfahrenen politischen Intelligenz, namentlich also der Amtserfahrung *früherer Staatsmänner,* gegenüber der aktuellen politischen Parteiführerschaft, gerade in einem parlamentarischen Staat unleugbar wertvolle Dienste leisten. Von den heutigen Gebilden dieser Art entsprechen freilich nur sehr wenige diesem Zweck.

In einem Volksstaat kann eine erste Kammer entweder – wie in den überseeischen Demokratien – eine ebenfalls nach gleichem Wahlrecht, aber nach anderem Wahl *verfahren* zusammengesetzte Körperschaft sein, – also: ein Mittel der Korrektur der unvermeidbaren Unvollkommenheiten, die jedes *Wahlsystem* hat. Oder eine Vertretung der in Politik, Verwaltung, Wirtschaft, Wissenschaft, Technik *bewährten Intelligenz*. In diesem Falle aber: eine nur *beratende,* kritisierende und (durch suspensives Veto) *sistierende* Körperschaft. Sie kann also *formell* nur eine *minder*berechtigte Kammer sein. *Politisch* wäre wünschenswert, daß in solchen Oberhäusern die beruflichen Interessentenvertreter jedenfalls nur *neben* der Vertretung 1. staatspolitischer *Intelligenz* und 2. kulturpolitischer *Bildung* ständen, daß also z.B. *alle* aus dem Amt scheidenden Minister und Bürgermeister von Großstädten und daneben die Vertreter kulturpolitisch wichtiger Kreise (gewählte Vertreter der Schullehrer, Hochschullehrer, Künstler, Journalisten) ihnen angehörten. Die Frage der zukünftigen Zusammensetzung solcher Körperschaften ist jedenfalls nicht so unwichtig, wie man bei uns vielfach um deswillen glaubt, weil sie heute allerdings leider meist nur als eine mechanische Bremse gegen die „Gefahren" der Demokratie zur Beruhigung der Feigheit des Spießbürgers (gleichviel welcher sozialen Stellung) konstruiert werden. Indessen kann und soll uns dies Problem hier nicht auch noch nebenher beschäftigen. –

Wir fragen hier vielmehr lediglich: Wie *kommt* es wohl eigentlich, daß jene staatlich organisierten Interessenkörperschaften, wie die einst von Eugen Richter so scharf bekämpften Handelskammern und alle nach ihrem Schema seitdem entstandenen ähnlichen Gebilde, der Tatsache nach so ganz und gar *nicht* als Gefäße des eigentlich lebendigen Stroms der wirtschaftlichen Interessen fungieren, verglichen mit dem strotzenden Leben der wirklichen ökonomischen *Interessentenverbände?* Und daß sie andererseits doch auch gegenüber den *Parteien* so absolut unfähig bleiben, das politische Leben in sich einzufangen? Ist das Zufall? Es ist durchaus *kein* Zufall, sondern die *Folge* davon, daß die Parteien einerseits, die ökonomischen Interessentenverbände andererseits auf dem Boden der rechtlich *freien Werbung* ihrer Anhängerschaft stehen und jene staatlichen Bildungen eben *nicht*. Jene sind, *infolge* jener Struktur, die geeigneten Organisationen für *Kampf* und *Kompromiß*, diese *infolge* der ihrigen: für sachliche gutachtliche *Äußerung* oder rein „pflegliche" friedliche Verwaltungsarbeit. Der Eifer für „Organisation" versteht bei uns unter diesem Wort eben leider immer nur: Zwangsorganisation mit obrigkeitlichem Reglement durch die Polizei. Die auf dem Boden der freien Eigeninitiative („ *voluntaristisch*") geschaffenen Organisationen werden von den Literaten gern als eigentlich illegitim, günstigstenfalls aber als nur provisorisch, zum dereinstigen Aufgehen in eine polizeilich reglementierte Organisation bestimmt, angesehen, ohne Rücksicht darauf, ob sie vielleicht ihrem Wesen und Sinn nach nur einer voluntaristischen Struktur fähig sind. Da liegt der Kernfehler.

Es gehört zu den Erbtorheiten unseres dilettantischen politischen Literatentums: „mit Worten", in diesem Fall: mit Paragraphen eines von ihnen zu entwerfenden Statuts, „ein System bereiten" zu wollen, wo dafür alle Bedingungen mangeln. Jene offiziellen berufsständischen Organisationen – bis zu den etwaigen aus Berufsvertretern zusammengesetzten Oberhäusern hinauf – sind, politisch angesehen, Gebilde, dazu bestimmt, daß ihre Äußerungen:

Gutachten oder Resolutionen oder Debatten, *gewogen* und *nicht gezählt* werden. Und sie werden, je nach dem *sachlichen* Gehalt ihrer Äußerungen, schwerer oder leichter wiegen. *Politische Parteien* sind dagegen im modernen Staat Organisationen, welche auf (rechtlich) „*freie*" Werbung von Anhängern ausgehen und deren Ziel ist: durch die *Zahl* ihrer Anhänger die Politik zu bestimmen: die ultima ratio aller modernen Parteipolitik ist der Wahl- oder Stimmzettel. Und *wirtschaftliche* Interessentenvertretungen sind in der kapitalistischen Wirtschaft Vereinigungen ebenfalls auf der Grundlage (rechtlich) „*freier*" Werbung, welche darauf ausgehen, durch die privatwirtschaftliche Macht ihrer Glieder, beruhe sie nun auf Besitz von Gütern, Marktmonopol oder monopolistischer Zusammenfassung der wirtschaftlich unentbehrlichen Arbeitskräfte, ein *Kompromiß* über die Bedingungen des Preises von Sachgütern oder von Arbeit zu erzwingen, welches ihren Interessen entspricht. Für beide Arten von freien Gebilden ist aber gerade diese ihnen charakteristische „*voluntaristische*" Grundlage der Organisation das Entscheidende, absolut allein Angemessene, daher „Organische". Der Versuch, sie nach Art einer staatlichen Behörde zwangsmäßig zusammenzuschließen, wäre ein rein mechanischer Zwang, der ihrem inneren Leben ein Ende bereiten würde. Nicht, daß ihnen selbst etwa der „Zwang" überhaupt fremd wäre. Ganz im Gegenteil. Boykott, Verfemung und alle Lock- und Zwangsmittel materieller und geistiger Art, welche auf dem Boden (formal) freier Werbung der Menschengeist ersinnen kann, stellen sie in ihren Dienst: – nur gerade mit Ausnahme jener dem Apparat des staatlichen Zwangsverbandes eigentümlichen und ihm vorbehaltenen Form der Herstellung staatlich „*legitimer* äußerer Ordnung". Man kann auch für Parteiorganisationen von Staats wegen Bestimmungen treffen, welche, je nachdem, die Rechte der Mehrheit gegen Illoyalität einer Minderheitsklique oder umgekehrt Minderheitsrechte gegen Vergewaltigung schützen, und man hat das in Amerika getan. Aber an dem voluntaristischen Grundzug: der rechtlichen Freiwilligkeit der *Mitgliedschaft* ändert das so wenig etwas wie staatliche Vorschriften über die Bedingungen der Gründung von Gewerkschaften. Gerade daß der Parteiführer auf die formal *freie* Werbung seiner Gefolgschaft angewiesen ist, ist das schlechthin Entscheidende gegenüber dem reglementierten Avancement des Beamten. Gerade, daß die Leiter von wirtschaftlichen Interessenten zur formal „*freien*" Organisation ihrer Gefolgschaft genötigt sind, bedingt deren Eigenart und ist wiederum durch die Struktur der modernen Wirtschaft bedingt. Organisation und staatspolizeilich herbeigeführter Zusammenschluß sind auf diesem Gebiet unter den heutigen Bedingungen schlechthin unversöhnliche Gegensätze. Wer diese Dinge noch nicht begriffen hat, der hat das Abc des modernen politischen und wirtschaftlichen Lebens noch nicht erfaßt. Das sind keine „ewigen" Tatbestände. Aber sie liegen heute so. Natürlich kann man auf dem Papier ganz beliebige berufsständische Wahlkörper konstruieren. Aber gesetzt, man täte es, so würde, wie gesagt, die Folge sein, daß nun *hinter* ihnen die politischen Parteien einerseits, die wirtschaftlichen Interessentenverbände andererseits ihr *wirkliches* Leben führen würden.

Es muß das hier genügen. Wir haben alle diese romantischen Phantasien, welche ja für den Kundigen der Ehre ernster Widerlegung nicht wert sind, hier nur erwähnt, weil diese ganz ungeschichtlichen Konstruktionen immerhin den einen Schaden anrichten: die Wasserscheu des deutschen Spießbürgertums (aller Schichten) vor dem Eintauchen in die spezifisch *moderne* Problemlage noch zu steigern, es noch weltfremder und unpolitischer zu machen. Ob denn wohl – um schließlich auch das kurz zu berühren – einer von diesen Tintenfaßromantikern vom Wesen des *wirklichen* "Ständestaats" der Vergangenheit eine klare Anschauung hat? Verworrene Vorstellungen über eine „Gliederung der Gesellschaft" nach den „natürlichen Berufen" in „ständischen Gemeinschaften", den Trägern „christlicher Brüderlichkeitsethik", und von einem „stufenförmigen Aufbau" mit dem geistlichen Weltmonarchen an der Spitze verhüllen die *absolute Unkenntnis* über das, was hinter diesem, teils den Ideologien der philosophischen Literatur, teils aber sehr modernen rationalistischen Organisationsbegriffen entnommenen Bilde an Realitäten wirklich stand. Denn diese sahen anders aus. Das wirklich Charakteristische an dem sog. Ständestaat war nicht etwa die „organische" Gliederung der Gesellschaft nach „natürlichen ökonomischen Berufsgruppen" oder gar der Aufbau der Wirtschaft auf dem „Prinzip der Solidarität". Das, was die Wirtschaft im Ständestaat von der heutigen unterschied, waren Züge, die sich in aller Welt unter den denkbar verschiedensten politischen Verfassungen wiedergefunden haben. Diese Wirtschaftsformen machten, im Gegensatz zu den heutigen wirtschaftlichen Verhältnissen, den Ständestaat allerdings *möglich*, – was er heute nicht ist (ebenso wie sie anderwärts ganz anderen, heute nicht mehr möglichen Staatsformen die Voraussetzungen bereiteten). Aber sie *schufen* den Ständestaat nicht. Sondern etwas ganz anderes war dem nur in einem Teil von Europa zur vollen Ausbildung gelangten Ständestaat eigentümlich: die Aneignung *politischer* Rechte durch Einzelpersonen und Körperschaften nach

Art des *Privat*besitzes an sachlichen Gütern und: der Zusammentritt (nicht immer *nur*, aber immer: vornehmlich) *dieser Privilegieninhaber* zu gemeinsamen Tagungen behufs Ordnung politischer Angelegenheiten durch *Kompromiß*. Burgenbesitz und militärisch oder politisch oder finanziell wichtige Befugnisse aller denkbaren Art waren damals als erbliche Privilegien in ganz gleicher Art in den Händen einzelner, wie heute nur noch der König seine Krone hat. Das, was wir heute als Inhalt der einheitlichen „Staatsgewalt" anzusehen gewohnt sind, fiel dabei in ein Bündel von Einzelberechtigungen in verschiedenen Händen auseinander. Von einem „Staat" im modernen Sinn war da überhaupt noch keine Rede. Zu jeder politischen Aktion war vielmehr eine Einigung dieser gegeneinander prinzipiell selbständigen Inhaber von Prärogativen nötig, und *dies* herbeizuführen war der Zweck der Ständeversammlungen. Sie kannten daher, im Prinzip und ursprünglich, weder Abstimmungen noch einen für denjenigen, der nicht zustimmte, bindenden Beschluß, sondern als Form der Erledigung der Geschäfte den Vergleich („Rezeß", „Abschied"), im heutigen Sprachgebrauch: das Kompromiß, und zwar nicht nur zwischen den verschiedenen Ständegruppen, sondern ebenso innerhalb einer jeden von ihnen unter den einzelnen Privilegieninhabern. Man lese beliebige Akten solcher Versammlungen und frage sich dann: ob ein moderner Staat in solchen Formen regiert werden könne? Diese Formen aber sind gerade (bei aller Flüssigkeit im einzelnen) die wesentlichsten Bestandteile des Typus, der sich sofort zu ändern beginnt, wo die ultima ratio des *Stimmzettels*: dies wichtigste (wenn auch nicht einzige) Merkmal des modernen Parlaments, in diese Gebilde einzudringen beginnt. Damit erst entsteht die moderne rationale Form der staatlichen Willensbildung. Im konstitutionellen Staat ruht in entscheidenden Punkten auch heute noch das staatliche Handeln (z.B. die Budgetfeststellung), im Rechtssinn und politisch, auf dem Kompromiß. Jedenfalls aber ist dies im *Rechts*sinne weder bei Wahlen noch bei Verhandlungen einer parlamentarischen Körperschaft der Fall und kann es auch gar nicht sein, ohne deren Bestand zu sprengen. Nur als das Kompromiß die *rechtliche* Grundlage politischen Handelns war, war auch die ständische Berufsgliederung ihrem Wesen nach am Platze. Nicht aber da, wo der Stimmzettel regiert: für eine Parlamentswahl.

Heute noch beherrscht ferner das Kompromiß, wie ehemals, als Erledigungsform die *wirtschaftlichen* Interessenkämpfe, vor allem zwischen Unternehmern und Arbeitern: es ist hier unvermeidlich die einzige endgültige

Form des Austrags, und gerade dies gehört zum *wesentlichen* Charakter aller wirklich lebendigen wirtschaftlichen Interessentenvertretungen. Natürlich herrscht es auch in der parlamentarischen Politik, zwischen den Parteien: als Wahlkompromiß oder Kompromiß über Gesetzesvorlagen. Die Möglichkeit des letzteren gehört sogar, wie noch zu erörtern, zu den allerwichtigsten Vorzügen des Parlamentarismus. *Aber*, wohlgemerkt: *immer* mit der ultima ratio des *Stimmzettels* im Hintergrund. Das heißt also: unter dem Druck, daß in Ermanglung des Zustandekommens des Kompromisses die dann stattfindende Wahl oder Abstimmung ein vielleicht *allen* Beteiligten annähernd gleich unerwünschtes Resultat haben werde. Wirkliche und schätzungsweise Stimmen *zählung* gehört nun einmal zum eingeborenen Wesen des modernen Wahlkampfes sowohl als der parlamentarischen Geschäftsführung; daran werden unsere Romantiker mit ihrem Abscheu vor der „Ziffer" nichts ändern. Mögen sie der Politik fernbleiben, wenn ihnen das „Rechnen" ein allzu prosaisches Mittel scheint. Nichts anderes als eine mehr als gewöhnliche Dreistigkeit ist es aber, gerade das *gleiche* Wahlrecht als „Zifferndemokratie" zu verlästern zugunsten anderer, etwa „berufsständischer" Wahlen. Denn wie steht es mit den Ziffern bei diesen? Alles Gerede über die „organisch" sinnvolle Art der beruflichen oder sonstigen ständischen Gliederung ist in allen diesen Projekten nur Schaufenster. Wer nicht Phrasen, sondern Realitäten wünscht, hört darüber ganz hinweg und sieht sie sich stets nur darauf an: wie die *Zahl* der Mandate und Stimmen unter diese kunstvoll ersonnenen Gruppen *verteilt* werden soll. Denn da der Stimmzettel auch dort die ultima ratio bleibt, so ist dies an ihnen ganz allein wichtig: sie alle sind eben nichts anderes als: *Wahlrechtsarithmetik*. In dieser Wissenschaft hat insbesondere das Königlich Preußische Statistische Büro Übung. Die „Wahlrechtsreformprojekte" der letzten 30 Jahre, mit denen es sich zu befassen hatte, beruhten stets auf Berechnungen: wieviel Konservative, Zentrumsleute, Nationalliberale usw. ungefähr bei einem bestimmten Wahlmodus zu erzielen seien. Solche Ziffernkunststücke und ihre Produkte aber als das gegenüber der „Zifferndemokratie" Erhabenere anzusehen, – das wollen wir den Phraseologen und Literaten gern überlassen.

Es ist rein politisch kein bloßer Zufall, wenn heute das gleiche „Ziffernwahlrecht" überall im Vordringen ist. Denn diese *Gleichheit* des Stimmrechtes entspricht in ihrer „mechanischen" Natur dem Wesen des heutigen Staates. Dem modernen Staat erst gehört der Begriff des *"Staatsbürgers"* an. Und das gleiche Wahlrecht bedeutet zunächst schlechterdings nichts anderes als: daß an diesem Punkt des sozialen Lebens der einzelne einmal *nicht*, wie sonst überall, nach seiner Besonderung in beruflichen und familienhaften Stellungen und nach den Verschiedenheiten seiner materiellen oder sozialen Lage in Betracht kommt, sondern eben nur: *als Staatsbürger*. Die Einheit des Staatsvolks an Stelle der Gespaltenheit der privaten Lebenssphären kommt darin zum Ausdruck. Das hat mit einer Theorie von irgendeiner natürlichen „Gleichheit" der Menschen natürlich nicht das geringste zu schaffen. Seinem Sinne nach ist es gerade im Gegenteil ein gewisses Gegengewicht gegen die *nicht* durch natürliche Qualitäten, sondern, oft im schroffsten Mißverhältnis zu ihnen, durch gesellschaftliche Bedingungen, vor allem durch das *Portemonnaie* geschaffenen unvermeidlichen, aber in *keinerlei* natürlichen Unterschieden begründeten sozialen *Ungleichheiten*. Solange auch nur annähernd die heutige Gesellschaftsordnung besteht – und sie hat ein sehr zähes Leben –, wird die Ungleichheit der äußeren Lebenslage, vor allem des *Besitzes*, und werden die dadurch bedingten sozialen Abhängigkeitsverhältnisse zwar gemildert, aber nie ganz beseitigt werden können, die dadurch Privilegierten also auch ihren weit über ihre Zahl hinausgehenden Einfluß auf die Staatspolitik nie auch nur annähernd ganz einbüßen. Ebenso bedingt die Natur der modernen staatlichen und wirtschaftlichen Organisation dauernd die privilegierte Lage der *Fachschulung* und damit der (mit ihr nicht identischen, aber durch sie – auch rein erziehungstechnisch – geforderten) *"Bildung"*, dieses stärksten Elements ständischer Unterscheidung innerhalb der modernen Gesellschaft. Eben deshalb ist es sinnvoll, daß im parlamentarischen Wahlrecht hiergegen ein Äquivalent: die Gleichstellung der an Masse überlegenen sozial beherrschten gegenüber den privilegierten Schichten zum mindesten bei der Wahl der *kontrollierenden* und als *Auslesestätte der Führer* fungierenden Körperschaft geschaffen wird.

Und noch wesentlich gesteigert wird die Unentbehrlichkeit dieser Instanz, wenn wir einmal annehmen: es würde wirklich im Gefolge der Kriegswirtschaft eine *dauernde* weitgehende „Organisation" der Volkswirtschaft in Interessenverbänden *unter Beteiligung von staatlichen Amtsstellen,* also eine bürokratisch „beaufsichtigte" oder „mitverwaltete" oder sonst irgendwie mit den staatlichen Instanzen in feste dauernde Beziehungen gesetzte berufsgenossenschaftliche Regulierung der Wirtschaft (oder doch gewisser wichtiger ihrer Zweige) ins Leben treten. Hat sich eigentlich irgendeiner unserer dafür so kindlich begeisterten Literaten einmal überlegt, was dabei *politisch* herauskommen würde, wenn nicht gleichzeitig durch eine gewaltige Machtsteigerung des *nicht* berufsständisch organisierten Parlaments ein Gegengewicht geschaffen wird? Sie bilden sich ein: „der Staat" werde dann der weise Regulator der Wirtschaft. *Umgekehrt!* Die ihnen so verhaßten Bankiers und kapitalistischen Unternehmer würden die *unbeschränkten und kontrollfreien Herren des Staates!* Denn *wer in aller Welt ist denn „der Staat"* neben dieser Maschinerie von groß- und kleinkapitalistischen *Kartellen* aller Art, in denen die Wirtschaft „organisiert" ist, wenn seine eigene Willensbildung in die Hand eben *dieser* "genossenschaftlichen" Organisationen gelegt wird? Schon die Beteiligung des Staates am Kohlensyndikat und am Bergbau überhaupt bedeutet praktisch: daß der Fiskus interessiert ist *nicht* an der bestmöglichen Versorgung der Nation mit billiger Kohle, sondern an *hoher Rente* aus seinen Bergwerken, daß private und staatliche Zechen und Bürokratie in diesem Interesse *identisch* sind, gegenüber den Arbeitern sowohl wie gegenüber dem Kohlenverbraucher. Jeder weitere Fortschritt der *staatlich* geleiteten Kartellierung bedeutet selbstverständlich nichts anderes als eine weitere Propagierung dieses Tatbestandes. Mag sein, daß sie trotzdem unausweichlich ist, – das soll hier nicht erwogen werden. Aber welche unermeßliche Naivität zu glauben, *dadurch* würde die – in den Augen unserer Tintenfaß-Ideologen – so höchst verwerfliche Herrschaft des Interesses am „Profit" und an der Produktion von Gütern zu „Erwerbszwecken" beseitigt oder geschwächt zugunsten des „naturgemäßen": des „gemeinwirtschaftlichen" Interesses an der möglichst besten, das heißt möglichst wohlfeilen und guten Versorgung der die Güter begehrenden und verbrauchenden *Menschen?* Welch abgründiger Unsinn! Jenes von den Kartellen vertretene kapitalistische Produzenten- und Erwerbsinteresse *beherrschte dann den Staat selbst ganz ausschließlich. Es sei denn*, daß jener Organisation der Produzenten-Interessen eine Macht gegenübergestellt wird, stark genug, um sie zu kontrollieren und entsprechend dem *Bedarf* der Bevölkerung zu lenken. Der *Bedarf* eines Menschen aber richtet sich *nicht* nach seiner Stellung im Mechanismus der Güter*produktion.* Der Arbeiter *bedarf* Brot, Wohnung, Kleidung ganz in *gleicher* Art, ganz gleichviel, in welcher Art von Fabrik er arbeitet. Gerade wenn also jene Organisation der Wirtschaft bevorsteht, ist es schlechthin notwendig, daß, *ehe* sie zu funktionieren beginnt, jetzt sofort also, ihr ein *nicht* nach der Art der Beschäftigung bei der Güterbeschaffung, sondern nach dem Prinzip der Vertretung des Massen*bedarfs* gewähltes Parlament: – ein Parlament des gleichen Wahlrechts – mit ganz souveräner Macht gegenübergestellt wird. Mit wesentlich souveränerer Macht als bisher, denn die bisherige Machtstellung hat *nicht* genügt, die naturgegebene Herrschaft des Fiskalismus in den Staatsbetrieben und die Macht der Erwerbsinteressenten zu brechen. – Dies ist ein *negativer* Grund für das gleiche Wahlrecht.

Positiv steht aber das gleiche Wahlrecht rein staatspolitisch in einer engen Beziehung zu jener Gleichheit gewisser *Schicksale,* die wiederum der moderne Staat als solcher schafft. „Gleich" sind die Menschen vor dem Tod. Annähernd gleich sind sie auch in den unentbehrlichsten Bedürfnissen des körperlichen Lebens. Eben dies Ordinärste und andererseits jenes pathetisch Erhabenste aber umfassen auch diejenigen Gleichheiten, welche der moderne Staat allen seinen Bürgern wirklich dauernd und unbezweifelbar bietet: die rein physische Sicherheit und das Existenzminimum zum Leben, und: das Schlachtfeld für den Tod. Alle Ungleichheiten der politischen Rechte der Vergangenheit führten letztlich auf ökonomisch bedingte Ungleichheit der *militärischen* Qualifikation zurück, welche im bürokratisierten Staat und Heer fehlen. Gegenüber der nivellierenden unentrinnbaren Herrschaft der Bürokratie, welche den modernen Begriff des „Staatsbürgers" erst hat entstehen lassen, ist das Machtmittel des Wahlzettels nun einmal das *einzige,* was den ihr Unterworfenen ein Minimum von Mitbestimmungsrecht über die Angelegenheiten jener Gemeinschaft, für die sie in den Tod gehen sollen, überhaupt in die Hand geben *kann.*

In Deutschland nun ist es das *Reich,* welches den Krieg führt, von den Einzelstaaten aber ist *Preußen* kraft seiner Stellung im Reich der für dessen Politik schlechthin ausschlaggebende Hegemoniestaat. An das *Reich* stellt daher der einzelne den Anspruch, daß es die Erfüllung wenigstens des absoluten Mindestmaßes von politischer Anstandspflicht gegenüber den heimkehrenden Kriegern seitens dieses Hegemoniestaates garantieren müsse. Keiner von ihnen darf – das ist ein *Reichs*interesse – in dem ausschlaggebenden Einzelstaat *gegenüber einem Daheimgebliebenen* im politischen Wahlrecht zurückgesetzt sein, wie es bei jedem anderen als dem gleichen Wahlrecht unvermeidlich der Fall wäre. Die Forderung ist rein staatspolitischen, nicht parteipolitischen Charakters. Wir kennen ja die Stimmung und politische Gesinnung gar nicht, welche die heimkehrenden Krieger erfüllen wird. Vielleicht wird sie sehr „autoritär" sein. Denn starke „konservative" Parteien wird es immer geben, weil es immer autoritär gestimmte Menschen geben wird. Dann mögen sie mit dem Wahlzettel in der Hand den Staat nach ihren Idealen aufbauen, und wir Daheimgebliebenen werden an unseres Tages Arbeit gehen. Nur der schamlose Widerstand der „Heimkämpfer“ gegen die Erfüllung jener elementaren Anstandspflicht wird hier bekämpft. Dafür, daß die Bäume der veralteten, negativen, nur die Freiheit *vom* Staat fordernden Demokratie nicht in den Himmel wachsen, sorgen die unerbittlichen Realitäten der Gegenwart und würde am besten die selbstverantwortliche Beteiligung der parlamentarischen Parteiführer an der Macht *im* Staate sorgen. Gerade die Erfahrungen dieses Krieges haben (auch jetzt in Rußland) gezeigt, was schon einmal betont wurde: daß *keine* Partei, welchen Programms auch immer, die *effektive* Leitung eines Staates in die Hand bekommt, ohne *national zu werden.* Das würden wir bei uns ganz ebenso erleben, wie man es überall erlebt hat. *Weil* sie von der Staatslenkung nicht ausgeschlossen waren, waren die sozialistischen Parteien anderer Staaten „nationaler“ als (damals) die unsrige. Welches aber auch immer die Stimmung der heimkehrenden Krieger sein wird, – jedenfalls bringen sie Erlebnisse, Eindrücke und Erfahrungen mit, welche *nur sie* gehabt haben. Was wir von ihnen vor allem erwarten zu dürfen glauben, ist einmal ein mindestens relativ größeres Maß von *Sachlichkeit.* Denn im Höchstmaß sachlich sind die Aufgaben, welche der moderne Krieg stellt. Und ferner: ein größeres Maß von Gefeitheit gegen bloße Literatenphrasen, gleichviel welcher Partei. Dagegen hat die Kriegszeit innerhalb der *Daheim*gebliebenen, vor allem der Besitzenden und der Literatenschichten, ein so widerwärtiges Bild fehlender Sachlichkeit, mangelnden politischen Augenmaßes und geflissentlich genährter Verblendung gegen die Realitäten offenbart, daß hier nur gelten kann: „Du hast ausgeläutet, herunter vom Glockenturm“! Zum mindesten die Neuordnung des Wahlrechtes aber muß schon während des Krieges erfolgen. Denn die heimkehrenden Krieger dürfen nicht in die Notwendigkeit versetzt werden, zunächst in sterilen inneren Kämpfen um Wahlrechte sich die Machtmittel zu verschaffen, in dem Staat, dessen Existenz sie verteidigt haben, maßgebend mitreden zu dürfen. Sie müssen eine solche Ordnung der rein formalen politischen Rechte bereits *vorfinden*, daß sie unmittelbar Hand an den materiellen Neuaufbau seiner Struktur legen können. Dies ist das rein praktisch entscheidende Argument für das gleiche Wahlrecht in Preußen und seine alsbaldige Einführung gerade jetzt, *ehe* der Krieg zu Ende gegangen ist. –

Wir kennen ja nun alle die Phrasen, mit welchen demgegenüber die Interessenten den Spießbürger, zumal: den Literaten, zu schrecken suchen. Vor allem: die Angst vor der Zerstörung der angeblich „vornehmen“ und daher kulturfördernden „Traditionen“ und auch der vermeintlich unergründlichen politischen Weisheit der den Staat beherrschenden, angeblich „aristokratischen“ Schichten durch die „Demokratie“. Gehen wir einmal auf den wirklichen Kern dieser Argumente ein, obwohl sie von der Wahlrechtsfrage als solcher zunächst abführen.

Es ist unzweifelhaft, daß eine *echte Aristokratie* recht wohl ein ganzes Volk im Sinn und in der Richtung ihres Vornehmheitsideals zu prägen vermag. Denn die plebejischen Schichten ahmen ihre „Geste“ nach. Und sie kann ferner, den Vorteil der festen Tradition und des sozial weiten Horizonts mit dem Vorteil der „kleinen Zahl“ verbindend, als Leiterin eines Staatswesens politisch hochwertige Erfolge erzielen. Die Herrschaft einer Aristokratie mit politischen Traditionen hat vor demokratischen Herrschaftsformen ferner einen staatspolitischen Vorzug: die geringere Abhängigkeit von *emotionalen* Momenten. Anders ausgedrückt: den durchschnittlich *kühleren Kopf*, der das Produkt einer bewußt durchgeformten Lebensführung und durch Erziehung auf „Contenance“ eingestellten Haltung ist. Sie hat die Gabe *schweigenden Handelns* regelmäßig in wesentlich höherem Maße als sowohl die demokratischen Massen, wie auch – was von Schmeichlern meist verschwiegen wird, obwohl es weit schlimmer wirkt – die nichtparlamentarischen modernen Monarchen. *Alle* nichtparlamentarischen modernen Monarchen sind der Gefahr ausgesetzt: zu glauben, sie müßten im Interesse ihres Prestiges ähnlich für ihre Person durch *Reden* sozusagen Reklame machen, wie es demokratische Führer im Klassenstaat für ihre Partei im Interesse der Werbung zu tun gezwungen sind. Ein Volk kann daher dem Himmel danken, wenn seinem Monarchen die staatspolitisch höchst unwillkommene Gabe und das Bedürfnis der persönlichen Rede *versagt* ist. Und das parlamentarische System hat eine seiner Stärken darin, daß es den Monarchen vor dieser Bloßstellung seiner Person bewahrt. Einer alten politischen Aristokratie liegt diese Gefahr am fernsten. Und sie verbindet mit diesem Vorzug die Fähigkeit der *Geschmackskultur*. Demokratische Parvenüstaaten, wie der italienische, pflegen von ihr ebenso entblößt zu sein wie neu entstandene Monarchien. Wenn die furchtbare Barbarei der pietätlosen – dabei durch antiklerikale Tendenz gegen „peinliche“, das heißt beschämende, „Erinnerungen“ eingegebenen – Verunstaltung Roms dem italienischen großen Lyriker C a r d u c c i den Wunsch entlockte: es möchte der Kirchenstaat einmal auf einen Monat hergestellt werden, um die hohle Theatralik und den Ungeschmack der „terza Roma“ hinwegzufegen, so ist das seiner kargen

Schlichtheit entkleidete Berlin mit seinem elenden Dom, seinem Scheusal von Bismarck-Denkmal und manchem andern, verglichen etwa mit München oder Wien, aber auch mit vielen kleineren Residenzen, ein solches Monument banalen Pseudomonumentalismus, daß man mit Schaudern an das Geschmacksurteil der Nachwelt über dies Menschenalter deutscher Geschichte und mit Scham an eine Künstlergeneration denkt, die sich dafür hergegeben hat, und an ein Publikum, welches dem nicht entgegentrat. Jedenfalls aber erbringt diese: Verunstaltung den Beweis: daß die Monarchie *an sich* wahrlich nicht die geringste Garantie, oft eine Gefährdung künstlerischer Geschmackskultur bietet. Während das Bismarck-Denkmal Hamburgs, die einzige vollwertige Monumentalleistung Deutschlands, für immer dem Hamburger Patriziat zur Ehre gereicht und unseren blöden Literaten zeigen kann, daß „Kapitalismus" und „Kunst" nicht notwendig in jener natürlichen Feindschaft leben, die man ihnen andichtet. Für die Demokratien aber erbringen italienische Gewerkschaftshäuser den gleichen Beweis, im übrigen: Städte wie Zürich. Hohe Geschmackskultur, wie sie einer fest gefügten und selbstsicheren alten Aristokratie oder einer deren Traditionen nachahmenden Demokratie am ehesten eignet, ist aber auch rein staatspolitisch keineswegs gleichgültig: das Prestige Frankreichs in der ganzen Welt beruht auf dem Schatz, den es aus seiner aristokratischen Vergangenheit herübergerettet und, bei höchst üblem Verfall der offiziellen Kunstpflege, eben doch in den intimen Kreisen seines Kunstschaffens und der ästhetischen Durchgeformtheit des französischen Menschentypus weitergepflegt hat. Hier hat die Demokratisierung wenigstens partiell zur Propagierung der alten exklusiven Geschmackskultur geführt, wie es für den italienischen Menschentypus gerade der Unterschichten in anderer Art ebenfalls gilt. –

Fassen wir auch für Deutschland dies Problem ganz prinzipiell und zunächst von der hier besprochenen Wahlrechtsfrage ganz unabhängig. Da fragt es sich nun zunächst: *wo ist denn die deutsche Aristokratie mit ihrer „vornehmen" Tradition?* Gäbe es sie, – dann wäre zu diskutieren. *Aber sie ist ja,* außerhalb einiger *Fürstenhöfe* (gerade kleinerer) *einfach nicht da.* Denn was bedeutet: Aristokratie, oder vielmehr: welche Bedingungen sind gefordert, damit eine Schicht – gleichviel, ob im Wesen feudal („Adel") oder bürgerlich („Patriziat") – als Aristokratie im *politischen* Sinne des Wortes fungieren und politisch nutzbar gemacht werden kann? Vor allem anderen: eine ökonomisch sturmfreie Existenz. Ein Aristokrat muß, das ist ja die allerelementarste

Vorbedingung, *für* den Staat leben können, nicht *von* ihm leben müssen. Die bloß äußerliche Tatsache des Besitzes solcher Einnahmen, daß ihm der Verzicht auf ein Ministergehalt nicht allzu schwer fällt, entscheidet dabei noch nicht. Er muß vor allem „ökonomisch abkömmlich" sein, um äußerlich, und vor allem auch innerlich, für politische Zwecke zur Verfügung zu stehen. Das heißt: die Arbeit im Dienst eines wirtschaftlichen *Betriebes* darf ihn nicht, oder jedenfalls nicht erschöpfend, in Anspruch nehmen. Von allen privatwirtschaftlichen, auf scharfe eigene geistige Arbeit zugeschnittenen Erwerbsarten ist der *Advokaten*beruf derjenige, welcher am relativ ehesten den, der ihn ausübt, für politische Zwecke abkömmlich bleiben läßt (durch die Möglichkeit der Assoziation oder des Engagements von Vertretern und das Fehlen des Kapitalrisikos) und – weil der Advokat über Rechtskenntnis und Erfahrung in der Alltagspraxis der Lebensbedürfnisse, überdies aber über ein organisiertes *Büro* verfügt – ihn in allen Demokratien sehr stark in der politischen Laufbahn begünstigt, ihm auch im Falle von Wahlmißerfolgen den Wiedereintritt in die Leitung seines Betriebes relativ sehr erleichtert. Man hat über die Bedeutung der Advokaten in zahlreichen Demokratien sehr gescholten, und zumal die niedrige soziale Schätzung des Anwaltes bei uns ist für dies Urteil bestimmend gewesen. Außerdem der nicht selten berechtigte Vorwurf des „Formalismus" in der Behandlung politischer Probleme. Allein der Formalismus gehört zum Wesen aller juristischen Schulung, auch der des Richters und Verwaltungsbeamten, wenn man nicht die Willkür züchten will. Andererseits aber bedeutet die Advokatenarbeit im Gegensatz zu der des Richters und Beamten eine Schulung zum „Kampf mit dem Wort": die starke Überlegenheit unserer Feinde über uns in der politischen Werbearbeit, und überhaupt in der Benutzung der wichtigen Waffe des Wortes ist durch jenen *Mangel* an Advokatenschulung (die durchaus vornehmen Niveaus sein kann) bedingt, der *jeder* reinen Beamtenregierung gegenüber den Advokatenministern der Demokratien anhaftet. Wer also eine Änderung darin wünscht, muß das Mittel: Vermehrung des politischen Einflusses der Advokaten durch Steigerung ihrer politischen *Chancen,* in den Kauf nehmen. Von dem Wesen des wirklich großen Advokatenberufes hat freilich der Deutsche, vor allem der Literat, dessen Vorstellung an Schöffengerichts- oder Eheprozessen oder kleinen Ärgernissen des Alltags, die ihn zum Advokaten führten, orientiert ist, im allgemeinen keinerlei Ahnung. Wer ihn kennt, weiß, daß er die Krone *aller* juristischen Arbeit nicht nur, sondern auch aller freien Vertrauensstellungen ist und an geistiger Intensität und *Verantwortlichkeit* hoch über der meisten juristischen Arbeit steht. Das Beamtentum *haßt* selbstverständlich den Advokaten als lästigen Mittelsmann und Querulanten und daneben aus Ressentiment gegen seine Erwerbschancen. Es ist gewiß nicht erwünscht, daß Parlamente und Kabinette ganz und gar von Advokaten regiert werden. Aber ein kräftiger Einschlag vornehmen Advokatentums wäre jedem modernen Parlament zu wünschen. – Immerhin: eine „Aristokratie" bildet die heutige Anwaltschaft jetzt nicht einmal in England mehr. Sondern einen bürgerlichen Erwerbsstand: freilich einen solchen, der politisch abkömmlich ist.

Niemals ist dagegen ein moderner *Unternehmer* ein „Aristokrat" im *politischen* Sinne des Wortes. Er ist im Gegensatz zum Advokaten spezifisch *unabkömmlich,* und zwar je größer und also ihn in Anspruch nehmender der Betrieb ist, desto mehr. Das alte Handelspatriziat der Städterepubliken war eine Schicht von *Gelegenheitsunternehmern,* im übrigen aber: von Rentnern; *darauf* beruhte seine politische Brauchbarkeit. Ein moderner Fabrikant, an die stetige, scharfe, aufreibende Arbeit seines Betriebes gefesselt, ist von allen Vertretern besitzender Schichten der für Politik unabkömmlichste Typus. Darauf vor allen Dingen beruht die im Verhältnis zur ökonomischen Wichtigkeit und praktischen Intelligenz dieser Schicht *relativ* unvermeidlich geringe Bedeutung ihrer Mitglieder für die politische sowohl wie für die Arbeit der Selbstverwaltung. Nicht wie der übliche stupide Literatenmoralismus schwätzt – geringerer „Opfersinn" oder „Mammonismus", sondern die dem bürgerlichkapitalistischen Betrieb und Erwerb immanente äußere Arbeitsgebundenheit und innere Pflichtgebundenheit an den Betrieb entscheidet darüber. Der Saisoncharakter der *Landwirtschaft* läßt immerhin wenigstens die Wintermonate für die politische Arbeit frei. Aber: bei *allen* in den ökonomischen Interessenkampf als Unternehmer unmittelbar verflochtenen Schichten fehlt etwas anderes, noch Wichtigeres: die, sozusagen, innerliche Abkömmlichkeit, die *Distanz* von privatwirtschaftlichen Alltagsinteressen *kämpfen.* Stets ist der moderne Unternehmer, auch der landwirtschaftliche, im Gegensatz zum Advokaten, viel zu unmittelbar in diesen Kampf verflochtener *Interessent,* um politisch verwertbar zu sein.

Die hinlängliche Distanz vom ökonomischen Interessenkampf besitzt seit jeher nur: der *Großrentner*. Vor allem der ganz große Grundherr (Standesherr). Aber auch der große Rentenvermögensbesitzer überhaupt. Ihm allein eignet die nötige relativ weitgehende Entrücktheit aus dem ökonomischen Alltagskampf, den jeder Unternehmer um sein Dasein, seine ökonomische Macht, den Bestand seines Betriebes unausgesetzt zu führen hat. Die demgegenüber weit größere Sturmfreiheit der Existenz des Großrentners, die – auch wo er Großunternehmungen zu seinen Rentenquellen zählt – weit größere *Distanz* zum Alltag des Betriebs setzt äußerlich und innerlich seine Kräfte für politische – Staats- und kulturpolitische – Interessen, für „weltmännische" Lebensführung, Mäzenatentum und Erwerb von Weltkenntnis großen Stils frei. Nicht, daß er etwa in einem ökonomisch „interessenleeren Raum" lebte. Derartiges gibt es nicht. Aber er steht nicht im Alltagskampf um die Existenz seines Betriebes, ist nicht *Organ* eines solchen, ist nicht Träger plutokratischer *Klassen*interessen, weil er dem aktuellen Interessen*kampf* entrückt ist. *Nur* eine Schicht *dieser* Struktur könnte heute auf das Prädikat einer „Aristokratie" im Sinn einer spezifischen *ökonomischen* Qualifiziertheit Anspruch erheben.

Von der Bedeutung dieser ökonomischen Qualifikation kann man sich schon im kleinen leicht überzeugen. Nehmen wir ein Beispiel: Jedermann weiß, um ein Alltagsbeispiel zu wählen, was für den Geist eines Offizierkorps ein „nervöser" Regimentskommandeur bedeutet. Nun, – diese „Nervosität" ist (bei sonst gleichen Verhältnissen) in typischer Art Folge der ökonomischen Lage: der Vermögenslosigkeit, die den Kommandeur für den Fall der Verabschiedung mit seiner an soziale Ansprüche gewöhnten Familie vor eine schäbige Zukunft stellt, ihn daher in seinem dienstlichen Verhalten bedrückt und belastet und es ihm im Vergleich mit einem vermögenden Kommandeur unendlich erschwert, die Ruhe zu bewahren und – ein praktisch sehr wichtiger Punkt – die Interessen seiner Untergebenen nach oben rücksichtslos zu vertreten. Jeder Offizier mit offenen Augen wird diese Erfahrung gemacht haben, die durch Einzelbeispiele zu illustrieren wohl unnötig ist. Und ähnlich steht es auf anderen Gebieten. Viele der sozialpolitisch charaktervollsten Figuren unseres Beamtentums – z.B. in den Fabrikinspektionen – waren vermögende Männer, welche eben um deswillen nicht nötig hatten, sich jedem Luftzug der Interessenten zu beugen, sondern ihr Amt einsetzten, wenn ihnen Zumutungen gestellt wurden, die sie mit ihrem Gewissen nicht vereinbaren konnten. Die Bedeutung P a u l S i n g e r s und seine Stellung innerhalb der Sozialdemokratie war, angesichts seiner intellektuell schließlich doch recht begrenzten Begabung, in starkem Maß Funktion seines Vermögens, welches ihm erlaubte, *für* die Partei zu leben – wie er es getan hat –

, statt daß er *von* ihr hätte leben müssen. „Politischer Charakter" ist nun einmal billiger für den vermögenden Mann, daran kann kein Moralismus etwas ändern. Und es handelt sich keineswegs nur um Charakter „nach oben". Die relativ größere Zugänglichkeit der besitzlos im Alltagskampf um ihr Dasein ringenden Massen für alle *emotionellen* Motive in der Politik: für Leidenschaften und Augenblickseindrücke sensationeller Art, gegenüber dem „kühleren Kopf" des dieser Sorge enthobenen Besitzenden läßt es dringend erwünscht erscheinen, daß gerade demokratische Parteien auch Leute in gesicherter ökonomischer Lage, die aus rein persönlicher Überzeugung sich der politischen Arbeit widmen, in ihrer *Leitung* zählen, um gegen diese Einflüsse ein Gegengewicht zu haben, welches das Partei *beamtentum* als solches nicht immer zu bieten vermag. Die emotionalen Qualitäten der Masse sind zwar, weil sie nicht *unmittelbar* in die Politik einzugreifen vermag, und weil ihr Verhalten leichter vergessen wird, bei weitem nicht so gefährlich wie die emotionalen Qualitäten der *Monarchen*, welche durch erregte und unvorsichtige Telegramme und Reden die politische Lage einer Nation auf Jahrzehnte hinaus kompromittieren können. Aber vorhanden sind sie auch, und auch *ihnen* gegenüber ist „politischer Charakter" und kühle Überlegung unter sonst *gleichen* Verhältnissen *billiger* für den besitzenden Mann. Es ist eine wichtige Zukunftsfrage: ob auch die in ihrer Vermögenslage unabhängigen Besitzenden, die nun einmal dasein werden, solange es eine Privateigentumsordnung gibt, in den Dienst der politischen, und zwar gerade auch der *demokratischen* parteipolitischen Arbeit treten. Das leicht entstehende Ressentiment des schwer um sein Brot arbeitenden und auf sein Gehalt angewiesenen Parteibeamten gegen solche Elemente darf die Parteien nicht hindern, die Lehren, welche die Erfahrung in dieser Hinsicht gibt, zu beherzigen. Andererseits ist jenes Ressentiment des Partei- und Genossenschaftsbeamtentums das ganz geeignete Gegengewicht gegen die Gefahr, daß eine „plutokratische" Leitung der Parteien aus jener Lage entstehen könnte. Die Erfahrungen der russischen demokratischen Parteien, bis zur äußersten Linken hin, bei denen Fürstentöchter mit auf den Barrikaden gefochten und Mäzenaten größten Stils die Mittel für die Volksbewegung aufgebracht haben, zeigen, daß der Spielraum, welchen das ökonomische Eigeninteresse besitzender Ideologen für die idealistische Betätigung zuverlässig „demokratischer" *Gesinnung* offenläßt, *weit* größer ist als bei irgendeiner, sozial angesehen, plebejischeren, aber dabei in den Interessenkampf unmittelbar verstrickten Schicht, weil ihre Vermögenslage ihnen nicht die Richtlinien ihres politischen Verhaltens weisen muß, sondern Rückhalt für politisch selbständige

Überzeugung sein *kann*. Rein äußerlich leisten diesen Dienst die prosaischen Rentenpapiere ihrem Besitzer ebensogut wie etwa der Besitz einer Standesherrschaft. Aber allerdings schult diese durch die Art der im großen disponierenden Aufgaben, vor welche sie den Inhaber stellt, und durch den Resonanzboden der Herrenstellung, ihn unter sonst gleichen Umständen in einer weit spezifischeren Art für politisches Handeln, als die Couponschere und der rein konsumtive Stadthaushalt eines Papierrentners es zu tun vermögen. Kein Zweifel also: eine Grundherrenschicht, wie sie in England bestand und wie sie ähnlich den Kern des altrömischen Senatsadels ausmachte, ist staatspolitisch ein durch nichts zu ersetzender Träger von politischer Tradition, Schulung und Temperierung. *Aber wo ist sie* bei uns? Wie viele solcher Standesherren gibt es in Deutschland, insbesondere in Preußen? Wo ist ihre politische Tradition? So gut wie *nichts* bedeuten sie politisch, und *am allerwenigsten in Preußen*. Und es scheint denn doch klar, daß eine staatliche Politik mit dem Ziel der Züchtung einer solchen wirklich aristokratischen Großrentnerschicht heute ein Ding der Unmöglichkeit ist. Mag es auch möglich sein, auf Waldboden – dem einzigen zur Fideikommißbildung sozialpolitisch qualifizierten Grundbesitz – noch eine Anzahl großer Standesherrschaften entstehen zu lassen, so wäre es doch ausgeschlossen, dadurch Resultate zu erzielen, die quantitativ ins Gewicht fallen. Und *das* war ja die tiefste innere Unwahrhaftigkeit des Anfang 1917 in Preußen beratenen Fideikommißgesetzentwurfs: daß er dies adäquate Institut eines *standesherrlichen* Besitzes auf den *Mittelstand* des durchschnittlichen ostelbischen Rittergutsbesitzers erstrecken und dadurch Existenzen zu einer „Aristokratie" *aufblasen* wollte, die nun einmal keine sind und auch keine sein können. Wer die viel (und oft zu Unrecht) geschmähten und ebensoviel (und ebenso zu Unrecht) verhimmelten „Junker" des Ostens kennt, wird gewiß rein persönlich seine Freude an ihnen haben müssen: auf der Jagd, beim guten Trunk, bei der Karte, in der Gastlichkeit des Gutshofs: da ist alles echt. Unecht wird alles erst, wenn man diese schon rein ökonomisch auf landwirtschaftliche *Unternehmerarbeit* und auf den *Interessenkampf* – einen so rücksichtslosen sozialen und ökonomischen Interessenkampf wie nur irgendein Fabrikant – angewiesene, also dem Wesen nach „bürgerliche" Unternehmerschicht als „Aristokratie" stilisiert. Zehn Minuten im Kreise on ihresgleichen genügen, um zu sehen: daß sie *Plebejer* sind, gerade und vor allem in ihren Tugenden, die durchaus massiv plebejischen Charakters sind. Ein ostdeutsches Rittergut „ *trägt heute keine Herrschaft*", wie sich der Minister von Miquell einmal (privatim!) ganz richtig ausdrückte. Versucht man eine solche heute auf schlichte bürgerlich-kapitalistische Arbeit hingewiesene Schicht zu einer „Aristokratie" zu stempeln mit feudalen Gesten und Prätensionen, so wird daraus unweigerlich nur eines: eine *Parvenüphysiognomie.* Diejenigen Züge unseres politischen und sonstigen Auftretens in der Welt, welche diesen Charakter tragen, sind zwar nicht nur, aber immerhin *auch* dadurch mitbedingt, daß man diese Ansprüche, eine Aristokratie zu spielen, Schichten eingeflößt hat, denen dazu nun einmal die Qualifikation fehlt.

Nicht *nur* gerade *dieser* Schicht. Denn das Fehlen von Formen weltmännischer Erziehung bei uns ist natürlich keineswegs *nur* durch die Physiognomie gerade der Junker, sondern durch den penetrant bürgerlicher Charakter *aller* derjenigen Schichten gegeben, welche die spezifischen Träger des preußischen Staatswesens in den Zeiten seines ärmlichen, aber glorreichen Aufstiegs gewesen sind. Die alten Offiziersfamilien, welche in ihren oft überaus dürftigen Verhältnissen hochehrenwert die Tradition des altpreußischen Heeres pflegen, die gleichartigen Beamtenfamilien sind – einerlei, ob adlig oder nicht – ökonomisch und sozial ebenso wie nach ihrem Horizont ein *bürgerlicher Mittelstand.* Die gesellschaftlichen Formen des deutschen Offizierkorps sind innerhalb seines Kreises im allgemeinen durchaus dem Charakter der Schicht angemessen und gleichen in ihren entscheidenden Zügen denen der Offizierkorps der Demokratien (Frankreich, auch Italien) *durchaus.* Sie werden aber allerdings sofort zur Karikatur, wenn sie über diesen Kreis hinaus von nichtmilitärischen Kreisen als vorbildlich behandelt werden. Vor allem dann: wenn sie eine Mischehe eingehen mit gesellschaftlichen Formen, welche dem Pennalismus der *Beamtenschulen* entstammen. Und das ist bei uns der Fall.

Das *studentische Couleurwesen* ist bekanntlich die typische soziale Erziehungsform des Nachwuchses für die nichtmilitärischen Ämter, Pfründen und „freien" sozial gehobenen Berufsstellungen. Die „akademische Freiheit" des Paukens, Trinkens, Schwänzens entstammt Zeiten, wo andere Freiheiten irgendwelcher Art bei uns nicht existierten und wo nur diese Literatenschicht der Amtsanwärter mit eben jenen Freiheiten *privilegiert* war. Der Einschlag aber, welchen die damals entstandenen Konventionen in der „Geste" des in Deutschland von jeher und noch immer zunehmend wichtigen „Prüfungsdiplommenschen" hinterlassen haben, ist noch heute nicht zu beseitigen. Die studentischen Couleuren selbst würden auch dann schwerlich verschwinden, wenn heute nicht schon die Hypotheken auf den Couleurhäusern und die Notwendigkeit für die „Alten Herren“, sie zu verzinsen, für ihre ökonomische Unsterblichkeit hinlänglich Sorge trügen. Im Gegenteil dehnt sich das Couleurwesen stetig weiter aus. Einfach deshalb, weil das *Konnexionswesen* der Couleuren heute eine spezifische Form der *Auslese der Beamten* ist und weil die Reserveoffizierqualität und die dazu erforderliche, durch das Couleurband sichtbar verbriefte „Satisfaktionsfähigkeit“ den Zutritt zur „Gesellschaft“ öffnet. Zwar der Trinkzwang und die Mensurentechnik der Couleuren werden zunehmend den Bedürfnissen der schwächlicheren Konstitution der um der Konnexionen willen immer zahlreicheren Reflektanten auf das Couleurband angepaßt: es gibt angeblich jetzt Teatotaler in einigen Korps. Aber das Entscheidende: die *geistige Inzucht* (eigene Lesezimmer in den Couleurhäusern, besondere, nur von „Alten Herren“ mit einer unsäglich subaltern-kleinbürgerlichen Art von gutgemeinter „patriotischer“ Politik versorgte Couleurblätter, Perhorreszierung oder doch sehr große Erschwerung des Verkehrs mit Gleichaltrigen anderen gesellschaftlichen oder geistigen Gepräges) ist in den letzten Jahrzehnten *stetig gesteigert* worden. Dabei ergreift die Couleurkonnexion stets weitere Kreise. Ein Kommis, der auf Reserveoffizierqualitäten und das durch sie gebotene Konnubium mit der „Gesellschaft“ (der Tochter des Chefs vor allem) reflektiert, besucht eine jener Handelshochschulen, welche um eben dieses Verbindungstreibens willen einen guten Teil ihres Zulaufs finden. Wie immer man nun alle diese studentischen Gebilde an sich beurteilen mag – und der Maßstab des Moralismus ist nicht der des Politikers –, jedenfalls bieten sie *keine weltmännische* Erziehung, sondern mit ihrem schließlich doch unleugbar banalen Pennalismus und ihren subalternen sozialen Formen so ziemlich das gerade Gegenteil davon. Der stumpfsinnigste angelsächsische Klub bietet gerade davon mehr, so „leer“ man an sich z.B. den Sportbetrieb, in dem er sich nicht selten erschöpft, finden mag. Vor allen Dingen deshalb, weil er bei oft sehr strenger Auslese doch stets auf dem Prinzip der strengen *Gleichheit des Gentleman* aufgebaut ist und nicht auf demjenigen des *Pennalismus*, welchen die Bürokratie an unseren Couleuren als *Propädeutik für die Disziplin* im Amt so außerordentlich schätzt und durch dessen Pflege die Couleuren sich nach oben zu empfehlen nicht versäumen.

Jedenfalls erziehen die formelhaften Konventionen und erzieht vollends der Pennalismus dieser sog. „akademischen Freiheit“, welche den Amtsreflektanten aufgenötigt werden, nur um so *weniger* einen aristokratischen Weltmann, je *mehr* sie sich zu einem Protzen mit dem Geldbeutel – der *Eltern* ausgestalten, wie es unvermeidlich geschieht, wo immer es die Verhältnisse gestatten. Wenn der junge Mensch, der in diese Schule gerät, nicht ein ungewöhnlich selbständiger Charakter und ein sehr freier Geist ist, so werden an ihm jene fatalen Züge eines *lackierten Plebejers* entwickelt, die wir so oft an ihren Vertretern, auch sonst recht tüchtigen, beobachten. Denn durchaus *plebejisch* und fern von allen in gleichviel welchem Sinne „aristokratischen“ sind diejenigen Interessen, welche von diesen Gemeinschaften gepflegt werden. Und der entscheidende Punkt liegt auch hier eben darin, daß ein seinem Wesen nach *plebejisches,* aber da, wo es unbefangen nur jugendlichen Überschwang suchte, unschädliches Scholarentreiben heute die Prätension erhebt, ein Mittel *aristokratischer,* zur Führung im Staat qualifizierender „ *Erziehung*“ zu sein. Der geradezu unglaubliche Widerspruch, der *darin* liegt, rächt sich darin, daß als Resultat – eine *Parvenüphysiognomie* entsteht.

Man hüte sich doch sehr, diese Parvenüzüge im deutschen Angesicht für politisch so ganz gleichgültig zu halten. Nehmen wir gleich ein Beispiel: „Moralische Eroberungen“ bei Feinden, d.h. Interessengegnern, zu machen, ist ein eitles, von Bismarck mit Recht verspottetes Treiben. Aber: bei *Bundesgenossen,* jetzigen oder künftigen? Unsere österreichischen Bundesgenossen und wir sind *politisch* dauernd aufeinander angewiesen. Das ist ihnen wie uns bekannt. Ohne große Torheiten droht da keinerlei Gefahr eines Bruches. Die deutsche *Leistung* wird von ihnen – auch *ohne* daß immer so viel davon bei uns geredet wird, ja dann noch leichter! – rückhaltlos und neidlos anerkannt (von den sachlichen Schwierigkeiten, welche sie ihrerseits haben und die Deutschland erspart sind, hat man bei uns nicht überall die richtige Vorstellung und daher nicht immer die entsprechende Wertschätzung *ihrer* Leistung). Aber was jedermann in der ganzen Welt weiß, muß offen auch hier gesagt werden: was von ihnen und von allen anderen Völkern, mit denen wir je Freundschaft wünschen könnten, nicht ertragen werden würde, wären *Parvenü*manieren, wie sie gerade neuerdings wieder in unerträglicher Art sich breitmachen. Derartiges wird auf die stumme, höfliche, aber bestimmte *Ablehnung* jedes Volkes mit alter, guter, gesellschaftlicher Erziehung stoßen, wie es z.B. die Österreicher nun einmal sind. Von schlecht erzogenen Parvenüs will keiner regiert sein. Jeder Schritt über das außenpolitisch absolut Unentbehrliche hinaus, alles also, was von „Mitteleuropa“ (im innerlichen Sinne des Wortes) möglich oder bei künftigen

Interessengemeinschaften mit anderen Nationen erwünscht wäre (gleichviel, wie man zu dem Gedanken der *wirtschaftlichen* Annäherung steht), kann jedenfalls politisch für beide Teile an dem absoluten Entschluß scheitern, sich das *nicht* aufdrängen zu lassen, was neuerdings mit protziger Geste als „preußischer Geist“ ausgegeben wird und dessen angebliche Gefährdung durch die „Demokratie“ in den Deklamationen der Phrasendreschmaschine der Literaten eine solche Rolle spielt. Solche Deklamationen hat man bekanntlich bei ausnahmslos allen Schritten innerer Reform seit 110 Jahren ganz ebenso zu hören bekommen.

Der echte „preußische Geist“ gehört zu den schönsten Blüten des Deutschtums. Jede Zeile, die wir von Scharnhorst, Gneisenau, Boyen, Moltke haben, atmet ihn ebenso wie die Taten und Worte der großen preußischen (zum guten Teil freilich außerhalb Preußens heimischen) Reformbeamten, die man nicht erst zu nennen braucht. Und ebenso Bismarcks von den heutigen bornierten Philistern der „Realpolitik“ übel karikierte eminente Geistigkeit. Aber es scheint zuweilen, als ob dieser alte preußische Geist heute im Beamtentum *anderer* Bundesstaaten stärker weiterlebe als in Berlin. Und der Mißbrauch dieses Wortes durch die jetzige konservative Demagogie ist gar nichts als eine Schändung jener großen Gestalten.

Es existiert, um es zu wiederholen, in Deutschland *keine Aristokratie* von hinlänglicher Breite und politischer Tradition. Sie hatte am ehesten in der freikonservativen und Zentrumspartei (jetzt auch nicht mehr), nicht dagegen in der konservativen Partei eine Heimat. Und, was mindestens ebenso wichtig ist: es existiert auch *keine vornehme deutsche gesellschaftliche Form*. Denn völlig unwahr ist – womit unsere Literaten gelegentlich zu prahlen suchen –, daß, im Gegensatz zu den angelsächsischen Gentlemankonventionen und dem romanischen Salonmenschentum, in Deutschland „Individualismus“ in dem Sinn der *Freiheit* von Konventionen existiere. Starrere und zwingendere Konventionen als die des „Couleurmenschen“ gibt es nirgends, und sie beherrschen, direkt und indirekt, einen ebenso großen Bruchteil des Nachwuchses der Führerschichten als irgendeine Konvention in anderen Ländern. *Sie sind*, soweit nicht die Offizierkonventionen reichen, *“die deutsche Form“!* Denn in ihren Nachwirkungen bestimmen sie weitgehend die Formen und Konventionen der in Deutschland maßgebenden Schichten: der Bürokratie und aller derer, welche in die von dieser beherrschte „Gesellschaft“ rezipiert werden wollen. „Vornehm" sind freilich diese Formen nicht. Staatspolitisch noch wichtiger als dieser Umstand ist aber der andere: daß sie, im Gegensatz zu den romanischen und angelsächsischen Konventionen, auch schlechterdings nicht geeignet sind, der ganzen Nation, bis in die untersten Schichten hinein, als *Vorbild* zu dienen und sie in ihrer Geste derart einheitlich zu einem in seinem äußeren Habitus selbstsicheren Herrenvolk" *durchzuformen*, wie es jene romanischen und angelsächsischen Konventionen getan haben. Es ist ein schwerer Irrtum zu glauben, die „Rasse" spiele bei dem auffallenden Mangel an Anmut und Würde der deutschen äußeren Haltung die entscheidende Rolle. Dem Deutschösterreicher mit seiner durch eine wirkliche Aristokratie durchgeformten Art des Auftretens fehlen jedenfalls *diese* Qualitäten, trotz gleicher Rasse, nicht, welches auch immer seine sonstigen Schwächen sein mögen.

Die Formen, welche den romanischen Menschentypus bis in seine Unterschichten hinein beherrschen, sind bestimmt durch die Nachahmung der "*Kavaliergeste*", wie sie sich seit dem 16. Jahrhundert entwickelte. Die angelsächsischen Konventionen, ebenfalls bis tief in die Unterschicht hinein die Menschen formend, entstammen den sozialen Gewohnheiten der in England seit dem 17. Jahrhundert tonangebenden Schicht, welche im späten Mittelalter aus einer eigenartigen Mischung ländlicher und städtisch-bürgerlicher Honoratioren, der "*Gentlemen*", sich als Träger des „Selfgovernment" entwickelt hatte. In all diesen Fällen waren – das war das Folgenreiche – die entscheidenden Züge jener Konventionen und Gesten leicht allgemein nachahmbar und also: *demokratisierbar*. Die Konventionen der deutschen akademisch geprüften Amtsanwärter dagegen und der durch sie beeinflußten Schichten, vor allem die Gewohnheiten, welche die Couleuren anerziehen, waren und sind, wie gesagt, offenkundig *nicht* geeignet, von irgendwelchen außerhalb der Examensdiplomschicht stehenden Kreisen und vollends von den breiteren Massen nachgeahmt, also: „demokratisiert" zu werden, obwohl oder vielmehr gerade *weil* sie ihrem inneren Wesen nach keineswegs weltmännisch oder sonstwie „aristokratisch", sondern durchaus plebejisch sind. Der romanische Ehrenkodex war ebenso wie der ganz andersartige angelsächsische einer weitgehenden Demokratisierung fähig. Der spezifisch deutsche Begriff der „Satisfaktionsfähigkeit" dagegen ist dies nicht, wie jede Überlegung lehrt. Dabei ist er aber von großer politischer Tragweite. Und zwar ist nicht etwa – wie immer wieder geglaubt wird – die Geltung des im engeren Sinne sogenannten

„Ehrenkodex“ innerhalb des *Offizier*korps, wo er durchaus am Platze ist, das politisch und sozial Wichtige. Politisch wichtig ist vielmehr der Umstand, daß ein *preußischer Landrat* schlechterdings im Scholarensinn für „satisfaktionsfähig“ gelten muß, um sich auf seinem Posten *überhaupt behaupten* zu können, und ebenso jeder andere leicht absetzbare Verwaltungsbeamte (im Gegensatz z.B. zu dem kraft Gesetzes „unabhängigen“ Amtsrichter, der eben dieser Unabhängigkeit wegen gegenüber dem Landrat sozial *deklassiert* ist). Der Begriff der „Satisfaktionsfähigkeit“ ebensowohl wie alle anderen Konventionen und Formen, welche durch die Struktur der Bürokratie und der für sie maßgebenden deutschen Scholarenehre getragen sind, bilden, weil ihrer Eigenart nach nicht demokratisierbar, *formal: Kastenkonventionen. Material* aber sind sie dennoch, weil jeglicher ästhetischen Würde und aller Vornehmheit entbehrend, nicht aristokratischen, sondern durchaus *plebejischen* Charakters. Dieser innere Widerspruch ist es, der an ihnen so sehr den Spott herausfordernd und politisch ungünstig wirkt.

Die Deutschen sind ein *Plebejervolk*, – oder wenn man es lieber hört: ein bürgerliches Volk, und nur auf dieser Basis könnte eine spezifisch „deutsche Form“ wachsen.

Irgendeine durch die politische Neuordnung herbeigeführte oder beförderte gesellschaftliche Demokratisierung – das ist dasjenige, was hier auseinandergesetzt werden sollte – fände also bei uns, *gesellschaftlich* angesehen, keine aristokratischen Formwerte vor, welche sie entweder zerstören oder umgekehrt ihrer Exklusivität entkleiden und in der Nation propagieren könnte, wie sie dies mit den Formwerten der romanischen und angelsächsischen Aristokratie getan hat. Die Formwerte des deutschen „satisfaktionsfähigen Prüfungsdiplommenschen“ sind aber andererseits wieder auch *nicht* hinlänglich weltmännisch, um als Stütze der inneren Sicherheit auch nur der eigenen Schicht dienen zu können. Vielmehr genügen sie, wie jede Probe zeigt, nicht einmal immer, um die tatsächliche innere Unsicherheit gegenüber weltmännisch gebildeten Fremden zu verbergen. Es sei denn in der Form einer als Unerzogenheit wirkenden, meist aus Verlegenheit stammenden „Patzigkeit“.

Dabei sei nun hier ganz dahingestellt, ob eine *politische* “Demokratisierung“ diese Folge der *gesellschaftlichen* Demokratisierung wirklich haben würde. Die schrankenlose politische „Demokratie“ Amerikas hindert z.B. nicht, daß gesellschaftlich nicht etwa nur – wie bei uns geglaubt wird – eine rohe Plutokratie des Besitzes, sondern außerdem eine ständische „Aristokratie“ im langsamen – wenn auch meist unbemerkten – Entstehen ist, deren Wachstum kulturgeschichtlich ebenso wichtig ist wie jene andere. –

Die Entwicklung einer wirklich vornehmen und zugleich dem *bürgerlichen* Charakter der sozial maßgebenden Schichten angemessenen „deutschen Form“ liegt jedenfalls noch im Schoß der Zukunft. Die Anfänge der Entwicklung einer solchen bürgerlichen Konvention in den Hansestädten sind unter dem Einfluß der politischen und ökonomischen Änderungen seit 1870 nicht fortgebildet. Und der jetzige Krieg beglückt uns mit so vielen Parvenüs – deren Söhne auf den Universitäten sich mit Eifer die üblichen Couleurkonventionen, welche ja an vornehme Tradition keine Anforderungen stellen, als bequeme Dressur für den Erwerb der Reserveoffizierfähigkeit aneignen werden –, daß vorläufig hier wohl nichts Neues zu hoffen ist. Jedenfalls steht fest: sollte die „Demokratisierung“ den Erfolg haben, das soziale Prestige des Prüfungsdiplommenschen zu *beseitigen* – was keineswegs feststeht, wie hier nicht erörtert werden kann –, so würde sie damit politisch wertvolle gesellschaftliche Formwerte bei uns *nicht* vernichten. Sie *könnte* dann vielleicht die Bahn freimachen für die Entwicklung unserer *bürgerlichen* sozialen und ökonomischen Struktur angemessener und daher „echter“ und vornehmer Formwerte. Von diesen Formwerten läßt sich – da man sie selbst sowenig „erfinden“ kann wie einen Stil. – nur das eine (wesentliche Negative und Formale) sagen, was für alle Formwerte dieser Art gilt: daß sie jedenfalls auf keiner anderen Grundlage entwickelt werden können als auf innerer *Distanz* und *Reserve* in der persönlichen Haltung. An dieser Voraussetzung jeglicher persönlichen Würde hat es uns oben und unten nicht selten stark gefehlt. Und das neueste Literatentum mit seinem Bedürfnis, seine „Erlebnisse“, erotische oder „religiöse“ oder welcher Art sie sonst seien, zu beschwatzen oder drucken zu lassen, ist der Feind aller Würde, gleichviel welcher Art. „Distanz“ ist aber keineswegs, wie der Mißverstand der verschiedenen auf N i e t z s c h e zurückgehenden „Prophetien“ bei uns glaubt, nur auf dem Kothurn der „aristokratischen“ Kontrastierung seiner selbst gegen die „Vielzuvielen“ zu gewinnen: – sie ist im Gegenteil stets unecht, wenn sie heute dieser inneren Stütze bedarf. Gerade als Probe ihrer Echtheit kann ihr vielleicht die Notwendigkeit, sich innerhalb einer demokratischen Welt innerlich zu behaupten, nur dienlich sein.

Alles Gesagte aber zeigt aufs neue, daß das deutsche Vaterland auch in dieser, wie in so vielen anderen Hinsichten, *nicht* das Land seiner Väter, sondern das

Land seiner *Kinder* ist und sein muß, wie Alexander Herzen dies von Rußland schön gesagt hat. Das gilt vor allem auch in bezug auf die *politischen* Probleme. Der „deutsche Geist" ist für deren Lösung nicht aus noch so wertvollen Geisteswerken unserer Vergangenheit zu destillieren. Den großen Schatten unserer geistigen Ahnen alle Pietät und ihrer Geistesarbeit jede der formalen Schulung unseres eigenen Geistes dienende Verwertung! Aber: sobald die Eitelkeit unserer Literaten, weil es *ihr* Schriftstellerberuf ist, sie der Nation zu interpretieren, daraus das Recht ableitet, unsere politische Zukunftsgestaltung damit wie mit einem Bakel zu *schulmeistern: in die Ecke mit den alten Scharteken!* Darüber ist *nichts* aus ihnen zu lernen. Die deutschen Klassiker können uns u.a.. lehren, daß wir ein führendes Kulturvolk der Erde zu sein vermochten in einer Zeit materieller Armut und politischer Ohnmacht und sogar Fremdherrschaft. Dieser *un*politischen Epoche entstammen ihre Ideen, auch wo sie politisch und ökonomisch sind. Sie waren teils, angeregt durch die Auseinandersetzung mit der Französischen Revolution, Konstruktionen in einem politisch und ökonomisch leidenschaftsleeren Raum. Soweit aber eine andere politische Leidenschaft in ihnen lebte als die zornige Auflehnung gegen die Fremdherrschaft, war es die ideale Begeisterung für *sittliche* Forderungen. Was darüber hinaus liegt, blieben philosophische Gedanken, die wir als Mittel der Anregung zu eigener Stellungnahme entsprechend *unseren* politischen Realitäten und der Forderung *unseres* Tages benutzen können, – nicht aber: als Wegweiser. Die modernen Probleme des Parlamentarismus und der Demokratie und die Wesensart unseres modernen Staates überhaupt lagen ganz außerhalb ihres Gesichtskreises. –

Dem gleichen Wahlrecht, zu dem wir damit zurückkehren, wirft man vor, es bedeute den Sieg der dumpfen, politischer Überlegung unzugänglichen „Masseninstinkte" gegenüber der wohlerwogenen politischen Überzeugung oder der emotionalen gegenüber der rationalen Politik. Was zunächst das letztere anlangt, so ist Deutschlands auswärtige Politik – *dies* muß hier allerdings gesagt werden – ein Beweis dafür, daß eine Monarchie, die mit einem Klassenwahlrecht regiert (denn der Hegemoniestaat *Preußen* war und ist der maßgebliche Leiter der deutschen Politik), an Einfluß rein persönlicher emotionaler und irrationaler Stimmungen der Leitung jedenfalls jeden Rekord hält. Man braucht den jahrzehntelangen erfolglosen Zickzackgang dieser geräuschvollen Politik mit der ruhigen Zielbewußtheit etwa der englischen Außenpolitik nur zu vergleichen, um den Beweis zu haben. Und was die irrationalen „Masseninstinkte" anlangt, so beherrschen sie die Politik nur da, wo die Massen kompakt zusammengedrängt sind und als solche einen *Druck* üben: in den modernen Großstädten unter den Bedingungen vor allem der romanischen städtischen Lebensform. Die Kaffeehauszivilisation und daneben klimatische Bedingungen gestatten dort der Politik der *"Straße"*, wie man sie zutreffend genannt hat, von der Residenz her das Land zu vergewaltigen. Die Rolle des englischen „man in the street" andererseits ist mit sehr spezifischen, bei uns völlig fehlenden, Eigentümlichkeiten der dortigen Struktur der städtischen „Massen", die russische hauptstädtische Straßenpolitik mit den dortigen Geheimbund-Organisationen verknüpft. Alle diese Vorbedingungen fehlen in Deutschland, und die Temperierung des deutschen Lebens macht es ganz unwahrscheinlich, daß wir dieser *Gelegenheits*gefahr – denn das ist sie im Gegensatz zu dem, was bei uns als *chronische* Gefahr *unsere* Außenpolitik beeinflußt hat – verfallen, wie es dort geschieht. Nicht die an ihre Arbeitsstätten gebundene Arbeiterschaft, sondern die *Tagediebe* und Kaffee hausintellektuellen in Rom und Paris sind es, welche dort die kriegshetzerische Politik der „Straße" fabriziert haben, übrigens ausschließlich im Dienst der Regierung und *nur* soweit diese es wollte oder zuließ. Das Gegengewicht des industriellen Proletariats *fehlte*. Das industrielle Proletariat ist, wenn es geschlossen auftritt, sicherlich eine gewaltige Macht, auch in der Beherrschung der „Straße". Aber, verglichen mit jenen gänzlich verantwortungslosen Elementen, eine Macht, die der Ordnung und geordneten Führung durch ihre Vertrauensmänner, durch rational denkende Politiker also, zum mindesten *fähig* ist. Auf die Steigerung der Macht dieser Führer, bei uns der Gewerkschaftsführer, über die Augenblicksinstinkte kommt daher staatspolitisch alles an. Und darüber hinaus auf die Steigerung der Bedeutung der *verantwortlichen* Führer, des politischen Führertums als solchen, *überhaupt*. Es ist eines der stärksten Argumente für die Schaffung geordneter *verantwortlicher* Leitung der Politik durch ein *parlamentarisches* Führertum, daß dadurch die Wirksamkeit rein emotionaler Motive von „oben" *und* von „unten" so weit geschwächt wird, als dies möglich ist. Mit dem gleichen Wahlrecht hat die „Herrschaft der Straße" *nichts* zu tun: Rom und Paris wurden durch die „Straße" beherrscht, auch als in Italien das plutokratischste Wahlrecht der Welt und in Paris N a p o l e o n III. mit einem Scheinparlament regierten. Im Gegenteil kann nur die geordnete *Führung* der Massen durch verantwortliche Politiker die *regellose* Straßenherrschaft und die Führung von Zufallsdemagogen überhaupt brechen.

Das gleiche Wahlrecht ist ein Problem von politischer Tragweite für das *Reichs*interesse nur im führenden Bundesstaat: *Preußen*. Durch die inzwischen erfolgte Interpretation der Osterbotschaft scheint es hier im Prinzip erledigt. Im Prinzip, – aber nicht: dem einzuschlagenden Wege nach. Denn es ist ganz unwahrscheinlich, daß das jetzige Klassenparlament freiwillig auf das Wahlprivileg verzichten werde, falls nicht politisch zwingende Verhältnisse eintreten. Oder wenn doch, dann in der Art eines Scheinverzichtes: etwa unter Koordination eines mit Hilfe der Wahlrechtsarithmetik konstruierten Herrenhauses. *Legale* Durchführung des gleichen Wahlrechts für Preußen ist aber eine staatspolitische Forderung des *Reiches*. Denn das Reich muß auch in Zukunft in der Lage sein, seine Bürger zum Kampf für die eigene Existenz und Ehre aufzurufen, wenn es not tut. Dazu genügen nicht Munitions- und andere Vorräte und die erforderlichen amtlichen Organe, sondern auch: die *innere Bereitschaft* der Nation, diesen Staat als *ihren* Staat zu verteidigen. Die Erfahrungen im Osten können lehren, was geschieht, wenn diese Bereitschaft fehlt. Eins aber ist sicher: *niemals wieder ist die Nation für einen Krieg in der Art wie dieses Mal in Bewegung zu setzen*, wenn feierliche Zusagen durch irgendeinen vermeintlich klugen Trug verfälscht werden. Das würde für immer unvergessen bleiben. Das ist der politisch *entscheidende* Grund, von seiten des *Reiches* die Durchführung nötigenfalls zu erzwingen. –

Zuletzt möge noch die prinzipielle Frage gestreift werden: wie verhält sich denn die *Parlamentarisierung zur Demokratisierung?* Es gibt gar nicht wenige sehr aufrichtige und gerade besonders fanatische „Demokraten", welche in der „Parlamentarisierung" ein korruptes, zur Verfälschung der Demokratie und zur Kliquenherrschaft führendes System für Streber und Schmarotzer erblicken. „Politik" sei ein vielleicht für Tagediebe recht „interessantes", aber im übrigen steriles Treiben: auf eine gute „Verwaltung" komme es, gerade den breiten Schichten der Nation, allein an und diese garantiere nur die „wahre" Demokratie, wie wir sie ja in Deutschland, dem Lande des „wahren Freiheitsbegriffs", teils schon besser besäßen als anderwärts, teils ohne Parlamentarisierung besser als dort herstellen könnten. Und es versteht sich, daß die Vertreter der Kontrollfreiheit der Bürokratie mit Wonne beides als Gegensätze gegeneinander ausspielen: die „wahre" Demokratie sei gerade dann und da am reinsten verkörpert, wo das Advokatenvolk der Parlamentarier nicht in der Lage sei, die sachliche Arbeit der Beamten zu stören. Der dreiste Schwindel – bei unseren Literaten: Selbstbetrug durch arglose Hingabe an Phrasen – findet, wie alles, was dem Interesse der Bürokratie und den mit ihr verbündeten kapitalistischen Interessen dient, leicht Anhänger, und zwar in allen Lagern. Daß es Schwindel ist, liegt auf der flachen Hand. Denn 1. *Welches Organ hat*, wenn man sich die Parlamentsmacht fortdenkt, *die Demokratie, um die Verwaltung der Beamten ihrerseits zu kontrollieren?* Hierauf gibt es überhaupt keine Antwort. Ferner: 2. *Was tauscht sie für die Herrschaft der parlamentarischen „Kliquen" ein?* Die Herrschaft noch weit verborgenerer und – meist – noch weit kleinerer, vor allem unentrinnbarerer Kliquen. Das System der sogenannten unmittelbaren Demokratie ist technisch nur in einem Kleinstaat (Kanton) möglich. In jedem Massenstaat führt Demokratie zur bürokratischen Verwaltung, und, ohne Parlamentarisierung, zur reinen Beamten *herrschaft*. Gewiß: unter der Herrschaft des Systems des „Cäsarismus" (im weiteren Sinn des Wortes), also: der unmittelbaren Volkswahl des Staats- oder Stadthauptes, wie in den Vereinigten Staaten und einigen ihrer großen Kommunen, vermag Demokratie ohne parlamentarisches *System* – nicht etwa: ohne Parlamentsmacht *überhaupt* – zu existieren (auf ihre politischen und verwaltungstechnischen Vorzüge und Schwächen soll hier nicht eingegangen werden). Die volle Parlamentsmacht ist aber überall da unentbehrlich, wo *erbliche* Staatsorgane: die Monarchen, die (formellen) Chefs des Beamtentums sind. Der moderne Monarch ist ganz unvermeidlich stets und immer ein *Dilettant*, wie nur irgendein Parlamentarier es ist, und daher völlig außerstande, eine Verwaltung zu kontrollieren. Mit dem Unterschied, daß 1. ein Parlamentarier im *Kampf* der Parteien zu lernen vermag, die *Tragweite des Wortes* zu wägen, während der Monarch dem Kampf *entzogen* bleiben soll; und daß 2. das Parlament, wenn man ihm das Recht der *Enquete* gibt, in der Lage ist, sich das Sachverständnis (durch eidliches Kreuzverhör von Fachmännern und Zeugen) zu verschaffen und das Tun der Beamten zu kontrollieren. Wie soll dies der Monarch und wie soll es die parlamentlose Demokratie bewerkstelligen?

Aber ganz allgemein: Eine Nation, welche wähnt, die Staatsleitung *erschöpfe* sich in „Verwaltung", und „Politik" sei eine Gelegenheitstätigkeit für Amateure oder eine Nebenleistung von Beamten, möge auf Politik in der Welt *verzichten* und sich für künftig auf die Rolle eines Kleinstaats einrichten, wie ein Schweizer Kanton oder Dänemark oder Holland oder Baden oder Württemberg es sind: – alles recht gut verwaltete Staatswesen. Sonst werden ihr die Erfahrungen nicht erspart bleiben, die wir mit jener „wahren Freiheit" dieser Phraseologie, das heißt: der kontrollfreien

Beamtenschaft, gemacht haben, soweit sie *hohe Politik* zu treiben unternommen hat. – Die Schwärmerei für die „Demokratie ohne Parlamentarismus" hat während des Krieges naturgemäß dadurch Nahrung erhalten, daß – wie in jedem schweren Kriege, so auch in diesem – in ausnahmslos allen Ländern, in England, Frankreich, Rußland wie in Deutschland, in weitestem Umfang eine politische Militär *diktatur* tatsächlich an die Stelle der sonst bestehenden Regierungsform, heiße sie nun „Monarchie" oder „parlamentarische Republik", getreten ist (und zweifellos ihre Schatten noch weit in den Frieden hineinwerfen wird). Sie arbeitet überall mit einer spezifischen Art von Massendemagogie und schaltet alle normalen Ventile und Kontrollen, daher auch die parlamentarische, aus. Diese wie andere durch den Krieg als solchen bedingten Erscheinungen blenden die Augen der auf beschleunigte und „zeitgemäße" Bücherproduktion hingewiesenen dilettantischen Literaten. Aber so wenig die Kriegswirtschaft das Muster sein kann für die normale Friedenswirtschaft, ebensowenig diese politische Kriegsverfassung für die politische Struktur des Friedens.

Was soll politisch, fragen wir, die Leistung eines Parlaments ersetzen? Etwa, für die Gesetzgebung, das Referendum? Zunächst: in keinem Lande der Welt ist das Referendum für die wichtigste Leistung der laufenden Parlamentsarbeit, das *Budget*, eingeführt. Es leuchtet auch ein, daß das gar nicht möglich wäre. Das Schicksal fast aller *Steuervorlagen* bei Entscheidung durch Volksabstimmung ist leicht vorauszusehen. Für alle einigermaßen verwickelten *Gesetze* und Ordnungen der inhaltlichen Kultur aber bedeutete das Referendum im Massenstaat eine starke mechanische Hemmung jedes Fortschrittes. Zum mindesten in einem geographisch großen Staat (anders: in einem Kanton). Aus dem einfachen rein technischen Grunde: *weil es das Parteikompromiß* ausschließt. Mit dem Referendum kann man politisch und technisch befriedigend nur Fragen lösen, auf die glatt mit „Ja" oder „Nein" zu antworten ist. Wenn nicht, so würden die *verschiedenen* und entgegengesetzten Gründe, die gegen einen konkreten Vorschlag geltend gemacht werden können – und deren sind in einem Massenstaat mit weitgehender sozialer und geographischer Differenzierung stets ungleich mehr als in einem amerikanischen Einzelstaat oder Schweizer Kanton – es hindern, daß *überhaupt* etwas zustande kommt. *Das* ist die spezifische Leistung des Parlaments: daß es ermöglicht, durch Verhandlung und Vergleich das „relativ" Beste zustande zu bringen, und diese Leistung wird mit dem gleichen Opfer erkauft, welches der Wähler bei der Parlamentswahl in der Form zu bringen hat, daß er nur für die ihm *relativ* genehmste Partei optieren kann. Diese rein technische Überlegenheit parlamentarischer Gesetzgebung ist durch nichts zu ersetzen, – womit nicht gesagt ist, daß es nicht Fälle gäbe, wo das Referendum ein geeignetes Revisionsmittel wäre. Über die Volkswahl der Beamten – soweit sie nicht nur die Wahl des *Führers* betrifft, also „Cäsarismus" ist – ist zu sagen: daß sie in jedem Massenstaat nicht nur die hierarchische Amtsdisziplin zerbricht, sondern (nach amerikanischen Erfahrungen) durch Ausschaltung der *Verantwortung* für die Ernennung die Korruption fördert. Jede Befehdung des Parlamentarismus im Namen der „Demokratie" bedeutet in einem monarchischen Staat: daß aus Ressentiment oder Blindheit die Geschäfte der reinen Bürokratenherrschaft und insbesondere ihres Interesses an Kontrollfreiheit besorgt werden.

Die „Demokratisierung" im Sinne der Nivellierung der ständischen Gliederung durch den *Beamtenstaat* ist eine Tatsache. Man hat nur die Wahl: in einem bürokratischen „Obrigkeitsstaat" mit Scheinparlamentarismus die Masse der Staatsbürger rechtlos und unfrei zu lassen und wie eine Viehherde zu „verwalten", – oder sie als *Mitherren* des Staates in diesen einzugliedern. Ein *Herrenvolk* aber – und nur ein solches kann *und darf* überhaupt „Weltpolitik" treiben – hat in dieser Hinsicht *keine* Wahl. Man kann die Demokratisierung sehr wohl (für jetzt) vereiteln. Denn starke Interessen, Vorurteile und – Feigheiten sind gegen sie verbündet. Aber es würde sich bald zeigen, daß dies um den Preis der ganzen Zukunft Deutschlands geschähe. Alle Kräfte der Massen sind dann *gegen* einen Staat engagiert, in dem sie nur Objekt und an dem sie nicht Teilhaber sind. An den unvermeidlichen politischen Folgen mögen einzelne Kreise interessiert sein. Aber gewiß nicht: das Vaterland.

Innere Lage und Außenpolitik

Frankfurter Zeitung vom Februar 1918.

I.

Es ist zunächst Pflicht, einige Bemerkungen nach „links" hin zu machen.

Daß die Sozialdemokratie, nachdem es auch bei uns zu einem politischen Teilstreik gekommen war, wie er in anderen Ländern an der Tagesordnung ist, sich an der Leitung dieser unorganisierten Bewegung beteiligte, war staatspolitisch wahrscheinlich nützlich. Aber vor allem in sachlicher Hinsicht muß – so wenig sozialistische Kreise Ratschläge Außenstehender anzunehmen geneigt sein werden – doch auf das nachdrücklichste darauf hingewiesen werden: daß jede Partei, welche direkt oder indirekt einen *schlechten oder leichtsinnigen Frieden verschuldet* oder, indem sie den deutschen Unterhändlern in den Rücken fällt, den *Friedensschluß* erschwert, ihre Rolle in Deutschland *ausgespielt* haben würde. Noch nach Jahrzehnten würde ihr das nachgehen. Und diese Gefahr besteht. Denn wie liegen die Dinge?

Wir werden im Osten mit demjenigen Frieden schließen, der eine Gewähr loyaler Erfüllung bietet, sei er, wer er wolle. Dem Bolschewismus geben nun die, soviel ich weiß, aus persönlichem Augenschein bestunterrichteten und unbefangensten (radikal sozialistischen) Kenner eine Herrschaftsdauer, die nur nach Monaten zählt. Trifft dies zu, dann bietet ein Frieden gerade mit ihm für das Verhalten der später kommenden Regierung die geringste Gewähr. Jedenfalls ist er die Regierung einer sehr kleinen Minderheit. Gestützt ist er vor allem auf große Teile des kriegsmüden Heeres. Er ist der Sache nach (und ganz unabhängig von der Aufrichtigkeit seiner Ideologie) notgedrungen eine reine *Militärdiktatur*, nur nicht eine solche der Generäle, sondern: *der Korporäle*. Es ist reiner Unsinn, wenn man die Vorstellung hegen wollte, hinter ihm ständen „klassenbewußte" Proletariermassen westeuropäischen Gepräges. *Soldaten*proletariat steht hinter ihm. Das hat seine Konsequenzen. Welche Ziele auch immer die Petersburger Literaten verfolgen mögen, ihr Machtapparat: die Soldaten, erwartet und verlangt? vor allem: *Löhnung* und Beute. Das entscheidet aber über alles (ich darf die Sozialdemokratie daran erinnern, daß die Vorhersagen über die Konsequenzen der Gebundenheit Kerenskijs an seine spezifischen Machtmittel sich im wesentlichen voll bewahrheitet haben). Die gutbesoldeten Roten Garden haben keinerlei Interesse am Frieden, der sie ja verdienstlos macht. Die Soldaten, die unter dem Vorwande der „Befreiung" der Ukraine, Finnlands und anderer Gebiete dort einbrechen und (ebenso wie in Rußland selbst) Kontributionen erheben, ebensowenig. Die einzige, wenigstens der Form nach durch demokratische Wahl beglaubigte Autorität Rußlands, die konstituierende Versammlung, wurde gewaltsam gesprengt. Nicht wegen prinzipieller Verschiedenheit er Ansichten, – ihre stärkste Partei erklärte, den Waffenstillstand halten und die Friedensverhandlungen fortführen zu wollen. Sondern: damit nicht neue Brotgeber anderen Leibgarden, Angestellten und Truppenkörpern zu Lohn und Beute verhelfen könnten. Es ist der reinste Militarismus, den es zur Zeit irgendwo gibt. Alles andere ist, objektiv, Schwindel, welche Ziele auch immer die Leitung zu haben vorgeben und subjektiv vielleicht wirklich ehrlich haben möge. Aber auch diese Ziele sind, wie bei ausnahmslos jedem russischen Intellektuellen, durchaus „ *imperialistisch*“. Denn es ist nicht wahr, daß es nur bürgerlichen Imperialismus gebe, wenn anders man als Imperialisten jemanden bezeichnet, der *aus Machtgier* sich, unter idealen Vorwänden, in die Angelegenheiten fremder Völker einmischt, zumal ehe im eigenen Hause irgendwelche Ordnung geschaffen ist. Der bolschewistische Soldatenimperialismus bedroht, solange er besteht, die Sicherheit und Selbstbestimmung aller angrenzenden Völker, und es ist ganz unwahrscheinlich, daß eine von diesen militaristischen Masseninstinkten abhängige Regierung einen aufrichtigen Frieden überhaupt schließen *könnte*, selbst wenn sie wollte. Daraus folgt alles. Mit einer ehrlich pazifistischen russischen Föderativrepublik wäre natürlich die denkbar beste Nachbarschaft möglich, und *jedes* Interesse an auch nur zeitweiligen Sicherheiten fiele für uns fort. Was jenseits der Grenze geschähe, ginge uns dann nichts an. Vorerst ist diese pazifistische Wendung des russischen Radikalismus aber eben *nicht* da, und ob ein imperialistischer Ausdehnungstrieb zaristische, kadettische oder bolschewistische Etikette trägt, ist für den Effekt natürlich ganz gleichgültig. Die Friedensforderung der Streikenden zeugt also davon, daß sie von der Sachlage keine *Ahnung* haben, und sie diskreditiert durch die Forderung eines Friedens auf die Bedingungen einer Regierung hin, die nicht Frieden, sondern Gewalt will, jeden auf das schwerste, der sich mit ihr einläßt. Das alles muß der Arbeiterschaft – mögen ihr diese Tatsachen noch so unbequem sein – von ihren Führern zunächst klargemacht werden, sonst ist mit ihr nicht ernstlich zu diskutieren.

Freilich werden keinerlei Argumentationen dauernden Eindruck machen, wenn die *wirklichen* Gründe des Ausstands nicht aus dem Wege geräumt werden. Er ist der unvermeidliche Rückschlag gegen schlimme innerpolitische Vorgänge der letzten Zeit und ihre Träger. Zunächst gegen die Art, wie der preußische Klassenlandtag es wagen darf, das im Angelpunkt der ganzen deutschen Politik stehende Problem des *preußischen Wahlrechts* zu behandeln. Nur der ist ein *nationaler* Politiker, der die innere Politik unter dem Gesichtspunkt der unvermeidlichen Anpassung an die außenpolitischen Aufgaben ansieht. Wem die daraus folgenden „demokratischen“ Konsequenzen nicht passen, *der verzichte* auf eine Großmachtpolitik, die sie unvermeidlich macht. Ist es etwa ein Zufall, daß die aristokratischste Körperschaft der Erde, das englische Oberhaus, eben jetzt das demokratischste Wahlrecht irgendeines

Großstaats glatt angenommen hat? Und glaubt jemand, es bestehe kein Zusammenhang zwischen der Selbstverständlichkeit dieses Vorgangs und der Haltung der englischen Arbeiterschaft? Und damit vergleiche man nun den Zustand, daß in einem Augenblick äußerster Angespanntheit, wo alles auf des Messers Schneide steht, die preußische Wahlrechtskommission sich mit den Quisquilien dieser Herrenhausvorlage befaßt und bei dem Wust willkürlicher Anträge – dem Produkt des Versuchs, eine Ständevertretung herauszuklügeln in einer Zeit, in der es nun einmal keine „Stände" gibt – noch wochenlang befassen will? Statt daß sofort und vor allem die von den Massen mit leidenschaftlicher Ungeduld erwartete Entscheidung darüber herbeigeführt würde: ob das gegebene Versprechen wahrgemacht wird *oder nicht*?, und ob man, wie nach den bisherigen Verhandlungen zu erwarten, es auf die innerpolitischen und kriegspolitischen Konsequenzen einer *negativen* Antwort ankommen lassen will? Für den Fall einer solchen weiß jedermann im Lande, daß es *keine Macht gibt*, welche dann die Massen der Arbeiterschaft halten könnte, selbst wenn sie wollte. Der Eintritt des Konflikts würde nun gewiß nicht, wie manche Angstmeier glauben, „russische Zustände" heraufführen. Schlechthin alle Vorbedingungen dafür fehlen, und das Standgericht funktioniert in Deutschland präzis. Auch nicht, wie das Ausland offenbar hofft, einen Zusammenbruch des deutschen Heeres. Aber einen *deutschen Sieg zu verhindern*, wäre er allerdings genügend. Und nebenher würde noch etwas anderes verscherzt: die *ganze politische Zukunft* Deutschlands. Die Zustände, welche nach dem Frieden einträten, würden unsere Politik für Jahrzehnte lahmlegen. Das mag den Wahlrechtsinteressenten des Landtags gleichgültig sein. Einem nationalen Politiker aber nicht. Da es ausgeschlossen erscheint, daß das Privilegienparlament aufrichtig auf die „Forderung des Tages" eingeht, muß erneut verlangt werden, daß das *Reich* sie in der Art des seinerzeit hier vorgeschlagenen Wahlrechtsnotgesetzes lost. Jede Verzögerung verschärft Umfang und Konsequenzen des Konflikts. Das wissen die Wahlrechtsinteressenten zweifellos auch ihrerseits. Und die trotzdem betriebene Verschleppung beruht, wie jedermann weiß, auf der Spekulation auf einen *Umschwung innerhalb der Regierungspolitik*. Auf der *Befürchtung*, daß ein solcher eintreten könnte, beruht aber auch das Ausbrechen des *Ausstandes*. Und zu dem Mißtrauen, welches im Laufe dieses Monats scheinbar unvermittelt gegen unsere innere und äußere Politik bei uns, und nicht nur bei uns, wieder ins Kraut geschossen ist, haben eine Anzahl Umstände beigetragen, denen man ruhig und sachlich ins Auge sehen muß. Von ihnen soll in weiteren Ausführungen die Rede sein.

II.

Frankfurter Zeitung vom 5. Februar 1918.

Die *schwere Verantwortung*, welche auf der Berliner Streikleitung ruht, ist in der Presse mit Recht nachdrücklich betont worden. Wenn sie offenbar die Erwartung gehegt hat: daß, ihrer Aufforderung entsprechend, das Vorgehen in den Hauptstädten der Ententestaaten Nachahmung finden und dieser gleichzeitige Druck den Beginn von Friedensverhandlungen erzwingen werde, so ist das Experiment *negativ* ausgefallen. Unter diesen Verhältnissen wäre die Fortsetzung des Ausstandes auch von diesem Standpunkt aus durch nichts zu rechtfertigen.

Dies vorausgeschickt, scheint es aber an der Zeit, auch nach der anderen Seite festzustellen, welche Verhältnisse unseres *Staatslebens* an den beklagenswerten Ereignissen die Schuld tragen.

1. Von einem im Krieg befindlichen Staatsorganismus, zumal einem monarchischen, erwartet man vor allem eins: *amtliche Disziplin*. Sie hat gefehlt. Denn für jene unerhörten Ausschreitungen der Berliner Presse geht es nicht an, nur deren eigene „Disziplinlosigkeit" verantwortlich zu machen. Das Beispiel dazu wurde von ganz anderen Stellen gegeben.

Gegensätze der Ansichten und ein Ringen um die einzunehmende Haltung hat es auch zwischen Bismarck und Moltke gegeben. Sie liegen in solchen Fällen eben in der Sache. Das Unerhörte war, daß diese Auseinandersetzungen unter den Ressorts diesmal in der Form einer *Pressedemagogie* gegen die leitenden Staatsmänner *in die Öffentlichkeit* getragen wurden. Dies *Unerhörte* aber ist für Deutschland nachgerade typisch geworden. Die Verantwortung dafür geht leider auf den Großadmiral von Tirpitz zurück. Es ist bekannt, daß das Verhalten einer ihm unterstellten Instanz, welches er wohl nicht veranlaßt, aber eben *geduldet* hatte, seinerzeit rückhaltlos preisgegeben werden mußte. Viel zu spät hat damals die Zensur der demagogischen Ausbeutung einer der schwierigsten *rein militärischen* Fragen ein Ende gemacht. *Welche Instanz hat diesmal das gleiche Schauspiel verschuldet?* Ist gegen diese unerhörte, an Landesverrat grenzende Indiskretion und Disziplinlosigkeit militärischerseits das Erforderliche geschehen? Die internationale und innerpolitische Lage gestattet uns derartige Fehler nicht.

Denn über die Rückwirkungen bei uns und anderswo kann niemand im Zweifel sein.

2. Von einem im Krieg befindlichen Staatsorganismus verlangt man: *einheitliche Haltung*, zum mindesten: vor dem *Feinde*. Sie hat gefehlt. Was General Hoffmann bei den Verhandlungen sagte, traf inhaltlich durchweg zu und widersprach inhaltlich auch nicht den Ausführungen, welche namens der politischen Leitung gemacht worden waren. Aber kein Unbefangener kann ernstlich leugnen, daß in dem entscheidenden Punkt für eine Erörterung: im Ton, das *genaue Gegenteil* von dem getan wurde, was der Vertreter der Außenpolitik getan hatte. Daß angesichts der unwahrhaftigen Phrasen der Gegner dem als Persönlichkeit sympathischen General die Geduld riß, ist ihm menschlich gewiß nicht zu verdenken. Politisch aber war die Lage die: daß der selbstverständliche Zweck des Feindes, uns zur Schwächung unserer Position zunächst vor der Welt, vor allem aber: vor der Bevölkerung verbündeter Staaten formal *ins Unrecht zu setzen*, vollständig gelang und ihm also in die Karten gespielt worden war. Der höhnische Triumph in der Prawda (Nr. 229 von 17. 1.), die Ereignisse in Wien und die dortigen Erörterungen müssen jeden darüber belehrt haben: daß hier ein Fehler gemacht worden ist. Fehler passieren überall. Aber für jeden, der sie kannte, war der Kommentar der rechtsstehenden Presse vorauszusehen: endlich sei „der richtige Ton *gegen Sozialdemokraten*" wiedergefunden worden. Dies erst hat den vom Feinde beabsichtigten Erfolg auch in den Köpfen der Berliner Arbeiter angerichtet. Das Resultat des uneinheitlichen Vorgehens aber war: eine Schwächung unserer Stellung.

3. Der Eindruck, den die schmachvolle, gegen unabhängige Politiker, Presse und Körperschaften ehrabschneiderische Agitation der (in ihrer Vergangenheit teilweise recht anfechtbaren) Journalisten der sogenannter. „Vaterlandspartei" auf die Arbeiterschaft gemacht hat, läßt sich leicht ermessen. Jeder Arbeiter *weiß* ja, weit besser als die zahlreichen persönlich vortrefflichen, aber politisch absolut arglosen Mitläufer, in *wessen* Interesse hier gearbeitet wird. Die vernichtende Wirkung des Eindrucks davon, daß diese für einflußreich geltenden Kreise der *Geldmacht* ins Garn gingen, stellt sich der Außenstehende meist nicht groß genug vor. *Wo immer* diese Agitation auftrat, hat sie – wie schon die Hergänge in den Versammlungen bewiesen – dem wildesten Protest der Massen den Boden bereitet, und man darf es als erfreulich bezeichnen, daß trotzdem die überwiegende Mehrzahl auch der sozialdemokratischen Arbeiter nicht alle Besonnenheit verloren hat. Das Gefährliche aber war, daß der Eindruck

entstand: politisch maßgebende Stellen ließen sich von diesem Treiben imponieren. Der Eindruck aber war erklärlich.

Als einziges greifbares „Resultat“ der letzten „Krise:“ erschien der Rücktritt des Chefs des Zivilkabinetts. Ob und welche Art von Politik er eigentlich seinerseits begünstigt hat, weiß der Außenstehende nicht, und alle darüber umlaufenden Behauptungen scheinen zweifelhaft. Das Entscheidende waren die Hoffnungen, welche sich an seinen Rücktritt knüpften. Über diese aber belehrte der Kommentar der rechtsstehenden Berliner Presse: es sei nun wieder der „Zutritt zum Monarchen“ frei, dem er immer im Wege gestanden oder – wie privatim gesagt wurde – den er durch seine Assistenz immer „gestört“ habe. *Freier Zutritt für welche Kreise?* Nicht die Arbeiterschaft und auch nicht nationale unabhängige Politiker haben das Ohr der deutschen Fürsten. Die „Kreuzzeitung“ war kürzlich frivol genug, die Erinnerung an die glücklicherweise vergessene *Zuchthausvorlage* wieder heraufzubeschwören. Jedermann, vor allem jeder Arbeiter mit Ehrgefühl, weiß sehr gut, welche Kreise es gewesen sind, welche damals eine in einem Augenblick des Unmuts getane private Äußerung des Monarchen in die *Öffentlichkeit* zerrten und dadurch eine Kluft schufen, deren Überwindung erst der 4. August 1914 gebracht hatte. Es ist klar, welche Rückwirkungen solche Reminiszenzen und Erwartungen dieser Kreise auf die Stimmung der Arbeiterschaft haben müssen.

Wer vor drei Wochen die Gelähmtheit der Regierungsstellen, das irrsinnige Treiben jener Presse und das *Verhalten der Zensur* dazu beobachtete, fühlte den *Argwohn der Massen* aufsteigen, dessen Kind der Streik gewesen ist. Es sind alles in allem auf seiten des Regierungsapparats auch schwere Mängel vorhanden und dadurch Fehler passiert, nicht nur auf Seiten der Sozialdemokratie. Über diese Fehler sollte man beiderseits zur Tagesordnung übergehen. Es kann heute jedermann sehen, wo im Kriege die Stärke demokratischer Staaten liegt. Ein englischer Minister verkehrt in solchen Fällen mit der Arbeiterschaft wie einer ihresgleichen, und es zeigt sich immer wieder, daß dieses unserer Bürokratie so fremde System dazu führt, das Vertrauen und den Siegeswillen der Arbeiterschaft dem Staate und den Interessen der Nation zu erhalten. An formalistischen Bedenken darf eine Einigung keinesfalls scheitern. *Man verbreitere den Kreis der zu den Erörterungen Zuzuziehenden soweit wie irgend möglich* und ziehe vor allem auch die *nicht* am Streik beteiligte Arbeiterschaft heran. Mit dem formalistischen Festhalten des Grundsatzes: mit streikenden Arbeitern nicht reden zu wollen, kommt man nicht weiter und arbeitet dem

Feinde in die Hände. Es haben nun einmal Gründe vorgelegen, welche den Argwohn der Arbeiterschaft erregen konnten. *Dieser Argwohn* aber ist das Entscheidende. Er muß um des Vaterlandes willen auch dann beseitigt werden, wenn das Verhalten der Arbeiterschaft zu Tadel Anlaß gibt. Die Zeiten sind nicht dazu geeignet, über Formfragen der überlieferten „Ordnung" die Interessen der Nation, in deren Dienst auch die „Ordnung" zu stehen hat, zu Schaden kommen zu lassen.

III.

Frankfurter Zeitung vom 7. Februar 1918

Der jetzige Streik war zweifellos ein unangenehmer Zwischenfall für die Interessen des Krieges wie des Friedens. Dennoch ist es – mir wenigstens – *vollständig unmöglich, sich darüber zu entrüsten*, wie es vielfach geschieht. Denn er war ganz und gar die Frucht dessen, was andere gesät hatten. Und es ist leider Tatsache: daß die sozialdemokratische Partei keine andere Wahl hatte, als (in der Hauptsache) ähnlich zu handeln, wie sie tat. Daß dabei ihre „Regie" nicht wesentlich besser war als die unserer ganzen Politik seit Jahren auch, ist eine Sache für sich. Aber dem, was die Partei wollte, wird man trotz mancher Fehler künftig gerechter werden als jetzt in der Hitze des Augenblicks. Nicht einmal, nein hundertmal war von Sozialdemokraten gesagt worden: „Geht diese Hetze so weiter, so sind die Leute nicht zu halten." Öffentlich es zu tun, war unmöglich: das wäre als „Drohung" denunziert worden. Aber der Streik war ganz selbstverständlich angesichts dessen, was man in Berlin Mitte Januar erlebte und was tatsächlich jeden, der einen rein sachlichen Betrieb der Politik verlangt, zum Rasen bringen konnte: wildeste Demagogie ohne Demokratie, vielmehr *wegen* fehlender Demokratie. Man muß dort gewesen sein, um das zu verstehen: man glaubte, im Irrenhaus zu sein – oder: in Athen nach der Arginusenschlacht.

Alles Gerede, daß die „Ausländer" beim Ausbruch beteiligt gewesen seien (in Einzelfällen denkbar, aber sicher absolut nebensächlich), daß die „disziplinlose Jugend" Träger sei (in gewissem Umfang in Berlin richtig), geht völlig in die Luft. Denn niemals hätten solche Einflüsse Macht gewinnen können ohne eine ganz bestimmte Atmosphäre. Das Spezifische dieser aber war keineswegs geschaffen durch die Schwierigkeiten der Lebensmittelversorgung. Es ist gewiß wahr, daß das Verhalten eines Teils der Landbevölkerung und die dadurch bedingten, jedem auffallenden Ungleichheiten der Lebensbedingungen im Land verbittern mußten, und die Art, wie General Groener, der trotz seiner Derbheit das Vertrauen in seine Sachlichkeit genoß, „abgesägt" worden war, hatte Mißtrauen hinterlassen. Aber draußen im Lande ist ja im ganzen die Versorgung eher besser als im früheren Winter. Nein, die Atmosphäre für den Streik war geschaffen worden: 1. durch die demagogische Art der Behandlung der deutschen *auswärtigen Politik*, durch eine von allen guten Geistern verlassene und *rein persönlich* motivierte Agitation, 2. durch die Art, wie mit dem Kapital von Vertrauen, welches die führende Persönlichkeit des Landes, in erster Linie die Heeresleitung, genoß, von einer skrupellosen Parteihetze gewirtschaftet worden war.

Sachliche Kriegsziele durch *sachliche* Aussprache den Arbeitern verständlich zu machen, ist keineswegs schwer. So arbeitet der Feind, und mit Erfolg. Jeder englische Minister sucht Gelegenheit zu Aussprachen, und zwar – da liegt der Unterschied! – am meisten dann, wenn die Arbeiterschaft, sei es aus objektiv noch so unzutreffenden Gründen, mißtrauisch wird oder mit Streik droht. Daß es der englischen Regierung gelungen ist, trotz schwerer materieller Notlage ihre Arbeiterschaft bisher sogar für *fremde*, und zwar annexionistische Kriegsziele (Elsaß) kriegswillig zu erhalten, spricht denn doch Fraktur für diese „demokratische" Methode. Es ist die Frucht des *Vertrauens*, kraft dessen der in diesem Sinn „demokratische" Staat – mag man es nun bei uns noch so ungern hören! – in den außenpolitisch entscheidenden Punkten sich als der „stärkere" erweist. Vor allem: auch als der stärkere an Nerven. Gewaltsamkeiten werden natürlich auch dort rücksichtslos standrechtlich unterdrückt, gleichzeitig aber werden unbekümmert darum die sachlichen Verhandlungen weitergeführt und vor allem: es wird nicht um Haaresbreite von einer staatsnotwendigen Reformpolitik abgewichen.

Natürlich kann man nun mit der Art, in welcher man bei uns im Sinne des *Amts*prestiges zu verfahren gewohnt ist, einmal, auch einige Male, so wie voraussichtlich jetzt, äußerlich durchkommen und äußerlichen Erfolg erzielen. Gesetzt aber, der Krieg dauert noch lange Zeit – und das ist bei der Haltung der Feinde möglich, und vor allem: es *muß, wenn* es nötig ist, unbedingt *möglich sein* –, dann kommt der Moment, wo dies Verfahren aus Gründen, die jedem klar sind, selbst solchen reinen Reflex-Ausständen wie dem jetzigen gegenüber *versagen* wird. Vollends dann versagen wird, wenn man durch die Art der inneren Politik die legitimen Vertreter der Arbeiterschaft dazu treiben sollte, ihrerseits den Kampf in die Hand zu nehmen.

Und nun weiter: Solche Aufrufe, wie die der Kommandierenden Generäle, z.B. von Karlsruhe, auch von Münster und anderwärts, an die Arbeiterschaft, kann jedermann nur unterschreiben. Denn die soldatische Gradheit des Tons wirkt sofort menschlich echt, ganz im Gegensatz zu der Unechtheit der üblichen sogenannten „Schneidigkeit", die nur als eitle Prestigesucht wirkt. Aber man täusche sich doch nicht: die Wirkung auch solcher ausgezeichneten Worte ist seit dem Auftreten der sogenannten „Vaterlandspartei" auf das schwerste geschädigt. Man stelle sich doch einfach vor: welche *ungeheure Wucht* würde in solchen Tagen jedes Wort *des* Mannes, der das größte Kapital von Vertrauen in der Nation besitzt, H i n d e n b u r g, hinter sich gehabt haben, wenn die elende Telegramm-Mache dieser Leute nicht ihr Parteisüppchen an seinem strahlenden Ruhm zu kochen versucht und dadurch ihn zu einer *Parteigröße* zu stempeln gewußt hätte. Dazu kommen nun gewisse typische psychologische Irrtümer der Militärs. Die Psychologie des militärischen Befehls ist nun einmal eine andere als die Psychologie der politischen Beeinflussung. Der Versuch jener politischen „Aufklärungsarbeit" im Heer ist alsbald, durchaus gegen den Willen der Offiziere, aber ganz unvermeidlich, *partei*politisch mißdeutet worden und hat daher schwer geschadet, wie heute nicht mehr zu verkennen ist. Es waren nicht die schlechtesten Freunde des Heeres, die in schwerer Sorge vor jeder Form seiner Politisierung gewarnt haben. Die Gradheit des Offiziers läuft allzu leicht den *Interessenten* ins Garn, wenn sie sich „national" aufspielen. Aber es darf nicht vergessen werden: so beschränkt ist die Arbeiterschaft nun einmal nicht, daß sie bei politischen Äußerungen eines Offiziers sich nicht sagte: „Es sind nicht Leute aus unserer Mitte." Das billige patriotische Moralisieren vollends über den Streik nutzt schlechterdings gar nichts. Denn es ist nicht der Weg, der Arbeiterschaft das Vertrauen zu erhalten: daß es auch ihr Staat ist, auch ihre Zukunft, für die sie ertragen muß, was die Notwendigkeit ihr auferlegt.

Schlechterdings unmöglich aber war das, nachdem die Vorgänge im Januar mit Händen greifen ließen: daß leider ein Teil der einflußreichsten Kreise der Nation die *äußere Politik* und die Frage nach Krieg und Frieden ausschließlich und allein teils nach rein personalen, teils nach partei- und interessenpolitischen Gesichtspunkten der *inneren Politik* behandelte. Das aber war ohne weiteres erkennbar. Es trat schon in den schreienden Widersprüchen der „Begründung" jener beispiellosen, gegen den Reichskanzler und andere Staatsmänner gerichteten Hetze innerhalb der gleichen politischen Richtungen und Blätter zutage. Man stelle sich vor: einerseits war, nach der „nationalen" Presse, unseren künftigen Freunden, den Russen, zu viel abverlangt worden („Kreuzzeitung"). Andererseits war die Errichtung neutraler Zwischenstaaten auf den Okkupationsgebieten nicht genügend („Kreuzzeitung"). Einerseits war die Gelegenheit sofortigen Friedens „verpaßt", andererseits war nicht genug Schneid entwickelt worden. Teils sollten die Balten zu Deutschland kommen, teils sollten rein militärische Rücksichten maßgebend sein: das bedeutete, daß jetzt, fünf Vierteljahre nach dem November-Manifest, das seit zwei Jahren versunkene sogenannte „Schwartenprojekt" (neue Teilung Polens) neu ausgegraben wurde. Oder es spukte (in der „Vossischen Zeitung") wieder die unsterbliche Seifenblase eines künftigen „Kontinentalbundes" (offenbar: der Vierbundmächte mit Rußland, und ich weiß nicht wem noch) gegen die Angelsachsen: eine Idee, über welche, ohne Unterschied der Partei, jeder Russe nicht nur, sondern ebenso jeder Österreicher, Ungar, Bulgare, Türke doch einfach hell auflacht! (Was in aller Welt sollte diese kreditbedürftigen Nationen eigentlich an einem solchen Bunde reizen?) Usw.

Wer über Außenpolitik redet, hat die Pflicht der *sittlichen Selbstzucht* und des *Augenmaßes*. Welches ist unser Interesse gegen Osten? Da der innerdeutsche Osten um ein Viertel dünner besiedelt ist als Polen, da wir bei uns selbst noch Rekrutierungsmaterial für zehn Armeekorps in Bauernstellen unterbringen könnten, da wir vor dem Krieg jährlich eine Million Fremder als Arbeitskräfte im Lande brauchten, – so ist der Plan: deutschen Nachwuchs als einen Bevölkerungsklecks am Rigaischen Meerbusen zu vergeuden, nun hoffentlich erledigt. Und was die Balten anlangt, so sind sie zwar eine prachtvolle Spielart des Deutschtums, haben aber (bis ihnen das Wasser an den Mund ging) früher nie die geringste Neigung bekundet, reichsdeutsche Bürger zu werden, und werden vor allem nicht erwarten, daß wir für die Zukunft die Pflicht von Blutopfern auf uns nehmen, welche ihre Zahl um das Zwanzigfache übertreffen, um ihnen jetzt dazu zu verhelfen. Denn eine unweigerlich früher oder später wiederkehrende *nationale*, und das heißt: bürgerliche russische Politik wird stets, mit *allen* Mitteln, als Mindestforderung geltend machen *müssen*: daß Riga jedenfalls in ein ähnliches Verhältnis zu Rußland tritt, wie das ist, in welchem Luxemburg sich zu Deutschland befindet (dessen innere Verhältnisse ja vollkommen autonom geregelt sind). Auch rein gefühlspolitisch ist aber den Deutschbalten das ihrige gegeben, wenn sie die „Selbstbestimmung" im Sinn der ausschließlich eigenen Verfügung 1. über ihren Besitz, auch zu Ansiedlungszwecken, 2. ihre Steuerkraft (zu Schul- und Kulturzwecken aller

Art) und 3. ihre Rekrutierungskräfte (für Milizzwecke) in eigener Hand, also nach dem *Personalitätsprinzip, innerhalb* des künftigen, wie immer gearteten politischen Verbandes, dem Kurland angehört, besitzen. Realpolitisch aber ist Deutschland im Nordosten nur daran interessiert: daß die Grenzvölker in Zukunft keinesfalls *gegen uns die Waffen führen* und daß die litauische Njemenlinie nicht zur Deckung einer Offensive gegen Ostpreußen verwendet wird. Das ist also der Sache nach: eine *Neutralisierungspolitik* gleichviel welcher Form, welche ersichtlich sowohl dem pazifistischen wie dem Selbstbestimmungsinteresse gerecht wird. Zeigt sich, daß demgegenüber innerhalb des Bolschewismus der Löhnungs- und Kontributionsmilitarismus über die *auch* vorhandenen friedlichen Elemente die Oberhand hat, dann wäre vielleicht der Waffenstillstand vom Übel. Und daß wir, solange die Räumung der besetzten Gebiete entweder englischen Operationen oder einer wiedererstehenden Regierung M i l j u k o w s zugute kommen könnte – also: bis zum Ende des Krieges –, aus zwingenden Sicherheitsgründen nicht einfach ganz dort fortgehen können, muß in Deutschland und Rußland jeder einsehen. (Im übrigen sollte *alsbald* mit Stammrollen für örtliche Milizen und mit der Verbreiterung der Grundlagen der Vertretungskörper vorgegangen werden!)

Und im Westen? Der hier stets vertretene Standpunkt möge *ohne alle Rücksicht auf das Geschwätz der Sykophanten* wiederholt werden. Die zuverlässig bundestreuen Politiker bei unseren Bundesgenossen (z.B. Graf A n d r a s s y) haben völlig recht: die Lösung liegt nur in einer *sachlichen* aufrichtigen Verständigung zwischen Deutschland und England. Gelänge sie in einer Art, welche uns keinen Zweifel an Aufrichtigkeit ließe, dann wäre die sogenannte belgische „Frage“ ebenso gelöst, wie sie es vor Eintritt der Spannung war. Es scheint fast, daß es wünschenswert wäre, daß die Verständigung mit der *konservativen* Partei in England sich vollzöge. Aber freilich: zur Verständigung *gehören zwei*. Und vom Standpunkt sachlicher Politik ist vorerst mit Bedauern festzustellen: daß anscheinend auch Lord L a n s d o w n e geglaubt hat, der Straßenpolitik gewisse: Konzessionen machen zu müssen. Wenn englische Politiker vom Elsaß und „reparations“ reden, so sorgen sie nur dafür, sich die deutsche Demokratie für alle Zeit zum Todfeind zu machen. Mögen sie das mit sich ausmachen. Mißverstehe man aber in England nicht den sachlichen Grund, aus welchem wir die Verständigung für nützlich halten. Es sei deutlich gesagt: Wir wünschen die Verständigung, weil, wenn jetzt noch ungeheure Blutopfer gebracht werden und wenn weitergekämpft wird, bis Frankreich erschöpft ist und Englands Handelsflotte zum größeren Teil auf dem Meeresboden ruht, 1. wir *alle beide* als aktionsfähige Großmächte zugunsten anderer lahmgelegt werden und weil – 2. dann, selbst wenn wir wollten, wir nicht hindern könnten, daß die Stimmung in Deutschland Bedingungen forderte, welche Europa für Generationen auf die Spitze der Bajonette setzen und eine rein sachliche Politik unmöglich machen würden.

Unsere *sachliche* politische Lage wäre sachlich auch der deutschen Arbeiterschaft nicht schwer ins Bewußtsein zu hämmern. Nur müßte eben künftig die Behandlung solcher Bewegungen dem angepaßt werden. Gerechterweise muß andererseits von vornherein, auch von der Sozialdemokratie, anerkannt werden: Die Regierung hatte für ihr formell „bürokratisches" und „obrigkeitsstaatliches" Verhalten gewiß nicht zu unterschätzende Gründe. Es konnte etwas für sich haben, nicht nur dem Inland, sondern vor allem dem Ausland den Beweis zu erbringen, daß *diese* Art von Streiks, die nicht von den legitimen Organen der Arbeiter ausgehen, bei uns das Staatsgefüge *nicht* zu erschüttern vermag. Gut: das wird gelingen. Aber darüber dürfen die schweren Fehler, welche diese Streiks überhaupt und gerade jetzt herbeiführen, nicht übersehen werden. Und es kommt nun alles darauf an: ob es gelingt, den schweren *Argwohn*, welchen gewisse Vorgänge der letzten Wochen, und zwar sehr begreiflicherweise, erregt haben, und zu dessen Beschwichtigung natürlich die bloße Erklärung des Staatssekretärs des Innern: die Versprechungen würden erfüllt werden, *nicht* genügt, wieder zu beseitigen. Und dazu muß auch von den starken Seiten des Feindes gelernt werden. Dieser Argwohn aber gründet sich auf den Eindruck: daß maßgebende Kreise und Stellen bei uns dies elende Boulevardtreiben, wenn nicht begünstigen, dann – was schlimmer ist – *fürchten*, jedenfalls aber *beachten*. Es war denn doch ein Unfug, wenn politische Phantasten als Vertreter „unabhängiger Ausschüsse", nur weil sie Professoren sind, sogar von deutschen Bundesfürsten empfangen wurden, obwohl sie die Reichsregierung in der skandalösesten Weise mit Schmutz beworfen hatten, und wenn andererseits Vertreter einer streikenden Arbeiterschaft von einem Minister nicht einmal *angehört* wurden. Der Zustand, daß *Ressort*erörterungen durch *Presse*demagogie ausgeformten und dadurch die Massen in Siedehitze versetzt werden, muß aber ganz unbedingt *an der Wurzel* abgeschnitten und es muß endlich das richtige Wort für diese das Vaterland verderbenden Treibereien gefunden werden. Das ist bisher öffentlich *nicht* geschehen Bisher besteht vielmehr bei der Arbeiterschaft, wie im

Reichstag gesagt wurde, noch immer der Eindruck, daß die Zensur bei einem Kampf dieser einflußreichen Kreise, hinter denen die *Geldmacht* steht, mit der sie selbst ihre Kämpfe auszufechten haben, *gegen* die Reichsregierung arbeiten dürfe. Dieser Eindruck, der angesichts der unbehinderten Hetze in Berlin entstehen mußte, war es, der vor allen Dingen dazu geholfen hat, in Berlin die Vorbedingungen des Streiks zu schaffen. Wer eine mit den spezifischen Mitteln der Arbeiterschaft geübte Straßendemagogie verhüten will, muß auch die mit den spezifischen Mitteln der Geldmacht geübte Boulevard-Demagogie unterdrücken. Vor allem aber muß er darum besorgt sein, daß die einzigen Elemente der Massendisziplin: die *Gewerkschaften*, in der Lage sind, mit innerlicher Ehrlichkeit dafür sorgen zu können, daß das Vertrauen der Arbeiterschaft in die Aufrichtigkeit unserer inneren und äußeren Politik nicht durch eine gewissenlose Preßhetze derart untergraben wird, wie es Mitte Januar geschah.

Die nächste innerpolitische Aufgabe

Frankfurter Zeitung vom 17. Oktober 1918

Der Bundesrat hat sich auch jetzt nicht entschlossen, durch Aufhebung des letzten Satzes des Artikels 9 der Reichsverfassung die Möglichkeit zu schaffen, daß der Reichskanzler dem Reichstag und daß die zu Staatssekretären ernannten Führer der großen Parteien dem Bundesrat angehören. Vermeintlich „föderalistische“ Bedenken scheinen dabei mitzuspielen. Es muß auf das tiefste bedauert werden, daß das Irrtümliche dieser ganzen Vorstellungsweise wiederum nicht erkannt wurde. Die seinerzeit vorausgesagten Folgen des Verhaltens der Bundesstaaten zeigen sich sofort und werden weiterhin ihre Kreise ziehen. Da nämlich die *parlamentarischen Staatssekretäre* nicht im *Bundesrat* sitzen, haben sie sich außerhalb des Bundesrats mit dem Reichskanzler zu einem nicht rechtlich, wohl aber tatsächlich kollegial verhandelnden *“Kabinett“* zusammengeschlossen, dessen politisches Schwergewicht zunehmend bei ihnen, weit mehr als bei dem nicht dem Reichstag angehörigen Reichskanzler, liegen wird und auch liegen muß. Der Bundesrat wird dadurch äußerlich zu einer Art von „Staatenhaus“, der Sache nach aber zu einer Abstimmungsmaschinerie, während die wirkliche Reichsregierung sich oberhalb seiner konstituiert hat. Sie kann nunmehr gar nicht anders prompt funktionieren, als indem sie ihn ausschaltet, und würde der Bundesrat diesem Zustand Schwierigkeiten bereiten, so würde Preußen, das den

Reichskanzler stellt, kraft der sicheren Mehrheit, welche ihm die von ihm völlig abhängigen Zwergstaaten geben, ihn zum Schweigen bringen müssen. Unser Verlangen, durch eine maßvolle Parlamentarisierung des Bundesrats, diesen zum Mitträger der aktiven Reichspolitik zu machen, war demgegenüber von dem Wunsch bestimmt, den großen Bundesstaaten einen gesicherten positiven Einfluß auf die Leitung des Reichs zu geben. Liebgewordene Gewöhnungen und mißverstandene Prestigesucht der einzelstaatlichen Bürokratie und wohl auch höfischer Kreise haben vorläufig einmal wieder über das wirkliche politische Interesse die Oberhand behalten. Bleibt es dabei, so gilt es nun, entschlossen die Folgerungen zu ziehen und die improvisierten Neuschöpfungen in geregelte Bahnen zu leiten.

Eine *starke, geschlossene Regierung* ist jetzt dem Reiche unentbehrlicher als Irgend etwas anderes. Noch während der ganzen Zeit des Krieges aber und für jedermann sichtbar seit Anfang 1916 hat es in Deutschland mehrere Regierungen nebeneinander gegeben, und niemand, weder das Inland, noch das feindliche, noch das neutrale, noch – und das war besonders gefährlich! – das verbündete Ausland wußte, welche von ihnen für die Führung der Politik den Ausschlag gab. In aller Öffentlichkeit spielten sich in der Presse die Kämpfe dieser Regierungen miteinander ab und, was ebenso schlimm war, vor den Augen unserer Bundesgenossen bot sich z.B. noch in Brest-Litowsk das Schauspiel, daß die deutschen Unterhändler bei jeder Einzelheit am Telegraphendraht nicht etwa zum verantwortlichen Staatsmann, sondern zum „Hauptquartier" hingen und dann von dort aus, im Drang der Geschäfte, Weisungen empfingen, welche oft genug der Sachlage nicht entsprachen und gelegentlich geradezu eine Bloßstellung bedeuteten. *Alle* unsere offiziellen amtlichen Schritte und Erklärungen aber, vom Friedeinsangebot von 1916 angefangen, wurden konterkariert, bei Freund und Feind diskreditiert und in das Licht der Zweideutigkeit gerückt durch die stets erneute Veröffentlichung von *Reden oder Telegrammen dynastischer oder militärischer Stellen,* weiche dem verantwortlichen Leiter der Politik *nicht zur Billigung vorgelegen* hatten. Ein so geleitetes Reich konnte – und das hat seine Konsequenzen gehabt – auch bei seinen Verbündeten nicht das Vertrauen in Anspruch nehmen: daß seine Politik zum Erfolg und zum Frieden zu führen imstande sei. Gleichviel also, welches politische System bei uns künftig herrschen wird, – *hier* an *diesem* Punkt lag und liegt der Krebsschaden der deutschen politischen Willensbildung, und alles andere bleibt Stückwerk, solange diesem Zustand nicht, und zwar für immer, ein Ende gemacht wird.

Schon nach der bisherigen Verfassung hatten militärische Stellen *überhaupt* nicht politische Erklärungen abzugeben. Und schon nach dem bisherigen System stand dem Monarchen, wenn er mit der Haltung des Reichskanzlers nicht einverstanden war, nur die Befugnis zu, ihn zu entlassen und einen anderen zu berufen. Unter gar keinen Umständen jedoch durfte, auch schon nach dem Geist der bisherigen Verfassung, durch öffentliche oder durch private, aber der Veröffentlichung ausgesetzte monarchische Äußerungen die Politik eines *im Amt* befindlichen Ministers durchkreuzt oder sie präjudiziert werden, wie es seit einem Menschenalter wieder und wieder und auch in den letzten Kriegsjahren stets erneut geschehen ist und jetzt zu der für unser nationales Selbstgefühl furchtbaren Lage geführt hat, daß wir dem Ausland Erklärungen darüber haben abgeben müssen, wen denn eigentlich unsere Regierung vertritt. Kein Politiker irgendeiner Partei konnte über diesen Zustand abweichender Meinung sein, und dies ist auch nicht der Fall gewesen. Dennoch geschah nichts dagegen, und die höfische Umgebung des Monarchen verharrte in verstockter Unbelehrbarkeit. (Ja, es schien in letzter Zeit gelegentlich, als ob sie auf jene ihr wohlbekannte Forderung mit einem: „Nun grade!" reagiere.) Ein Monarch kann heute die politische Tragweite seiner Kundgebungen nicht übersehen. Das ist nicht seines Amts. Jene Stellen aber, insbesondere jener Zivilkabinettschef, welcher derartige politische Äußerungen entwarf oder veröffentlichen ließ, wie wir sie noch im Sommer erlebten, war ein schlechter und ungetreuer Diener seines Herrn nicht nur, sondern: der Monarchie. Ein solches Treiben muß ein- für allemal unmöglich gemacht werden, und dafür gibt es nur den Weg: die Publikation monarchischer oder militärischer Kundgebungen, wenn sie die Politik berühren, an einen *festen Geschäftsgang* und vor allem an die *vorherige Kontrolle des Reichskanzlers* zu binden, wie es der Verfassung entspricht, jeden anderen Weg aber unter schwere Strafe zu stellen. Es ist dies die weitaus dringlichste Reform, deren unser politisches Leben bedarf. Sie schafft ja nur einen Zustand, der überall anderwärts völlig selbstverständlich ist, ganz einerlei, ob parlamentarisches System oder welches andere sonst besteht, und ganz einerlei, ob dafür (wie es vereinzelt der Fall ist) ausdrückliche Verfassungsbestimmungen geschaffen sind, was bei uns nach den gemachten Erfahrungen zweifellos unumgänglich ist. Wir erwarten also von den Mehrheitsparteien, daß sie *unverzüglich* mit einem entsprechenden Antrag im Reichstag vorgehen und ihre verantwortliche Beteiligung an der Regierung von der *unverzüglichen* Zustimmung des Bundesrats abhängig machen. Sonst schwebt der Kredit auch dieser Regierung nach außen und innen in der Luft und sie ist Überraschungen aller Art von Seiten unverantwortlicher Stellen ausgeliefert. Es wäre unfaßlich, wenn die Anhänger monarchischer Institutionen auch jetzt noch nicht verstehen sollten, was die Stunde fordert!

Waffenstillstand und Frieden

Frankfurter Zeitung vom 27. Oktober 1918

Die größte, und dabei von dem guten Willen der deutschen Regierung ganz unabhängige Schwierigkeit der Situation dürfte jetzt in folgendem liegen: An Präsident W i l s o n s Aufrichtigkeit war und ist bei Verständigen in Deutschland kein Zweifel. Es scheint aber, er übersieht folgendes nicht genügend: wird seinem Begehren, daß die deutsche Regierung solche Waffenstillstandsbedingungen annehmen soll, die einen weiteren militärischen Widerstand unmöglich machen, Folge geleistet, so würde damit nicht etwa nur Deutschland, sondern in weitestem Maße *auch er selbst* aus der Reihe der für die Friedensbedingungen maßgebenden Faktoren ausgeschaltet. Seine eigene Stellung als Schiedsrichter der Welt beruhte und beruht darauf und nur darauf, daß die deutsche Militärmacht mindestens so viel bedeutet, daß sie ohne die Mithilfe der amerikanischen Truppen keinesfalls zur Unterwerfung gezwungen werden kann. Würde dies anders, so gewinnen die unzweifelhaft vorhandenen absolut intransigenten Elemente in den Ländern der übrigen feindlichen Staaten die Oberhand und sind in der Lage:, den Präsidenten mit höflichem Dank für seine bisherige Hilfe glatt beiseite zu schieben. *Seine Rolle wäre ausgespielt*, es sei denn, daß er sich zum Kriege gegen seine derzeitigen Bundesgenossen entschlösse. Diesen Sachverhalt hätte sich auch die deutsche Regierung gegenwärtig halten sollen. So wünschenswert eine Waffenruhe im Interesse der Vermeidung unnützen Blutvergießens war und ist, so wäre es sicherlich richtiger gewesen, das Waffenstillstandsangebot nicht derart in den Vordergrund der Erörterungen zu rücken, wie es tatsächlich geschehen ist. Friedensverhandlungen konnten und können auch ohne Waffenstillstand stattfinden, falls die Gegner auf Fortsetzung der Schlächterei bestehen.

Deutschlands künftige Staatsform

Anfang 1919 als Sonderabdruck erschienen in der von der Frankfurter Zeitung veröffentlichten Schriftenreihe „Zur deutschen Revolution“ (Heft 2).

Vorbemerkung

Nachstehende Skizzen, in der „Frankfurter Zeitung“ erschienen und hier fast nur stilistisch geglättet (Ergänzungen sind meist als Anmerkungen kenntlich), sind rein politische Gelegenheitsarbeiten ohne allen und jeden Anspruch auf „wissenschaftliche“ Geltung. Sie sollen nur zeigen, daß eine republikanische, großdeutsche und nicht großpreußische Staatsform föderativen und dabei demokratischen Charakters nicht, wie vielfach geglaubt wird, überhaupt unmöglich ist, und die Diskussion in Fluß bringen. Die Ereignisse werden sie zweifellos sehr bald, so oder so, überholen, ebenso wie meine Schrift über „Parlament und Regierung im neugeordneten Deutschland“ (1918), die noch von der Tatsache der preußischen Hegemonie und der Dynastien ausging und daher den Zukunftszustand nur in der Parlamentarisierung erblicken konnte, inzwischen überholt ist. Die eigentlich ausschlaggebenden materiellen (sozialen und finanziellen) Probleme des Neuaufbaus liegen ja noch so ungeklärt im Schoße der Zukunft, daß vorerst nur unverbindliche Rahmen-Konstruktionen staatstechnischer Art möglich sind.

15. Dezember 1918
Max Weber

I.

Mit unzulänglichen dilettantischen Kräften steht die politisch ungeschulte Nation vor der Aufgabe, an die Stelle von Bismarcks Werk etwas anderes zu setzen. Denn dieses Werk ist dahin. Schon aus Gründen der Außenpolitik, die ja bei seinem Aufbau sehr stark mitspielten. Einmal weil das dynastische Österreich zerfällt, – von Bismarcks Standpunkt aus gesehen eine Veranstaltung, welche die Zugehörigkeit von 10 Millionen Deutschen zum Reich opferte, um 30 Millionen Nichtdeutsche politisch zu neutralisieren. Weil ferner der dynastische Bund mit Rußland dahin ist, der auf der Interessengemeinschaft gegen die Polen ruhte und diese neutralisierte. Weil die militaristische Epoche der deutschen Geschichte zu Ende ist. Weil schließlich jedenfalls die bisherige dynastische Lösung des kleindeutschen Problems für die Zukunft ebensowenig wie dieses selbst in Betracht kommt. Was nun? Obwohl diese Vorfrage zur Zeit praktisch entschieden scheint, fragen wir doch noch einmal: *parlamentarische Monarchie oder Republik?*

Welche Rolle lebendige dynastische Gefühle in Zukunft spielen werden, bleibe dahingestellt. Wir waren den Dynastien treu, aus geschichtlichen Erinnerungen, in Baden auch infolge der Volkstümlichkeit und Korrektheit der dortigen Dynastie. Heute aber können nur politische Erwägungen zu Worte kommen. Die Interessen und Aufgaben der Nation stehen uns turmhoch über allen Gefühlen. Ebenso über allen Fragen der politischen Form überhaupt. Auch deren Gestaltung ist uns aber zunächst ein nüchternes staatstechnisches Problem und nicht eine Gefühlsangelegenheit. Für viele von uns, auch den Schreiber dieser Zeilen, war und ist die streng parlamentarische Monarchie die technisch anpassungsfähigste und in *diesem* Sinn stärkste Staatsform, ganz unbeschadet der ganz radikalen sozialen Demokratisierung, die wir erstreben und die dadurch nicht notwendig gehindert wird. Offen, aber maßvoll haben wir die – wie spätestens seit der russischen Revolution jeder, der Augenmaß hatte, sehen mußte – unabwendbaren Umgestaltungen vertreten, welche, rechtzeitig vorgenommen, die Dynastien in dem von Grund auf neuen System hätten erhalten können. Schlechte Berater der Monarchien vereitelten alles, und diese selbst reagierten feindselig. Sie hielten am alten System fest.

Dies *System* aber hat zum mindesten die preußisch-deutsche Dynastie derart belastet, daß es heute unmöglich ist, für sie einzutreten. Dynastische Rivalitäten haben schon die elsässische Frage seit 1871 verpfuscht. Sie haben uns jetzt im Osten bloßgestellt. Die Monarchie hat ihre eigentliche Funktion in einem Militärstaat: die reine Militärherrschaft zu hindern, nicht erfüllt. Sie hat vielmehr die Admiralsdemagogie und die Generalsdiktatur mitsamt der *Politisierung des Heeres* geduldet. Vor allem durch die sogenannte „Aufklärung“, eine rein parteipolitische Machenschaft, welche den Keil zwischen Offiziere und Mannschaft trieb, die innere Politik vergiftete, in unsere politische Leitung aber Zwiespalt und eine Zweideutigkeit trug, welche uns das Vertrauen der ganzen Welt einschließlich unserer Bundesgenossen kostete. Gegen den bisherigen Monarchen jetzt, nach seinem Sturz, harte Worte zu brauchen, wäre unritterlich. Aber das den Geist schon der bisherigen Verfassung gröblich verletzende persönliche Regiment mit seiner lauten Reklame und absolut dilettantischen Politik hat die Weltkoalition gegen uns zusammenbringen helfen. Das öffentliche Versprechen konstitutioneller Regierung vom November 1908 wurde gebrochen. Noch im Krieg wurde unsere Friedensaktion durch Reden des Monarchen durchkreuzt und schließlich (Erlaß vom 15. Juni) der Krieg zu einem persönlichen Duell des Monarchen gegen den Mammonismus – der Angelsachsen! – gestempelt. Der schon aus diesem Grund bei der Friedensbitte durch die Würde gebotene Thronverzicht des Monarchen wurde verzögert. Er wird nun, *gleichviel* mit welchem Recht, für immer mit dem Odium belastet bleiben, dadurch die feindlichen Bedingungen für uns erschwert zu haben. Und schließlich hat er durch Desertion aus der Hauptstadt und Spielen mit dem Staatsstreich die Revolution geradezu provoziert. Die Abwälzung der Verantwortung auf die Minister, traurig vom Standpunkt der Würde, überdies unhaltbar gegenüber dem Inhalt der Akten, deren Publikation bevorsteht, gab dem monarchischen Gedanken den Rest. Die preußische Dynastie ist dadurch derart hoffnungslos diskreditiert, daß nunmehr ihre Erhaltung, damit aber auch die der anderen Dynastien, auf Grund noch so triftiger staatstechnischer Erwägungen nicht mehr vertreten werden könnte.

Nicht nur die Dynastien und ihr Organ aber: der bisherige Bundesrat, sind durch das alte System diskreditiert, sondern leider auch: das Parlament. Geflissentlich in seiner Macht niedergehalten und in seinem Niveau gedrückt, von den Schmeichlern des alten Systems jahrzehntelang heruntergerissen, von der „Aufklärung“ während des Krieges bei der Armee in Verruf gebracht, konnte der Reichstag unmöglich die Autorität in Anspruch nehmen, um im Augenblick des Zusammenbruchs die Macht in der Hand zu behalten. Es gereichte ihm nur weiter zum Schaden, daß nunmehr plötzlich seine bisherigen Verlästerer für ihn eintraten, denen jetzt die Existenz des früher so verabscheuten „Parlamentsheeres“ gewiß nicht unwillkommen gewesen wäre. Nun rächte sich das Verhalten der literarischen Lobredner der Beamtenherrschaft. Denn es zeigte sich, daß die bürokratische Maschinerie nach der Natur ihrer ideellen und materiellen Triebkräfte und angesichts der Natur des heutigen Wirtschaftslebens, welches durch sein Versagen ja zur Katastrophe geführt würde, gegebenenfalls bereit ist, unbesehen *jedem* zu dienen, der sich im physischen Besitz der nötigen Gewaltmittel befindet und den Beamten den Fortbesitz ihrer Ämter gewährt. Das Fehlen einer im Glauben der Nation verwurzelten Autorität der Volksvertretung aber machte die Bahn frei für die revolutionäre Diktatur. Da Revolutionen stets von Minderheiten in die Wege geleitet werden, wäre nun gegen eine zeitweilige Diktatur an sich nichts einzuwenden. Politisch kommt aber in Betracht: daß bei dem *bundesstaatlichen* Charakter Deutschlands das völlige Abreißen der bisher legitimen Gewalten die sachliche Neuordnung gewaltig *erschwert*. Die „historische“ Legitimität ist dahin. Auch den spezifischen „Mittelparteien“ bleibt jetzt als Rückweg aus der Gewaltherrschaft der Soldatenräte zur bürgerlichen Ordnung nur die *revolutionäre*, naturrechtliche Legitimität der auf der Volkssouveränität ruhenden *Konstituante*. Das bedingt aber einen Neubau vom gewachsenen Boden aus. Uns Radikalen könnte nun eine solche Lage an sich nur willkommen sein. Allein es liegt auf der Hand, welche Schwierigkeiten dabei für jede rationelle Neuordnung einfach dadurch gegeben sind, daß nun in Deutschland eine *Mehrheit* von Konstituanten: des gesamtdeutschen, des preußischen, bayerischen, badischen usw. Volks, über diese höchst komplizierten Fragen entscheiden soll. Gesetzt z.B. – so unwahrscheinlich gerade dieser Fall sein mag – die Mehrheit des preußischen Volks stimmte für den Fortbestand der Dynastie, die Mehrheit des Reichsvolks als Ganzes aber für die Republik. Dann wäre zwar klar, daß die Entscheidung der Reichskonstituante für das Reich und damit indirekt auch für Preußen maßgebend wäre. Aber leicht wäre diese Lage nicht. In jedem Fall ist aber schon deshalb, weil die Reichsordnung den Rahmen für die Einzelstaaten abgibt, vor allem die *Gesamtkonstituante unaufschiebbar*. Denn an der Ordnung *vor allem des Reichs* hängt das wirtschaftliche Lebensinteresse ebenso der Arbeiterschaft wie des Bürgertums, ganz gleichgültig, wie stark sozialistisch die Neuordnung ausfällt.

Ebenso aber hängt an der Beschleunigung der Bestand der Neuordnung überhaupt. Es ist ein sehr schwerer Rechenfehler eines Teils der Unabhängigen Sozialdemokraten zu glauben, oder vielmehr unter dem Druck von links sich einzureden: eine Verzögerung verbessere die Chancen des Sozialismus. Sie verbessert ausschließlich die Chancen des Bürgerkriegs und der inneren Auflösung unserer Wirtschaftsordnung. Mit voller Sicherheit aber würde dadurch erreicht, daß in nicht zu ferner Zeit entweder die Entente von sich aus einmarschiert, oder daß sich eine mittelparteiliche Gegenregierung auf dem Boden des *Reichstags* neu bildet, mit welcher dann einmarschierende fremde, etwa amerikanische, Gewalten sich in Verbindung setzen und mit Hilfe des Standrechts eine nichtsozialistische Regierung einsetzen, um den Frieden abschließen zu können. Wir vermögen diese äußerste Schmach: daß wir unsere inneren Verhältnisse überhaupt nicht selbständig ordnen können, *nur* dann abzuwenden, wenn der Bürgerkrieg vermieden wird und *bald* eine „legitime“ Regierung entsteht. Nun ist gewiß nicht bestimmt zu behaupten, daß die Konstituante ein *sicheres* Mittel sei, ihn definitiv zu verhindern. Das hängt nicht von uns, auch nicht von den Mehrheitssozialisten oder Unabhängigen Sozialisten ab, sondern vor allem von jenen bei jedem Umsturz sich als Schmarotzer einfindenden Elementen, die *nicht für die, sondern von der Revolution leben wollen*, d.h. als „Rote Garde“ oder als Mitglieder von „Revolutionskomitees“ oder als deren Beauftragte sich gegen Leistung von Geschwätz- und Spitzeldiensten *arbeitslos füttern lassen möchten*. Denn *dies und gar nichts anderes* ist das Wesen sowohl des Bolschewismus in Rußland wie der verwandten Bewegungen bei uns, so unbedingt sicher die ideologische Gutgläubigkeit der an der Spitze stehenden Literaten und Glaubenskämpfer sein mag. Die an der Revolutionskrippe gefütterten Schmarotzer haben gar kein Interesse an einem Ende des jetzigen Zustandes, solange er ihnen Nahrung gibt. Bei dieser Eigenart der Bewegung werden Putschversuche von ihrer Seite unter *keinen* Umständen ausbleiben, und wir müssen abwarten, ob die sozialistische Regierung einschließlich der Unabhängigen die feste Hand haben wird, die Glaubenskämpfer in zugleich rücksichtslos durchgreifender und doch menschlicher Form unschädlich zu machen und so die feindliche Okkupation zu vermeiden, welche das Schicksal nicht nur des deutschen Sozialismus, sondern auch jeder echten Demokratie auf Generationen hinaus besiegeln würde. Freilich: besser als eine *unfreie*, durch *verfälschte* oder vergewaltigte *Wahl* zustande gebrachte Konstituante wäre gar keine. Denn eine Nichtanerkennung oder Sprengung der Konstituante, wie sie bei Unfreiheit der Wahlen erfolgen würde, müßte eben dazu führen, daß die einmarschierende Entente als einzige legitime Gewalt den alten Reichstag wieder einberiefe, und *das* könnte man auch ohne diesen Umweg haben. *Es gibt bei freien Wahlen keine sozialdemokratische Mehrheit. Ohne freiwilliges Mittun des Bürgertums bekommt die Regierung keinen Frieden und steht die Okkupation, früher oder später, bevor.* Darüber sei man sich doch ja ganz klar und ziehe, so oder so, die Konsequenzen.

Andererseits aber würde ein Versuch dynastischer Lösung die ohnehin große Gefahr des Bürgerkriegs und damit der Unfreiheit in der Gestaltung unserer Verfassung gewaltig steigern. Denn der Versuch einer Retablierung der Dynastien würde im Ausland und vor allem im Inland wie ein Anfang der Rückwärtsrevision der demokratischen Neuordnung überhaupt wirken. Die baldige Einberufung einer freien Konstituante und damit das *Bekenntnis zur Republik* ist uns also *diktiert* durch die sonst unmittelbar drohende Fremdherrschaft. Aber, so offen wir uns, ehrlicherweise, diese Situation klarmachen mußten – doch nicht *nur* dadurch.

Die Republik als Staatsform scheint zur Zeit der sicherste Weg, das *großdeutsche* Problem, welches jetzt vor uns steht, einer Lösung entgegenzuführen. Wir müssen für *die* Staatsform eintreten, welche gestattet, die möglichste Höchstzahl von Deutschen in einem Verband zu einigen. Ob dies für Österreich und Bayern in normalen Zeiten auf die Dauer die Republik sein würde, mag jetzt dahingestellt bleiben. Für die Gegenwart scheint es so zu sein, und, *wenn* es so ist, so sind daraus die Konsequenzen zu ziehen.

Neben diesen unmittelbar politischen, rein aus der Gegenwartslage folgenden Gründen spricht nun aber für uns Radikale noch etwas anderes *dauernd* Bedeutsames für die Republik. Staatstechnische Fragen sind leider nicht unwichtig, aber natürlich sind sie für die Politik nicht das Wichtigste. Weit entscheidender für die Zukunft Deutschlands ist vielmehr die Frage: ob das Bürgertum in seinen Massen einen neuen verantwortungsbereiteren und selbstbewußteren *politischen Geist* erziehen wird. Bisher herrschte seit Jahrzehnten der Geist der *"Sekurität"*: der Geborgenheit im obrigkeitlichen Schutz, der ängstlichen Sorge vor jeder Kühnheit der Neuerung, kurz: der feige *Wille zur Ohnmacht*. Gerade die technische Güte der Verwaltung: der Umstand, daß es dabei im großen und ganzen materiell gut ging, hatte breite Schichten der Bevölkerung überhaupt (nicht nur Bürger) sich in dies Gehäuse einleben lassen und jenen Staatsbürgerstolz, ohne welchen auch die freiesten Institutionen nur Schatten sind, erstickt. *Die Republik macht dieser „Sekurität" ein Ende.* Die Geborgenheit der sozialen und materiellen Privilegien und Interessen in der historischen Legitimität des Gottesgnadentums hört auf. Das Bürgertum wird dadurch ebenso ausschließlich auf seine eigene Kraft und Leistung gestellt, wie die Arbeiterschaft es längst war. Unter den für die absehbare Zukunft geltenden Existenzbedingungen der Gesellschaft hat es die Probe auf seine Unentbehrlichkeit und Eigenbedeutung nicht zu scheuen. Eben deshalb wird diese Probe seinem Selbstgefühl, hoffen wir, gut tun. Dem Selbstgefühl jeder Nation ist es ja zugute gekommen, wenn sie einmal ihren legitimen Gewalten abgesagt hatte, selbst wenn sie, wie in England, sie später wieder von Volkes Gnaden zurückrief. Gewiß: es ist für die Entwicklung dieses nationalen

Selbstgefühls schlimm, daß die Demokratie zu uns nicht, wie in Holland, England, Amerika, Frankreich, in Verbindung mit erfolgreichen Kämpfen oder, wie wir es erstrebt hatten, in Verbindung mit einem ehrenvollen Frieden gekommen ist, sondern im Gefolge einer Niederlage. Die schmachvolle Konkursliquidation des alten Regimes, mit der sie belastet ist, tritt hinzu, um ihre Zukunft politisch zu verdüstern. Es sind zunächst nicht frohe Tage, die sie der Nation versprechen kann. Die Republik ist eine Saat auf Hoffnungen, von denen wir heute nicht wissen, ob sie alle erfüllt werden. Sie darf nicht bleiben, was sie offenbar heute für nur allzu viele ist: ein Narkotikum, um durch einen *Rausch über den furchtbaren Druck des Zusammenbruchs* hinauszukommen. Sonst ist alles bald zu Ende. Weil aber das Vaterland für uns nicht das Land der Väter, sondern der Nachfahren ist, und weil wir zu den Nachfahren mehr *Zutrauen* haben und haben müssen als zu der älteren Generation, weil wir endlich die entschlossene Absage an die dynastische Legitimität als ein Mittel schätzen, auch das Bürgertum endlich politisch *auf eigene Füße zu stellen, deshalb* fügen wir uns zwar loyal jeder Mehrheitsentscheidung durch Konstituante und Plebiszit, stehen aber unsererseits ohne Vorbehalt und Zweideutigkeit auf dem Boden der *Republik*. – Wie aber soll diese aussehen? Das hängt von den *Aufgaben* ab, die wir ihr stellen.

II.

Dabei, daß politisches Leben von *Parteien* getragen wird, wird es bleiben. Aber den neuen Aufgaben entsprechen *neue* Parteien. „Neu“ vor allem hinsichtlich der *Personen*. Schlimm genug, daß die technisch unentbehrlichen Parteiapparate (Sekretäre, Korrespondenzen und Vertrauensmänner) die Parteien auch nach Entleerung von jeder Spur ihres alten Sinnes unsterblich zu machen pflegen. Wenigstens für die Personen der Führer darf das aber nicht gelten. Wenn beispielsweise die nationalliberale Partei fortbestehen sollte, wie ein Teil es will, so kann sie doch unmöglich für eine demokratische Neuordnung mit Führern vor die Wähler treten, welche die Hetze gegen die „westliche“ Demokratie mitmachten, oder für den Völkerbund mit solchen, welche Flandern oder Briey angliedern wollten, die wahnsinnige Baltenpolitik stützten, die unglaubliche Note an Mexiko belobten, vor allem: den Tauchbootkrieg demagogisch erzwingen halfen. Sonst wird der Wahlkampf kein Ringen um die Zukunft, sondern eine zornige Abrechnung über die Vergangenheit. Wenn jetzt 22 Monarchen abdankten, weil man sie getäuscht hatte, so müssen auch die verdientesten – zum Teil persönlich durchaus sympathischen – Parteihonoratioren aus ihren Irrtümern, welche schließlich Deutschlands Existenz gekostet haben, die Konsequenzen ziehen, anstatt als Lohn für möglichst schnelles Umlernen alsbald wieder Parteieinfluß oder gar Mandate zu verlangen. Ähnliches gilt in anderer Art für die Linke. Vorgänge wie kürzlich im ersten Berliner Wahlkreis – die Ausschaltung fast des einzigen „ministrablen" Politikers der Linken – sind tödlich: die Nation, zumal die feldgraue, hat das *völlig satt*. Verjüngung, und zwar tunlichst *feldgraue* Verjüngung, fordert die Stunde für die neuen Aufgaben. Welches sind diese selbst?

1. Klarer Verzicht auf imperialistische Träume und also rein *autonomistisches Nationalitätsideal*: Selbstbestimmung aller deutschen Gebiete zur Einigung in einem unabhängigen Staat zu *rückhaltlos friedlicher* Pflege unserer Eigenart im Kreise des Völkerbunds. Nicht von uns allein hängt es ja ab, ob *nationaler Pazifismus* unsere dauernde Gesinnung bleiben kann. Werden, wie vor 1870, unserer Einigung (wenn und soweit die Deutschen, insbesondere die Österreicher, sie selbst wollen) Hindernisse bereitet, werden uns *außer* dem Elsaß, über dessen staatliches Schicksal wir, nachdem es dem alten Regime in 50 Jahren *nicht* gelang, dieses kerndeutsche Land uns innerlich zu gewinnen, diesen Frieden, der hoffentlich wenigstens seine Eigenart wahrt, als Schlußurteil eines langen Prozesses ehrlich akzeptieren wollen, deutsche Gebiete im Westen oder gar Osten abgenommen, werden uns über die Entschädigung Belgiens hinaus unter dem Vorwand von Schäden, welche aus der Tatsache des Kriegs als solcher und aus beiderseitigen Handlungen herrühren, Fron- und Schuldpflichten auferlegt, – dann wird, nach einer Epoche von bloßem Ermüdungspazifismus, jeder letzte Arbeiter, der das spürt, Chauvinist werden! Der Völkerhaß ist in Permanenz und die *deutsche Irredenta* mit all den dabei üblichen *revolutionären Mitteln der Selbstbestimmung* flammt auf. Gegen die Fremdherrschaft sind auch die Mittel der Spartakusleute recht, und die deutsche studierende Jugend hätte eine Aufgabe. Der Völkerbund wäre innerlich tot, daran könnten keine „Garantien" etwas ändern. Die englische Politik hätte sich einen Todfeind geschaffen, und Präsident Wilson wäre nicht der Friedensstifter der Welt, sondern der Stifter unendlicher Kämpfe.

2. Kommt – wie wir wollen und hoffen – ein Friede zustande, den wir innerlich aufrichtig annehmen können, dann ist *gründliche Entmilitarisierung* die Parole. Also zunächst natürlich die bisher fehlende Unterordnung der Militärgewalt unter die bürgerliche. Der international zu vereinbarende *Übergang zum rein*

defensiven Milizsystem wird sie ohne weiteres zur Folge haben. Wehrlosigkeit bedeutet sie nicht und darf sie schon deshalb nicht bedeuten, weil und solange das Wiederaufflammen der in *allererster* Linie am Kriege schuldigen imperialistischen Gefahr von *Rußland* – außer Amerika dem einzigen Lande, welches den Boykott auch eines Völkerbundes leicht ertrüge – nicht endgültig gebannt scheint.

3. Die *Beseitigung der hegemonialen großpreußischen Struktur* des Reiches, welche in Wahrheit die Herrschaft einer Kaste bedeutete, ist auch für die preußische Demokratie Programmpunkt. Unentbehrlich wäre sie zumal für die Einigung mit Österreich, welche übrigens dem Reiche – seien wir uns klar! – *nicht* Macht und Geschlossenheit, sondern schwierige Probleme und Lasten zuführen wird und muß, jedenfalls aber seine äußere Kraft nicht steigert, also keine realpolitische, sondern eine rein gefühlspolitische Notwendigkeit ist. Wien ist noch weniger als München von Berlin aus zu regieren. Behördenverteilung auf die großen Zentren, abwechselnde Tagung des Parlaments in Berlin und Wien oder ständig an einem ganz neuen Ort und ähnliches wären ja Äußerlichkeiten, – aber doch nicht bedeutungslos. Gerade im *gegenwärtigen* Moment müßte jedenfalls die Konstituante, um unter einem weithin sichtbaren Zeichen der Neuerung zu tagen, *in einer anderen Stadt als Berlin*, einerlei ob Frankfurt, Nürnberg, München, zusammentreten. Ihre Aufgabe ist es, eine Verfassung zu schaffen, welche im Interesse des Gleichgewichts der Stämme nicht nur die jetzigen formellen Vorrechte Preußens beseitigt, sondern zur Kompensation seines bleibenden materiellen Schwergewichts staatspolitische Gegengewichte darbietet. Welche?

4. *Unitarische oder föderalistische Lösung?* Einheitsstaat oder Bundesstaat? Man muß sich klarmachen, und wir kommen öfters darauf zurück: daß dafür vor allem die *wirtschaftliche* Zukunftsorganisation wichtig ist. Eine wirklich streng sozialistische Organisation würde für die einheitliche Wirtschaft auch ein *einheitliches* politisches Gehäuse fordern. (Nur eine Scheinausnahme wäre die „Munizipalisierung" lokaler Bedarfsbetriebe: Gas, Wasser, elektrische Beleuchtung, Trambahnen usw. durch die Gemeindeverwaltungen, da sie ja hinsichtlich der Produktionsmittel: Kohle, Maschinen usw. einschließlich der Arbeitskräfte schließlich doch in den staatssozialistischen Gesamtplan, der ihnen diese zuweisen müßte, eingefügt blieben.) Jede wirklich „autokephale", d.h. mit gänzlich selbständigen Beamtenstäben arbeitende, und „autonome", d.h. nach eigenen Satzungen wirtschaftende, Selbstverwaltung von Provinzen,

Staaten, Gemeinden auf der *Produktionsseite* und in den Finanzen würde Hemmnis, Verschwendung, Mangel einheitlicher nationalwirtschaftlicher Planmäßigkeit bedeuten. Dagegen jede *privatwirtschaftlich* selbständige Organisation durch freie Unternehmer, auch durch selbstgeschaffene Unternehmer verbände, kann sich mit dem Föderalismus vertragen und auch über die einzelstaatlichen Grenzen hinweg Teilwirtschaftsgebiete syndizieren, wenn nur Recht, Währung, Handelspolitik und Produktionssteuern einheitlich geordnet sind. Vorfrage der politischen ist also diese wirtschaftsorganisatorische Grundfrage. Gehen wir ihr, da sie ja an sich höchst aktuell ist, entschlossen zu Leibe.

Kann, fragen wir, der Unternehmer *wirtschaftlich so ausgeschaltet* werden, wie die vielbeklagte politische Ohnmacht des Bürgertums den Laien vermuten läßt? Man mag es bedauern oder nicht: das ist *nicht der Fall*. Zeitlage sowohl wie Dauerlage unserer Wirtschaft verhindern es.

Erstens: die *Zeitlage*. Sie ist einfach die: nicht nur die Neuordnung, sondern die einfache Wiederinstandsetzung, ja schon die bloße Ernährung der Nation bedarf auf lange Jahre *Kredit*. Und zwar *Auslandskredit*, ganz deutlich: *amerikanischen* Kredit. Über diese unvermeidliche ökonomische Fremdherrschaft täusche sich niemand. Eine rein *proletarische Regierung* aber, auch die beste, *ist für das Ausland kreditunfähig*. Die ihr zugänglichen Ersatzmittel für den Kredit: Notenpresse und Konfiskation, wälzen die Last auf die Schultern kommender Jahrzehnte, ohne zu helfen, und erzwingen schließlich erst recht und dann auch formell die Pfandherrschaft des Auslands. Denn mit entwerteten Noten kann das Ausland nichts anfangen, Konfiskationen aber erregen ihm den Verdacht, daß seine eigenen Kredite nicht sicher sind. Es wird dann *reale* Garantien fordern und diese *militärisch* schützen. Nur eine Regierung und nur eine Wirtschaft *bürgerlicher* Struktur erhält Kredit. Deshalb: weil nur das Bürgertum an dem privatwirtschaftlichen Unterbau der Wirtschaft, der allein das, was das Ausland als Sicherheit seiner Forderungen braucht: die *Geld*steuerkraft verbürgt, ein hinlänglich starkes, als Garantie dienendes *Eigen*interesse hat, welches durch keinerlei noch so hübsch ausgeklügelte „Naturalrechnung“ einer sozialistischen Gesellschaft ersetzbar ist. Ja noch mehr. Vor die Wahl gestellt, dem bürokratisierten Apparat einer sozialistischen Wirtschaft *oder* einem Konsortium freier Banken oder etwa schwerindustrieller Wirtschaftsorganisatoren den *gleichen* Betrag zu kreditieren, würde das Ausland keinen Augenblick mit der Antwort zögern: *nur* *diesem letzteren*. Die *Beweise* dafür könnten durch Tatsachen der Gegenwart erbracht werden. Daran ist gar nichts zu ändern. Was also unter der Verlegenheitsphrase von der „Verstaatlichung der Banken" verstanden sein soll (außer etwa die Beseitigung der privaten Aufsichtsratsrechte bei der schon jetzt staatlich geleiteten Notenbank, also etwas für die Wirtschaftsstruktur ganz Gleichgültiges), ist völlig unerfindlich. Die „Verstaatlichung der Aktiengesellschaften" vollends ist eine leere Redensart, wenn man doch nun einmal gewaltige Auslandskapitalien braucht, also den Privatbesitz zwar beliebig hoch besteuern oder gegen Entschädigung enteignen, *nicht* aber *konfiszieren* darf, – weil man sonst wiederum *keinen Kredit* vom Ausland bekommt. Die allgemeine Bemerkung Eisners, daß eine zerstörte und ausgepowerte Wirtschaft kein Boden für den Sozialismus sei, bewährt sich *hierin* in charakteristischer Art. Ein paar Milliarden für Nahrungsmittel erhält auch eine sozialistische Regierung kreditiert, da ja der Feind Pfänder in der Hand hat, *Retablierungs*kredit, wie wir ihn brauchen, erhält nur eine *bürgerliche* Regierung.

Aber von dieser Zeitlage abgesehen? Das sozialistische Programm verkündet jetzt in Verleugnung älterer politischer Prinzipien: den Staatssozialismus. Sogar mit der Formel: „Erhaltung der Kriegswirtschaft". Für die Übernahme in die Staatsverwaltung, also in eine Verwaltung durch *Beamte* statt durch Unternehmer, – für diese staatssozialistische Bürokratisierung verwaltungstechnisch „reif" wären heute z.B. die Versicherungen und die Bergwerke. Sicher aber *nicht* die für Deutschlands handelspolitische Eigenart besonders wichtigen Fertigindustrien, welche zum Teil jeglicher Organisation spotten. Zwischen beiden stehen Industrien, die für eine Zwangs-Syndizierung mit Staatsaufsicht oder allerhand Stufen zeitweiliger Markt- und Rohstoffbezugsregulierung „reif" wären. Aus Rohstoffmangel sind sie ja solchen Maßregeln jetzt teilweise unterworfen und könnten es rein technisch zum Teil vielleicht bleiben. Zum Teil aber müßten sie später notwendig zu weitgehend autonomer Privatwirtschaft zurückkehren, um mit dem Ausland konkurrieren zu können. Bei der Landwirtschaft versteht sich, nach Vornahme der nötigen Enteignungen von Großgrundbesitz, die Privatwirtschaft (mit freier Vergenossen Schaffung) überhaupt von selbst. Trotz aller Kontrolle und Eingriffe und obwohl die Wiederkehr der alten *vor*kriegsmäßigen Verhältnisse nur von naiven Gemütern erhofft wird, steht also dem Schwergewicht nach gerade die *Erhaltung* des privatwirtschaftlichen *Prinzips*: – der

Unternehmerwirtschaft – *unvermeidlich* bevor und wäre die Parole: „Aufrechterhaltung der Kriegswirtschaft", als Dauerzustand gedacht, dilettantisch. Wie funktionierte denn eigentlich diese Kriegswirtschaft? Aufgebaut auf der Zulässigkeit jener ungeheuerlichen Einseitigkeit des Ziels und jener Unwirtschaftlichkeit, welche den Krieg nun einmal als Feind der Wirtschaftlichkeit – als ein *"Leben vom Kapital"* – kennzeichnen, würde sie bei Fortsetzung im Frieden Bankerott bedeuten. Hingegen eine Ausschaltung des *Unternehmers* bedeutete sie bekanntlich ganz und gar *nicht*. Im Gegenteil. Nur in anderer Form, öffnete sie dem Unternehmer Tür und Tor. Nicht nur in Form der Kriegsgewinne von Lieferanten. Nein, gerade das Staatssozialistische ihrer Organisationen konnte ohne ihn gar nicht bestehen. Ihre wirklich großen wirtschaftsorganisatorischen Gedanken und Leistungen stammen fast durchweg von *Geschäftsleuten, nicht* von Bürokraten. Massenverschleiß und teilweise Korruption herrschten gerade da, wo die reine Beamtenwirtschaft solche ihr nun einmal nicht gemäße und ungewohnte Leistungen vollbringen wollte. Und für normale Zeiten wird der Satz erst recht wieder gelten: daß der autonome Unternehmer ein *Prämienlohnarbeiter für Organisationszwecke* ist, der Beamte aber ein Zeitlohnarbeiter (und zwar, im Gegensatz zum Arbeiter, ein solcher *ohne* wirksame Auslese nach seiner Leistung), daß der erste eigenverantwortlich, der andere dagegen auf Risiko des Staatssäckels wirtschaftet, und daß demgemäß die Arbeiterschaft – mag sie *für sich selbst* zum Akkord- und Prämienlohnsystem stehen, wie sie will – doch *daran* ganz gewiß nicht interessiert ist, daß die *Schaffung von Erwerbsgelegenheit* für sie *nur* "im Zeitlohn" durch Bürokraten erarbeitet werde. Wir haben wahrlich keinen Grund, die Herren der Schwerindustrie zu lieben. Ihren verderblichen *politischen* Einfluß auf das alte Regime zu brechen, ist ja eine Hauptaufgabe der Demokratie. *Wirtschaftlich* aber ist ihre Leistung nicht nur unentbehrlich, sondern *wird es gerade* mehr als je jetzt, wo unsere ganze Wirtschaft und alle ihre Erwerbsgelegenheiten neu organisiert werden müssen. Mit Recht hat das kommunistische Manifest den *ökonomisch* – nicht: politisch- *revolutionären* Charakter der Arbeit der bürgerlich-kapitalistischen Unternehmer hervorgehoben. Keine Gewerkschaft, noch weniger ein staatssozialistischer Beamter kann uns diese Funktionen ersetzen. Man muß sie nur an der rechten Stelle verwenden, ihnen zwar die unvermeidlichen Prämien – des Profits – hinhalten, sie aber sich nicht über den Kopf wachsen lassen. *Nur* so ist – heute! – Fortschritt zur Sozialisierung möglich. Jeder geschulte Sozialist weiß das; bestreitet er es, so ist er nur ein Schwindler. Das

Ressentiment und die ständischen Instinkte der akademischen Literaten aber gegen Menschen, die von ihnen nicht examiniert sind, dennoch aber – Geld verdienen und Macht ausüben, wäre für die wirtschaftlich fortschrittlichen Arbeiter der schlechteste aller Berater.

Die Demokratie wird *alle* Literatenschlagworte, heißen sie „Organisation" oder „freie Wirtschaft", „Gemeinwirtschaft" oder „Durchstaatlichung", oder *wie immer*, ablehnen. Die Bezeichnung einer Maßregel als „sozialistisch" oder umgekehrt als „liberal" bedeutet ihr weder Empfehlung noch das Gegenteil. Für jedes Teilwirtschaftsgebiet fragt sie vielmehr ganz ausschließlich nach dem sachlichen Resultat, danach also: wie man dazu gelangt, einerseits die *Erwerbschancen der breiten Arbeitermassen* zu verbessern, andererseits die *Ausgiebigkeit der Bedarfsversorgung* der Gesamtbevölkerung zu erhöhen.

Staatstechnisch bedeutet dies alles: daß die unitarische Lösung uns nicht unbedingt aufgezwungen, daß vielmehr Raum für den Föderalismus ist, wenn man ihn aus anderen Gründen wählen muß. Die rein unitarische Lösung wäre nun aber nach der Zeitlage nicht möglich. Wirtschaftlich nicht: Österreich hat eigene Währung und Notenbank, heterogene Finanzwirtschaft und handelspolitische Bedürfnisse. Politisch nicht: *daß die Feinde, unter deren Fremdherrschaft wir stehen, sie niemals dulden würden*, liegt auf der Hand. Aber davon ganz abgesehen: die berechtigte Eigenart nicht nur Österreichs, sondern auch Bayerns würde ihr scharf widerstreben. Drängt so alles zum republikanischen Föderativstaat, so fragt sich, wie dieser auszusehen hat? Man wird bei allen Grundinstitutionen die *Wahl* zwischen mehreren, weiterhin kurz zu skizzierenden Prinzipien haben. Wir stellen diese zunächst einander gegenüber.

III.

Es wird dabei, um es zusammenzufassen, von folgenden Voraussetzungen ausgegangen:

1. daß die Föderativ *republik* erstrebt werden soll. Ob sie tatsächlich kommt, hängt u.a. auch davon ab, ob die Berliner Gewaltherrschaft nicht entweder den Separatismus bis aufs äußerste stärkt oder (vielleicht gleichzeitig) dynastische Gegenströmungen anwachsen läßt. In Österreich scheinen diese stark zu sein, und dadurch könnte eine ganz neue Situation für uns entstehen. Denn wir gehen davon aus, daß

2. die groß *deutsche* Lösung beabsichtigt ist, was weiter bedeutet, daß

3. die groß *preußischen* Bestandteile der Verfassung am unbedingtesten beseitigt werden müssen. Dies hat vor allen Dingen eine jetzt erst, auf republikanischem Boden, mögliche Folge: daß die *Verbindung der höchsten Spitze des Reichs mit der preußischen Staatsspitze künftig fortfällt*, und daß auch die preußischen „hegemonialen" Vorrechte im Bundesrat (Art. 5 Abs. 2, 7 Abs. 3, 11 Satz 1, 15 Abs. 1, 37) und die Rechte Preußens aus den Militärkonventionen künftig fortfallen. Hier liegt nun, bei dem durch keine Paragraphen zu beseitigenden Gewicht des preußischen Gebietsumfanges, seiner Bevölkerung und seiner Wirtschaftsstellung, sowohl als Absatzmarkt wie als Produktionsgebiet, und bei der riesigen Machtstellung des preußischen Verwaltungsapparats und seiner Leitung, die Quelle fast *aller* Schwierigkeiten des deutschen Föderalismus. Denn wir nehmen an, daß

4. eine dauernde *Zerschlagung Preußens* in Teilstaaten, wie man sie aus föderalistischen Gründen in der Vergangenheit erörtert hat, finanziellen und verwaltungstechnischen Schwierigkeiten so großer Art begegnen und die Gefahr des ostelbischen Partikularismus so steigern würde, daß sie schwerlich in solchem Umfang in Betracht kommt, daß nicht doch dem von Berlin aus verwalteten Gebiet ein gewaltiges Übergewicht verbliebe. Würde sie dennoch sich als möglich erweisen und durchsetzen – und „Berlin" wirkt ganz in diesem Sinn –, dann würden wir sie akzeptieren. Aber vorerst scheint sie uns trotz allem noch unpraktisch. Ist dem so, dann würde es sich also um die Schaffung *staatsrechtlicher* Gegengewichte gegen das *tatsächliche* Schwergewicht Preußens handeln. – Dieses alles vorausgesetzt, fragt sich zunächst zweierlei: *Parlamentarische oder plebiszitäre Struktur?*, und damit zusammenhängend: *Delegierten- oder Repräsentantenverfassung* für die Organe, welche neben dem selbstverständlich für das Reich fortbestehenden Volkshaus (Reichstag) zu schaffen sind: für diejenigen also, welche an Stelle des bisherigen Bundesrats und der bisherigen Reichsregierung (Kaiser, Reichskanzler und Staatssekretäre) treten sollen. Sie sind es, die, im Gegensatz zum Volkshaus, die größten Schwierigkeiten machen.

Die bisherige Hegemonialverfassung nötigte die übrigen Bundesstaaten dazu, sich durch verfassungsmäßige Reservat- und Sonderrechte zu sichern gegen Preußens Herrschaft, welche sich auf seine Finanzübermacht, auf die Kommandogewalt und Exekutive des Kaisers, im Bundesrat aber auf die absolute Abhängigkeit der stimmberechtigten Zwergstaaten stützte. Die Zwergstaaten werden, nehmen wir an, entweder durch Zusammenschluß (Thüringen?) oder

Einverleibung ihr sinnloses Dasein beschließen. Die verbleibenden Mittelstaaten aber können das, was ihnen bisher fehlte: Einfluß *im* Reich (statt nur: Freiheit *vom* Reich) sich nur dann sichern, wenn auch künftig eine Körperschaft besteht, in der sie mit einem gegenüber ihrer Volkszahl stark privilegierten Stimmverhältnis vertreten sind. Am radikalsten und deshalb in diesem *Maße* für uns unnachahmbar führen dies die amerikanische und die Schweizer Verfassung durch: unterschiedslos *gleiche* Stimmenzahl der Staatenvertreter im Senat bzw. Ständerat ohne alle Rücksicht auf die ungleiche Größe der Staaten (Delaware kaum [1/30] von Neuyork!). Sowohl die Verfassung von 1849 (z.B. Preußen 40, Bayern 20 Stimmen im – kleindeutschen – Staatenhaus von 168 Stimmen) als die Reichsverfassung von 1867/71 (Preußen 17, Bayern 6 Stimmen von 61 im Bundesrat) tun es in maßvoller Art. *Beide* aber in untereinander *radikal entgegengesetzter* Weise. Denn die für einen so gearteten Föderalismus grundlegende Frage wäre nun:

1. *Bundesrat oder Staatenhaus? Delegierten- oder Repräsentantensystem?* Das erste bedeutet: in der *neben* dem Volkshaus stehenden Körperschaft sitzen von den einzelnen *Regierungen* ernannte, jederzeit abberufbare, ausschließlich nach *Instruktionen* stimmende Delegierte, wie bisher im Bundesrat. Das zweite dagegen: dort sitzen von den einzelstaatlichen *Bevölkerungen* oder Parlamenten für *feste* Legislaturperioden *gewählte*, ausschließlich nach *eigener* Überzeugung stimmende Repräsentanten, wie in Amerika (Senat) und der Schweiz (Ständerat). Die Verfassung von 1849 ließ die Regierungen der Einzelstaaten und deren Volksvertretungen je die Hälfte der Repräsentanten für das Staatenhaus ernennen; sie bestimmte aber ferner, um das Einheitsgewicht der größeren Staaten möglichst zu brechen: daß die letztere Hälfte bei Staaten mit Provinzialständen durch diese, also landschaftsweise, nicht durch die Parlamente, zu wählen sei.

Jede *Parlaments*wahl der Staatenhausrepräsentanten bedeutet nun heute eine schon weitgehende Annäherung an das Delegationsprinzip, da sie ja praktisch dazu führt, daß die einzelstaatlichen *Parteien* ihre Vertrauensmänner entsenden. Direkte (natürlich: strikt demokratische) *Volks*wahl dagegen, vor allem aber landschaftsweise Wahl, steigern die Konsequenzen des Repräsentantenprinzips aufs äußerste. Denn jede Volkswahl des Staatenhauses, und am augenfälligsten in dieser Form, bedeutet grundsätzlich Ausschaltung der einzelstaatlichen *Regierungen* und *Parlamente*. Eben jener Mächte also, welche, im radikalen Gegensatz dazu, beim *bundesrätlichen* Delegationsprinzip durch ihre instruierten Vertrauensleute gerade die alleinigen Träger der unter sie sozusagen anteilsweise *repartierten* föderalistischen Anrechte am Reich wären. Eine landschaftsweise direkte Volkswahl eines *Staatenhauses* wäre demgegenüber nicht eine Vertretung der *politischen* Einzelindividualitäten, das heißt: der jeweiligen Inhaber der politischen *Macht* in den Einzelstaaten, sondern eine Vertretung der *landschaftlichen Eigenarten* des Volkes, das heißt: der in jeder größeren Landschaft jeweils vorwiegenden *Parteien*. Wir kommen darauf immer wieder zurück.

Die unterscheidende Eigenart eines auf Volkswahl beruhenden Staatenhauses gegenüber dem danebenstehenden Reichstag (Volkshaus) würde zunächst in der notwendig weit kleineren *Zahl* zum Ausdruck kommen. Kleinheit von Repräsentativkörperschaften bedeutet nach feststehenden Erfahrungen gesteigerte Aktionsfähigkeit, präzisere, kühl rational und weniger emotional-demagogisch bedingte Entschlüsse, mit anderen Worten: größere Fähigkeit zur *Macht*. Die dabei geopferte Allseitigkeit der Widerspiegelung des politischen Wollens hätte demgegenüber eben das danebenstehende Volkshaus (Reichstag) zu bieten. Wie man dabei dem Volkshause gewisse Vorrechte beim Budget geben könnte, so würde man dem Staatenhaus wichtige qualitative Sonderleistungen zuweisen können: Verwaltungskontrolle einschließlich der Enquete und Beamtenanklage, Kontrolle der Verträge und der Diplomatie, Ratifikation wichtiger Ausführungsverordnungen, vielleicht auch, statt der fast unvermeidlichen latenten, einen offiziell anerkannten Anteil an der Ämterpatronage. Die zweite Besonderheit des Staatenhauses läge in der *Verteilung* der Mandate auf die Staaten. Bei landschaftsweiser direkter Volkswahl fiele freilich die Notwendigkeit einer von der Volkszahl wesentlich abweichenden Verteilung auf die Einzelgebiete fort. Sie wäre dort sogar sinnlos. Das erscheint zunächst als Vorzug. Aber dafür haftet eben diesem Landschaftsprinzip in besonders starkem Maße jene dem Staatenhaus, wie wir sahen, eigene Ignorierung des *Schwergewichts der politischen Gewalten* in den Einzelstaaten an. Gerade wir, denen die unitarische Republik an sich genehm wäre, dürfen das nicht übersehen. Unmittelbar zwingend war diese Forderung bei der bisherigen Identität des Reichsoberhaupts mit dem preußischen Staatsoberhaupt. Bei der künftigen Trennung beider fiele für die Gewährung fester Anteilsrechte der Einzel*regierungen* an der Reichsregierung *dieser* besondere Grund fort. Aber die schwere Diskreditierung „Berlins“ und jetzt das tatsächliche Nebeneinanderbestehen einzelstaatlicher

Konstituanten neben der Reichskonstituante würden den Einzelregierungen sicher eine starke Position geben, wenn sie verlangen sollten, bei der Zentrale in einer Körperschaft durch instruierte Vertrauensmänner, und zwar derart vertreten zu sein: daß das Gewicht ihrer Stimme keinesfalls durch Preußen erdrückt werden könnte. Und man darf nicht vergessen: in einem Staatswesen mit solchen ökonomischen und finanziellen Problemen, wie wir sie vor uns liegen sehen, wird noch weit stärker, als dies ohnehin der modernen Entwicklung entspricht, die Anteilnahme von *Regierungs*vertretern an der laufenden *Verwaltung* und ihrer Kontrolle und Instruktion das Entscheidende, mindestens so wichtig wie die Teilnahme der *Bevölkerung* an großen *Stimm*körperschaften. Diese *aktive* Teilnahme an der Verwaltung aber kann vom einzelstaatlichen Standpunkt in der Tat am besten durch instruierte Beamte ausgeübt werden. Ein Staatenhaus, vollends ein auf Volkswahlen und womöglich auf Grundlage landschaftlicher Wahlen ruhendes, böte dafür keinen vollen Ersatz.

Aus dem allen würde folgen: zunächst Verteilung der (etwa 50) Mandate nach verbessertem Bundesratsprinzip (also etwa: 15 preußische, 12 österreichische, 7 bayerische usw. Mandate). Ferner: *nicht* landschaftliche Volkswahl. Bliebe man nun aber bei der staatenweisen Wahl durch die *Parlamente* der Einzelstaaten (natürlich in diesem Fall: unter Erlöschen des Mandats bei jeder allgemeinen Parlamentsneuwahl im betreffenden Einzelstaat, da ja die Repräsentanten dann Parteivertrauensmänner wären, also die jeweilige Parteikonstellation in ihrem Staat nicht überdauern dürften), dann würde dies doch dem bundesrätlichen *Delegationsprinzip* schon *so nahe* stehen, daß vielleicht die einfache Übernahme des jetzigen Bundesrats die reinlichste Lösung wäre. Natürlich unter Neuverteilung der Stimmen, Streichung der Zwergstaaten, Wegfall aller Vorrechte der Präsidialstimme, Wechsel des Vorsitzes, Erhaltung und vielleicht Erweiterung der unentziehbaren Sonderrechte. Zumal die Staatenhauslösung indirekt vielleicht doch zu ähnlichem Resultat führt. Würde man nämlich das Staatenhaus auf Grundlage des Repräsentationsprinzips (also: mit Volkswahl) durchführen, so entstünde, *wenn* dennoch die Einzel *regierungen* mit Erfolg Anspruch auf gesicherten Anteil an der Zentral *verwaltung* erheben sollten – und das würden sie wohl tun –, alsbald die Notwendigkeit, nun noch *neben* dem Staatenhaus und Volkshaus nicht nur überhaupt eine Spitze, sondern eine föderalistische, anteilsweise unter den Bundesregierungen repartierte Spitze zu schaffen oder anderweit für eine stetige

Verbindung der Reichsregierung mit den Einzelstaatenregierungen (durch Agenten oder ständige Kommissionen) zu sorgen. Man hätte dann nur, neben dieser föderalistischen Spitze, *zwei* Wahlkammern und das Bundesratsproblem verschöbe sich also sozusagen nur auf eine andere Stufe.

Müssen oder *sollen* denn nun aber die Einzelregierungen jenen Anspruch auf repartierten Regierungsanteil, die Quelle aller dieser Schwierigkeiten, erheben? Vom rein *demokratischen* Standpunkt aus gesehen, unzweifelhaft: *nein!*, da ja ihre *Bevölkerungen* im Volkshause sowohl wie im Staatenhause, in diesem in einem gegenüber Preußen privilegierten Maß, vertreten sein würden. Allein, jede autokephale politische Organisation strebt nach Macht – wir werden noch öfter erörtern: *weshalb?* – und würde dies Streben sicher rein partikularistisch, im Gegensatz *gegen* die Zentrale, betätigen, wenn man ihr den Quotenanteil an dieser vorenthielte. Und gewisse sachliche Gründe lassen sich ja, sahen wir, für ihren Anspruch auf diese Repartierung anführen. Man könnte versuchen, auf *einem* von zwei Wegen dem zu entgehen. Entweder: durch *Beseitigung* der einzelstaatlichen Autokephalie, also: statt der Eigenwahl der Staatsoberhäupter durch die *Einzel*staatsvölker oder durch deren Parlamente die *Ernennung* durch die Zentralgewalt, wie z.B. in Kanada. Diese, formell angesehen, „zentralistische" Lösung würde unter deutschen Verhältnissen schwerlich Chancen haben, wenn daneben nicht wiederum die Zentralinstanz ihrerseits irgendwie föderalistisch, also repartitionsmäßig (und natürlich: unter Begünstigung der kleineren Staaten) zusammengesetzt würde: – man sieht, immer wieder die gleiche Verschiebung des „Bundesratsproblems". Oder, der zweite Weg: die Autokephalie bleibt bestehen, das Verlangen aber nach föderalistischer Repartition der Zentrale wird ausgeschaltet durch *ganz radikale Gewaltenteilung* zwischen Einzelregierung und Zentralregierung. Also durch Trennung sowohl der sachlichen Zuständigkeiten, wie der positiven Aufgaben, wie der dafür zur Verfügung stehenden Beamtenstäbe, wie, endlich und vor allem, der verfügbaren *Einnahmequellen*. Im Erfolg also derart, daß die beiderseitigen Verwaltungsapparate von der Spitze bis zum Boden wie selbständige, sich nie vermischende Röhrensysteme nebeneinander herliefen. Der diesem Prinzip nahekommende amerikanische Staatenpartikularismus wäre nun aber für uns schon aus Gründen unserer Sozialpolitik nicht annehmbar. Die Art der Beziehung zwischen Bund und Kanton in der Schweiz stände unseren Möglichkeiten trotz der ziemlich stark abweichenden Kompetenzverteilung künftig, wenn einmal die großpreußische Struktur fortfällt, innerlich näher. Der

Versuch aber, einfach diese Lösung zu übernehmen, würde auf starken Widerstand stoßen. Die *Eigenverwaltung* des Bundes ist in der Schweiz, mit unseren Zukunftsbedürfnissen verglichen, gering. Wir werden später sehen, daß auch die *Finanz*verhältnisse ein ernstes Wort *dagegen* sprechen. Im ganzen: vom Standpunkt der *Sozialisierung* ist möglichster Zentralismus dringend erwünscht. Bei uns besteht nun aber der Widerspruch, daß sachliche Gründe der *Zukunft* für eine stark *zentralistische*, Reminiszenzen aus der *Vergangenheit* aber sowie Stimmungen und politische Macht- und Interessenkonstellationen der *Gegenwart*, von denen noch mehrfach die Rede sein wird, für die *föderalistische* Lösung, innerhalb dieser aber für das Delegations- und Repartitionsprinzip, wie es im bisherigen Bundesrat verkörpert war, ins Gewicht fallen werden. Und ganz allgemein gesagt *fehlt* bei uns die für jedermann anschauliche alltägliche Probe auf das in der Schweiz vortrefflich geglückte Exempel: der augenfällige Erfahrungs *beweis* dafür, daß Eigenart und Interesse aller Stämme bei uns in der Obhut einer Verfassung vom (ungefähren) Charakter entweder der kanadischen oder aber der schweizerischen – also: mit einem Staatenhaus – ebenso gut gewahrt werden können wie bei weiterer Beibehaltung der überlieferten Bundesratsverfassung. Und gerade wenn Preußen Einheitsstaat bleibt, wird der Versuch, *ohne* diesen Beweis Glauben zu finden, wohl erfolglos bleiben, besonders *dann*, falls der Sitz der zentralen Reichskörperschaften *Berlin* bleiben sollte. Ich wäre meinerseits prinzipiell für die *Staatenhausverfassung* aus politischen und verfassungstechnischen Gründen, muß aber mit der Unvermeidlichkeit der Bundesratslösung rechnen. Schon die jetzigen Beziehungen der revolutionären Regierungen zueinander weisen ja darauf hin.

Wie nun der neue Bundesrat, falls er aus diesen letztlich nur geschichtlich erklärlichen Gründen trotz allem in veränderter Form wieder erstehen sollte, fungieren, welches seine Befugnisse und also seine positive Bedeutung innerhalb des künftigen deutschen Verwaltungssystems sein könnte, das hängt zunächst natürlich von der *Aufgabenverteilung* zwischen Reich und Einzelstaaten ab. Außerdem aber – und das soll uns zunächst interessieren – von der Art der Struktur der künftigen *Reichsregierung*: jener Gebilde also, welche an die Stelle von Kaiser, Kanzler und Bundesrat treten.

IV.

2. *Plebiszitäre, parlamentarische oder föderalistische Reichsspitze?* An die Stelle des Kaisers könnte äußerlich am leichtesten eine *Einzelperson* treten. Gewählt

entweder 1. direkt durch das Volk, wie der Präsident der Vereinigten Staaten, oder 2., wie der Schweizer Bundesrat einschließlich des Bundespräsidenten, durch das Reichsparlament. Im letzteren Fall: durch das Volkshaus allein, falls daneben ein Bundesrat von instruierten Delegierten steht. Oder, wenn ein Staatenhaus geschaffen würde, durch beide Häuser gemeinsam wie in Frankreich. (Oder endlich, da das Staatenhaus hoffentlich höchstens ein Achtel der Mandate des Volkshauses haben wird, durch das Staatenhaus und einen durch Proporz zu delegierenden Bruchteil des Volkshauses.) – Der Unterschied zwischen 1 und 2 ist politisch bedeutend. Ein auf die revolutionäre Legitimität der Volkswahl gestützter Reichspräsident, der also zu *eigenem* Recht den Reichskörperschaften gegenüberstände, hätte eine unvergleichlich andere Autorität als ein parlamentarisch gewählter. Dies auch dann, wenn man ihn noch so streng auf suspensives Veto und das Recht der Volksbefragung, im übrigen aber auf die reine Exekutive beschränkte, auch bei der Ämterpatronage weitergehend als z. B. den amerikanischen Präsidenten binden würde – wovon später. (Das Auflösungsrecht – oder ein Äquivalent dafür, etwa Anrufung des Referendums – würde man ihm bei unserer Parteienlage nicht gut nehmen können.) Diese Macht wäre ein großer Vorzug des Volkswahlpräsidenten vom Standpunkt möglichst straff sozialistischer Organisation. Denn für die Sozialisierung wäre die starke Hand in der *Verwaltung,* also ein als Vertrauensmann des Volkes legitimiertes Haupt der Exekutive, entscheidend. Parlamente könnten hier nur Kontrollorgane sein. Die von amerikanischer Seite anerkannten schweren Schäden der Präsidentschaftswahlkampagne und ihre Riesenkosten hängen dort, wenigstens zum Teil, am Beutesystem – dem Grundsatz, daß mit dem neuen Präsidenten auch die von ihm ernannten Beamten wechseln –, das die Interessen mehrerer hunderttausend Stellenjäger mit dem Ausgang der Wahl verknüpft. Während daher wir immerhin doch noch „Weltanschauungsparteien" haben, und zwar mindestens vier, führen dort normalerweise zwei große Parteien *reine* Amtsbesitzkämpfe, sind an sich fast „gesinnungslos", wechseln vielmehr ihre Programme je nach den Chancen der Werbung. Unsere Art der Ämterbesetzung würde die Amtsbesitzinteressen beim Wahlkampf zwar keineswegs auf Null bringen, aber doch ganz andere Voraussetzungen schaffen. Ein straffe bürokratische Parteiorganisation würde freilich auch bei uns notwendig die Folge plebiszitärer Präsidentenwahlen sein, und der eigentliche Wahlkampf würde auch hier in starkem Maße in die Parteien selbst (bei der Frage der Aufstellung des Präsidentschaftskandidaten) hineinverlegt werden.

Politische Bedenken kann diese Form bei denjenigen, für welche die republikanische Spitze rein als solche Glaubenssache ist, deshalb erregen, weil formell eine Volkswahl leicht künftig der Weg zur Retablierung einer Dynastie (der gewesenen oder einer anderen) werden könnte, eine Chance, die durch dilettantische Experimente unerwartet schnell Bedeutung gewinnen könnte. Diese Gefahr schlage ich bei der Diskreditierung der Dynastien nicht hoch an. – Für die Volkswahl des Präsidenten fehlen infolge unserer langen inneren Ohnmacht ferner die überragenden, auf die Masse wirkenden, politischen *Führer*. Schon die reichsdeutsche Sozialdemokratie mit ihrem mühselig geleimten Zwist käme in arge Verlegenheit, und ein Import aus Österreich wäre für sie vielleicht nicht einfach. Noch schlimmer stände es bei den Bürgerlichen. Indessen das ist Zeitlage. *Dauernde* Gegner der plebiszitären Wahl würden alle gegen eine starke persönliche Reichsexekutive stehenden Schichten sein, also die partikularistischen Interessenten der politischen Macht der Einzelregierungen (des früher erörterten „Repartitions-Föderalismus") ebenso wie streng liberale Gegner einer straffen Sozialisierung. Ebensowohl die meisten eingearbeiteten parlamentarischen Politiker. Nicht: die Parteipolitiker überhaupt. Denn die Volkswahl schafft ja lediglich eine Änderung der Ausleseform bei der Ämterpatronage. Weit entfernt, diese ganz zu beseitigen, *kann* sie sie allerdings weitgehend den Parlamentariern als solchen entziehen oder doch deren Einfluß einschränken. Ebenso nimmt sie diesen mindestens einen Teil des sachlichen Einflusses auf die Verwaltung mit allen jenen durch eine starke Sozialisierung nur noch gesteigerten ökonomischen Interessen, die daran haften. Wenn man auch den Volkswahlpräsidenten in der Wahl seiner Minister an das Vertrauen des Parlaments bände, so würde er als Vertrauensmann der Volksmillionen doch oft dem Vertrauensmann der jeweiligen Parteimehrheit im Parlament überlegen sein, um so überlegener, je länger man seine Amtsperiode machen muß. Und auf längere Zeit (sieben Jahre etwa) muß man sie bei jeder weitgehenden Sozialisierung im Interesse der Stetigkeit unbedingt bemessen. Durch die Zulassung eines Abberufungsreferendums auf Antrag einer qualifizierten Mehrheit des Reichstags könnte man ein Ventil schaffen. Immer läge, wenn man die Minister des Reichspräsidenten – anders als die der Vereinigten Staaten – an das Vertrauen des Reichstags bände, die Frage: ob der parlamentarische Ministerpräsident oder der Reichspräsident der Stärkere wäre, von Fall zu Fall verschieden.

Geradezu *unmöglich* würde – das muß man sich klarmachen – ein effektiv parlamentarischer Minister dann: wenn *neben* dem Volkswahlpräsidenten ein nach *Instruktionen* stimmender Bundesrat mit tatsächlicher Macht stände. Denn dessen Mitglieder wären ja nur den Einzelparlamenten, nicht aber dem Volkshaus, verantwortlich. Dieses könnte also zwar nach Belieben Minister stürzen, würde dadurch aber keinerlei sachliche Änderung der Politik und der von jenem plebiszitären Präsidenten instruierten Verwaltungspraxis erzwingen. Der letztere würde ihm seine Legitimation durch das Plebiszit, die Minister würden ihm den Willen der im Bundesrat vertretenen Einzelstaaten entgegenhalten. Der plebiszitäre Präsident würde dann wesentlich mit dem Bundesrat zu rechnen haben, dieser wesentlich mit ihm. Eine wirksame Verwaltungskontrolle könnte ein mit dem Enquete-Recht ausgerüstetes Volkshaus trotzdem recht wohl ausüben. Ebenso, mit Hilfe des Budgetrechts, die Geschäfte obstruieren und Entgegenkommen erzwingen. Das Odium solcher Schritte würde aber ihre häufige Verwendung hindern, also das parlamentarische Ministerium notwendig auf einen bescheidenen Einfluß beschränkt sein, das Volkshaus selbst aber in ähnlicher Art auf „negative Politik" – Beschwerde und Interpellation – wie der bisherige Reichstag. *Gegner* des Parlamentarismus kämen also bei *dieser* Verfassung (Volkswahlpräsident und Bundesrat) gut auf ihre Rechnung. Parlamentarismus und Demokratie sind eben *weit* davon entfernt, identisch zu sein.

Anders wenn kein Bundesrat, sondern ein gewähltes Staatenhaus neben Präsident und Volkshaus stände. Im Fall seiner Wahl durch die Einzelparlamente zwar lägen die Verhältnisse vielleicht ähnlich, da dann die Repräsentanten sich als Vertrauensmänner der einzelstaatlichen Parteien fühlen würden. Dagegen bei direkter, besonders aber bei landschaftsweiser, Volkswahl des Staatenhauses wäre ein nicht ganz ohnmächtiger, weil als Leiter der führenden Parlamentsmehrheit gestützter Ministerpräsident selbst neben dem Reichspräsidenten wenigstens *dann* möglich, wenn die Mehrheit beider Häuser die gleiche wäre. Wenn nicht, so wäre die Stellung des Reichspräsidenten wenigstens in der Verwaltung überragend. Ein reiner Parlamentarismus wie in Frankreich bestände auch dann nicht, da ja das Staatenhaus keine bloße Erste Kammer, sondern ein unmittelbar demokratisches, aber durch Landschaftsinteressen beherrschtes Gebilde wäre und, vor allem, der Reichspräsident eine selbständige Macht bliebe. –

Ganz anders, wenn ein Reichspräsident nicht durch Volkswahl, sondern, wie in Frankreich, durch *Parlamentswahl* gekürt würde. Beim Staatenhaussystem wäre dann Parlamentarismus, also ein als Vertrauensmann der herrschenden Partei „starker“ Ministerpräsident, möglich. Und nur die Doppelverantwortlichkeit gegenüber den möglicherweise verschiedenartig parteigegliederten Häusern ergäbe Komplikationen. Stände aber in diesem Falle an Stelle des Staatenhauses ein Bundesrat von instruierten Regierungsdelegierten, dann wäre immer noch eine ähnliche Art von Parlamentarisierung durchführbar, wie sie schon im alten Regime bei Parlamentarisierung des Bundesrats hätte eintreten können. Da aber der Ministerpräsident (Reichskanzler) nun nicht mehr zugleich preußischer Minister sein und dem Bundesrat vorsitzen müßte, würde sein Ministerium, das die Vertrauensmänner des Volkshauses enthalten würde, sich *außerhalb* des Bundesrats konstituieren. Die natürliche Funktion dieses letzteren wäre dann: Beratung und Beschlußfassung über Gesetzesvorlagen und ferner: rein ausführende „Verwaltungsverordnungen“. Würde man ihm aber darüber hinaus irgendeine die Gesetze ergänzende Verordnungsgewalt („Rechtsverordnungen“: – der Gegensatz ist vorhanden, aber flüssig) zugestehen, *dann* würde das Volkshaus wohl beanspruchen und jeweils gesetzlich festlegen, daß seine Vertrauensleute, die Minister, diese durch Veto sistieren könnten. Andererseits würde dem Bundesrat das Recht nicht vorenthalten werden können, bei den einzelnen Ministerien Kommissionen zur Kontrolle und Berichterstattung zu bilden. Die Regierung würde sich also durch Verhandlung zwischen Bundesrat und Ministerium vollziehen, der vom Parlament gewählte Reichspräsident aber auf formale Kontrolle und Legitimierung beschränkt bleiben wie der französische Präsident der Republik. –

Man könnte nun dem Gedanken nähertreten, statt des Reichspräsidenten ein *Regierungskollegium* mit reihumgehendem Präsidium zu schaffen, neben welchem also eigentliche Minister gar nicht, sondern nur technische Fachleiter stehen würden. Zur Arbeitsteilung würde es Fachreferate verteilen, aber keine Ressortscheidung kennen (wie in der Schweiz nach Art. 103 der Verfassung). Bestellt könnte es werden: – 1. durch Volkswahl mit Proporz im ganzen Reich. Ein bei unseren Parteiverhältnissen vielleicht naheliegender Gedanke. Bei der notwendigen Kleinheit dieses Regierungskollegiums aber (in der Schweiz 7 Mitglieder) würde ein Proporz die Minderheitsparteien wohl überproportional begünstigen müssen und damit Schwanken und Kompromisse, kurz jenen

Zustand herbeiführen, den wir an der vorrevolutionären sogenannten „Volksregierung" und leider oft auch an der jetzigen Berliner Regierung beobachteten: widerstreitende *Partei*interessen würden die Haltung der Mitglieder bestimmen, eine einheitliche konsequente Instruktion der Verwaltung wäre schwer. Das wäre ein Hemmnis der Sozialisierung. Vor allem aber fehlte die eindeutig verantwortliche *Persönlichkeit*, wie sie entweder ein Volkswahlpräsident oder ein starker Ministerpräsident darböte. Würde – 2. die Bestellung des Regierungskollegiums dem Reichsparlament (nach Schweizer Muster) übertragen, dann würde im Falle des Proporzes ähnliches eintreten. Bei einfacher Mehrheitsbestellung aber würde eine Koalitionsregierung entstehen, die gegenüber dem System eines parlamentarischen Ministerpräsidenten den Nachteil geringerer *persönlicher* Verantwortlichkeit hätte. Denn auch dann wären die Minister nur Fachbeamte, nicht Politiker. Dies: *die Scheidung von politischer Leitung und Beamtenarbeit*, wäre ja gerade der erhoffte Vorzug aller solcher Wahlkollegiensysteme. Außerdem aber wären bei diesen beiden Arten der Bestellung des Regierungskollegiums die Einzel *regierungen* wiederum gar *nicht* vertreten. Wenigstens dann nicht, wenn kein Bundesrat, sondern ein Staatenhaus bestände. Während umgekehrt ein Bundesrat *und* ein gleichviel wie gewähltes Regierungskollegium eine Vielköpfigkeit der Regierungsmaschinerie bedeuten würde, der gegenüber der Einzelpräsident technisch vorzuziehen wäre.

Schließlich bliebe noch die Möglichkeit eines Delegierten-Bundesrats, der seinerseits etwa durch einen unter den drei größten Staaten reihumgehenden Präsidenten (Reminiszenz der alten „Trias"!) oder etwa durch einen Dreierausschuß die Regierung führte, und neben welchem parlamentarische Minister nicht, sondern nur Fachleiter existieren würden. Diese das Volkshaus auf *rein* "negative Politik" beschränkende Lösung wäre aber schwerlich glücklich. Denn die für jede straffe Sozialisierung nötige Einheitlichkeit wäre vollends preisgegeben. Würde etwa gar das Regierungskollegium direkt durch Delegierte der Einzelregierungen nach bestimmtem Repartitionsschlüssel zusammengesetzt und neben ein Staatenhaus gestellt, so wäre das gleiche erst recht der Fall. – Bei all diesen, wie man sieht, schwierigen Problemen käme nun aber weiter in Betracht, welche Wirkung zwei heute als spezifisch demokratisch vertretene Forderungen ausüben würden, nämlich:

3. *Proporz* und *Referendum*. Gleichviel welches Proporzsystem angewandt wird, so ist seine Wirkung stets die: daß eine *Repartierung* der Ämter und

politischen Machtstellungen unter die *Parteien* nach der jeweiligen Stärke stattfindet. Dann könnten die Verhältnisse vieler Schweizer Kantone eintreten, wo die Parteivertreter friedlich nebeneinandersitzen und, unter Repartierung der Ämter, durch Kompromiß die Geschäfte erledigen. Ein höchst friedsamer Zustand in *normalen* Zeiten. Das Koalitionssystem wäre in Permanenz, die straffe Parteiherrschaft mit ihren bekannten Nachteilen, aber auch mit ihrem wenigstens möglichen Vorteil *einheitlicher* politischer *Führung* stark geschwächt. Dies hätte natürlich für alle Sozialisierungsbestrebungen ungünstige Konsequenzen. Auf die *Regierungsbildung* angewandt, wäre also der Proporz das *radikale Gegenteil jeder Diktatur.* Je nach den wirtschafts- und sozialpolitischen Absichten wird man das verschieden beurteilen.

Ähnliches gilt aber *auch* für die *Volksabstimmung* über Gesetze. Trotz formeller Ähnlichkeit wirkt sie nämlich *politisch* gerade *entgegengesetzt* wie eine plebiszitäre Präsidentenwahl. Denn sie ist nach allen Erfahrungen ein durchaus *konservatives* politisches Mittel: ein starkes Hemmnis schnellen Fortschreitens der Gesetzgebung. Zumal bei verwickelten Gesetzen kann man ja aus den entgegengesetztesten Gründen und vor allem wegen der heterogensten Einzelheiten gegen einen Entwurf stimmen. Gründe der negativen Abstimmung sind nicht erkennbar, Kompromisse nicht möglich. Sorgfältigere Vorbereitung, die als Folge des Referendums gerühmt wird, und Parteikompromisse *vor* der Unterbreitung können das abschwächen, Kombinationen allseitig gewünschter Neuerungen mit anderen, unerwünschten vermögen diese letzteren den Abstimmenden aufzuzwingen. Im übrigen ist die Wirkung nicht eindeutig. Ein zu häufiges Referendum schwächt das allgemeine Interesse stark ab. Ein relativ seltenes Referendum dagegen steigert unzweifelhaft die allgemeine innere Beteiligung am Gang der Gesetzgebung. Nicht ebenso sicher freilich, wenigstens in Massenstaaten (*anders* als in der Schweiz), die innere Beteiligung und die Orientiertheit über die *Verwaltung*, die zunehmend wichtiger wird. In Amerika dürfte mit zunehmender Entwicklung des Referendums das ohnehin sehr starke und oft einseitige Interesse an der Gesetzgebung, damit aber auch das Vertrauen auf *Paragraphen* gestärkt werden, in England mit seiner Verwaltungskontrolle durch Parlamentskomitees und deren Diskussion in der Presse dagegen die politische Schulung in Verwaltungsangelegenheiten entwickelter sein. Politisch ist wichtig: daß eine Desavouierung der Regierung durch ein Referendum kein persönliches Mißtrauensvotum enthält und daher diese nicht zum Rücktritt zwingt. Auch das Referendum ist Gegner des strikten Parlamentarismus und der straffen Parteiherrschaft, und dies *kann* die Sozialisierung hemmen, bei der eine Volksabstimmung, wenn es sich um große Neuerungen handelt, besonders leicht alles obstruieren *kann*, da stets zahlreiche Interessen verschiedenster Art engagiert sind.

Für Deutschland würde man das Referendum wohl jedenfalls auf Verfassungsänderungen, Fälle akuten Konflikts der höchsten Reichsgewalten – worüber später – und Anträge *sehr* großer Bürgerziffern (etwa ein Fünftel aller) beschränken. Geschieht dies unter gleichzeitiger Durchführung des Proporzprinzips für die Zusammensetzung der Regierung und setzt man dann eine starke plebiszitäre Spitze ein, *dann* ist die *Bedeutung der Berufsparlamentarier fortan sehr gering* und die fortschrittliche Macht der starken Verwaltung mit der konservativen Gewalt des Referendums verkoppelt. Bei schwacher (föderalistisch oder parlamentarisch gewählter) Spitze wäre aber bei Andauer der Parteivielheit die an sich starke Hemmung des Fortschritts durch das Referendum ganz übermäßig verstärkt. Außerdem wäre das Parlament dann *nicht die Stätte der Führerauslese* – ein wohl zu beachtender Nachteil aller solcher Systeme. Das Streben nach Sozialisierung in Verbindung mit der (gleichviel ob mit Recht) weitverbreiteten Abneigung gegen den Parlamentarismus – wenn man ihr trotz der oben geäußerten Bedenken nachgeben will – und die Vorliebe für formale demokratische Formen der Gesetzgebung und Zusammensetzung der Stimmkörperschaften würden also im ganzen für die *Kombination* 1) eines *plebiszitären Einzelpräsidenten* mit 2) *Staatenhaus* und 3) *Referendum* verfassungsmäßig bei Verfassungsänderungen, auf Veranlassung des Präsidenten bei Konflikten der höchsten Reichsinstanzen und bei Gesetzesanträgen von einem Fünftel der stimmberechtigten Bürger ins Gewicht fallen. Indessen, wie gesagt, das Staatenhausideal ist vielleicht nicht durchführbar. Wir werden jetzt noch weitere Schwierigkeiten kennenlernen, die ihm voraussichtlich im Wege stehen werden.

Natürlich nämlich hängen alle diese Fragen damit zusammen: welche *Aufgaben*verteilung und welche Verteilung der *Finanz*mittel zwischen Reich und Einzelstaaten in Aussicht stehen.

V.

In erster Linie stehen wir für eine möglichst *unitarische* Lösung ein. Also dafür, daß die Einzelstaaten künftig etwa in das Verhältnis der kanadischen oder der australischen Einzelländer zur Zentrale treten; denn jede dezentralistische Lösung ist nicht nur, in baren Ausgaben gerechnet, weit teurer, sondern auch in der Regel unwirtschaftlich, vor allem der Planmäßigkeit der Sozialisierung hinderlich. Daß eine weitgehend unitarische Lösung nur im Fall der Verlegung der Vertretungskörperschaften und der politischen Verwaltungsbehörden von Berlin fort Chancen hätte, scheint sicher. Eine einfache Verwandlung Deutschlands in eine Einheitsrepublik aber würde voraussichtlich selbst dann schwer Annahme finden. Die nun einmal bestehenden Einzelregierungen werden im Gegenteil die Autokephalie, das heißt die Selbständigkeit der Bestellung jeder einzelstaatlichen *Spitze* (durch Volks- oder Parlamentswahl) festzuhalten trachten. Und mit der Frage der Herrschaft über die *Vergebung der Amtspfründen* verknüpfen sich, wie eine Geschichte von tausend Jahren lehrt, sehr starke Interessen.

Rein sachlich wird nun alles bestimmt durch die beiden Tatsachen der bevorstehenden *finanziellen* Lasten und der beabsichtigten *Sozialisierung*. Beide hängen zusammen mit der Abbürdung der Kriegsschuld und der Retablierung der Wirtschaft, welche beide ja schon an sich weitgehende Sozialisierung bedingen. Die zu schaffenden Monopolverwaltungen oder Zentralen für staatlich kontrollierte Syndikate können nur Reichsverwaltungen sein, die zu schaffenden Vermögensabgaben, Monopoleinnahmen und Syndikatsauflagen nur Reichseinnahmen. Das Netto-Budget des Reichs wird daher das aller Einzelstaaten gewaltig überragen, das Brutto-Budget beider überhaupt kaum vergleichbar sein. Letztlich jede, auch eine nicht nur finanziell, sondern zu ökonomischen Zwecken vorgenommene Sozialisierung führt in die gleiche Bahn. Eine radikal unitarische Lösung mit Übernahme aller einzelstaatlichen Schulden auf das Reich wäre bei dessen Schuldenlast ganz unbedenklich, und materiell würden die außerpreußischen Länder bei jeder zentralistischen Sozialisierung mit ihren Finanzfolgen nur gewinnen. Vor allem, wenn preußische Eisenbahnen und Bergwerke in die Hände des Reichs kämen. Ebenso wird das Reich die Enteignung von Fideikommissen und Großgrundbesitz mindestens soweit in eigene Hände nehmen müssen, als es sich um die Landausstattung von Kriegsbeschädigten handelt, die sonst in den Einzelstaaten höchst ungleich ausfiele. In allen diesen Fällen wäre also Regulierung vom *Reich* her unvermeidlich. Von den *bisherigen* Zuständigkeiten des Reichs für die Gesetzgebung (Art. 4) lassen sich kaum irgendwelche streichen. Gewerbepolitik, Handelspolitik, Maß- und Münzwesen nebst Papiergeld und

Bankpolitik, Patente, Seehandel, Eisenbahnen, Binnenschiffahrtsrecht, Post, Telegraph, Rechtshilfe, Urkundenbeglaubigung, Bürgerliches Recht, Prozeßrecht, Gerichtsverfassung, Medizinal- und Veterinärpolizei, Preß-, Vereins- und Versammlungsrecht, Militär und Kriegsmarine zu regeln, wird zweifellos Reichssache bleiben. Inwieweit auf Sonderrechte Bayerns (Niederlassungsrecht) Gewicht gelegt wird, ist diesem überlassen. Ob, wie in der Schweiz, über die konfessionellen, staatskirchenrechtlichen und Schulverhältnisse, die bisher ganz den Einzelstaaten verblieben, durch die Verfassung allgemeine Vorschriften aufgestellt werden, ist eine wichtige, von uns natürlich bejahte Frage. Welche Grundrechte das Reich überhaupt zu garantieren hat, soll diesmal im einzelnen nicht erörtert werden. Nur eins sei hervorgehoben: In den Grundrechten der bürgerlichen Epoche spielte die „Heiligkeit des Eigentums“ bekanntlich eine große Rolle. Das wird jetzt anders werden. Das Erbrecht wird für die gesetzliche Erbfolge auf die gerade Linie und die Geschwister, für Testamente auf Abkommen der Geschwister des Erblassers zu beschränken sein, vorbehaltlich gesetzlich zugelassener Einzelvermächtnisse und Stiftungen. Fideikommisse müssen verboten werden. Dennoch wird eine Garantie wohlerworbener Rechte auch heute nicht entbehrt werden können und etwa dahin zu gehen haben: daß solche nur angetastet werden dürfen 1. in der Form *allgemeiner* Abgaben in natura oder Geld, 2. in Form von besonderen Enteignungen auf Grund von *Gesetzen* und gegen Entschädigung.

Damit nun, daß das Reich eine umfassende, vielleicht erweiterte Zuständigkeit für die Aufstellung gemeinsamer *Normen* behält, ist noch nichts darüber entschieden, inwieweit auch die *Verwaltung* in seiner Hand liegen soll. Die Verwaltung wird auch in aller Zukunft *Berufsbeamten*verwaltung sein. Und zwar wesentlich durch *ernannte, nicht* durch volksgewählte Berufsbeamte. Volkswahl ist für die *Führung* am Platze: da also, wo es sich um den oder die politischen *Vertrauensmänner* der Massen handelt. Nicht aber für die *Beamten:* die „Techniker des Apparates“. Die Volkswahl von Beamten hat in den Vereinigten Staaten anerkanntermaßen technisch und vor allem moralisch weit schlechtere Resultate ergeben als die Ernennung durch den gewählten Vertrauensmann des Volkes (Präsidenten), der für die Qualität der von ihm ernannten Beamten haftbar ist. Sie zerstört alle Amtsdisziplin, und diese ist gerade bei straffer Sozialisierung schlechthin entscheidend. Volkswahlbeamte sind im örtlichen Kreis, wo alles einander kennt, am Platze, also in den kleinen Gemeinden. Auch in den großen Kommunen kann, nach amerikanischen

Erfahrungen, die Wahl des Stadtoberhauptes, *aber* mit *diktatorischer* Vollmacht, sich seinerseits seine Beamtenstäbe zu ernennen, ein Mittel kraftvoller Reform sein. Fachbeamte dagegen kann eine Wählermasse nicht auf ihre Qualifikation prüfen. Und weiter: Es hat eine Zeit gegeben, wo die Demokratien eine Hauptaufgabe in der Verhinderung der Entstehung eines Beamten *standes* mit hohem *Ehrbegriff* sahen. Sie ist für immer dahin. Möge die Demokratie nicht glauben, ein Beamtentum *ohne Amtsehre* werde fähig sein, die hohe Integrität und Fachqualifikation des bisherigen deutschen Beamtentums (einschließlich der auch für eine Miliz unentbehrlichen Stäbe) erhalten zu können! Wo diese Integrität im Krieg Schaden gelitten hat, wie anscheinend hie und da im Offizierkorps einzelner Okkupationsgebiete, übrigens wesentlich im Reserveoffizierkorps, da ist sie wiederherzustellen, wie ja überhaupt die Herstellung des *früheren* deutschen Fonds von schlichter „Anständigkeit" die erste aller Aufgaben ist. Insbesondere von dem Ehrbegriff und den moralischen Qualitäten des Beamtentums hängt aber bei einer Sozialisierung die ganze Zukunft der deutschen Wirtschaft ab. Durch materielle Sicherung und gründliche Reform des ganz veralteten Beamten *rechts* wird man den durchaus berechtigten Ansprüchen der Beamten und Offiziere Rechnung tragen. Wenn also der *ernannte* Beamte die Zukunft hat, wer ernennt ihn? Wem gehorcht er?

Zwischen den beiden möglichen Extremen: entweder Verwaltung durch einen bis zum Boden reichenden, vom Reichspräsidenten bestellten und ihm gehorchenden Reichsbeamtenstab (wie jetzt in der Kriegsmarine), *oder:* vollständige, von keiner Zentralinstanz kontrollierte Autokephalie der einzelstaatlichen Beamtenstäbe (wie bis 1879 in der gesamten, nicht handelsgerichtlichen Justiz), standen bisher bei uns mannigfache Zwischenstufen. Teils Autokephalie, aber in sehr verschiedenem Ausmaß unter der Revisions- oder Rechtsbeschwerde- oder allgemeinen Verwaltungsjustiz, also: der *Rechts*kontrolle höchster Reichsinstanzen (untereinander wieder sehr verschieden. z.B. für Justiz, Eisenbahnen, Unterstützungswohnsitz, Arbeiterversicherung). *Oder:* zwar Autokephalie, aber mit Kontrolle auch der *Verwaltungs*maßregeln (Zollwesen). *Oder:* zentrale Bestellung der Spitze durch die Reichsgewalt bei partikularen Beamtenstäben (so die offizielle, tatsächlich durch die Militärkonventionen durchbrochene Kontingentsverfassung des Heeres nach Art. 64). *Oder* umgekehrt: Bestellung nur von lokalen Beamten durch die Einzelstaatsgewalt (Post und Telegraphie nach Art. 50). Dem Schwerpunkt nach lag jedenfalls die Verwaltung und Beamtenernennung auch der vom Reich gesetzlich geregelten Gebiete in den Händen der Einzelstaaten.

Wie verschiebt sich das in Zukunft? Für die anstelle des Heeres tretende Miliz werden mindestens für die Fußtruppen dezentralistische Konsequenzen: im wesentlichen Durchführung des Kontingentsprinzips des Artikels 64, gezogen werden können. Nur für die technischen Truppen wird das Rahmenprinzip erhalten und eine straffere Einheit ebenso selbstverständlich bleiben wie für die Marine. Für die Verkehrsbetriebe könnten trotz der unentbehrlichen Einheit der Leitung doch bei der Beamtenernennung den Einzelstaaten Präsentations- und direkte Anstellungsrechte auch über den jetzigen Artikel 50 hinaus zugewiesen werden; denn die Nachteile der bisherigen völligen. Autokephalie Bayerns und Württembergs waren nicht unerträglich. Für staatliche Monopol- und Syndikatsverwaltungen wäre allerdings sehr straffe Einheit dringend erwünscht, aber, da es sich um hauptsächlich preußische Objekte handelt, auch von den Mittelstaaten schwerlich angefochten. Der Separatismus auf dem Gebiet der Sozialisierung hat ja jetzt seine Wurzeln wesentlich auf dem *Ernährungsgebiet*, also in einer Sphäre von schnell abnehmender Bedeutung. Für das zweite *temporär* wichtige Gebiet der Sozialisierung dagegen: die *Rohstoff*versorgung, sind die Einzelgebiete auf die Mitwirkung der Zentrale, vor allem der zentralen Kreditinstitute, geradezu angewiesen. Alles in allem: die bisherige, wesentlich normsetzende und kontrollierende Stellung des Reichs und die entsprechenden richterlichen, verwaltungsgerichtlichen und Aufsichtsbehörden der jetzigen Organisation könnten in der Hauptsache fortbestehen, und auch für die Verkehrsbetriebe könnte die Beamtenpatronage der Zentrale auf die führenden Stellen beschränkt werden, *wenn* nur straffes Funktionieren der *Reglements* garantiert bleibt. Nur für die ökonomische Sozialisierung ist ein Höchstmaß von Einheit der Auslese, so etwa wie der letzte Absatz des Artikel 64 sie für Offiziere vorsah, zu wünschen. Bei der Ernennung der höchsten technischen Verwaltungschefs wird, im Gegensatz zu den *politischen* Reichsbeamten, die vermutlich zu schaffende föderalistische Zentralinstanz (Bundesrat oder Regierungskollegium oder Beirat) wohl das Vorschlagsrecht ähnlich in Anspruch nehmen, wie es bisher der Bundesrat für das Reichsgericht, die Reichsanwaltschaft, den Patentamtspräsidenten, das Reichsbankdirektorium, das Reichseisenbahnamt, das Reichsversicherungsamt inne hatte. Bei Bestehen nur eines *Staatenhauses* wäre eine Anteilnahme an der

Amtspatronage nach Art des amerikanischen Senats als föderalistische Maßregel schon schwieriger, – weil die Zahl der Repräsentanten größer ist –, aber namentlich bei landschaftsweiser Wahl wäre sie wohl dennoch durchführbar.

Mit dem Aufgabenkreis und dem Maß der Eigenverwaltung des Reichs hängt zusammen die weitaus schwerste Frage: die der *finanziellen* Beziehungen. Die Finanzverhältnisse sind in einem Bundesstaat das, was die wirkliche Struktur am entscheidendsten bestimmt. Da nun heute auch die ausgiebigste Phantasie von diesen entscheidenden Verhältnissen sich kein wirkliches Bild machen kann, schweben alle vorstehend gegebenen Erörterungen unleugbar stark in der Luft: eben deshalb die nur hypothetische, alle Möglichkeiten offenlassende Form. Bestimmend für die Zukunft wird zunächst die Abbürdung der Reichsschuld, dann aber die Art der Sozialisierung der Wirtschaft und deren Finanzierung sein. Wir müssen uns bescheiden, davon heute noch nichts zu wissen. In allen nicht durch diese Grundprobleme beherrschten Hinsichten wären dagegen eigentlich umstürzende Neuerungen keineswegs dringlich.

Die Besteuerung kann natürlich in allen für die Konkurrenzfähigkeit der Gewerbe wichtigen Punkten nur gleichmäßig sein. Für die Schuldabbürdung wird das Reich sicher vor allem auf die Vermögen und Erbschaften greifen. Eine andere als eine einheitlich vom Reich vorgeschriebene und kontrollierte Veranlagung ist dabei nicht denkbar. Von den alten Einnahmequellen des Reichs, auch soweit sie nicht durch Reichsmonopole ersetzt werden, wird kaum irgendeine den Einzelstaaten überwiesen werden können. (An seinem Biersteuerprivileg wird Bayern wohl festhalten.) Wie sich das Verhältnis von Matrikularumlagen des Reichs auf die Einzelstaaten einerseits, Überweisungen von Überschüssen an die Einzelstaaten andererseits zwischen Reich und Bundesstaaten gestalten wird, läßt sich noch nicht auch nur im Umriß abschätzen. Als einzige gewaltige Bresche in die unvermeidliche Uniformierung (bei welcher die Mittelstaaten übrigens, vor allem Bayern, die Gewinnenden sind) wird sich für eine lange Übergangszeit Deutsch- *Österreich* darstellen. Handels- und steuerpolitisch bedarf es teils in seinem, teils im Interesse Reichsdeutschlands, der Sonderbehandlung, eventuell mit gewissen Zwischenzöllen. Das wäre nichts ganz Neues, und nur die Erfassung wäre bei der Art der in Betracht kommenden Objekte notwendig schwieriger. In Frage steht natürlich, ob die Besteuerung von Einkommen und Ertrag und welchen anderen Steuerquellen ausschließlich durch die Einzelstaaten zu *garantieren* wären. Selbst das würde kaum etwas daran ändern, daß auch künftig Reich und

Einzelstaaten ähnlich finanziell miteinander verknüpft bleiben wie jetzt und durch die finanzpolitischen Folgen der Sozialisierung nur noch enger verknüpft werden, so daß eine radikale *Scheidung* der beiderseitigen Finanzen unmöglich bleibt. Ist dies aber der Fall, *dann* sind die Möglichkeiten der Verfassungsentwicklung begrenzt. Auf der Schaffung einer einflußreichen bundesrätlichen, nach dem Repartitionsprinzip zusammengesetzten Instanz werden dann die Einzelregierungen zweifellos bestehen. Auch sachlich ist die Behandlung der Finanzprobleme und also des Reichsbudgets in einer solchen Körperschaft von Delegierten und durch Fachministerien instruierten Beamten durchaus das Gegebene. Die Staatenhauslösung müßte also zugunsten der Bundesratslösung fallen. Geschieht dies aber und fällt damit die Möglichkeit eines wirklichen Reichsparlamentarismus fort – da ja die von den Einzelparlamenten kontrollierten Abstimmungen des Bundesrats durch das Reichsministerium *nicht* vor dem Volkshaus des Reichs (Reichstag) parlamentarisch zu „verantworten" sind –, dann spricht eben sehr vieles für die Schaffung eines *plebiszitären* Reichspräsidenten als Haupt der Exekutive und Inhaber eines suspensiven Vetos. Vor allem aber muß ihm dann das Recht zustehen, wenn zwischen dem Bundesrat einerseits und dem Parlament und seinen Vertrauensleuten: den Ministern, andererseits eine Einigung *nicht* zu erzielen ist, *an die Volksabstimmung zu appellieren*. Das Referendum würde so das Mittel, Verfassungskonflikte zwischen den föderalistischen und unitarischen Instanzen zu schlichten. –

Diese Skizze hat ihre Aufgabe erfüllt, wenn sie gezeigt hat, daß eine *nicht* auf dynastischem Boden stehende föderalistische Verfassung überhaupt sinnvoll *möglich* ist. Ob solche Betrachtungen praktische Bedeutung gewinnen oder Makulatur werden, kann heute niemand sagen. Denn nicht oft genug kann den radikalen Illusionisten, die heute geradeso wie das alte Regime jeden unabhängigen Mann, der ihnen unbequeme Wahrheiten sagt, niederknütteln möchten, zugerufen werden: Wir wollen die demokratischen Errungenschaften dauernd sichern helfen. Aber *nur in den Formen einer paritätischen bürgerlich-sozialistischen Regierung*. Von der schon jetzt offen und für den Sozialismus kompromittierend zutage tretenden *völligen Unfähigkeit* der radikalen Literaten zur Leitung der Wirtschaft ganz abgesehen, besteht der zwingende Tatbestand: *Wir stehen unter Fremdherrschaft*. Nicht nur militärisch, sondern auch ökonomisch: schon für die allerersten Schritte der Instandsetzung der Wirtschaft sind wir auf Auslandsrohstoffe und also auf

Auslands *kredit* angewiesen. Die Fremdherrschaft hindert zwar zur Zeit die Rückkehr der alten dynastischen und junkerlichen oder ähnlicher Gewalten, mit denen sie weder Frieden noch Kreditgeschäfte schließen oder zulassen würde. *Diese* Angst ist unbegründet. Aber ebenso setzt sie den jetzigen Möglichkeiten der Revolution Schranken. Nicht zu vergessen: die „constituted authority" des Präsidenten W i l s o n ist zur Zeit der *Reichstag* und niemand sonst. Geht die stupide, dilettantenhafte und zum Teil leider durch sehr materielle Interessen gestützte Mißwirtschaft der alleräußersten Linken noch einige Zeit so weiter, so ist der Zeitpunkt abzusehen, in welchem der Gegner behufs Friedensschlusses sich mit dem Reichstag in Verbindung setzt. Vollends dann, wenn die Nationalversammlung durch unfreie Wahlen kompromittiert oder gesprengt wird, wie es für den Fall, daß sie *nicht* die Mehrheit erlangt, ein Teil der extremsten Linken beabsichtigt, um nicht die Futterkrippe zu verlieren und auch *aus Angst vor Nachprüfung ihrer skandalösen Finanzgebarung*. Handelt es sich aber dann um Frieden und Herstellung der ökonomischen Ordnung und damit der Arbeitsgelegenheit für die Massen, *dann* werden die Feinde dabei die Massen auf ihrer Seilte haben, und *sowohl die sozialistische wie die bürgerliche Demokratie der Ideologen hat ausgespielt*. Denn eine wie immer geartete Reichstagsmehrheit wird dann auch im Inland die Machtmittel für die Herstellung der Ordnung zu schaffen wissen (oder vom Feinde geliefert bekommen). Wie dann die bisher wesentlich negativen Errungenschaften der Revolution fahren, mag man sich leicht vorstellen. Wenn eine Ordnung unter dem Druck äußerer Feinde zusammenbricht, dann ist es gewiß nicht schwer, sie auch von innen her umzuwerfen. *Weit* schwerer aber und ohne *freie* Mitwirkung des Bürgertums heute ganz unmöglich ist es, eine tragfähige Ordnung neu an die Stelle zu setzen. Das möge wohl bedacht werden.

Zum Thema der Kriegsschuld

Frankfurter Zeitung vom 17. Januar 1919.

Wir haben in Deutschland zwei Monate hinter uns, deren vollendete Erbärmlichkeit im Verhalten nach außen alles überbietet, was die deutsche Geschichte aufzuweisen hat. Das Ohr der Welt gewannen allerhand Literaten, die das Bedürfnis ihrer, durch die Furchtbarkeit des Krieges zerbrochenen oder der Anlage nach ekstatischen Seele im Durchwühlen des Gefühls einer „Kriegsschuld" befriedigten. Eine solche Niederlage mußte ja die Folge einer

„Schuld“ sein, – dann nur entsprach sie jener „Weltordnung“, welche alle solche schwachen, dem Antlitz der Wirklichkeit nicht gewachsenen Naturen allein ertragen. Die Welt ist nun aber anders eingerichtet, als sie sich glauben machen möchten. „Der Gott der Schlachten ist mit den größeren Bataillonen“, – dies Wort Friedrichs des Großen hat im wörtlichen Sinne sehr oft und auch in diesem Kriege vier Jahre lang *nicht* gegolten. Wohl aber im schließlichen Endresultat. Und sofern es den würdelosen Gedanken, als sei ein Kriegsausgang ein Gottesgericht, ablehnt und besagt: daß der kriegerische *Erfolg* schlechterdings nichts für oder gegen das *Recht* beweist, gilt es ein- für allemal, wie ungezählte Leichenfelder der Geschichte auch dem Blödesten beweisen können.

Würde es sich hier nur darum handeln, unsere Krieger davor zu schützen, daß ihnen außer dem furchtbaren Schicksal, schließlich doch unterlegen zu sein – was jede männliche und herbe Lebensauffassung erträgt –, auch noch zugemutet wird, eine Haltlosigkeit mitzumachen, dann könnte man es getrost ihnen selbst überlassen, derartiges von sich abzuschütteln. Allein das politisch für die ganze Zukunft der Beziehungen unserer Nation zu allen anderen Völkern Gefährliche liegt in dem grundfalschen Anschein, der in der Welt über die Meinungen desjenigen *schweigenden Deutschland* erregt wird, welches, einerlei wie bald, jedenfalls irgendwann wieder zu seinem Recht gelangt, wenn das Treiben des jetzigen dilettantischen Regimes ein Ende gefunden haben wird. Im Namen der Ehrlichkeit muß der Welt schon jetzt zugerufen werden, weithin über die Länder und Meere: *Es ist nicht wahr*, dies Literatenvolk *ist nicht Deutschland* und sein Gebaren entspricht nicht der wirklichen inneren Stellung der Deutschen zu ihrem Kriegsschicksal.

Der Verfasser dieses Aufsatzes ist, aus rein politischen sowohl wie aus allgemeinen Kulturgründen, vor dem Kriege stets für eine anständige Verständigung mit England, *die einen Krieg unmöglich gemacht hätte*, eingetreten und hat seine Haltung im Kriege nicht geändert. Er hat keinen Augenblick die törichten Vorstellungen über die amerikanischen Kriegsmotive und die Absichten des Präsidenten Wilson mitgemacht. Es ist ihm niemals eingefallen, den deutschen Einmarsch in Belgien als eine selbstverständliche Harmlosigkeit und vollends die „Angliederungspläne“ gegenüber diesem Lande als etwas anderes als: Irrsinn anzusehen. Er denkt auch jetzt nicht daran, die schweren Fehler, vor allem die oft gewissenlose Leichtfertigkeit und die verstockte parvenümäßige Großsprecherei im Zeitalter Wilhelms II. anders als früher zu beurteilen. Er darf natürlich nicht beanspruchen, irgendwie mehr als irgendein anderer dafür berufen angesehen zu werden: im Namen jener Deutschen zu sprechen, die ebenso denken wie er. Aber wenn er sich der Kollektiverklärung seiner Heidelberger Kollegen über die Kriegsschulderörterungen nicht anschloß, weil *alle* akademischen Kollektiverklärungen im Kriege in Mißkredit gekommen sind, so nimmt er sich das Recht, ausführlich zu begründen, daß und warum er der gleichen Ansicht ist wie jene Erklärung.

Zuvor aber einige andere Bemerkungen.

Das Urteil der Geschichte über die Art, wie Präsident Wilson seiner noch nicht dagewesenen Verantwortung gerecht geworden ist, wird endgültig von seinem demnächstigen Verhalten bestimmt werden. Wenn er angesichts dessen tatsächlich kein Bedenken tragen sollte, sich mit unseren Gegnern *allein* an einen Tisch zu setzen, nachdem er allein ihren Anstrengungen, sein Urteil zu beeinflussen, sich ausgesetzt hat, ohne dagegen *deutsche* repräsentative Persönlichkeiten, deren Hände rein sind, ebenso eingehend oder auch nur überhaupt *angehört zu haben,* so kann dies schwerwiegende Folgen herbeiführen. Vor allem für das innere und äußere Verhalten der deutschen Bevölkerung gegenüber dem künftigen Frieden. Nur soviel sei bemerkt: Saarbrücken, Bozen, Reichenberg, Danzig und andere Orte in die Hände von Fremdvölkern gespielt, deutsche Flüsse oder Kanäle durch eine sogenannte Neutralisierung unserer Verfügung entzogen, Fronknechtschaft und Pfandbesitz für Ansprüche aus Schäden, welche die Folgen des Krieges *rein als solchen* sind, – das alles würde selbstverständlich dazu führen, daß auch der politisch radikalste Arbeiter Deutschlands – nicht jetzt, wohl aber nach Jahr und Tag, wenn der jetzige Taumel und die folgende Ermattung vorüber sind – zum Chauvinisten würde und daß er gemeinsam mit den Intellektuellenschichten der Nation sich auf jene revolutionären Mittel der Selbstbestimmung besinnen müßte, wie sie jede *Irredenta* gebraucht hat und wie sie ein 70-Millionen-Volk natürlich ausgiebiger und nachdrücklicher gebrauchen kann, als Serbien oder auch Italien es je getan haben. Nur Kinder und Narren können hoffen, durch die Mittel und in der Art, wie es jetzt eine Handvoll Fanatiker mit ihrem Anhang von Beutejägern will, eine neue Wirtschaftsordnung zu begründen oder die gegenwärtige auch nur um Haaresbreite „reifer" für eine „Sozialisierung" zu machen. Gegenüber einem politischen und militärischen Gewaltbesitz Fremder aber stehen die Dinge denn doch nach alter Erfahrung völlig anders. Natürlich weiß jeder urteilsfähige Deutsche, daß es für die Feinde *zur Zeit* eine Kleinigkeit wäre, einige Hauptorte Deutschlands zu besetzen und dem jetzigen sogenannten revolutionären Treiben kleiner, aber gut bewaffneter Fanatiker- und Räuberbanden ein schleuniges Ende zu bereiten, falls sie dies aus irgendeinem Grunde in ihrem Interesse für nützlich hielten. Und natürlich ist es also denkbar, daß dies uns angedrohte Verfahren irgendwann eintritt, und sicher, daß die Gegner dann von den anfangs allein ins Auge gefaßten Teilgebieten aus immer weiter zu gehen gezwungen sein würden. Einer solchen Expedition hätte heute keine deutsche Regierung oder Partei wirksame physische oder moralische Machtmittel entgegenzustellen. Aber die Chancen der Organisation eines *längere Jahre* dauernden Pfandbesitzes wären freilich völlig andere. – Indessen nicht von diesen für uns und die Gesittung der Welt immerhin äußerst ernsten Perspektiven eines Gewaltfriedens – der „Schuld an der Zukunft" – soll im weiteren die Rede sein. Sondern von der „Schuld" an der Vergangenheit, insbesondere am Kriege.

In einem Zeitpunkt, wo versucht wird, ein solches Problem mit dem Mittel einer (noch dazu: *einseitigen!*) Publikation von Akten über den unmittelbaren Anlaß des Ausbruchs zu lesen, scheint es immerhin nötig, die Kindlichkeit eines solchen Beginnens ausdrücklich zu betonen. Für wen die Neujahrsrede N a p o l e o n s III. und die folgenden Aktionen der Diplomatie von 1859 oder die diplomatische Aktion Österreichs beim Bundestag von 1866 oder die Emser Depesche von 1870 oder das Ultimatum an Serbien von 1914 den *Grund* für den betreffenden Krieg darstellt, der ist einfach: ein Schwachkopf. Das Streben Piemonts nach Einigung Italiens und der Widerstand Österreichs dagegen, das Streben Preußens nach Einigung Kleindeutschlands und der dagegen sich wendende Widerstand zunächst Österreichs und dann Frankreichs (der ganzen Nation, von N a p o l e o n bis zu T h i e r s und G a m b e t t a) waren 1859, 1866, 1870 die Kriegs *gründe*. Jene diplomatischen Aktionen aber waren die für das politische Resultat zwar nicht unwichtigen, aber für die Entstehung des Krieges selbst gleichgültigen *Formen*, in denen er sich entspann.

Für den diesmaligen Krieg nun gab es eine, und nur eine Macht, die unbedingt und unter allen Umständen den Krieg um seiner selbst willen wollte und nach ihren politischen Zielen wollen mußte: *Rußland*, d. h.: der Zarismus als System und die ihm anhängenden oder vielmehr die den persönlich indifferenten Zaren zum Krieg drängenden hinlänglich bekannten Schichten. „Wie ein Naturereignis" komme der Krieg, sagte mir ein „Kadett", nicht lange vor dem

Ausbruch. Und dieser Glaube – oder vielmehr: dieser Entschluß – reichte noch wesentlich weiter nach links. Die historisch begründete Eigenart russischer Literaten aller Parteien, sich nicht mit der Ordnung ihrer häuslichen russischen Angelegenheiten zu begnügen, sondern eine Weltrolle spielen zu wollen, trat schon in der Revolution von 1905 zutage und ist sich seitdem bis heute gleichgeblieben. In dem Rußland von 1914 gab es keine Schicht von irgendwelchem positiven Einfluß, die den Krieg *nicht* gewollt hätte. Zu vermeiden war der russische Krieg für Deutschland nach dem Zerwürfnis mit England daher *nur* zeitweise und auch nur unter der Bedingung der völligen Preisgabe des gesamten Westslawentums und unserer eigenen Unabhängigkeit an die absolute Beherrschung durch Petersburg und Moskau. Wer sich mit dem Verwaltungssystem des Zarismus je befaßt hat, weiß, daß es auf der weiten Erde nichts gab, was seinen raffinierten Mitteln der Volksentmannung glich, und daß die Revolution von 1905 darin nur zugunsten von Leuten unpolitischer Art oder mit sehr viel Geld eine Änderung herbeigeführt hatte. Er weiß also auch – wie es die deutsche Sozialdemokratie am 4. August 1914 wußte –, daß ein Krieg gegen *dieses* System ein guter Krieg war und daß die Leistung der deutschen Heerführer, die seinen Zusammenbruch herbeiführte, für immer zu den Ruhmesblättern der deutschen Geschichte zählen wird. Unter gar keinen Umständen kann, soweit *Rußland* in Frage kommt – und dessen Verhalten entschied für den Krieg als solchen überhaupt –, von einer deutschen „Kriegsschuld" auch nur geredet werden, deren Diskussion vielmehr nur den westlichen Gegnern gegenüber überhaupt möglich ist.

Was übrigens schließlich den äußeren Hergang des Ausbruchs gegen Rußland anlangt, so hätte Art. I eines künftigen Kriegsvölkerrechtsstatuts des zu schaffenden Völkerbunds zu lauten: „Ein Staat, der mobil macht, während noch verhandelt wird, verfällt dem internationalen Verruf." Es war ja nicht nur jedem Staatsmann der Welt, sondern jedem politisch interessierten Laien genau bekannt, daß und warum eine russische Mobilmachung den Krieg nicht etwa nur „unvermeidlich" machte, sondern ihrerseits der Kriegsausbruch war.

Art. 2 des kriegsvölkerrechtlichen Völkerbundsstatuts hätte zu lauten: „Ein Staat, der bei Kriegsausbruch auf die Anfrage, ob er neutral bleiben werde, keine deutliche Erklärung abgibt, verfällt dem internationalen Verruf." So verhielt sich *Frankreich*. Da ihm damals seine Ehre die Innehaltung des nun einmal bestehenden Bündnisses mit Rußland gebot, verbietet ihm jetzt doch wohl die Würde, in der Rolle des unvermutet Überfallenen zu erscheinen. – Etwas anders liegt es natürlich, wenn man nach den letzten Kriegs *gründen* fragt. Über die Annexion Elsaß-Lothringens hat die Welt im Jahre 1870 und noch kurz vor dem jetzigen Kriege bekanntlich nicht so geurteilt wie während des Krieges. Indessen dies bleibe ganz aus dem Spiel. Denn es ändert nichts daran, daß unsere dynastische Politik eben eine politische Behandlung des Elsaß verschuldete, welche diese Wunde offen hielt. (Vor dem Krieg war die Erhebung zum gleichberechtigten deutschen Bundesstaat die Forderung der französischen Sozialdemokratie.) Aber selbstverständlich ist auch das nicht entscheidend gewesen. Sondern: der historisch überkommene Wunsch der französischen Politik, statt des starken einen schwachen Nachbarn zu haben. Dieser Wunsch wurde sehr wesentlich und – muß man sagen – ganz begreiflicherweise verstärkt durch die, nicht in ihrem ursprünglichen Ziel, um so mehr aber in ihrem weiteren Verlauf und in ihren Mitteln, törichte und nervöse Marokkopolitik der deutschen Regierung. Die sehr aufrichtig gemeinte Haltung des Reichskanzlers v. Bethmann in den letzten Jahren vor dem Kriege kam zu spät. Es läßt sich aber ganz unmöglich leugnen, daß, im Gegensatz zu Deutschland, eine sehr starke, auf den französisch-deutschen Krieg als selchen hinarbeitende populäre Strömung in Frankreich stets bestanden hat und allen noch so ehrlichen Versuchen einer Verständigung entgegenwirkte. Die kleinen im Lande verbreiteten Blätter und illustrierten Zeitschriften allein schon dienten dieser Stimmung in einer Art, wie sie in Deutschland völlig undurchführbar gewesen wäre. In Deutschland war der Wunsch einer Verständigung stets volkstümlich. Die erst während des Kriegs unter der Oberfläche ziemlich lebhaft: von schwerindustrieller deutscher Seite erhobene Annexionsforderung (Briey) hat die ganz überwiegende Mehrheit der Parlamentarier sowohl wie der Nation beharrlich und auch in Zeiten deutscher Erfolge zurückgewiesen.

Als etwa ein Jahr vor Ausbruch des Krieges ein Mitarbeiter einer großen französischen Zeitung bei uns saß und, nachdem er sich Empfehlungen an deutsche Politiker hatte geben lassen, die Besorgnis äußerte: daß die drohende Kriegsgefahr für ihn vielleicht eine unfreundliche Aufnahme nach sich ziehen könne, sagten wir ihm: In jedem deutschen Hause werden die Männer, die ins Feld ziehen müssen, wenn es unvermeidlich werden sollte, Ihnen beim Abschied die Hand schütteln: „Auf Wiedersehen auf dem Felde der Ehre." Nach seinem Verhalten muß ich annehmen, daß er, und nicht nur er, für diese Gesinnung Verständnis hatte. – Mit *diesem* Frankreich aber haben wir heute nicht zu rechnen. Erörterungen von „Schuldfragen“ mit den Trägern der gegenwärtig dort, wie es scheint, vorherrschenden Gesinnung sind sinnlos.

Artikel 3 des Kriegsvölkerrechtsvertrags der Zukunft müßte nach meiner Ansicht lauten: „Ein dauernd neutralisierter Staat kann sich auf seine Neutralität nur berufen, wenn er sich in den Stand gesetzt hat, sie nach allen Seiten hin gleichmäßig und möglichst wirksam zu schützen.“ Im Gegensatz zur Schweiz und zu Holland war es der politische Fehler *Belgiens*, dies *nicht* getan zu haben. Der Schutz war der Sache nach nur gegen Deutschland gerichtet, die Seeküste sowohl wie die Grenze gegen Frankreich ganz ungeschützt. Die deutsche Auffassung darüber war der Öffentlichkeit nicht verborgen: der ausdrückliche Hinweis des Kaisers bei den Schweizer Manövern auf die „ungedeckte andere Flanke“ war so deutlich wie möglich. Das ändert natürlich nichts daran, daß der Zorn der überraschten Masse des belgischen Volkes uns verständlich ist, und noch weniger soll damit die Äußerung des Reichskanzlers v. Bethmann in seiner bekannten Rede bei Kriegsbeginn entwertet werden. Wohl aber dürfen wir feststellen: daß auch diese „Schuldfrage“ nicht so einfach lag, wie vielfach angenommen wurde.

Artikel 4 des Kriegsvölkerrechts Vertrags hätte nach deutscher Auffassung lauten müssen: „Ein Neutraler, der von einer kriegführenden Seite einen Rechtsbruch ohne gewaltsame Abwehr duldet, darf zur Gewaltsamkeit auch gegen die andere Seite nicht greifen wegen solcher rechtswidriger Gegenmaßregeln, welche das einzige Mittel sind, die Folgen des gegnerischen Rechtsbruchs wettzumachen.“ Für *diese* Rechtsauffassung stand Deutschland in der Tauchbootfrage ein, während Präsident Wilson sein bekanntes Prinzip, daß die Verantwortlichkeit „nicht verbunden, sondern gesondert“ sei, vertrat. Die englische Blockade, der dreiviertel Millionen Menschenleben zum Opfer fielen, war offenkundig rechtswidrig, schon weil sie für die Ostsee nie effektiv war, wie der Präsident wiederholt festgestellt hat. Aus *seinem* Rechtsstandpunkt aber zog er ganz naturgemäß die Folgerung: daß er eine nur materielle Schädigung von der einen Seite und eine Bedrohung von Menschenleben von der anderen Seite formell gesondert und materiell verschieden behandeln dürfe und müsse. Die Konsequenz der deutschen Niederlage ist der Sieg der Rechtsauffassung des Präsidenten. *Unrichtig* aber ist es, daß Deutschland rein willkürlich und ohne eine ehrliche, wenn auch wenigstens m. E. in ihren Konsequenzen nicht durchführbare, also objektiv *falsche*, Rechtsüberzeugung es auf den Krieg habe ankommen lassen. Die sehr schweren Einzelfehler der deutschen Politik gegenüber Amerika und vor allem das Verhalten des Herrn Zimmermann vom Januar 1917 lassen sich in keiner Weise rechtfertigen, und es muß offen zugegeben werden, daß zu einer derartigen Vertretung Deutschlands ein vertrauenvolles Verhältnis für neutrale Mächte, in heikler Lage zumal, äußerst schwer war. Die Haltung Deutschlands ist dabei hauptsächlich durch die Vorstellung bedingt gewesen, Amerika beabsichtige in jedem Falle in den Krieg einzugreifen. Die Vorstellung war offenkundig absolut falsch. Daß sie überhaupt entstehen konnte, hatte aber immerhin seinen Grund darin, daß in Deutschland auf die Tatsache verwiesen werden konnte, daß es auch in Amerika eine „Kriegsideologie" gab. Nur hatte sie m. E. nichts mit „dem Dollar" zu tun. Im Gegenteil: es waren ganz andere und zweifellos ein Teil der besten Schichten des „jungen" Amerika, die am meisten zu ihr hinneigten. Vor allem innerhalb der an Bedeutung unvermeidlich stetig steigenden Universitätsschichten fand sie, hier wie auch sonst oft, ihre Träger. Wenn man schon 1904 in einem so guten und für das „junge" Amerika so charakteristischen Buch wie Veblens "Theory of Business Enterprise" die unverhohlen freudige Konklusion las, daß die Zeit herannahe, in der es wieder ein rationelles Geschäft („a sound business view") sein werde, den Welthandel einander *durch* Krieg abzunehmen, daß also der Kriegsgeist wieder erwachen und damit *Würdegefühl* an die Stelle des öden Dollarverdienens treten werde, – wenn man im kleinen die langsame Wandlung des Geistes dieser Schichten verfolgte (z.B. in den Studentenwohnungen amerikanischer Quäkeruniversitäten deutsche Mensurschläger an der Wand fand, von Studenten auffallend oft nach dem Betrieb dieses ritterlichen Sports gefragt wurde), gelegentlich von Universitätskollegen das Dreiklassenwahlrecht als recht vernünftig (very reasonable) bezeichnen hörte und die sonstigen oft erörterten Aristokratisierungserscheinungen vor sich sah, so konnte man das wissen. Einen aus anständigen Gründen entstehenden Krieg mit einer wirklich großen Militärmacht hätte ein Teil dieser stark europäisierten Jugend schwerlich je grundsätzlich als unsympathisch empfunden. Indessen bei den *Massen* war es allerdings letztlich doch die subjektiv durchaus ehrliche Überzeugung von der absoluten Schlechtigkeit der deutschen Sache (Belgien!), der hinterhältigen Verstocktheit, der deutschen Diplomatie und der Rücksichtslosigkeit der deutschen Kriegsmethode, welche die Kriegsstimmung schufen. Es läßt sich, wie gesagt, auf keine Art leugnen, daß allerhand Einzelvorfälle und das Verhalten verschiedener deutscher Funktionäre dazu beigetragen haben, diesen Glauben zu nähren. Andererseits blieb freilich die Information der Amerikaner eine derart beispiellos einseitige, *und zwar bis heute*, daß von der Möglichkeit eines einigermaßen billigen Standpunkts bei ihnen schlechterdings keine Rede sein konnte. Begründet war aber leider ihr grundlegendes Urteil über die Unverläßlichkeit unserer Leitung. Nur hatte dies nichts mit moralischen Defekten zu tun, sondern beruhte auf einem Regierungssystem, welches unter monarchischen Formen die Bestimmung politischer Entschlüsse unverantwortlichen Instanzen und einer Demagogie von deren Kreaturen auslieferte, die schließlich stärker wurden als ihre Herren. Die Bekämpfung dieses Systems aber hatte u.a.. die früher in einem Teil der englischen Presse und Literatur übliche Verhimmelung der Person des Deutschen Kaisers uns außerordentlich erschwert.

Und damit zu *England*. Das Reden über die „Einkreisungspolitik" und den „Handelsneid" auf unserer Seite und die höchst widerwärtige pharisäische und pfäffische Pathetik eines Teils der dortigen Politiker übertönen den einfachen Tatbestand. Gewiß hat einerseits die sehr verkehrte Inszenierung der deutschen Burenpolitik (und ähnliches), andererseits das *nicht* großzügige Verhalten der englischen Politik gegen uns in Kolonialfragen stark mitgewirkt. Aber wirksamer *Kriegsgrund* war für die englische Politik durchaus die Unsicherheit über die Ziele und den beabsichtigten Umfang des deutschen *Flottenbaues*, welche angesichts mancher Äußerungen des Kaisers stieg und zur Konzentration der englischen Flotte in der Heimat und damit zur Lähmung der englischen Weltpolitik führen zu müssen schien. Unsere Erfahrung in einem Krieg gegen alle Flotten der Erde zusammen hat gelehrt: daß zu Verteidigungszwecken eine Schlachtflotte vom Umfang der französischen für uns ausgereicht hätte. Angesichts der geographischen Lage von Liverpool einerseits, Hamburg andererseits hätte für eine wirkliche Blockade Englands auch eine Flotte von der vollen Stärke der englischen nicht ausgereicht. Hier lagen in der Tat schwere, von uns bekämpfte Irrtümer der Tirpitzschen Gernegroßpolitik, welche dazu geführt hat, daß wir jetzt von der vielberedeten angelsächsischen Weltherrschaft sagen müssen, was 1871 Thiers von der deutschen Einheit sagte: „Ah, c'est nous qui l'avons faite!"

Für das, was uns *jetzt* droht, werden breite Kreise in Deutschland vor allem die Haltung *Englands* – einiger führender Politiker und eines Teils der Presse – verantwortlich machen, einerlei mit wieviel Recht. Im Fall einer uns vergewaltigenden Polen- und Tschechenpolitik der Entente oder von Fronknechtschaft wird daher die öffentliche Meinung Deutschlands ihre

Orientierung wohl im weiteren Osten suchen, wo im Laufe einiger Jahrzehnte mit dem Wiedererstehen Rußlands die Lage die alte sein wird. Es ist nicht unsere Aufgabe, englische Politiker darüber zu belehren, daß es nach einem Siege über ein schließlich doch nicht auszuschaltendes Volk im Verhalten eines Siegers Dinge gibt, die ihm außerordentlich schwer, noch andere aber, die ihm schlechterdings niemals vergessen werden. – Hier sollte vielmehr nur, um nicht die deutsche Aufrichtigkeit in begründeten Mißkredit zu bringen, ganz offen gesagt werden, wie die einer aufrichtigen Verständigung treu gewesenen und gebliebenen Kreise Deutschlands zu diesen „Schuld"-Erörterungen sachlich stehen. Es ist ohne Rücksicht darauf gesagt worden, ob dies irgendeinen „Erfolg" verspricht, lediglich um für die künftig möglicherweise unvermeidliche Haltung dieser Kreise eine *sittliche Vorbedingung* zu erfüllen. Was die Gegner anlangt, so wird der Frieden entweder von sachlichen Politikern gemacht werden, oder von Plebejern, die zu klein sind für den Sieg über ein großes Volk und die eine ekelhafte priesterliche Salbung in den Dienst politischen und ökonomischen Profitstrebens stellen. Im letztgenannten Fall interessiert uns das Resultat nur wenig, und es gilt für uns: *schweigen und warten.*

Der Reichspräsident

Berliner Börsenzeitung vom 25. Februar 1919.

Der erste Reichspräsident ist von der Nationalversammlung gewählt worden. Der künftige Reichspräsident muß unbedingt vom Volke unmittelbar gewählt werden. Die entscheidenden Gründe dafür sind die folgenden:

1. Da der Bundesrat, wie immer man ihn benennen und wie immer man seine Befugnisse umgestalten möge, jedenfalls in irgendeiner Gestalt in die neue Reichsverfassung übernommen werden wird – denn es ist vollkommen utopisch zu glauben, daß die Träger der Regierungsgewalt und Staatsmacht: die von den Völkern der Einzelfreistaaten bestellten Regierungen, sich bei der Willensbildung des Reichs, vor allem: der Reichsverwaltung, ausschalten lassen –, so ist die Schaffung einer unzweifelbar auf dem Willen des Gesamtvolkes, ohne Dazwischenkunft von Mittelsmännern, ruhenden Staatsspitze ganz unumgänglich. Überall ist die indirekte Wahl beseitigt worden, und hier, an der formell höchsten Stelle, soll sie erhalten bleiben? Das würde mit Recht als eine

Verhöhnung des Prinzips der Demokratie im Interesse des Kuhhandels der Parlamentarier wirken und das Reich in seiner Einheit diskreditieren.

2. Nur ein Reichspräsident, der die Millionenstimmen hinter sich hat, kann die Autorität besitzen, die Sozialisierung in die Wege zu leiten, für die ja durch Paragraphen von Gesetzen schlechthin gar nichts, durch eine straff einheitliche Verwaltung dagegen alles zu leisten ist; Sozialisierung ist: Verwaltung. Dabei ist völlig einerlei, ob man die Sozialisierung nur als unumgängliche Finanzmaßregel oder ob man sie, im Sinne der Sozialdemokratie, als Umformung der Wirtschaft betreiben will. Es ist nicht die Aufgabe der Reichsverfassung, die künftige Wirtschaftsordnung festzulegen. Sie hat nur für alle denkbarerweise an die Verwaltung herantretenden Aufgaben freie Bahn und Möglichkeit zu schaffen, also auch für diese. Es ist sehr zu hoffen, daß die Sozialdemokratie sich nicht aus einem mißverstandenen, kleinbürgerlichen, pseudodemokratischen Vorstellungskreis heraus diesen Notwendigkeiten verschließen werde. Möchte sie doch bedenken, daß die vielberedete „Diktatur" der Massen eben: den „Diktator" fordert, einen selbstgewählten Vertrauensmann der Massen, dem diese so lange sich unterordnen, als er ihr Vertrauen besitzt. Eine kollegiale Spitze, in der dann natürlich alle größeren Bundesstaaten und ebenso alle größeren Parteien jede ihren Vertreter verlangen würden, oder eine parlamentsgewählte Spitze, die mit der elenden Ohnmacht des französischen Präsidenten belastet wäre, könnte in die Verwaltung niemals jene Einheit bringen, ohne welche ein Wiederaufbau unserer Wirtschaft, gleichviel auf welcher Grundlage, unmöglich ist. Man sorge dafür, daß der Reichspräsident für jeden Versuch, die Gesetze anzutasten oder selbstherrlich zu regieren, „Galgen und Strick" stets vor Augen sieht. Man schließe eventuell, um jede Restauration auf dem Wege des Plebiszits zu hindern, Mitglieder der Dynastien aus. Aber man stelle das Reichspräsidium fest auf eigene, demokratische Füße.

3. Nur die Wahl eines Reichspräsidenten durch das Volk gibt Gelegenheit und Anlaß zu einer Führerauslese und damit zu einer Neuorganisation der Parteien, welche das bisherige ganz veraltete System der Honoratiorenwirtschaft überwindet. Bliebe dies bestehen, so hätte die politisch und wirtschaftlich fortschrittliche Demokratie in absehbarer Zeit ausgespielt. Die Wahlen haben gezeigt, daß es den alten Berufspolitikern überall gelingt, entgegen der Stimmung der Wählermassen, die Männer, die deren Vertrauen genießen, zugunsten politischer Ladenhüter auszuschalten. Eine radikale Abwendung

gerade der besten Köpfe von aller Politik ist die Folge gewesen. Nur die Volkswahl des höchsten Reichsfunktionärs kann hier ein Ventil schaffen.

4. Die Wirkung des Verhältniswahlrechts verstärkt dies Bedürfnis. Bei den nächsten Wahlen wird eintreten, was bei diesen sich erst im Keim zeigte: die Berufsverbände (Hausbesitzer, Diplominhaber, Festbesoldete, „Bünde" aller Art) werden die Parteien zwingen, lediglich zum Zwecke des Stimmenfangs deren (der Berufsverbände) besoldete Sekretäre an die Spitze der Listen zu stellen. Das Parlament wird so eine Körperschaft werden, innerhalb derer solche Persönlichkeiten, denen die nationale Politik „Hekuba" ist, die vielmehr, der Sache nach, unter einem „imperativen" Mandat von ökonomischen Interessenten handeln, den Ton angeben: ein Banausenparlament – unfähig, in irgendeinem Sinne eine Auslesestätte politischer Führer darzustellen. Dies muß hier offen und nackt gesagt werden. Zusammen aber mit dem Umstand, daß der Bundesrat durch seine Beschlüsse den Ministerpräsidenten (Reichskanzler) weitgehend bindet, bedeutet dies eine unvermeidliche Schranke der rein politischen Bedeutung des Parlaments als solchen, die unbedingt ein auf dem demokratischen Volkswillen ruhendes Gegengewicht fordert.

5. Der Partikularismus ruft nach einem Träger des Reichseinheitsgedankens. Wir wissen nicht, ob die Entwicklung rein regionaler Parteien nicht weiter fortschreitet. Stimmung dafür ist da. Das wird auf die Mehrheitsbildung und die Zusammensetzung der Reichsministerien unweigerlich auf die Dauer zurückwirken. Die Wahlbewegung bei der Bestellung eines volksgewählten Reichspräsidenten bildet einen Damm gegen das einseitige Überwuchern solcher Tendenzen, denn es zwingt die Parteien, sich durch das Reich hin einheitlich zu organisieren und zu verständigen, ebenso wie der volksgewählte Reichspräsident selbst dem – leider unvermeidbaren – Bundesrat ein Gegengewicht im Sinne der Reichseinheit gegenüberstellt, ohne doch die Einzelstaaten mit Vergewaltigung zu bedrohen.

6. Früher, im Obrigkeitsstaat, mußte man für die Steigerung der Macht der Parlamentsmehrheit eintreten, damit endlich die Bedeutung und damit das Niveau des Parlaments gehoben würde. Heute ist die Lage die, daß alle Verfassungsentwürfe einem geradezu blinden Köhlerglauben an die Unfehlbarkeit und Allmacht der Mehrheit – nicht etwa des Volkes, sondern der Parlamentarier – verfallen sind: das entgegengesetzte, ganz ebenso undemokratische Extrem. Man schränke die Macht des volksgewählten

Präsidenten ein wie immer und sorge dafür, daß er nur in zeitweilig unlösbaren Krisenfällen (durch suspensives Veto und Berufung von Beamtenministerien), im übrigen nur durch Anrufung des Referendums in die Reichsmaschine eingreifen kann. Aber man gebe ihm durch die Volkswahl einen eigenen Boden unter die Füße. Sonst wankt in jedem Fall einer Parlamentskrise – und bei mindestens vier bis fünf Parteien wird eine solche nicht zu den Seltenheiten gehören – der ganze Reichsbau.

7. Nur ein volksgewählter Reichspräsident kann in Berlin neben der preußischen Staatsspitze eine andere als eine rein geduldete Rolle spielen. Bei den Einzelstaatenregierungen, also auch bei der preußischen Staatsspitze wird fast die gesamte Amtspatronage liegen, vor allem die Besetzung sämtlicher mit dem Volk im Alltag in Berührung kommenden inneren Verwaltungsbeamten, vermutlich auch mindestens der unteren Offiziersgrade. Ein nicht durch Wahl des Gesamtvolks gewählter Reichspräsident würde daher der preußischen Staatsspitze gegenüber eine geradezu erbärmliche Rolle spielen und die Übermacht Preußens in Berlin und dadurch im Reich erneut und in sehr gefährlicher, weil partikularistischer Form erstehen.

Es ist an sich verständlich, wenn die Parlamentarier ungern das Opfer der Selbstverleugnung bringen, die Wahl des höchsten Reichsorgans aus den eigenen Händen zu geben. Aber es muß geschehen, und die Bewegung dafür wird nicht rasten und ruhen. Möge die Demokratie nicht ihren Feinden diese Agitationswaffe gegen das Parlament in die Hand drücken. Wie diejenigen Monarchen nicht nur am vornehmsten, sondern auch am klügsten handelten, welche rechtzeitig ihre eigene Macht zugunsten parlamentarischer Vertretungen begrenzten, so möge das Parlament die Magna Charta der Demokratie: das Recht der unmittelbaren Führerwahl, freiwillig anerkennen. Es wird das, wenn die Minister streng an sein Vertrauen gebunden bleiben, nicht zu bereuen haben. Denn der große Zug demokratischen Parteilebens, der sich an der Hand dieser Volkswahlen entwickelt, wird auch ihm zugute kommen. Ein unter bestimmten Parteikonstellationen und -koalitionen vom Parlament gewählter Reichspräsident ist mit Verschiebung dieser Konstellation ein politisch toter Mann. Ein volksgewählter Präsident als Chef der Exekutive, der Amtspatronage und (eventuell) Inhaber eines aufschiebenden Vetos und des Befugnisses der Parlamentsauflösung und Volksbefragung ist das Palladium der echten Demokratie, die nicht ohnmächtige Preisgabe an Klüngel, sondern Unterordnung unter selbstgewählte Führer bedeutet.